上海出版资金项目
Shanghai Publishing Funds

中国改革开放40年 | 研究丛书
史正富 | 主编

中国资本市场
演进的基本逻辑
与路径

胡汝银 ◎ 主笔

廖士光 邓斌 ◎ 副主笔

格致出版社　上海人民出版社

前　言

　　古人云："以史为鉴，可以知兴衰。"唯有掌握了历史发展的真谛，才能更好地开拓未来。中国资本市场近 30 年的发展历史，有创新的艰辛和成功的喜悦，也有探索的曲折和失败的警醒，这些都是未来发展的宝贵财富，需要我们认真地记录、总结、分析和研究。

　　本书是作者对资本市场发展过程的严谨思考和深度精神感悟。为了画龙点睛地揭示具有新兴加转轨特性的中国资本市场历史演进的内在逻辑，本书提出了"能力禀赋诱导的资本市场发展理论"，并以此为基础构建了一个具有良好解释能力的经济学与金融学分析架构，力图在理论上忠实地再现中国资本市场发展的历史进程，深化和丰富人们对中国资本市场关键的体制、政策、制度安排、行为模式、运作特征、发展取向等问题的认识和理解，研究探讨中国资本市场发展的未来趋势与战略重点。当前，中国资本市场发展正处在重要的历史转折阶段，希望本书的出版能对中国资本市场未来的制度与能力建设提供一定的智识支持。

　　本书是在 2008 年出版的《中国资本市场的发展与变迁》一书基础上修订而成。2008 年版由胡汝银拟定提纲、写作思路、核心观点并主笔写作和主持修改、定稿。当时的初稿写作分工如下：第 1 章、第 9 章第 5 节（胡汝银），第 2 章（陆一），第 3 章（傅浩），第 4 章（廖士光、胡汝银），第 5 章（刘逖），第 6 章（傅浩），第 7 章（施东晖），第 8 章（张卫东、司徒大年），

第 9 章第 1—4 节（叶武、施东晖、廖士光、司徒大年、胡汝银），王凤华为附录整理了部分资料。本书修订工作的参与人员及分工如下：廖士光拟定修订提纲，邓斌负责第 8、第 9 章和附录 2 有关内容的修订和补充以及各部分的统稿和校阅，张克菲负责第 5、第 6 章有关内容的修订和补充，张运才负责第 7 章和附录 1 有关内容的修订和补充，胡汝银负责最后的修改定稿。秦晓、陈伟恕、陈琦伟、陈昕、陈平、洪银兴、张兵等对 2008 年版的写作和修改提出了宝贵的意见。本书仅代表作者个人观点而不代表任何机构的观点。若书中论述有任何不妥之处，当由作者完全负责。

胡汝银

目　录

第1章 导言

本书聚焦于中国组织化的资本市场,尤其是股票市场历史演进的基本逻辑与路径。

自 20 世纪 80 年代末上海和深圳两家证券交易所筹备成立起,新中国的资本市场经过近 30 年的发展和改革,从无到有,从小到大,已经取得了巨大的进步。根据世界交易所联合会(WFE)的统计,2017 年 6 月底上海证券交易所的本地上市公司股票市价总值、半年度股票成交额、半年度股票筹资额在全球交易所中分列第四、第五和第二位,而在亚太地区,上海证券交易所的半年度筹资额列首位,股票市价总值、半年度股票成交额均列第二位。中国已经成为亚太地区的主要资本市场和全球最大的新兴资本市场。在人们最初的怀疑眼光中诞生的中国资本市场在近 30 年的时间内,走过了发达国家资本市场需要一百多年才能走过的道路。中国资本市场在推进法治建设,实现公司制度现代化,支持上市公司做强做大,促进国内上市公司会计与信息披露标准与国际接轨,普及并运用现代金融知识和金融专业技能,提供直接融资和投资理财服务,完善金融市场体系,改善产业组织与社会经济结构,推动改革开放和引领社会进步等方面,发挥了巨大的历史作用。借助资本市场平台和公开上市,一大批最初规模有限甚至规模很小、公司管理和公司治理很差、业务运作模式很不成熟的企业快速学习,快速成长,发展成为行业领先者和令人瞩目的中国明星企业。中国资本市场的发展,正在进一步跃向新的阶段，同时也为新兴加转轨市场的成长建设提供了一种独特的范式。

无疑地，中国资本市场目前依然是一个十分年轻而不成熟、缺乏深度和广度的市场，依然是一个典型的新兴加转轨市场，迅速取得的进步在很多方面依然处在非常初级的阶段，现代成熟资本市场有效运作和发展所依赖的市场化、诚信化、专业化、法治化、国际化等基本制度要素和社会组织能力的建设远未完成，仍旧带有计划经济体制的某些历史烙印，在市场结构、运行机制、运作效率、发展质量、产品创新等方面依然处于欠发达状态，不能充分满足经济与社会发展对资本市场产生的巨大内在需求，制约着中国金融与社会经济的发展。中国资本市场要真正成熟起来，还有很长的道路要走。

罗马不是一天建成的。成熟资本市场的出现，是一系列恰当的游戏规则和社会组织能力适时建立、改进和发展的结果，而非一蹴而就。同时，就制度安排和社会组织能力形成的具体细节而言，成熟的资本市场并不是一个静态的、绝对的、不变的概念，而是一个动态的、相对的、持续变化的概念。中国资本市场的发展也是如此。中国资本市场制度的产生和演化，是一个渐进、连续的发展累积过程和能力建设（capacity building）过程，是一系列问题的出现、接触、认识、熟悉、解决和一系列基本游戏规则的不断认识、推敲、建立、试验、学习、调整、改进、强化，以及在更大范围和更长时间内实践的过程，在这一过程中充满着前所未有的挑战、困难和不确定性。

资本市场的发展过程既是渐进的，又是特定历史情境中所有相关行为主体互动的结果，是一系列特定而又复杂的制度安排和持续的制度演化的结果，并且因时因地而异。不同的制度安排和制度演化路径，与不同的社会政治与法律结构、经济结构、社会文化、历史条件、社会组织的能力存量或能力禀赋联系在一起，与不同的市场行为模式、不同的市场绩效联系在一起，与不同的政府角色定位联系在一起。这些制度选择和制度演化，是特定历史环境和特定激励与约束集合下"由参与人的策略互动内生的"[1]，也是政治、文化、意识形态、经济、法律等具有不同功能的各个社会领域互动的结果，是各种复杂因素综合作用的结果。资本市场的长久生命力，在于不断满

---

[1] 参见青木昌彦：《比较制度分析》，上海远东出版社 2001 年版。

足社会财富增长的需求，在于不断促进社会经济进步，推动社会经济的长期
发展。而资本市场自身的不断发展，又不断创造出对制度变革和制度创新的
更多需求与供给，从而为资本市场的发展不断提供新的驱动力和制度空间。

　　理论和思想的力量在于行动，认识世界是为了改造世界。本书的研究主
题，是基于现代经济学和金融学方法，基于中国经验，构造一个比较严谨的
理论语言和工具系统，采用历史的和全景式的角度，分析中国资本市场的制
度安排、游戏规则、行为模式和能力结构是如何形成和演化的，对中国资本
市场的发展过程，发展的推动因素和制约因素，进行深入考察和系统归纳，
揭示不同阶段中国资本市场发展与制度演化的内在逻辑、基本动力、基本特
征和基本模式，研究推敲中国资本市场发展和制度建设的未来取向与战略重
点。研究的基本方法，不是依据收集的历史资料进行"记流水账"式的史料
罗列和感性描述，而是基于一定的理论分析架构和中国证券市场发展的动力
学进行系统的历史推演和史事梳理，对中国资本市场发展的整体脉络——包
括经验和问题——进行平静、客观、深入、严谨、要而不繁的理论考察和宏
观把握，透过纷乱无绪的历史线索在人们眼前条分缕析地"再现"中国资本
市场成长的基本过程、主要轮廓、内在机理和历史趋势，"再现"一个"真
实"的、动态演化中的中国资本市场，并在此基础上构建一个具有良好解释
能力的中国资本市场发展与变迁的理论架构，借以深化人们对中国资本市场
关键的体制、政策、制度安排、行为模式、能力结构、发展取向等问题的
理解。

1.1　分析逻辑与理论框架

1.1.1　资本市场运作的双重因素

　　从理论上说，一个健全的资本市场具有如下基本功能：（1）促进储蓄转
化为资本，便利上市公司等证券发行人筹集资金，促进国民经济发展；（2）
扩大居民和机构投资者的金融资产选择范围，促进股权与债权投资；（3）发
挥金融资产的定价和价格发现功能，优化资源配置，促进公司并购、资源整

合和优胜劣汰，改善产业组织和社会经济结构；（4）推进企业改革，改善公司管理和公司治理，提升企业核心竞争力，促进企业做大做强，最大限度地为股东和社会创造价值；（5）便利风险分担，促进技术创新和社会进步。

资本市场的基本特点之一，在于市场上交易的各种证券是一种虚拟的交易性金融资产，这些资产有三种价值，即内在价值、账面价值和市场价值（股票价格），前者是后两者的基础，但从内在价值，到账面价值与市场价值，并不存在一种唯一的映射，不存在一种一一对应的精确的数量关系。并且，内在价值是无法直接准确地度量和评估的，关于内在价值人们在或大或小程度上是无知的（ignorant），市场上可获得的关于内在价值及其变动的信息是不充分、不对称的，甚至是不可靠的或可误的。同样地，账面价值也是可误的；而交易价格既是可上下急剧波动的，也是可误、可操纵和可扭曲的。由于信息不对称，在资本市场的相互交往中拥有更多信息的行为主体可能出现道德风险，滥用它们掌握的私人信息（private information）和隐蔽知识（hidden knowledge），机会主义地采取对方未能察觉的对其不利的隐蔽行动（hidden action），抑或隐瞒实情，仅向对方有选择地提供对己方有利的资讯，甚至误导或欺骗对方，以牟取己方的额外私利而损害对方的利益，从而导致社会福利水平或经济效率的下降。由于信息不充分和无知，资本市场上各种因素的变动存在着巨大的不确定性，市场行为主体可能盲目或消极地行动。

而资本市场的高效率运作在一定程度上依赖于以下两个方面：

（1）正确的公司内在价值度量，或正确的资本利用效率信号，即公司业绩和资产质量度量的准确性。这里既涉及会计标准与会计实践，也涉及公司治理水准等因素。某一时点上的一家公司，它的实质资产和公司内在价值是给定不变的。然而，第一，若采用不同的会计标准，这家公司将会出现不同的账面盈利水平和资产规模，出现不同的账面价值；第二，若会计实践和公司治理水准不同，即使不存在会计标准的差异，也会出现不同的粉饰财务报表、操纵盈利（即所谓"盈余管理"）、甚至编造虚假财务报表的可能性，从而会出现不同的账面价值。

（2）证券交易市场上良好的定价机制与价格形成机制，即正确的价格信号。这意味着：第一，存在着良好的信息传递机制和完全的市场透明度；第二，存在着可靠的中介机构和追求最佳投资回报的理性与专业的投资行为；

第三，存在着恰当的资产定价技术和价格形成机制，包括对公司内在价值的正确分析，对投资收益与风险的评估、控制和平衡，对做空机制和股指期货等衍生工具的恰当运用；第四，证券市场的供求维持着动态平衡；第五，存在着适宜的激励与约束机制，能有效地阻遏上市公司、中介机构和其他市场参与者的舞弊、内幕交易、市场操纵等不当行为。

在现实生活中的资本市场上，投资者在投资时往往遵循两种完全不同的投资决策逻辑。一种被称为稳固基础理论。该理论崇尚价值投资，认为股票价格是由内在价值决定的，着眼于公司的基本面，注重公司的内在投资价值，注重公司现在和未来的现金流，注重公司的发展前景，对股票未来价格的预期建立在公司的业绩上，重视股票价格相对于其内在价值而言的绝对水平，在投资分析方面依赖的是基本面分析与预测。另一种被称为空中楼阁理论。该理论认为股票价格是由投资者心理决定的，而不是由内在价值决定的，投资者心理则如空中楼阁一样虚幻。该理论完全抛开股票的内在价值，强调心理构造出来的空中楼阁。最早由约翰·梅纳德·凯恩斯强调的这种理论着眼于二级市场上投资者的买卖活动和短期供求关系，注重证券买卖的价格行为和数量行为，注重投资者的买卖心理因素以及投资者之间的相互作用，对股票未来价格的预期建立在其他投资者的买卖意愿上，重视股票价格相对于其他投资者未来出价水平而言的相对水平。这类投资决策基于一种"博傻"理论（the bigger fool theory）或"大傻瓜"理论（greater fool theory）：投资者自己在以任何价格水平买进股票时，不管目前的绝对价格水平有多高，总是预期未来其他人会以更高的价格买走自己手中现在买进的股票，期望在这种股票买卖和价格走高的"击鼓传花"游戏中有人能接下一棒，期望其他人比自己更傻，更容易犯错。在投资分析方面，它依赖的是关于股票价格和买卖数量的技术分析与市场供求力量对比分析。以上两种不同的投资决策行为模式，导致两种不同的市场结果：一种是以价值投资为主导的市场，另一种是以博傻行为为主导的市场。在博傻行为主导的市场上，常常存在着过度投机的市场气氛，证券及其衍生品的交易往往成为零和博弈性质的博傻游戏，存在着严重的股票价格扭曲，存在着巨大的股票价格波动和更高的买卖换手率，存在着巨大的系统性风险，并且，往往还同时伴随着严重的市场操纵和偏离基本面的对投资者的误导。

完美无瑕的个人、组织和社会制度安排，包括上述资本市场健全、高效运作所具有的基本功能与内在机理，以及现代金融理论中著名的有效资本市场范式，只是人们的良好愿望和一种理论模型，而不是社会现实。现实生活中的实际社会制度，既不是理论模型的简单翻版，也不是完全先验地设计出来的，而是特定历史条件下多方博弈过程中所有相关行为主体的策略互动内生形成的。

在现实世界中，逐利或贪婪是人的一种本性。在信息不完全、不对称且约束机制也不健全的环境中，这种逐利本性既可以导向正和博弈或创造价值的生产性努力或建设性经济行为，也可以导向零和博弈的分配性努力或损毁价值的破坏性经济行为。具体活动中具体个人的实际行动取向依赖特定的激励与约束机制。现代的社会经济和资本市场其实是人性的一种演绎，因而现代社会经济和资本市场的实际运作与发展，也同样含有创造价值与损毁价值、生产性努力与分配性努力这样的双重因素和双重效应：金钱与利益是市场行为主体的核心追求，在市场行为主体的贪婪的驱动之下，社会经济和资本市场的发展演进过程，贯穿着建设性力量和损毁性力量、公正博弈与唯利是图、回归根本与舍本逐末、正和博弈与零和博弈、合作博弈与非合作博弈这许多对不同力量、不同因素的共同作用。这些是社会经济和资本市场发展的两股基本动力，其中的一股不断推动资本市场效率的提升及功能的完善，将社会经济和资本市场引向希望和成功；另一股造成资本市场失灵和市场功能失调，将社会经济和资本市场导入歧途和危险地带。这两类不同的因素及其产生的两种相反的效应往往相互交织在一起。当守正、合作、建设性的力量和激励制度安排居于主导地位时，社会经济和资本市场就会健康、有序地发展，不断取得进步，反之，就会陷入病态和无序，难以取得进步。当这种病态和无序严重到一定程度时，就会发生危机。当感知到的危机的威胁达到一定强度时，人们可能会改弦易辙，调整游戏规则和行为取向，寻求化解危机和将无序程度降低到可容忍水平之内的行动方案。在改弦易辙的同时，又会囿于既有的私人与社会成本收益结构而出现路径依赖。一种成功的制度架构，能最大限度地激发市场行为主体的整体建设性力量并将它们的损毁性力量抑制在可容忍水平之内。这是现代社会经济和资本市场的进步之道。它是一个不断从干中学、持续试错、经验积累和能力建设的过程，是一个不断出现挑战和应战的过程，是一个不断互动和调整的过程，是一个不断扬善和化解无序的过程。现实世界中没有完美无瑕的社会经济和资本市场，有的只是上述双重因素和力量不断消长变动于其间的社会经济和资本市场，并因此而决定了资本市场的进步水平、成熟程度和发展路径。

上述双重因素和双重效应，具体地看，就资本市场上的金融中介而言，一方面，金融中介作为资本市场专业化分工的产物，由于专业化经济的存在，它们的活动可以降低资本市场上的信息不对称程度，降低市场交易成本，减少市场摩擦，提升市场效率。另一方面，在特定的激励与约束结构下，为了最大限度地获取短期收益，由于信息不对称和道德风险的存在，它们也可能滥用自己的中介角色、专业地位和信息优势，误导投资者，引诱投资者在错误的时点以错误的价格进行错误的交易，增大市场交易成本和投资风险，降低市场效率，从而导致中介失灵和市场失灵。例如，证券公司在开展证券承销业务时，可能与发行人一起对发行人进行过度"包装"，粉饰发行人的业绩，甚至与发行人一道弄虚作假；在开展经纪业务和投资咨询业务时，可能诱导投资者过度交易，也可能挪用客户的保证金和托管的证券资产，最终导致客户资产损失；在开展自营业务时，可能采取激进的冒险策略进行"豪赌"，承担超出公司风险承受能力的高风险，也可能借助自己的中介优势，与上市公司联手进行内幕交易和市场操纵，或者让本公司的证券分析人员向投资大众推介本公司自营买入的股票；在开展客户理财业务时，可能为了增加自己的交易经手费收入而进行过度交易，也可能动用客户的资金在较高的价位接盘买入自己自营卖出的证券，进行利益输送，证券分析人员和基金公司的基金经理可能在向客户推荐股票和为基金买卖证券时自己先行买卖这些证券（这也适用于其他类似证券投资业务的人员），即"抢先交易"（front-run）或所谓开设"老鼠仓"。再如，审计机构和资信评级机构在审计和证券资信评级中为了获得相应业务收入而降低执业标准，不能勤勉尽责和恰当地揭示风险，使审计和资信评级结果缺乏可靠性和公信力，等等。国内外证券市场上出现的不少丑闻，包括 2008 年美国发生的次贷危机，明显是中介失灵的结果。

就上市公司的内部人员和公司控制者而言，他们可能努力履行自己的受托责任，按照公司的最佳利益行事，最大限度地增加公司价值和公司运作的透明度，完整、准确、及时、公正地披露公司信息。也可能将自己的私利置于公司整体利益之上，借助信息不对称滥用公司控制权，利用公司的上市地位"圈钱"，搞财务欺诈，假造公司业绩，侵占公司资金和其他资产，进行自我交易（self-dealing）或显失公平的关联交易，借助利益输送（tunneling）掏空上市公司；或者在实施管理层股权激励方案和大股东减持股票等情况下，为捞取更多的不当私人利益而操纵公司盈利和进行选择性的信息披露，使公司的股价在特定的时段内朝着有利于自己的方向变动。

就股票交易市场上的资金大户和机构投资者而言，他们可能利用自己的影响力来促进市场的价值发现和价值投资功能。也可能滥用自己的资金优势，单独地或与其他拥有资金、信息优势的人（如上市公司的高管人员）联手合谋，进行市场操纵、内幕交易，集中买卖特定的股票或相关证券品种，热衷于零和博弈，利用中小投资者的盲目跟风获取巨大的不当得利，掏空市场。

就所有投资者而言，一方面，为了保护自己的利益，他们会行动一致地监督上市公司，抑制上市公司的不当行为，推动资本市场的制度建设，促进上市公司的优胜劣汰。另一方面，在单边市的情况下，他们的投资收益与市场价格水平的涨跌是正相关的，行动一致地追求个人投资收益最大化的个人理性行为，在牛市时往往会导致股市过热和过度上涨，出现股价普遍高估和"非理性繁荣"，削弱资本市场对上市公司的压力和筛选作用，造成市场的无效率和高风险；而当市场过热之后向下迅速调整时，利益一致的投资者们又往往下意识地形成一个影响无处不在的非正式的压力集团，采取一致的声音和行动来影响政府，短视地利用各种渠道呼吁政府救市和通过行政措施阻止市场向下调整，竭力维护自己的现有利益，甚至反对推动市场创新和发展的举措，导致市场扭曲和低效状态的延续，对资本市场的健康发展形成明显的负面影响。投资者压力集团理论能够很好地解释中国资本市场运行周期中政府政策的逆转和政策逻辑、政策基调的前后不一致，即政府由股市过度上涨时的各种冷却股市狂热的政策，包括对"买者责任自负、风险自担"的强调，突然转向"救市"和"维护股市稳定"（即所谓"维稳"）。对双边的商品期货市场和单边的股票市场的比较研究可以发现，双边市场比单边市场更有利于避免出现利益一致的投资者压力集团的不利政治影响，避免出现显而易见的市场持续扭曲，更有利于形成健全的市场定价机制。在单边市环境中，如果出现市场大幅下调，政府有关资本市场的政策核心常常不得不聚焦于如何维护眼前的市场稳定和社会稳定，防止市场的进一步下调和市场的自我校正，牺牲市场的效率和可持续发展能力，造成市场的扭曲和失灵。

就政府官员和监管者而言，在资本市场发展过程中，他们可能遵循市场发展的内在逻辑，努力建立适宜的制度安排和监管环境，当好"守夜人"和"扶助者"，为资本市场健康、高效、适时的发展提供必需的基本规则和政策支持。也可能过度自信，追求自己所拥有的资本市场控制权力的增加，滥用自己调控资本市场的权力，基于自己的好恶和识见来制定市场游戏规则，控制市场的运作和发展取向，不加约束地自我赋权，努力满足自己的控制欲望；抑或只求眼前的稳定和"平安无事"，无视市场发展的正常需要，限制市场创新，阻止市场进步，导致市场运作政治化、官僚化、短视化、无效率和守成僵化，导致市场功能失调、严重扭曲和持续发育不全，甚至利用权力进行寻租，出现各种不当行为和消极结果。

1.1.2 资本市场发展的核心问题与解决途径

上述双重因素和双重效应，使得中国资本市场如同所有社会一样，在发展过程中面临着两大核心问题，即无序（disorder）和政府过度控制。[1]前者指市场参与者的财产权利遭受欺诈、误导、内幕交易、市场操纵、违约、侵占、不当关联交易、资产泡沫化等形式的私人侵害或不利市场力量影响的危险。后者指市场参与者的财产权利受到政府机构及其代理人通过占用资源、不当控制、限制经济自由、滥用公共权力等手段所引起的损害的危险。无论是高度无序还是高度过度控制，都会阻碍资本市场的健康发展和有效运作，造成明显的社会损失。资本市场的制度进步，则推动无序程度和过度控制程度同时下降，并且这种进步是渐进实现的。同时，在一定的历史时点上和在给定的制度环境下，无序程度和过度控制程度之间往往存在着或大或小的交替关系，政府过度控制程度的上升可带来市场无序程度的降低，反之则反是。

要解决资本市场上的无序和过度控制问题，通常有七种不同的途径或约

---

[1] Djankov 等学者在他们的新比较经济学文献中首次采用"无序（disorder）"和"专制（dictatorship）"这两个核心概念，并加以系统分析和运用，参见 Djankov 等：《新比较经济学》，载《比较（10）》，中信出版社 2004 年版，第 9—36 页。

束手段，即（1）市场参与者的自我约束；（2）基于市场参与者自由选择及其相互作用的市场竞争约束；（3）为执业和竞争设定专业、道德、声誉与合规底线和旨在追求行业整体长远利益的行业自律或行业约束；（4）通过法院、检察机构等执法机制形成的诉讼约束或司法约束；（5）通过监管机构的规管、处罚和执法所产生的监管约束；（6）通过政府机构和官僚对资本市场微观活动进行直接控制所产生的行政约束；（7）通过有效地约束并清晰地界定政府、监管机构、自律组织与其他市场参与者的权力（权利）和角色定位所产生的国家治理约束。在上述前六种约束方式中，私人的权力是不断递减的，相比之下，政府官员的权力在前六种约束方式的后两种中是依次递增的。另外，单就国家治理约束而言，全球不同国家资本市场发展的历史经验表明，在资本市场运作过程中，国家或政府往往集多种角色于一身，是资本市场最有影响力的利益相关者，其声誉、价值取向、行为规则及其对市场公正、经济自由与法治的承诺，对资本市场运作绩效影响极大。在某些情况下，未受到有力约束的政府滥用权力和政府失灵是资本市场无序的重要原因，也是资本市场不能形成健全有力的市场参与者自我约束、市场竞争约束、行业自律、司法约束、监管约束的重要原因，是导致市场失灵和不能保证市场健康发展的重要原因。[1]

---

　　[1] 朱武祥等人认为，1873—1949 年间中国的集权政府与股票市场上其他民间参与者之间的力量对比关系，决定了股票市场监管制度文本的建设和这些制度文本背后的利益主体间制衡结构的发展，从而决定了这些制度的实际效力；在北洋政府以前（1870—1928 年），中央政府控制力较弱，各种制度文本得以建设和引进，同时这些制度背后的利益主体之间的制衡机制也可以逐步生成，股市监管制度出现了良好的发展势头；在 1928—1949 年强势的国民党掌权期间，尽管新的制度文本还在继续建设，甚至与国际同步，但由于制度文本背后的利益主体的发展受到抑制，一些新的制度因为缺乏必要的利益主体的支持和制衡而只能取得有限的成效，部分制度甚至仅仅停留在纸面上。因此，比制度文本更重要的是如何在民间发展起较为独立的利益主体，使之和集权政府来共同支持这些制度文本的实施（朱武祥、成九雁：《八十年的轮回：中国近代的股票市场与集权政府》，《中国金融评论》2007 年 3 月第 1 卷第 1 期）。
　　依照本书的分析逻辑所作的推理则是，要在民间发展起较为独立和成熟的利益主体，一是必须同时通过社会政治机制和法律机制的改革，构建相应的国家治理规则，清晰界定政府的边界，对政府进行有力的约束，使政府的职能、规模和权力明确保持在有限的范围内，以"有限政府"代替无所不在的"大政府"，防止政府"越位"，避免政府过度扩张和政府权力过度膨胀，以致侵蚀和剥夺民间行为主体的应有权利和发展空间，妨碍市场和民间主体的正常发育和成长。二是同时民间主体本身必须通过有效的能力建设和激励与约束机制的建设，形成健全的自我约束、自我执行机制。否则，在民间发展独立的利益主体的设想要么是镜花水月，难以成为现实，要么只能导致严重的无序和"一放就乱"。

这七种约束方式及其实际效力的不同组合结构，意味着不同的社会权力配置和制度安排，意味着不同的资本市场发展水平和成熟程度，产生了不同的资本市场运作模式、运作绩效和不同的资本市场变迁与发展路径。

1.1.3 能力禀赋诱导的资本市场发展理论

上述不同约束机制的形成与演进过程，即是资本市场发展过程。

在这里，我们用能力禀赋和能力建设等核心概念替代资源禀赋和技术进步等概念，在速水佑次郎与弗农·拉坦的诱致性技术变迁的农业发展理论框架基础上[1]，提出一种新的资本市场发展理论，即能力禀赋诱导的资本市场发展理论：

一个国家资本市场的发展，受其社会组织的能力存量或制度资源条件（包括政治、法律、经济、文化、组织等方面的实际制度结构和资本市场上的定价、投资、风险管理、中介服务、信息披露、公司治理、监管、执法等各种核心能力的存量）的制约，但这种制约可以通过能力扩展或能力建设（capacity building）来突破。因此，资本市场发展过程实质上是一个能力建设过程，是与资本市场运作密切相关的各种核心能力的扩展、改善以及能力组合不断变动、调整、合理化的过程。

资本市场的能力建设模式基本上可以分成两类，一是市场参与者主导的能力建设，二是政府主导的能力建设。在中国，后者又可以分成两个子类，即地方政府主导的能力建设和中央政府主导的能力建设。

一国资本市场特定阶段或特定领域的发展，选择何种能力建设道路，取

---

[1] Yujiro Hayami and Vernon W. Ruttan, *Agricultural Development: An International Perspective*, Johns Hopkins University Press, 1985. 根据美国、日本等发达国家农业发展的历史经验，速水和美国农业发展经济学家弗农·拉坦在 20 世纪 70 年代初提出了一种新的农业发展理论即资源禀赋诱导的技术变迁理论。该理论强调，一个国家农业生产的增长依赖于农业技术进步，而农业技术进步模式又可以分成两类：一类是以替代劳动为主的机械技术进步，一类是以替代土地为主的生物化学技术进步。一国农业增长选择怎样的技术进步道路，取决于该国的资源禀赋状况和与之相联系的相对要素价格及其变化：土地资源丰富而劳动力稀缺的国家，由于劳动力相对昂贵而土地相对廉价，选择机械技术进步的道路是最有效率的；土地资源稀缺而劳动力丰富的国家，由于土地相对昂贵而劳动力相对廉价，选择生物化学技术进步的道路是最佳的。因此，农业技术的变化是人们对资源禀赋变化的一种动态反应，是人们追求效益最大化的理性选择的结果。

决于这一阶段或这一领域该国的能力禀赋状况和已有的可获取的制度资源的约束，以及与之相联系的能力建设成本。例如，市场化的能力存量丰富而可获得的行政性能力资源稀缺的国家或特定的领域，选择市场参与者主导的能力建设道路通常是最便捷的；行政性能力存量丰富而市场化能力存量稀缺的国家或特定的能力建设领域，选择政府主导的能力建设道路通常是最便捷的。

因此，与新古典经济学不同，我们把资本市场的制度变革过程看作是资本市场发展过程的内生变量，而不是独立于这一发展过程的外生变量。资本市场制度的变化不是社会单纯自发演进的产物，而是人们对资本市场能力资源禀赋变化和资本市场制度需求增长的一种动态反应，是人们追求能力建设和制度变革成本最小化的理性选择的结果。因此，这是一种可称为能力禀赋诱导的资本市场发展理论。

资本市场发展的诱导机制的逻辑可以概括如下：资本市场的变迁，是在给定的能力禀赋和能力结构条件下，由相对能力建设成本的变化和能力需求的增长诱导的。在资本市场发展的动态过程中，相对能力建设成本与能力需求的变化是密切相关的。当能力需求的增加面临不同的能力供给弹性时，结果是相对能力建设成本的变化。相对建设成本的差别会诱导出集约利用相对丰富而建设成本相对低廉的能力的制度建设。因此，特定的能力禀赋和能力建设成本结构会诱导出特定的市场结构和制度结构（市场的产品结构、定价机制、交易机制、创新机制、监管机制、权力配置等）。在实践中，要把能力建设和制度供给、结构改革的机会有效地开发出来，必须具备相应的能力禀赋和能力需求上的前提，通过已有能力禀赋组合的有效利用，为市场发展和制度创新活动提供最大的便利。只有得到适当的能力存量的支持和匹配，资本市场的能力建设和资本市场的运作机制才能卓有成效。否则，就会出现能力建设失败和市场无序、市场失败。

我们提出的上述能力禀赋诱导的资本市场发展理论，其实可以推广应用到更广泛的领域，如社会变迁、政治体制的演进、法律体系的形成与演化、不同社会金融体系的发展以及它们的比较研究等。这些不同领域的发展以及每个领域发展出现的差异与多样化，皆无一例外是能力禀赋诱导的过程，是特定历史条件下能力禀赋和相对能力建设成本差异所导致的结果。

例如，欧洲大陆以法律文本或规则为基础（即所谓"rule-based"）的法律体系的发展，之所以是一个政府主导的法律体系能力建设过程，是因为在当时的历史条件下，与英国平静和"改良"性质的"光荣革命"相比，以暴力和激烈的社会冲突为基础的大革命之后的法国和在诸侯林立状态中依靠"铁血"手段征服对手发展起来的普鲁士王国，既缺乏一个独立、可靠、拥有足够能力的法院系统，也缺乏一个独立、可靠、拥有足够能力的民间自我调节机制与社会体系，如果没有由强势中央政府主导制定的详细而又明确的法律条文的有力约束和来自政府的强力控制，社会摩擦和社会组织成本将急剧上升，整个社会将会陷入严重的无序状态。大陆法系发展形成的这种初始能力以及由此形成的能力存量与路径依赖，对大陆法系国家的治理和社会发展的各个领域产生了广泛的持续影响。

又例如，德国和日本之所以能够延续基于商业银行主导的公司监督机制和间接融资的金融体系，是因为通过主办银行制度、向贷款的工商企业委派董事、交叉持股、代理外部其他股东投票等紧密的组织安排，商业银行能够显著地降低外部资金提供者与工商企业管理层之间的信息不对称，从而拥有足够的监督能力资源，有效地对工商企业实施监督。相形之下，美国直接融资金融体系的发展，是以限制金融寡头控制工商企业等政治与法律方面的社会组织资源禀赋与能力建设为前提的。

再例如，苏联解体之后，俄罗斯在开始社会经济转轨过程时实行"休克疗法"和"一揽子"激进改革，包括制定了内容"很漂亮的"法律制度文本，但并没有出现人们所期望的良好市场经济秩序和法治秩序。之所以如此，是因为俄罗斯缺乏与这些制度条文相匹配的能力禀赋和能力建设结果。法律与制度文本的改变可以一蹴而就，在极短时间内完成，而法律与制度的实施能力的建设和能力的完全实际到位通常并非如此，后者是一个更为复杂、更为系统、更为广泛、更为深刻、更为耗时、更为艰难的过程。俄罗斯是如此，引入民主政治与自由市场机制的那些拉美国家也是如此。没有相应的社会能力禀赋和能力建设过程的契合与支持，所期望的社会转型就不可能出现。

还例如，在证券市场的交易机制建设与选择方面，新兴市场的证券交易所和资本市场发达国家的各种独立于原有交易所的网上交易平台之所以更倾向于采用订单驱动交易系统，而不是采用报价驱动交易系统，是因为报价驱动系统需要依赖足够、可靠、专业、诚信但又较为稀缺的做市商资源和能力禀赋，而订单驱动系统的建立与市场进入在现代 IT 技术高度发达的条件下更易于操作，进入壁垒和系统的组织成本、建设成本更低，市场扩张也更为便捷。

1.1.4 能力建设与中国资本市场的发展与变迁

中国资本市场社会约束机制的形成及其演进，完全是一个历史过程，是一个能力禀赋诱导的资本市场发展与制度变迁过程。这一历史过程的前期阶段，在新兴加转轨经济条件下，与计划经济时代结束和中国资本市场从无到有相伴随的，是支持资本市场健全运作的市场机制和法治规则等社会组织能力禀赋相对缺失和发育滞后，出现自我约束、竞争约束、行业自律、司法约束和监管约束的巨大空白，市场参与者未受节制的贪婪和各种不当行为导致资本市场出现严重的无序，中央政府的行政控制作为伸手可及的能力禀赋遂便捷地成为一种替代和填补这些缺失的约束机制的重要战略选择。

在这种替代过程中，政府机构与自律组织、市场参与者之间的互动，产生了两种相反的效应，即能力支持效应与发展限制效应。前者是基于资源、能力、知识、功能的相互补充所形成的对相关各方特定能力提升的正向支持和促进。后者是由于政府机构与自律组织、市场参与者之间在某些方面能力存量不足条件下的互动带来的负向掣肘和牵制，对市场发展和能力拓展所产生的消极影响。例如市场参与者在缺乏健全的自我约束机制和风险管理机制的状态下，以远远超出自己的风险承受能力的规模投资高风险的金融工具，或者疯狂地进行过度投机，导致这些金融工具市场"过热"，出现严重的价格泡沫和市场无序，对金融市场的健康发展形成直接的威胁。为控制这种严重的无序，政府对这类金融工具的发展采取严厉的行政限制措施和直接干预手段，甚至禁止进行这类产品的创新，从而削弱了市场的创新能力和适应环境变化的能力，延缓了市场发育进程和能力提升速度。

现阶段的中国资本市场在上述替代条件下主要依赖第六种约束方式即政府的直接控制，而一个成熟的现代资本市场则高度依赖前五种约束方式和第七种约束方式，这也是中国资本市场制度发展和能力建设历史演进的基本取向。同时，在这种演进过程中，中国资本市场制度规则的进化，将表现为自律组织和市场参与者的运作限制空间，随着这些行为主体不同方面核心能力的不断拓展和前五种与第七种约束机制的不断发育完善而逐步变小。这一种变小过程，即是放松政府管制和市场化不断扩展的过程，是中国资本市场的信息披露秩序、公司治理秩序、市场交易秩序、证券发行秩序、司法与监管秩序等社会组织能力不断生成和扩展的过程。

总体而言，中国资本市场的发展与变迁过程，是多种因素综合作用的结果，这些因素包括利益驱动，制度资源禀赋与能力建设，问题导向，政府主导，策略互动，干中学，不断试错，路径依赖等。同时也是在无序与过度控制、分权与集权、混乱与规范、稳定与发展、市场化与政治化、发展专业化技巧与倚重政府决策等不同状态中相机进行选择、变换和组合的结果。这是一种内生的过程，是特定历史条件、激励结构、组织资源禀赋与能力约束下，具有不同偏好的有关各方，在追求自身效用最大化或能力建设成本最小化过程中博弈互动的结果。在这一过程中，中国资本市场出现的问题[1]以及解决这些问题的能力禀赋和能力建设，对资本市场的制度安排和制度变迁，具有显著的影响。

本书在研究考察中，一是基于现代经济学与金融学方法和历史经验对这些因素进行系统的归纳梳理，努力化繁为简，形成一个内在逻辑清晰、一致的动态分析架构，尤其是恰当地融入"政府主导的能力建设"这一具有中国特色的因素，着力揭示中国资本市场发展初期出现严重无序混乱和后来急速转向中央政府行政控制背后的结构性原因与历史条件。二是总结分析，从多种维度——如市场化能力、价值发现或定价能力、市场参与者守信与自我节制能力、执法与监管能力、监管者和市场参与者基于理性而不是基于情绪或政治考量的专业主义精神与专业能力、产品线的完整程度与市场创新能力、系统性风险水平与风险控制能力等——来衡量，中国资本市场依然是一个落

---

[1] 对发达国家金融系统发展所作的研究表明，"与金融市场（特别是金融危机）相联系的问题对金融系统的发展产生了重大影响"（富兰克林·艾伦、道格拉斯·盖尔：《比较金融系统》，中国人民大学出版社 2002 年版，第 7 页）。就资本市场制度变迁的问题导向而言，中国资本市场的发展，与发达国家金融系统发展的推动因素相类似。不同之处在于，中国资本市场的制度变迁，是由中央政府相关决策者主导的，更严格地说，是以他们对资本市场的问题的认识和理解为基础的。

后的新兴加转轨的市场，并厘清中国资本市场改革和发展的基本方向和能力建设的主要任务。

1.2　中国资本市场发展的背景和基本特点

中国今天的资本市场是 40 年来中国改革开放的产物，它的发展无疑是一个复杂的社会历史过程。

在这一复杂过程中，一方面，每一个追求自身效用最大化的利益相关者（政府官员和政府机构、自律组织、市场参与者等）都试图强化自己的影响力，使资本市场的运作符合自己的偏好，以实现自身效用最大化，并因此而产生了一种社会互动。

另一方面，这种互动过程和资本市场的能力建设过程呈现出如下四个特征。

第一，与法律因素和立法、执法系统相比，政治和政府的行政控制是一种影响力更大的因素，它们对资本市场运行与发展的影响，远远超过其他因素。

之所以如此，是因为：

（1）中国资本市场是中国改革开放的产物，而中国的改革开放决策和改革开放过程首先是一种政治决策和政治过程。改革开放之前的中国实行的是一种高度集中控制的计划经济，中国的改革开放过程是一个以计划经济为起点，以特定的社会政治制度禀赋和强有力的政府行政控制为基础，由政府主导的自上而下的渐进过程。

（2）在改革开放和资本市场发展起步之后，在资本市场的制度资源禀赋和社会组织能力禀赋方面，中国既不存在健全、可操作的法律规则，也不存在健全、有效的市场自我组织机制，没有一个可靠、成熟的法律体系和法治环境。相对于政府强大的行政组织能力而言，立法、司法和自律组织的能力资源十分匮乏，难以产生强有力的约束机制和社会组织能力来支持资本市场的有序运作。同时，在实际生活中，政府的经济与金融政策变革，以及相应的社会实践，通常走在法律改革的前面，先于具体的法律机制而存在。资本市场上各种法规的制定和实施，往往是问题导向和任务导向的，即随着实践中的有关具体问题、任务和经验的逐渐明了和不断显露、反复试错，有针对性地出台，逐步从无到有，从少到多，从简单到复杂，从极为笼统、粗糙，到日趋具体、精致、专业。而在法规和独立的执法机制等制度禀赋缺失的状态下，政府的行政控制，是唯一一种具有足够的、确定的效力，能立即操作的约束机制与能力禀赋，遂被迅速用来填补法律和市场组织机制上的空白，成为市场运行的基本约束机制和能力建设基础。

（3）在中国资本市场诸种法律制定过程中，处于资本市场运作一线的政府部门和相关机构，比立法机构拥有更多的相关信息、专业知识和实践经验，有更大的发言权，有更强的草拟法律文本的专业能力，并因此而主导了立法过程，决定了法律的基本取向和演进轨迹。与此同时，政府部门的相关权力也往往在法律形式下得到正式的确认和强化。在这里，资本市场的制度安排完全是一个内生的过程，在这一过程的初始阶段和各个转折阶段，通常是已有的权力配置格局，已有的权力关系或力量对比关系，决定法律规则及其变动方向，即权力决定规则，而非规则决定权力。

在中国改革开放进程中，整个社会的权力动态配置格局、基本游戏规则及其演化轨迹，是在原有给定的基本政治架构下不断试错、不断调整的结果。这种试错的启动，有时是自下而上的，如农村的联产经营承包责任制，但更多的时候则是上下互动并由上层主导的结果。当一种试验方案实施后产生了人们可共同接受的绩效，这种方案就会被继续执行下去，反之，方案会全部或部分地停止执行，全部或部分地受到否定和修改。从外部移植引入的方案，只有在本土得到适当的制度资源与能力禀赋，包括文化禀赋的支持，能够在内部扎下根来，生发出相应的实施机制，并与行为主体的内在利益诉求相一致，才能变成现实，而不是一纸空文。

在资本市场初创阶段的行政分权格局下，地方政府处于主导地位，证券交易所、证券公司、商业银行、投资信托公司、上市公司等在一定程度上是听命于地方政府的行政附属物。由于与资本市场相关的社会组织能力禀赋与专业技能是一张白纸，特定激励结构下追求地方 GDP 最大化目标的地方政府短视地进行偏向性的能力建设，未能在市场内部及时生发出有效抑制各种无序因素和不当行为的制度安排与能力结构。相反，具有强烈经济扩张冲动的地方政府全面介入证券市场，急功近利地追求短期本位利益最大化，而不是谋求股票市场的健康持续成长，使市场扩张与市场创新有余而审慎监管与风险控制不足，不能有效地进行自我节制，滥用资本市场分权格局下可获得的行政权力：或是纷纷设立地方证券交易中心和为公司发行股票及路边证券交易大开绿灯；或是组织和动员本地的银行机构和证券经营机构、投资机构联手，集中大量资金入市拉抬本地交易所上市的股票价格，操控和"搞活"本地市场，吸引外部逐利的资金和市场参与者踊跃入市。同时，弱化监管，怠于自律能力、监管能力、公正博弈能力和市场风险管理能力的建设，使得市场操纵、内幕交易、信息披露不当、券商挪用客户资产等各种不当行为肆无忌惮，处于放任自流、毫无节制的状态，甚至受到怂恿、推动和鼓励，以致资本市场乱象横生，危机四起。

这一时期中国资本市场的一个明显的特点，是诸如诚信、合规、公正博弈、专业主义等基本价值和互利、自由、平等交换的现代市场经济契约精神，在无数人的金钱与权力梦想和地方政府的 GDP"挂帅"面前缺位，未能在资本市场活动中得到普遍确立和实践。一种为了达到自己快速获利目的而不择手段的实用主义价值观和行为模式迅速泛滥开来。

地方政府强烈的经济扩张冲动，引发出地方政府强烈的资本市场扩张冲动，并与市场参与者的逐利冲动或扩张冲动混合在一起。双重冲动进一步推动市场参与者的监管套利[1]和地方政府面对这种监管套利而竞相放松监管和不惜破坏规矩去不断满足市场参与者监管套利需求的恶性竞争，出现竞相趋劣（race to the bottom）现象。在地方政府的眼中，资本市场的数量扩张就是一切，在市场参与者的眼中，获利就是一切，而不管数量扩张和获利的手段与结果如何，不管市场秩序和风险如何。市场上推出的配股权证、国债期货等新的投资品种无一例外地成为市场操纵、联手串谋、博傻跟风、胆大妄为、贪婪无度、定价和交易离谱、巨额资金对赌等具有致命诱惑的高风险游戏，使市场像过山车一样大起大落。在这种乱局面前，决定中国资本市场继续发展的正当性的关键问题，是"有序还是无序"，一如哈姆雷特所说的，

---

[1]　所谓"监管套利"，是指由于存在竞争关系的不同市场之间存在着监管差异，逐利的市场参与者会避开监管较严的市场，进入监管较为松弛的市场，以获得额外好处。

"生存还是毁灭，那是一个问题"。正是资本市场发展初期行政分权尝试下的地方政府失灵和市场混乱，以及地方政府未能在足够短的时间内将资本市场上的无序控制在中央政府可容忍的限度之内，产生了对治乱、确保市场有序扩展和建立资本市场秩序的强烈需求，使地方政府的资本市场发展主导权失去了正当性，引发了中央政府的收权并实行强力行政控制，强势制定和实施了各种严厉、广泛、繁杂、细致的行政规定和行政纪律，逐渐形成了资本市场与中央政府行政控制机制的全面对接，使中央政府由资本市场发展初期的"旁观者"，变为强势的、无所不在的主导者和控制者。资本市场以中央政府的行政规则和行政秩序为基础的运作机制和行政集中控制体制应运而生。包括中央行政控制机制以后的发展在内的这种中央行政秩序的核心制度要素涉及：（1）资本市场上所有的证券发行和新产品、新业务、新机构等的审批权全部上收，都必须由中央政府审批，尤其是新产品、新业务、新交易市场等更需要国务院的直接审批。这种集中审批的范围甚至一度扩展到即使是上海证券交易所成分股指数样本股票的进出调整，也需要报国务院批准。（2）证券交易所等机构的重要人事权上收，证券交易所的高管人员必须由中国证监会任命，甚至将这一行政规定明确地写进证券法。[1]后来又对证券交易所的"干部"进行"高配"，即证券交易所的理事长为副部级职位，由中共中央组织部任命。至此，证券交易所的会员制和自律治理变得有名无实。[2]与此同时，证券公司、基金管理公司的高管人员也全部由中国证监会审批。后来成立的中登公司、中国金融期货交易所等也完全复制了证券交易所的上述人事制度规则，尽管它们名义上采用了公司制的组织形式。（3）在将中国证监会先后定为副部级和正部级的政治官僚机构而不是国际惯例中的专业化监管机构的同时，也给证券交易所、证券公司、基金管理公司等正式或非正式地规定行政级别，这些机构的运行和发展被完全纳入集中的政治与行政控制轨道。其中，1997 年 8 月 15 日国务院正式决定，沪深证券交易所划归中

---

[1]　1999 年 7 月 1 日起施行的《中华人民共和国证券法》第一百条规定："证券交易所设总经理一人，由国务院证券监督管理机构任免"，2005 年 10 月 27 日第十届全国人民代表大会常务委员会第十八次会议修订的《中华人民共和国证券法》第一百零七条仍旧原封不动地保留了这一规定。

[2]　以上海证券交易所为例，根据《证券法》的规定和交易所的章程，它名义上是一个会员制的自律组织。

国证监会直接管理。（4）对金融业实行严格的分业经营，商业银行和信托投资公司不得从事股票市场业务，商业银行的贷款不得进入股票市场，商业银行不得进入交易所债券市场，以防止助涨股票市场投机泡沫和股市风险外溢到银行系统。（5）关闭各地的证券交易中心，对所有的证券经营机构进行清理整顿。

因此，中国资本市场的全面行政集中控制，是资本市场初期缺乏节制的地方政府的资本市场扩张冲动和市场参与者的逐利冲动混合作用导致严重混乱状态，以及在这种状态下资本市场面临巨大的系统性风险的危机时刻而出现的一种现象。"327 国债期货"事件和地方政府运用行政手段动员大量银行资金深度介入股票市场"炒作"，最终触发中央政府对资本市场的铁腕整肃和集中控制安排，资本市场地方政府分权格局就此终结。在这里，中国资本市场制度变迁的政治性，直接表现为发展初期地方政府各自为政和强烈的扩张冲动条件下行政分权的失灵和具有中国特色的以计划经济历史遗产为基础的政治传统与能力禀赋，对中国资本市场的发展和资本市场制度的形成与变迁，产生了重要的影响。

中国资本市场其后的发展过程表明，中央政府的这种大包大揽的全面行政控制是一把双刃剑，具有双重效应：一方面，在一定范围内降低了市场的无序程度，消除了地方政府在资本市场上的无序竞争和相互摩擦，通过对分散的、支离破碎的监管资源的整合和统一协调，能提高监管效能，加快监管能力建设，降低监管的组织成本，减少来自地方政府的监管阻力，带来监管的规模经济、协同效应和全局观。另一方面，亦引来了资本市场各种新的弊端，使资本市场变成了一个主要由政府官僚主导的、行政审批环节过多、运行效率和"市场化"程度很低的市场，出现了新的激励扭曲。同时，中央政府和监管机构与证券交易所、行业协会和证券经营机构之间的关系，变成了传统计划经济体制中政治上的上下级关系，前者可以直接指挥后者，后者则成为前者的行政附属物，不能独立自主地进行产品创新，使自律机制与市场机制的发育和能力建设严重滞后，产品创新和相应的探索与发展进程的相对迟缓，对市场的持续成长产生了明显的消极影响。并且，对大量的政府干预和行政控制的过度依赖，导致中国证券业和市场参与者长期低能化，难以迅速地学习和拓展自由市场运作的技巧、知识、专业经验和核心能力。因此，

在中国资本市场的发展过程中，传统计划经济与中央政府行政控制的历史遗
产在某些方面具有两面性：既是中国资本市场快速扩张的推动力量，又往往
是资本市场变革和进步的制约因素，从而使得中国资本市场迄今为止仍旧未
能真正摆脱传统计划经济体制中经济决策权收放交替过程"一放就乱，一乱
就统，一统就死"之类的恶性循环。

从比较研究的角度看，无疑地，单是资本市场发展初期的混乱，并不足
以推动中国资本市场运作全面转向行政集中控制模式。正是中国集权的计划
经济的政治传统、历史惯性、思维逻辑、能力与制度资源禀赋和特定的国家
治理机制，构成了这种转向的社会历史基础和组织基础。

中国资本市场的运作与发展机制的演进，不是单纯地取决于集中控制的
中央政府为一方和其他参与主体为另一方的双边互动过程，而是取决于政府
系统内部（如中央政府与地方政府、监管机构与政府其他机构之间等）以及
包括政府不同机构在内的所有行为主体之间的多边互动过程。

改革开放以来，中国资本市场上主要有六股力量：中央政府[1]、地方
政府、国有企业、国有背景的中介机构与机构投资者、私人大户、中小投资
者。一部中国资本市场发展史，基本上是这些力量彼此互动、相互博弈的过
程，是多方博弈的结果。必须从特定条件下多方博弈的角度来理解中国资本
市场发展与变迁的逻辑。

在这种多边互动过程中，在国家治理约束不到位、官商不分和延续计划
经济体制中的权力配置与调整规则的制度环境中，政府系统内部的互动，导
致权力的下放与极为便利的重新集中，导致中央政府可以收放自如地自我赋
权和政治型监管模式的出现，导致"强管制"和"弱监管"现象。"强管制"
反映为中央政府对资本市场的强势直接控制、政府直接控制的迅速膨胀和政
府的行政影响力几乎无处不在，中央政府在资本市场上没有任何硬性权力约
束和制衡。"弱监管"则表现为明显的"监管松弛"。这种"弱监管"现象的
出现，主要不是因为一般的市场参与者影响力巨大和中央政府太"弱"，而
是因为非独立的监管机构与官商不分环境中作为所有者的其他政府机构之间
互动的结果：强势的政府所有者，使得作为社会政治关系网中一环的监管机

---

[1] 本书对中央政府内部部门间的博弈互动存而不论。

构成为缺乏"尖牙利齿"的纸老虎,在对不当行为的惩处方面不敢无所顾忌,常常无功而返,难以作为,从而出现监管和执法松弛。当然,这种"强管制"和"弱监管"在一定程度上也源于特定激励结构下监管者的主动寻租:与"强管制"相联系的各种行政审批,对监管机构的工作人员而言,可以带来大量的额外好处,为了获得审批通过,被管制者常常使出浑身解数疏通"关系",将审批者奉为"上帝",运用各种手段极力讨好审批者;相反,要运用强力手段对不当行为者进行监管查处,则往往要遇到来自被查处者及其复杂的社会关系网所产生的巨大阻力,甚至遭到有力的报复和明显的威胁,对监管机构工作人员个人而言,这完全是一种"吃力不讨好"的活动。正是这种特定的个人收益结构下监管机构人员"趋利避害"的最大化行为,使"强管制"和"弱监管"成为一种被追逐的"目标"组合,形成明显的路径依赖,在深度和广度上以放大的形式活跃地进行"再生产",被不断地维持和延续下来。

此外,"强管制"与"弱监管"亦导源于国家治理约束的缺失和司法系统在资本市场的执法能力薄弱,难以为监管提供必要的配套支持。

与这种"弱监管"和"弱执法"相联系的是对资本市场上的各种违规行为惩处不到位,对违规者缺乏足够的威慑力和吓阻作用,违规被查处的概率较低,违规的私人收益大大超过私人成本,以至股票市场上各种违规行为禁而不止,包括一度出现"无股不庄"[1]的现象。同时,在市场参与者的巨大违规冲动面前和惩处威慑力不足的情况下,为了减少违规带来的不利影响,监管机构有时采取亡羊补牢和"一人生病,大家吃药"的办法,进行"监管关口前移",即一有违规出事之后便倾向于不断增加更多的事前行政审批的规定,导致审批的内容越来越多,范围越来越广,审批过程的不确定性越来越多,等待的时间越来越长,效率越来越低,审批的隐形成本和直接成本越来越高。

---

[1] 中国股市上某种股票的所谓"庄家"或"炒家",并非美国纳斯达克证券市场上提供流动性的"做市商",而是市场操纵者,通过分仓和低位大量超比例买入(吸筹)、控制筹码(股票数量)和盘面、同时进行双向买卖对敲、不断拉抬和打压股票交易价格(洗筹)等各种非法手段制造交易活跃的假象,引诱其他投资者、尤其是中小投资者跟风,然后在高位卖出获利,让其他投资者被套和遭受损失。

　　第二，资本市场在本质上是脆弱的、不稳定的。经典的有效市场理论和金融资产与金融工具的各种定价模型，以及以它们为基础的"理性投资"行为，只是一种理论抽象，它们只是影响资本市场价格运动的重要因素之一。与股票内在价值和公司的基本面等相对稳定的因素相比，政府政策，短期市场供求关系，市场参与者的情绪、心态、理念、行为取向、心理预期、风险偏好、投机、博傻，以及各种交易活动（交易价格、交易数量、资金规模、投资取向、交易行为，包括市场操纵、内幕交易和跟风炒作行为等），往往是对中国股票市场定价影响力更大的因素。正是这些因素的复杂性、不可把握性和敏感多变，而不是股票内在价值和公司基本面的变动，导致市场的过度反应，导致中国资本市场价格频繁、剧烈地波动，导致常常出现严重的市场失灵和政府失灵，导致证券投资分析师们在进行公司股票定价（即所谓"估值"）和机构投资者在调整自己的投资决策时常常处于迷茫状态、无所适从、难以把握[1]，导致中国资本市场上一些旨在提供风险分担功能的新产品的面市往往引发更高的其他风险，也导致中央政府对市场的政策干预常常出现始料不及的效果。

　　在中国资本市场发展过程中，资本市场上始终流行着一种"炒作"之风，一种浮躁、激进、贪婪无度、缺乏严谨态度和专业精神、缺乏投资风险意识并且把自己的投资资金用作赌注和进行博傻、力图"一夜暴富"的投资文化。这里所说的"炒作"和"博傻"，其实是一种过度投机。与这种过度投机相联系的，是资产泡沫或投机性泡沫，即资产价格大于其内在价值的部分的存在，同时它也是"炒家"通过零和博弈进行掠夺性交易即对其他市场参与者的金钱和财富进行赤裸裸掠夺（人们戏称为"割韭菜"）的过程，是一种典型的"掏空市场"和损毁价值的过程。

　　在这种投机性泡沫的形成与发展过程中，投机者只对资产价格的上涨感兴趣，而不在乎资产的实际用途或内在价值，他们买入资产的目的，不是为

---

　　[1]　2005 年末，中国券商分析师对 2006 年股票指数的最高点位预测都在 1 500 点上下，但 2006 年上证综指的最高点却达到了 2 698.90 点；2006 年末，大多数券商分析师对 2007 年的点位预测都远低于 4 000 点，而实际最高点于 2007 年 10 月 16 日达到了 6 124 点；2008 年初各大证券公司的投资策略报告无一预测到最低点位在 4 000 点以下，但在 2008 年 4 月 22 日上证综指跌到了 3 000 点以下（参见 2008 年 4 月 10 日《中国证券报》第 1 版记者陈劲的文章《分析师：我也看不懂》）。

了得到这些资产本身，而是为了迅速在更高的价位上卖出，通过短期买卖价差获利。一些拥有资金优势的投机者通过大量买进来推高资产价格，导致资产价格连续上涨，甚至价格明显高于实际价值，并引发价格进一步上涨的预期。在最初的买入产生高额利润的示范效应下，包括大量中小散户在内的其他投机者被吸引过来纷纷跟着购买，希望也能够快速获取暴利，完全忽略资产的内在价值和市场风险。尽管他们意识到投机性泡沫终将破灭，但是他们往往深信不疑地认定自己买入后价格一定会上升，一定会给自己带来高回报，而老谋深算的资金大户则利用一般投机者的这种盲目跟风和羊群行为而操纵价格和交易过程，大获其利。这些资金大户凭借自己的资金优势，往往使新的投资品种被滥用，使这些产品的交易对抵挡不住诱惑和乐于博傻的普通投资者而言最终成为一项危险游戏。就这样，资金大户利用人们的贪婪、博傻与资产价格的急剧波动赚钱，而那些对于新的、复杂的金融产品没有经验的市场参与者则往往一味博傻而不知道有效控制风险，最终成为这些高风险买卖交易游戏的牺牲品。

这种过度投机和"炒作"之风盛行，导致资本市场在低迷和过热中循环往复，导致投资者在贪婪和恐惧中循环往复，缺乏理性的狂热和贪婪周期性地将股票市场推上高峰，出现难以遏制的过度上涨，然后又在恐惧中下跌不止。资本市场因此变得很脆弱，充斥着高风险，存在严重的无序和危机。

与这种"炒作"之风和投机博傻相伴随的，一是资本市场交易的活跃程度在很大程度上表现为资金驱动，而不是价值驱动。股票价格的巨大波动往往与上市公司和国民经济的基本面脱节，二者的相关性不高，资本市场在过去很长一段时期内无法成为国民经济的晴雨表。

二是不讲规矩，一种劣质文化往往大行其道。这种劣质文化既不重视守法合规，也无视专业标准，不重视诚信和道德操守，缺乏公正博弈精神，见利忘义，以实用主义的态度不择手段地追求金钱和权力。

三是旨在降低和分散市场风险的金融衍生品，往往成为高风险频发的领域，成为妨碍市场稳定和"社会稳定"的"问题"，以致政府对资本市场上的金融产品创新缺乏信心，特别担忧出现高风险，因而倾向于抑制产品创新。对股指期货等金融衍生品创新的抑制，导致单边市，资本市场缺乏自我调节、自我平衡、自我稳定机制，最终只能依赖以广泛的政府行政审批为基础的数量控制和价格控制，出现向传统计划经济体制中的行政调节方式的回归。

　　四是在缺乏做空机制或做空机制不健全的单边市环境中，容易出现市场估值水平长期偏高，出现估值泡沫和市场过度波动，周期性地对股市造成重大冲击，导致对政府干预的严重依赖和"政策市"。当股市人气旺盛时，浓烈的"爆炒"有如脱缰野马，容易在极短时间内推动市场过度上涨，人们纷纷盲目投资和出现傻瓜赚大钱的现象，形成非理性繁荣和"全民炒股"的格局，为了控制社会风险，政府往往采取各种政策措施"冷却"股市[1]；而当市场大幅向下，为了"维持社会稳定"，政府又往往在社会的普遍"呼吁"和压力下采取各种措施"救市"，对股票指数进行行政调控，阻止市场下滑[2]，从而形成了所谓"政策顶"和"政策底"，即被认为政府政策容许的股市指数的最高点位和最低点位。政府的"救市"行为和其他行政控制手段在投资者的心目中形成了一种隐性担保和依赖性，刺激了他们盲目、轻率和不负责任的投资行为，加剧了道德风险，使得投资者对政府股市政策动向的关注往往超过对上市公司投资价值的关注，并造成了中国股市特有的股指随着关于政府股市政策的传言和猜测而上下振荡，甚至大起大落，以及出现"投资亏损找政府"[3]的情形。尽管目前中国资本市场的制度安排正逐步从"政府主导型"向"市场主导型"方向转变，但是在资本市场不健全时和

---

　　[1] 这方面的经典案例是 1996 年 10 月起政府连续推出所谓"十二道金牌"以及同年 12 月 16 日《人民日报》刊登特约评论员文章，来给持续过热的股市降温：在宏观利好政策等因素的推动下，从 1996 年 4 月 1 日到 12 月 12 日，上证综指涨幅达 124%，深成指涨幅达 346%，涨幅达 5 倍以上的股票超过百种；从 10 月起，为了抑制股市过热，中国证监会等政府机构连连发布了《关于规范上市公司行为若干问题的通知》《关于坚决制止股票发行中透支行为的通知》等后来被称为"十二道金牌"的规定，但都未能阻止住大盘的升势。不得已又于 12 月 16 日在《人民日报》上刊登由证监会组织撰写的特约评论员文章《正确认识当前股票市场》，强调股市近期的暴涨是不正常的和非理性的，进一步明确地打压股指，终致当日沪深两市暴跌，绝大部分股票出现跌停板，几天内上证综指从 1 258 点一路跌到 855 点，跌幅达 32%。

　　[2] 正式开此先河的是 1994 年 7 月 30 日中国证监会出台的三大救市政策：1994 年 7 月上证综指一度下探至 334 点的历史低位，此前的 18 个月时间内股市跌幅达 79%。在此背景下，1994 年 7 月 30 日（周六）中国证监会正式宣布了"年内暂停新股发行和上市、采取措施扩大入市资金范围"等著名的三大"救市"政策，受此政策利好刺激，8 月 1 日沪深股市价格水平飙升达 30% 以上，一周内上证指数上涨了 110%，一个月内上涨了 323%。

　　[3] 中国资本市场上的独特现象之一，是一些投资者由于盲目地冒险投资而出现自己难以接受的亏损之后，到中国证监会等处"上访"，甚至制造事端，有的则通过电话、信件、互联网等渠道散布不满情绪，包括威胁要"炸"相关证券机构的大楼或其他重要场所等。

在上述诸种因素的作用下，出于"维持社会稳定"的需要，政府往往仍不得不在特定的时点对市场走势进行不同形式的行政干预，包括用行政手段调节股市的供求关系。另外应该特别注意的是，在中国现行的政策环境条件下，由于救市政策常常随意性强，政策底线不清晰、不透明，决策酝酿与正式决策过程的程序复杂、不规则，决策结果的不确定性高，协助和参与决策的人员和机构有时候比较多，决策过程比较长，且常常或者通过非正式渠道，或者因为监管机构等政府部门特地同证券公司、投资基金管理公司的负责人提前进行商讨、通气和组织实施，救市政策消息在正式向公众发布之前常常被泄露到市场。从而出现大量的政府救市政策信息的内部知情人和这种特殊的"内幕交易"，以及出现严重的救市政策信息传播不对称，股市提前出现异常波动，"先知先觉"的内幕交易者大获其利，损害证券市场的公平原则，尤其是损害大量不知内情的中小投资者的利益。在股指期货市场上，由于保证金交易具有高杠杆效应，这种救市政策信息的内幕交易和信息不对称更可以为内幕交易者带来更高的暴利。

此外，在单边市和"全民炒股"条件下，还会出现这样的一种不健康文化：当股市过度上涨出现明显的市场泡沫时，由于股价下跌会使所有持有股票的投资者的投资收益下降，甚至出现亏损，这时如果有谁站出来说股价过高，股市有泡沫，就会被视为大逆不道，成为众矢之的，受到众人抨击，遭到"口诛笔伐"式的"围剿"甚至谩骂。

五是证券市场的价格信号混乱，尤其在牛市中，常常出现垃圾股"鸡犬升天"和大量证券的价格远远高于其内在价值的现象，资本市场未能有效地发挥其应有的资产定价、价值发现、优化资源配置、优胜劣汰、分散风险等各种基本功能。

六是二级市场过高的估值导致市场价格远远高于均衡价格，远远高于均衡状态下股票发行人的股票供给价格和长期投资者的需求价格，以致市场无法出清，即一方面在证券供给一方，大量有上市意愿并达到国外上市标准的公司的股票无法在国内上市，大量公司的IPO与再融资之梦难圆。在国内公开发行股票往往要排长队，等待很长时间，有些公司不得不"漂洋过海"到境外市场去上市。另一方面，在证券需求一方，股票价格长期偏高，限制了人们对股票投资的长期需求，在高股价面前人们或者选择不进入资本市场，使得资本市场的导管功能被严重堵塞。大量的社会储蓄难以转化为股票市场上的长期投资，要么只能存入商业银行，在实际利率为负的情况下出现存款资产贬值；要么成为社会游资，四处冲击，出现或大或小范围内的流动性过剩和资产泡沫，或者在股市上选择进行短期投机，快进快出，造成股市投资的高风险和股票市场整体长期投资的低回报与负的风险溢价[1]。其结果是资本市场的改革和发展滞后于实体经济领域的改革和发展，滞后于社会经济系统对资本市场的需求。

第三，特定的制度禀赋和能力基础，导致中国金融系统和资本市场呈现出一系列独有的特征和环境条件。

改革开放以来，中国经济一直保持着较高的增长率。在这种高增长过程中，就全社会实际融资而言，首先，股票市场通常并不重要，企业在投资时主要通过商业银行和政策性银行管道获得外部资金。对大量中小型的民营企业和创新企业而言，通过非正规渠道（如亲戚朋友、熟人，甚至包括地下钱庄）获得的外部资金成为重要的融资来源。其次，中小企业的内源融资远比外源融资重要。再者，政府成为最重要的投资主体，尤其是基础设施的投资。这些投资资金的主要来源，除了一般的政府税收之外，就是所谓的"土地财政"或土地的货币化、市场化，即土地的国有制使得政府能根据自己的意愿对原本非货币化、非市场化的大量土地以相对较低的成本进行征用和批租，通过货币化、市场化的土地批租获得大量的收入，将这些收入用于各种增值性的基础设施投资，包括各种开发区前期建设的"几通（所谓'通水、通电、通气'等）一平"上。在此基础上，再吸引国内外企业的大量后续投资，包括工业、商业、住宅的物业和机器设备等固定资产投资，以及流动资金的投资，从而推动社会投资和社会经济的高速增长。

---

[1] 按照现代金融学理论，一个股票市场的波动越大，上市公司的质量、治理机制和投资者保护越差，投资风险越高，股票的价格水平和市盈率就应当越低，从而保证高风险的证券投资能够得到一个较高的风险溢价，即公司的红利率等投资回报水平超出无风险利率的部分应当比较高。而长期以来中国股票市场的实际情况恰恰相反，与高风险相伴随的是高股价、高市盈率和负的风险溢价（即长期投资回报水平低于无风险利率），在股票市场上，"豆腐卖成了肉价钱"，投资者普遍为上市公司股票付出了过高的投资代价。对中国股票市场风险溢价的经验研究，参见程兵、张晓军：《中国股票市场的风险溢价》（"Equity Risk Premium in Chinese Stock Market"），《系统工程理论方法应用》2004 年第 1 期，第 14—19 页。

在这种高增长过程中，就公司治理和金融市场对上市公司管理层的约束而言：

首先，由于大量上市公司为国有控股，公司控制权市场不活跃，敌意收购和敌意接管非常困难，因此，与美国金融系统不同，中国的公司控制权市场在约束管理者行为、迫使公司提供优良业绩方面，不能发挥重要作用。

其次，由于商业银行不能交叉持有工商企业的股份，也不能代理中小股东投票，不能在获得贷款的企业中行使控制权；因此，与德国和日本的金融系统不同，中国的商业银行在约束管理者行为、迫使公司提供优良业绩方面，不能发挥重要作用。

再者，大量国有控股上市公司高管人员的人事与分配制度尚未真正与市场接轨，经理人市场亦不能发挥有效约束管理者行为的作用。现阶段对国有控股上市公司管理者行为的约束，主要来自政治系统[1]和管理者自身的声誉资本。

第四，资本市场一旦适应社会的需求而建立起来之后，在应对市场中不断出现的问题、危机以及生存、成长与外部竞争的挑战的过程中，在各种积极因素的作用下，会逐步发展出一套自我学习、自我治疗、自我校正、自我净化、自我适应、自我发展的机制来推动市场的能力建设，推动市场的不断进步，不断成熟。随着中国资本市场改革与发展不断推进，组织资本不断积累，市场结构不断改进，公司法、证券法、刑法和其他相关法律规则的文本和实施机制逐步完善，市场化程度和国际化程度不断提高，国际竞争压力持续加大，国内资本市场逐渐与国际资本市场一体化，中国资本市场与国外成熟市场之间的互动将增加。长期而言，它们之间现阶段存在的显著差异最终将逐步缩小，即出现趋同之势。

对本节作一个归纳，可以得出如下结论：中国资本市场的发展过程，是追求自身效用最大化的各种利益相关者之间一种复杂的社会互动过程所产生的结果；这种社会互动过程主要由三种性质的力量推动，即强有力的政府行政控制力量或政治力量，市场参与者浓烈的逐利与"炒作"投机力量，以及

---

[1]　例如，在上海地区，在现行的党管干部体制下，国有控股上市公司的董事长、总经理等通常被中共上海市委组织部定为正局级、副局级、正处级等，他们的任职提名和年薪标准也通常由组织部决定。

市场发展过程中生成、引发出来并不断累积性地整合和增长的积极的市场机制与支持性的制度安排力量。这三种特定的力量在证券市场牛熊交替的不同周期、市场周期的不同阶段以及证券市场发展的不同历史时期，显示出此消彼长等多种多样的动态组合。正是这三种力量的广泛影响，决定了中国资本市场"新兴加转轨"的性质和能力建设的基本路径。同时，只有第三种力量不断壮大并最终占据支配地位，中国资本市场才能由"新兴加转轨"的市场转型为成熟的市场，中国资本市场的能力建设才能最终获得成功——这将是一个必然的历史趋势。

1.3　中国资本市场发展的三个阶段

基于资本市场的基本控制机制、政策取向和能力建设模式的主要特征，本书将中国资本市场的发展和变迁划分为三个阶段。由于资本市场能力建设和游戏规则实际形成及其变化的渐进性，这三个阶段之间并不存在清晰的时点界限，而是存在着或长或短的过渡期与交叉期。同时，前面的阶段在市场能力建设、游戏规则的制定与实施等方面积累的经验和暴露出来的各种问题，构成了以后阶段发展与改进的基础与出发点。对后面的阶段而言，前面的每一个阶段都是一种不同市场运作模式的认识、学习、试错、探索并进行能力、经验与教训积累的阶段，这时候资本市场上出现的不少做法和行为成为一种过渡性的或阶段性的现象。

1.3.1　第一阶段：行政分权格局下地方政府主导的年代

这一时期资本市场的发展完全从零开始。市场发展的正式目标及合法性基础，是探索发展中国资本市场之路，推进企业的股份制改革，推进金融与社会经济改革。但由于意识形态方面的束缚和政治上的"安全"考虑，股份制改革和公司上市的"试验"往往主要限于一些规模、业绩、竞争实力与行业地位并不突出的"杂牌"企业——尽管后来从这些当初无足轻重的上市公司中成功地发展出了一大批行业翘楚。在市场监管和制度建设层面上推行以地方政府为主导、调动地方政府改革积极性的行政分权模式。这是整个国家资本市场发展的"起步阶段"和大规模的资本市场改革探索与"试验"阶段。

这一阶段出现了从计划经济缝隙中生长出来的自发的非正式市场（黑市）和较为正式的柜台交易，出现了大量的具有证券交易所功能的地方证券交易中心，并且，市场首先成为流动性提供者。

就交易所市场或场内市场的运作与发展而言，在当时有关决策者看来，证券交易所成立之后场内市场发展面临的第一位问题，是如何激活市场，让市场活跃起来，产生足够的社会吸引力，如何让更多的钱、更多的机构、更多的投资者和上市公司进入股市，推动股市快速发展等，即"发展是第一要务"。市场发展的策略、价值取向和政策取向，可概括为"不管黑猫白猫，能把股市搞起来的就是好猫"。着重股市的"生存"与"发展"问题，而相对地不重视"公正博弈"（规范）、"稳定"与风险管理问题；着重活跃市场交易和把钱吸引到股市，形成资金驱动，而不是关注股市的投资价值、定价效率和配置资源的效率。各种激活股市的创新和措施，包括行政措施和非正式措施，得到尝试和运用，以至出现市场秩序演化的扭曲和市场无序程度的不断发展。

在股市运作的初始制度架构和组织资本、能力禀赋的约束方面，起始阶段资本市场社会能力存量严重匮乏。地方政府全面主导和全面介入市场的建立和运作过程，包括地方的体改办负责审批公司改制，地方的人民银行分行负责证券交易所的筹建、股市的监管和证券公司的筹建。

行政分权格局下各地地方性证券市场一哄而起。这是资本市场改革全面试点条件下地方政府的最大化行为与市场自发行为的某种混合的结果。地方证券市场的发展，能带动地方经济的发展，包括带来巨量资金流，产生巨额股票交易印花税收入，带旺当地的餐饮业、宾馆业等相关产业，因此对地方政府深度介入证券市场具有巨大的诱惑力。在地方政府的主导下，出现沪深证券交易所恶性竞争、商业银行资金推波助澜、地方证券交易中心遍地开花的乱象，各地非正式市场（"黑市"性质的所谓"一级半"市场等）与正式市场并存。

在这一阶段经历了沪深两地证券市场从抑制到正式启动，从地方市场发展为全国性市场，从"冷"到"热"，从另类活动待遇发展到全民"炒股"时代。

但沪深股票市场的"迷你"规模同时呈现出市场供求经常严重失衡和过度波动的特征。与股票价格大涨相联系的是财富效应、暴利效应、财富神话和贪婪行为，以及人欲横流、无法无天和普遍投机的市场气氛。这是一种缺乏价值投资概念、缺乏违规概念、缺乏专业投资分析标准的市场，一种"炒风"弥漫、依靠资金和逐利动机驱动，并由市场操纵行为、投机与博傻跟风行为和"小道消息"主导的市场，一种有着巨大的逐利空间的市场。这种市场的价值发现功能极弱，零和博弈性质的暴利获取"功能"和分配性努力得到强化。

股市过热条件下人们对新股认购趋之若鹜。为了保证发行市场的公平，出现了中国特有的股票认购证与抽签制度等。这一制度中包括的凭居民个人身份证限额认购和开立股票与资金账户的做法，引发了规避这一控制手段的"麻袋身份证"[1] 现象，机构以个人名义开户现象，以及后来的"拖拉机账户"[2]、"分仓操纵股价"[3] 问题等。

在股市规模很小、二级市场股价水平很高、一级市场投资可获暴利的情况下，为了保证市场公正和二级市场股价稳定，当时仅允许向公众投资者公开发行的股票上市流通，其他股票则为非流通股。早期曾经进行过少数几家上市公司非流通股上市的尝试，但由于对二级市场股价冲击过大，遇到很大阻力，最终不了了之。这即是股权分置问题的缘起。

导致本阶段终结的资本市场历史事件，一是"327 国债期货事件"及其留下的"烂摊子"和巨大的坏账"窟窿"，二是沪深两市恶性竞争所引发的资本市场系统性风险和资本市场风险向商业银行溢出的令人担忧的前景等。市场的这种无序程度超出了中央政府决策者的可接受水平和容忍限度。当时中国外部发生的东南亚金融危机更进一步刺激了这一点。

对行政分权阶段的总结：

在这一阶段，中央政府对市场发展的控制和参与较少，随着资本市场改革试点的全面推进，地方政府努力推动地方证券市场的发展，各地证券交易

---

[1] 即为了用更多的个人身份证开户和认购，有人到偏远的内地农村地区按可接受的"低价"收购了大量身份证并装入麻袋，带回城里开户。

[2] 即一个主要账户下面挂上很多用其他人的名字开设的账户。

[3] 即一个投资者用多个账户买卖某种证券，这些账户往往分散在不同的证券营业部。

机构和正规的、甚至非正规的发行与交易市场从无到有，快速发展。市场发展中重扩张、少规范，地方政府和地方性的证券交易机构在业务运作方面拥有较大的自主权，有着较强的市场扩张和创新的冲动，活跃市场与数量扩张成为各地市场发展的基本战略和主要目标。证券市场条块分割，缺乏全国统一的证券市场法律规则、监管标准和监管机构，各地证券市场的发展和监管各自为政，自行其是，自律机制和市场自我调节机制极不完善，地方政府和市场参与者往往忽视自身的声誉资本积累，市场运作质量和规范水平不高，常常出现严重的市场失序、行为失范、市场扭曲。市场的制度体系、组织资本与人力资源的能力建设滞后，成为市场发展的重要瓶颈。

这是一个充满较为自由的创业与探索精神的年代，一个较为关注市场需求的年代，也是一个物欲横流、缺少公正博弈的灵魂和专业精神的年代。这一时期，在某种限度内二级市场交易等领域是一个由丛林法则主导、市场操纵与内幕交易横行的蛮荒世界。这一阶段未能在足够短的时间内成功地形成市场自发秩序、有效的自律机制、市场竞争约束和正式规则等能力结构，其发展和建设滞后于市场规模的扩张。

在这一阶段，当地方政府、市场参与者和自律组织缺乏足够的动力和能力来解决严重的市场失序问题时，中央政府便站出来填补这一角色空白，采取措施，治理严重的市场失序，从而推动中国资本市场的发展和能力建设进入一个新的阶段即中央政府主导的行政集中控制阶段。

1.3.2 第二阶段：行政集中控制格局下中央政府主导的年代

这一阶段中国资本市场发展的控制机制和能力建设，出现了从地方政府主导到中央政府主导的演变，并经历了一个以特定的能力禀赋和能力积累为基础的快速的"先收"和渐进的"后放"过程。即运用"快刀斩乱麻"式的中央政府全面行政控制，迅速治理由地方行政分权和市场参与者无所顾忌的不当行为所产生的市场混乱、市场扭曲和巨大的摩擦成本、市场风险与市场动荡。同时，借助中央行政强力建立统一的游戏规则，一步步地推进全国统一的法治秩序和市场化建设的进程，逐步健全和完善法治机制与市场机制，逐渐积累和拓展市场有效运作所必需的各种能力，进而相应地使政府的直接控制在不同的市场微观领域先后逐步淡出。

在这一阶段的前期，资本市场成为一种以中央行政集中控制能力为基础，由中央政府和证券监管机构的官僚主导的市场。它是强势的中央政府利用既有的充足的行政控制能力禀赋采取可收到立竿见影之效的"堵"而非"疏"的治理策略，对第一阶段行政分权模式进行问题导向的否定性行政治理，通过中央政府的有形行政之手从无序乱象中"拯救"证券市场的结果；也是在与地方政府政治博弈过程中确立了中央政府行政干预的"合法性"的结果。在缺乏法治化、市场化能力禀赋和能力建设配套的历史条件下，它更着重用行政统制手段快速治乱和进行权力上收，并在一定程度上以市场参与者的经济自由权利的限制等为代价，以中央政府的控制权迅速膨胀和不存在对这种权力膨胀进行系统国家治理的约束为前提。

这一阶段前期，资本市场发展与变迁的目标及合法性的基础，是从混乱无序转向"规范"，从分散大乱转向以行政集中控制为基础的"大治"，真正确立了中央政府的权威和中央行政秩序。这一时期，制度设计和市场发展的策略与政策取向，是"以规范（行政性集中控制而非法治秩序和健全的市场竞争秩序）为第一要务"，并且市场游戏规则和法律体系设计的着眼点是禁止地方政府和市场机构自行其是，赋权于中央政府（尤其是国务院和中国证监会）[1]，而不是约束中央机构。

控制资本市场无序的主要强力行政措施，包括商业银行与银行资金、信托投资公司从交易所市场退出，实行金融分业经营，关闭各地证券交易中心和 STAQ、NET 系统，禁止证券场外市场和金融衍生品市场的发展，中央政府对资本市场运作（证券发行、新产品开发、证券机构审批等）完全实行集中控制，上海与深圳两个证券交易所由中国证监会直接管辖，对分散的地方证券监管机构进行垂直整合，纳入中国证监会的统一管理体系。

---

[1]　1998 年颁布的《证券法》第 35 条规定"证券交易以现货进行交易"，禁止股指期货等证券衍生品的出现。2005 年修改后的新《证券法》第 42 条虽然将以上规定修改为"证券交易以现货和国务院规定的其他方式进行交易"，为证券衍生品市场发展打开了一扇门，但这不是在证券市场的微观经济决策领域赋权于市场和市场参与者，而是赋权于政府和官僚，因此是一扇由国务院来决定开启与否而市场参与者不可自主决定出入的官僚控制之门。中国目前还没有一部真正市场化的《证券法》，在证券市场运作与发展过程中，依然以中央集权来包揽资本市场的产品创新决策，因而无法对市场需求作出迅速、充分、有效的反应。在资本市场上，中国证监会在很大程度上仍旧起着计划经济体制中国家计委和经委的作用，而不是扮演市场经济体制中的监管与执法者（watchdog）的专业角色。

这一阶段市场运作的主要特征有五个方面：

第一，证券市场垂直监管机构的单独设立，以及这一阶段中问题导向的改革，国内外专家、投资者的策略互动，持续的试错、边干边学与专业化技巧的不断积累，推动中国资本市场制度不断健全和不断进步，其中也包括监管机构寻求"监管麻烦最小化"而努力完善各种制度化的市场制衡机制和水平协调机制。

例如在股票一级市场上，监管机构逐渐倚重自身声誉机制和专业中介机构声誉机制的作用，通过不断摸索和调整，推动证券发行制度不断改进：从初期审批制下的"额度制"及其调整（从初期的总额控制到后来的"限报家数"），发展到核准制下的通道制，再到核准制下的保荐人制度。

再如股票发行市场从非主流企业上市，到"支持国企改革"，"帮助国企脱困"，"捆绑上市"，再调整为严格控制股票发行人的质量，挑选最好的企业上市。随着一大批在行业中处于全国领先地位的大型企业的上市，资本市场不再被"边缘化"，而开始真正成为国民经济的晴雨表，并开始引领中国企业的改革与发展。

为了给资本市场运作提供更好的基础制度设施，中国证监会与证券交易所、立法机构和其他有关机构通力合作，不断修订和完善公司法、证券法、刑法、公司治理机制、会计准则与信息披露准则等。同时，在国务院的直接支持下，通过大力发展机构投资者，推进股权分置改革，进行证券公司综合治理和上市公司大股东不合理占款的"清欠"工作，逐步弥补证券市场的结构性缺陷。

第二，在这一阶段，对市场参与者能力与素质的疑虑和对市场风险的担忧时时困扰着监管机构和中央政府，并推动中央政府以行政控制代替市场参与者的自由决策，使得中央政府的纵向行政调节居于主导地位，中央政府的行政权力和管制法规迅速膨胀。市场运作倾向于行政化、政治化、官僚化，在很大程度上带有浓厚的传统计划经济体制色彩，中央政府的行政管制几乎无处不在。基于政治与行政等级制的基本规则，中央政府和中国证监会对证券市场业务运作实施全面、严格的行政控制。证券市场监管机构被赋予太多的相互冲突的职责（保证市场"规范""稳定"和"发展"等）和权力，同时监管机构政治化、官僚化，而不是按照专业化原则进行运作。证券交易

所、行业协会等自律组织和证券公司、基金管理公司等中介机构在一定程度
上成为政府和监管机构的行政附属物。

监管机构集审批者、产品创新者、监管者、证券业主管机构、市场稳定
者、市场发展推进者等多种角色于一身，这些角色往往相互冲突。同时，出
现了监管机构与证券业的"一体化"，便利了监管者机会主义地自我赋权，
利用审批权和自由处置权进行"设租"与"寻租"。例如，大量的监管机构
人员到证券公司、基金管理公司、证券业协会、交易所、证券登记公司担任
高管职务。

市场上的一些基本的微观决策权被集中在政府机构的手中，证券经营机
构和证券交易所不能自主地进行金融创新，不能快速、有效地应对市场需求
与国际竞争，各种复杂、低效、耗时、迟缓、官僚主导的行政审批程序和行
政安排，使市场参与者在金融创新与市场发展方面往往难以作为。

这一时期，中央政府还对以前混乱无序的企业债券市场进行了整顿，实
行中央集中计划、集中审批，上市的企业债券须有银行担保，以降低债券到
期兑付的风险。此外，在中央条条行政分割格局下出现了以批发业务为主
的、高度封闭的银行间债券市场。

第三，对资本市场的运作和发展缺乏长期、专业、严谨的制度、机制与
政策设计，"单边市"条件下出现市场的"稳定""规范"与"发展"之间的
短期抉择困境，市场的成长倚重数量扩张和资金驱动，产品结构单一，衍生
品市场发展受到管制。股市供求长期严重失衡，存在长期性的定价不当和价
格扭曲。市场缺乏内在稳定机制和高效率的自我校正机制，政府对股票市场
指数、入市资金和股票发行上市的规模与时机进行行政调控，产生"政策
市"，出现"收放交替"的政策市周期，市场的系统性风险过高[1]。

政府对二级市场价格的"支持"，一定程度上加剧了投资者对投资风险

---

[1]　罗林使用 1997 年至 2004 年中国股票市场数据进行分析，发现中国股票市场系统风
险占总风险的比例超过 50%，远远高于美国市场的 25%（罗林：《中国股票市场风险结构实证
研究》，《金融与经济》2006 年第 7 期）。张宗新和朱伟骅所做的特定时间序列的统计研究表明，
中国股票市场系统性风险与市场指数存在负相关性，牛市期间系统性风险显著降低，熊市期间
系统性风险持续走高，政策因子对中国股票市场系统性风险具有显著性影响，即股市在很大程
度上为政策市（张宗新、朱伟骅：《中国证券市场系统性风险结构的实证分析》，《经济理论与经
济管理》2005 年第 12 期）。

和股票真实价值的忽视，出现普遍的投机行为、道德风险和对政府"托市"的过度依赖。在这一阶段的前期，股市急涨慢跌，熊市或市场向下校正的时间被人为地拉长，波幅加大，与实体经济周期脱节，逐步"边缘化"，失去了国民经济晴雨表的作用。为了保证市场短期"稳定"，监管机构对市场操纵、内幕交易、证券公司挪用客户保证金等违规行为有时或者"投鼠忌器"，或者"视而不见"，在监管与执法方面"不敢作为"。市场上内幕交易、市场操纵、虚假信息披露、内部人控制、"掏空"公司等不当行为常常大行其道，包括"无股不庄"现象的出现。以致有学者将这种状态的中国股市比作"赌场"。[1]

此外，在供求严重失衡、公司控制权私人收益较高和股票发行行政障碍较高的情况下，股票发行人不是努力去满足投资者的偏好，而是千方百计甚至通过行贿手段去努力讨好"管制者"，滋生腐败和寻租现象。官僚控制代替了基于中介机构专业判断和市场参与者自由选择、自我负责的市场协调和法律责任的约束。同时，IPO的行政控制和股票发行市场的过度管制与股票供给的相对不足，导致股票发行价格偏高，或虽发行价格受到行政限制但股票上市后的二级市场交易价格偏高，这种过高估值机制使得外部股权融资如同"免费的午餐"，导致企业出现强烈的上市融资冲动和上市融资"饥渴症"，在企业融资结构决策中出现异常的融资优序偏好[2]，热衷于在证券市场上进行高价外部股权融资。与此相伴随的是，IPO市场的供给管制导致

---

　　[1]　2001年1月12日，著名经济学家吴敬琏接受中央电视台《经济半小时》节目的采访，就记者提出的有关庄家操纵股市问题作了回答。吴敬琏说，股价畸形地高，所以，相当一部分股票没有了投资价值。从深层次看，股市上盛行的违规、违法活动，使投资者得不到回报，变成了一个投机的天堂。有的外国人说，中国的股市很像一个赌场，而且很不规范。赌场里面也有规矩，比如你不能看别人的牌。而我们这里呢，有些人可以看别人的牌，可以作弊，可以搞诈骗。坐庄炒作，操纵股价这种活动可以说是登峰造极。1月14日吴敬琏访谈在中央电视台《经济半小时》播出，一场关于"赌场论"的争论随即展开。而当时的一项网上调查显示，73%接受调查的人就"中国股市是不是像一个赌场"这一问题选择了"是"的回答（资料来源：2007年5月17日《市场报》）。

　　[2]　以成熟证券市场为背景的融资优序理论（pecking order theory）的研究表明，由于不同融资方式存在资本成本的差异，企业融资决策时的偏好顺序由高到低排列，依次为内源融资、外部低风险的债务融资和高风险的债务融资、外部股权融资（Myers, Stewart C.，"The Capital Structure Puzzle"，*Journal of Finance*，39，No.3，July 1984，pp.575—592）。而目前中国企业表现出来的则是一种顺序相反的异常融资优序偏好，外部股权融资成为上市公司的"最爱"。

市场无法出清，出现大量企业长时间排队等候 IPO 这种全球独有的现象。从理论分析和股票市场实践的角度看，这种 IPO 排长队现象背后的基本逻辑其实极为简单：

图 1.1 中的水平线 V 为股票发行人的公司股票内在价值，斜线 P 为该公司股票的估值即市场价格曲线。显而易见，当股票市场价格 P 大于内在价值 V，即处于区间 A 时，企业倾向于外部股权融资，且大得越多，外部股权融资的额外好处、冲动和激励就越强；反之，当股票市场价格 P 小于内在价值 V，即处于区间 B 时，若企业发行股票进行外部股权融资，原有股东的权益就会摊薄，每股净资产下降，这时企业会倾向于不发行股票，排队 IPO 的现象必定会消失，市场会自动出清。图 1.1 中的点 E 为股票发行市场供求均衡点。A 为选择外部股权融资的股票市场价格区间，B 为放弃外部股权融资的股票市场价格区间。

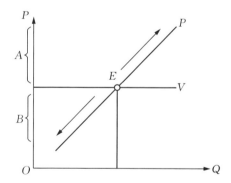

图 1.1　企业外部股权融资及大股东和高管减持套现的决策逻辑

同理，股票发行市场过度管制和股票价格过高，会刺激上市公司大股东和高管等内部人迅速出售股份高价套现。仍以图 1.1 为基础，大股东和高管进行股票减持的基本逻辑如下：当股票市场价格 P 大于内在价值 V，即处于区间 A 时，大股东和高管倾向于减持他们手中可减持的股票，且大得越多，减持套现的冲动和激励就越强；反之则会倾向于不减持。图中 A 为选择进行减持的股票市场价格区间，B 为放弃减持的股票市场价格区间。

依循上述分析逻辑，不难进一步推论和发现：首先，现阶段采用行政规则和行政手段限制大股东和管理层售股套现，只是股票发行市场供给过度管制条件下不得已而为之的治标措施，而非股市维稳的长期治本之道。其次，在股票供给管制程度和市场定价水平长期偏高的市场环境中，所有类型的投资者，包括上市公司大股东和高管人员都倾向于成为短视的投机者，采取短期行为，而将上市公司做优做强、实现基业长青的长期激励不足，从而导致上市公司和资本市场资源错配，降低了企业和资本市场的运作质量与效率。再者，在 IPO 过度管制和股票发行市场供求严重失衡的格局下，如果放开股票发行市场的自由询价和自由定价，必定导致"高发行价，高市盈率，高超募"的"三高"现象。当市场供求严重失衡时没有哪一家作为股票承销商的证券公司能在市场上询出"合理"的股票发行价格，不论它们的投行业务团队如何专业和优秀。与股票供给的数量控制相伴随的，必然是发行价格的行政控制。反过来看，要使股票发行价格合理化和实现定价市场化，首先必须通过改革消除发行市场的数量控制。这里存在着股票发行市场改革的最优先后次序或综合配套，否则一定是缘木求鱼，乱象丛生。由此也就可以明了，为何近 30 年来股票发行市场上各种股票发行定价自由化的探索（参见本书第 5 章），都会以失败告终，都不得不重新回到行政化的原点！

第四，中国的市场化改革与对外开放，在很大程度上是以行政分权和政府主导为基础的，行政机制成为最主要的资源配置机制，政治或行政力量在社会经济运行过程中完全处于一种缺乏有力社会制衡的强势地位，即不存在对政府的系统约束。劳动力、土地、资本三大生产要素中，实际上有两大要素即土地和资本的配置主导权被掌握在各级政府的手中。按照政治规则运作的政府通常追求的是政治利益最大化，是本地投融资和 GDP 规模的最大化，是本地财政、金融等资源占有和使用规模的最大化。政府成为最大的经济资源控制者和投资者，也成为资本市场中上市公司和证券公司的最大所有者和最强势的利益相关者。

在这一阶段的初期，为在政治上取得整个政府系统的支持而采用了条条块块"分利"模式[1]，该模式下中央政府不同部门和地方政府对资本市场的广泛介入，使得同处政府官僚系统的证券监管机构在证券市场监管博弈中

---

[1] 如实行股票发行额度制，即将每年股票的发行额度分配给各个部委和地方政府。这种"额度制"，是计划经济的历史遗产加上政治协调以及地方和部门利益平衡的结果。

遇到强大的政治阻力，受到严重掣肘与制约。一些重大市场违规的始作俑者其实是有关的政府官员或政府主管机构[1]，为了避免遭受来自特定政治"关系网"的"报复"而影响"仕途"、政治前程和政治关系，在监管中有时只能避重就轻，或不了了之，难以作为。或者采取政治"妥协"行为或隐性政治利益交换行为，抑或采取一种避难就易的选择性行为：放松事后监管和处罚，强化事前可易于得到合作和能够增加监管机构私人收益的行政控制，以至出现监管机构的行政控制"替代"法律实施的趋向，导致"强管制，弱监管"和"多管制，少监管"，出现直接行政控制对监管处罚和严格执法的替代，导致管制过度膨胀而监管力度不足。监管机构仅仅具有象征性的威慑力。

这一阶段前期不少垃圾公司经过业绩粉饰和虚假包装后上市，上市后迅速"变脸"，每年的财务业绩不断急剧下滑。在上市机会较少的条件下，为了利用好这种稀缺的上市公司"壳"资源进行再融资，地方政府纷纷组织对这些前景不佳的亏损公司进行资产重组。中央政府和监管机构为了增强股市对投资者的吸引力和避免持续亏损的公司退市造成投资者损失和社会"不稳定"，亦鼓励实质性的公司重组。然而，这一政策也打开了上市公司重组的"潘多拉盒子"，出现了与上市公司重组相关的内幕交易、市场操纵、题材与概念"炒作"、虚假重组、过度投机、小道消息、垃圾股"鸡犬升天"、市场估值混乱等各种消极后果，损害了资本市场的效率、公正和透明度，加大了市场的系统性风险。

第五，由于人力资源、专业经验、组织资本等方面的基础薄弱和激励不足，资本市场健康运行所必需的法院、检察等相关司法系统的能力建设进展迟缓，难以为资本市场提供有效的司法约束。

对中央行政集中控制阶段的总结：

在这一阶段的前期，强势的中央政府运用有形的行政之手，采取"堵"与"禁"的策略，对行政分权格局下出现的资本市场混乱无序，大刀阔斧地进行问题导向的否定性治理，对资本市场的微观活动进行全面垂直控制与广

---

[1] 例如，股票发行额度制下地方政府控股的成都红光之所以能够通过大肆造假上市，显然是作为上市推荐者的地方政府，包括公司主管部门在内的成都市政府有关机构，在完全知情的情况下为其造假大开绿灯的结果。其他很多地方政府控股的企业造假上市也莫不如此。

泛干预，使资本市场从混乱的自发秩序迅速转向硬性的中央行政层级秩序，逐步消除了证券市场上的行政性条块分割和地方政府的各自为政，形成了全国统一的证券市场法律规则、监管标准和监管机构体系。但同时造成严重的金融抑制和市场机制发育迟滞，出现强政府、弱市场、官本位、低效率。它以市场参与者的经济自由缺失等为代价，以中央政府的控制权迅速膨胀和缺乏对这种权力膨胀进行有效国家治理的约束为前提，使资本市场带有浓厚的传统计划经济体制色彩，并产生自律机构和中介机构成为政府与监管机构的行政附属物，政治规则主导市场运作，"强管制、弱监管"，供求长期失衡，"政策市"，市场扭曲，产品创新被抑制，以及滥权寻租等积弊。这一时期资本市场以及资本市场的能力建设虽然取得了多方面的巨大进步，但依然未能建立起完整有效的各种基于市场化和法治化的非行政性约束机制与能力系统。

中国资本市场转型的核心，是基于能力建设的制度转型。在这一阶段的中后期，随着时间的推移，随着经验、能力建设与组织资本的不断积累，随着内外部各种要求进一步改革并加速市场发展的压力和来自国际竞争的压力的增大，逐步形成了实现市场化和法治化的共识与合力，推动资本市场的制度安排和能力建设不断进步，推动原来扭曲、脆弱、不完整的资本市场不断升华和实现脱胎换骨，包括"无股不庄"现象或所谓"庄股时代"的终结。

1.3.3　第三阶段：依靠市场参与者主导作用的后行政集中控制时代

这一阶段在资本市场上将全面实现法治化、市场化运作，并形成相应的整体制度环境、政策环境和能力结构，形成完整的市场产品链条和运作架构。

由市场参与者在市场运作过程中发挥主导作用，是现代市场经济和现代资本市场的基本规则，是中国资本市场在成长中走向成熟的必然结果，也是中国资本市场通过长期的能力建设和制度发展，成功地由中央行政集中控制时期对政府直接控制和行政约束的全面依赖，转向依靠市场参与者的自我约束、市场竞争约束、行业自律、司法约束、监管约束和国家治理约束的必然结果。

在建立这些非行政约束机制组合的过程中，需要解决的关键问题，一是如何成功地给证券市场注入灵魂，完成专业能力构建和资本市场的文化变革，形成保证市场公正、透明、有效运作所必需的市场化的能力结构和核心价值体系，理性专业，大道当然，诚信守正，避免市场参与者滥用市场机制和由此引发的市场失灵，在进行活跃的产品创新和对外开放的同时，能有效地控制和管理市场的无序与风险；二是如何形成有足够效力和威慑力的司法约束和监管约束，避免执法和监管不到位，为保护市场参与者的财产权利和抑制市场运作过程中的不当行为提供有效的法律保障；三是如何实现监管机构和中央政府角色的成功转换，即如何在资本市场的能力建设过程中逐步形成有效的国家治理约束，在推进市场化、法治化进程中逐渐消除资本市场对监管机构和中央政府过度控制、过度干预的路径依赖。

现阶段的中国资本市场正处于由第二阶段向第三阶段转型的时期。这一转型实现的前提，是制度性的基础设施建设和能力构建的逐步到位。这一方面在于为形成健全有效的自我约束、市场竞争约束、行业自律、司法约束、监管约束和国家治理约束而不断突破原有的"能力瓶颈"，实现足够的社会组织资本积累，并在此基础上发展、实施公平的游戏规则，形成完善的法律机制和监管机制，保证市场公正博弈。另一方面在于恰当、清晰地界定政府、监管机构与市场参与者在资本市场中的角色、功能和权力，不断推进并最终实现市场化。这种转型的完成，必定是一个渐进、持续互动和不断试错、不断探索的过程，也是一个持续的能力建设与能力发展的过程。

在全球化的开放条件下，中国若要在资本市场上称雄于世界，成为资本市场强国，就必须在足够短的时期内成功地实现这一转型，发展起一个成熟的、全球一流的资本市场，实现对原有的新兴加转轨基因的成功改造。

中国资本市场任重而道远。

第2章　发展序曲

中国资本市场的形成及其制度演进，经历了从萌芽诞生、探索兴起到全面发展的历程。在这一历史过程的前期阶段，受制于特殊的新兴加转轨经济背景，支持资本市场健全运作的市场机制和法治规则等社会组织能力禀赋相对缺失和发育滞后。

在证券市场孕育诞生的初期，主导市场发展的是地方政府、交易所、中介机构和投资者等市场利益主体。中央政府的作用仅体现为批准了股市的试点，划定了试点的范围和界限，具体的市场与制度创新工作主要由那些市场利益主体，尤其是交易所和地方政府承担。

在这一时期，中央政府对股市采取了比较谨慎的态度。这与中央政府和地方政府在股市中所具有的不同利益取向有关。因为在股市中，地方政府具有更强的利益动机，它可以不需要担负最终的政治和经济责任，却可以获得诸如印花税等市场收益的大头。与之相比，中央政府的处境大不相同，它在股市中的潜在收益相对较小，除了在1997年以后可以推荐几家部委的公司上市以及征收部分印花税之外（比例非常小），没有直接的经济利益，相反它却要承担股市的主要政治风险。所以，这一时期中央政府对股市基本上采取了以防范风险为主的政策。[1]这一时期，市场参与者的自我约束、竞争

---

[1]　例如，1987年3月28日，国务院发布《关于加强股票、债券管理的通知》；1992年底，国务院发出《关于进一步加强证券市场宏观管理的通知》。

约束、行业自律、司法约束和监管约束都是空白，市场参与者未受节制的贪婪和各种不当行为导致了资本市场出现严重的无序。这种制度环境和能力禀赋基础，决定了中央政府伸手可及的行政集中控制便捷地成为一种替代和填补缺失的市场约束机制与克服地方政府失灵的重要战略选择。

因此，1992 年 10 月，随着国务院证券委和中国证监会的成立，中央政府开始初步介入股市，制定了大量的规章制度，原有市场利益主体的制度供给空间逐渐丧失。但总的来说，到 1995 年为止，中央政府只是被动地针对股市具体问题予以干预。直到 1996 年，中央政府才正式把股市纳入国家发展规划，形成明确的发展战略和方针，积极主动地全面介入股市，逐渐成为股市发展的主导力量及市场利益主体之一。

2.1　股份制的孕育

中国证券市场的孕育，与改革开放同时起步。

20 世纪 70 年代末中国政治社会的大转折，起始于 1978 年 12 月召开的中共十一届三中全会，它标志着中国共产党和中国政府开始将工作重心从政治运动转向了以经济建设为中心，从此开始了至今 40 年的改革之路。

中国改革的最初切入点，也是取得最大成功的部分，是农村改革。早在1979 年，农村就有了集资入股的社队企业，因此，中国股份经济的萌芽实际上是始于农村改革。1979 年 7 月 3 日国务院在《关于发展社队企业若干问题的规定（试行草案）》中，肯定了社队企业解决资金来源时，"可从大队、生产队公积金中提取适当数量的入股资金"。1983 年，中共中央在《当前农村经济政策的若干问题》中进一步明确指出，不能"一讲合作就只限于按劳分配，不许有股金分红"。自此，中国乡镇企业的经营机制逐渐向股份经济机制过渡，许多乡镇企业的资金来源都是农民集资入股而成的。

这期间，中国的农村企业和城市的小企业有了股份制的雏形，其特征是从浅层次的集资入股型向深层次的合股经营、股份合作型发展。例如，1982年 6 月中国南山开发股份有限公司经国务院批准成立，与广东深圳市地方企业实行横向经济联合，公司全权负责筹资开发深圳经济特区赤港 2.2 平方公里地域，建设并经营具有一定规模的新型深水海港。

由此可见，农村改革后的乡镇企业兴起和城市集体企业的发展，以及寄生于原有体制下所出现的筹融资困境，是中国社会和经济生活中出现股份和股权的历史因素。

1984 年 10 月，中共十二届三中全会通过了《关于经济体制改革的决定》，确立了"社会主义经济是以公有制为基础的有计划的商品经济"的政治共识；并阐明了以城市为重点实施经济体制改革的必要性；股份制也由此开始进入了正式试点阶段。

1984 年，北京、广州、上海等地进行了股份制试点。广州、上海等地的少数企业进行了向本厂职工发行内部股票的试点。1984 年 7 月，北京天桥百货股份有限公司正式成立。同年 11 月，上海第一家股份制企业——上海飞乐音响公司成立，并向社会公开发行了每股面值为 50 元人民币的股票 1 万股。1985 年 1 月，上海延中实业有限公司发行了每股面值为 50 元的股票 10 万股。上海爱使电子设备公司发行了每股面值为 50 元的股票 6 000 股。这些股份制试点企业的诞生及其股票发行，引起了众多投资者的兴趣，在国内外产生了很大的影响。

据不完全统计，在这一阶段股份制试点中，有数千家企业在集资发行股票，其特点是小企业多，集体企业多，乡镇企业多，自发进行的多，不上市的有限责任公司多，处于不规范的起步摸索时期。但是，在全国银根抽紧形势下，相当一批企业和单位利用股份集资获得成功，使企业的融资需求得到满足，企业的产权模式得到改变，企业的生产规模得到发展。[1]

1985 年，中国企业横向联合迅速发展，从而强有力地促进了股份制的发展，而股份制的发展，也更有利地使企业的横向联合趋于完善。这一年，股份制不仅仅在农村得到了发展，而且在商业、金融业、轻工业、水产业等各个方面，都得到了初步的发展。

1987 年，中国的大部分国有企业实行了承包、租赁等经营形式，在此期间，股份制也受到了部分国有企业的青睐。1986 年 12 月国务院《关于深化企业改革增强企业活力的若干规定》指出："各地可以选择少数有条件的

---

[1] 参见周振华主编：《企业改制》，上海人民出版社 1995 年版，第 173—177 页。

全民所有制大中型企业，进行股份制试点"。因此，企业的股份制改革在这一阶段快速在国有企业中展开。

这一阶段，在国务院批准下，上海、深圳两地开始加快企业股份制试点工作。1986 年 10 月 15 日深圳市人民政府颁布了《深圳经济特区国营企业股份化试点暂行规定》。上海于 1986 年下半年起在市委、市政府直接领导下，由市体改办负责组织研究国有大中型企业进行股份制试点的改革方案。上海真空电子器件股份有限公司是上海第一家试行股份制的全民所有制大型企业，在坚持国家股为主体的前提下，向国内城乡居民和职工发行 5 000 万元人民币股票，打破了原先企业单一全民所有的模式，形成国家、集体、个人资产并存于一个企业中的多元所有权结构。北方金杯汽车股份有限公司于 1988 年 5 月正式成立，标志着一种股权式企业集团的崛起。

这一时期，股份制试点从工业企业扩展至商业企业、房地产企业、金融企业。上海豫园商场股份有限公司、兴业房产股份有限公司和新世界贸易股份有限公司相继成立。与此同时，经国务院批准，总部设在上海的交通银行，恢复重建为一家股份制银行。中国人民银行批准上海万国证券公司为第一家股份制证券公司。上海浦东还组建了第一家以乡镇企业为发起人，公开发行 100 万股股票的申华电工联合公司。至此，上海比较规范的股份制企业为 11 家，股本金总额为 8.8 亿元。深圳的股份公司约达 80 多家。据不完全统计，到 1988 年 10 月底，全国已涌现了股份制企业 16000 多家，股份集资额为 60 多亿元，但其中债券化的股票占 90% 以上。

从 1979 年到 80 年代中期，中国改革的起步遵循的是一条"放权让利"的思路，政府权力被逐步放弃，基层经济主体自主权逐渐扩大。

在地方和中央的关系上，实行中央与省、自治区两级财政新体制。从 1980 年起，除北京、天津、上海三个直辖市继续实行"总额分成、一年一定"的体制以外，中央对各省、自治区实行了"划分收支、分级包干"的财政体制，改"一灶吃饭"为"分灶吃饭"。财政体制改革预设目标有两个：一方面希望扩大地方财权，为地方注入活力，调动地方发展经济的积极性；另一方面希望增强地方政府增收节支的积极性，承担起中央政府财政平衡的一部分责任，"在中央统一领导和计划下，各过各的日子"。[1]但因为这种

---

[1]　参见于振海等：《当代中国财政》，中国社会科学出版社 1988 年版，第 295 页。

地方财政切块管理，也同时形成了资金市场的地域分割。

在企业与政府关系中，从 1979 年首先开始推行的是"利润分成制"；1980 年、1981 年改为"基数分成"；1982 年开始推行"利改税"或者叫"以利代税"；1983 年起，国家决定由银行统一管理企业流动资金，银行"统管"逐步蜕变为银行"统包"，银行全面承担了原来由财政承担的支持企业资金来源的任务（这就是后来所谓国有企业"吃完财政吃银行"的由来）。1984 年国家实行"拨改贷"，基本停止了对国有企业的资本金注入。到 1986 年底，开始实行全面承包经营责任制；再到 1991 年开始包流转税，即产品增值税等等都包进去。这大大降低了利润税比例，严重影响了国家财政收入的增收，最后，中央政府只能发文禁止包流转税。

中央财政金融体制的改革是被经济形势推动着走的。1979 年、1980 年中国财政连续两年出现巨额赤字，在编制 1981 年财政预算时，财政部官员提出积极财政平衡说，建议发行国债。1981 年 7 月，国务院决定恢复发行国债。财政部首次发行 49 亿元国库券（发行对象为单位）。1982 年 7 月，财政部首次向个人发行国库券。国债发行初期，采用的完全是非市场化的手段，变成了单位机构和个人严重的经济负担，甚至采取了党员干部带头、硬性摊派、工资里预先扣除等措施来保证当年国债发行任务的完成。由于国债一级市场采用非市场化方式发行，且二级市场根本不存在，市场流通的冲动和欲望只能自发地依靠大量的黑市买卖和黄牛来实现。在保证每年国债发行任务的强大压力下，财政部在 1988 年 3 月上报了《开放国库券转让市场试点实施方案》，4 月起先开放上海、深圳、沈阳、哈尔滨、武汉、重庆和西安等 7 个城市，允许买卖国库券，6 月又扩大至 54 个大中城市，到 1991 年 3 月，全国约 400 个城市都可买卖国库券。国债成了中国证券市场诞生的第一批上市品种候选者，揭开了中国证券市场发展的序幕。

1986 年 5 月 8 日，沈阳信托投资公司率先开展了债券买卖和抵押业务；1986 年 9 月，第一家代理和转让股票的证券公司——中国工商银行上海信托投资公司静安证券业务部宣告成立，从此恢复了中国中断 30 多年的股票交易业务，成为 1986 年国内十大经济新闻之一。1988 年上海又成立了海通、万国、申银三家证券公司，从而初步形成了场外证券交易市场。到 1990 年，上海市场上有延中实业、真空电子、飞乐音响、爱使电子、申华电工、飞乐股份、豫园商场、凤凰化工等 8 只股票进行交易，这就是所谓的"老八股"。深圳则有深圳发展银行、深圳万科企业股份有限公司、深圳市金田实业股份有限公司、深圳蛇口安达运输股份有限公司、深圳原野实业股份有限公司等所谓的"老五股"在市场上交易。

1986 年 11 月 10 日至 13 日，在北京举行了中美金融市场研讨会，当时的媒体用"华尔街大亨将'金融市场'带到人民大会堂"[1]这样的标题来形容这次史无前例的高规格会议。邓小平于会后第二天会见参会的纽约证交所董事长约翰·范尔霖，并向其赠送了中国第一股——一张面值 50 元的飞乐音响股票。

为表示正规和真实有效，上海方面在会前选送这份礼物时，在股东栏填上了中国人民银行上海市分行副行长周芝石的名字。范尔霖表示："我的股票不能用别人的名字，我要到上海去过户。"于是，约翰·范尔霖于 11 月 16 日带领一批随行人员和美国记者乘飞机飞往上海，到中国工商银行上海信托投资公司静安证券业务部将这张股票过了户。由此，范尔霖成为第一位拥有中国股票并享有社会主义企业股权的美国金融家。

这是改革开放以来第一次向境外投资者过户中国企业的股票，也是当时中央最高层第一次没有用红头文件、而是用具体的行动肯定了企业发行股票的正当性。

就这样，农村改革后的乡镇企业兴起和城市集体企业的发展，以及寄生于原有体制下所出现的筹融资困境；财税体制改革所出现的地方财政包干所导致的地方财政扩张冲动；企业改革由承包、经营责任制、产权改革一路走来所扩张的企业经营和投融资自主权；国家放权让利，财税改革引发的国债发行，以及国债发行带来的流动冲动；一部分在股份制试点中已经发行股份的流通上市欲求；在几年放权让利的改革之后逐渐复苏的民间财富积累……这一切使得中国证券市场的诞生具备了基本的经济前提条件。

同时由以上分析可以清楚地看到，中国证券市场并非凭空出世，它完全脱胎于中国 20 世纪 80 年代的经济、政治和社会文化体制的孕育，无法割断与中国正在开始转型的社会母体的血缘关系。

[1] 见 1986 年 11 月 17 日《世界经济导报》。

和中国改革最初的成功——农村改革一样，中国证券市场的诞生，也是出于基层的自发创新。放权让利激发出地方政府、基层企业和广大人民在经济改革中的创新冲动，这是和他们的利益直接相关的，农村改革的包产到户是这样，城市改革中证券市场的孕育也是这样。至此，中国证券市场的诞生只剩下两个条件：一个合适的契机和中央政府的介入形式。

2.2　催生市场的契机

伴随第一张飞乐音响公司股票的发行，当时国内最为活跃的媒体陆续刊出了下列署名文章[1]：《社会主义要有"资本市场"》，《上海要大胆成立证券交易所》，《设立证券交易所必须具备的条件》，《证券交易所立法的三个问题》，等等。

1988 年 3 月，当时还在海外的一些学者，向党中央和政府高层提交了《关于促进中国证券市场法制化与规范化的政策建议》。

1988 年 7 月 9 日，中国人民银行在北京万寿宾馆召开了证券市场座谈会，会议决定组建"证券交易所研究设计小组"，并起草《中国证券市场创办与管理的设想》。10 月，证券交易所研究设计小组提交了后来被称为"白皮书"的《中国证券市场创办与管理的设想》。[2]。

1988 年 11 月 9 日，中央财经领导小组副组长姚依林和秘书长张劲夫在中南海听取了证券交易所研究设计小组有关《中国证券市场创办与管理的设想》的汇报。[3]

但因为当时中央政府面临"双轨制"带来的经济纷乱、"价格闯关"引

---

[1]　分别见 1985 年 2 月 4 日、1984 年 11 月 12 日、1984 年 11 月 5 日、1987 年 2 月 23 日《世界经济导报》。

[2]　在《中国证券市场创办与管理的设想》中还包括了《筹建北京证券交易所的设想和可行性报告》《建立国家证券管理委员会的建议》《建立证券管理法的基本设想》等子报告。参加报告研讨的诸多人士日后都成了中国证券市场和证券监管机构的骨干，长期活跃在证券市场的各个领域。

[3]　参加会议的还有当时的财政部副部长项怀诚，国家经委原副主任吕东，体改委副主任安志文、高尚全等人。详见张劲夫：《股份制和证券市场的由来》，《百年潮》2001 年第 2 期。

起的社会不稳定，以及"反精神污染和反资产阶级自由化"引发的政治争议，对于中国证券市场创设的初期研究以及在体制内、在中央层面上的实际推进很快就因"目前条件尚不具备"而被搁置。[1]

催生中国证券市场出现的契机来自经济以外的因素。

1989 年春夏之交，中国发生了严重的政治风波。紧接着，西方七国对中国实行了经济制裁。为了冲破国际封锁，党和政府希望采取适当的市场和政府行为来重新获得国际认可，树立改革进程仍在继续推进的国家形象和国际形象。

1989 年 12 月 2 日，时任上海市委书记兼市长朱镕基，就如何"深化上海金融体制改革"的问题举行市委常委扩大会议。受到邀请与会的有金融、学术界的部分专家、学者和有关部门的负责人，还有市府经济智囊团高级金融顾问、上海交通银行董事长李祥瑞，中国人民银行上海市分行行长龚浩成，上海市体改办主任贺镐圣。中国人民银行副行长刘鸿儒受邀专程从北京飞到上海参加会议。

在这次会议上决定，上海要加大金融改革的步子，重现国际金融中心的风采，其中首要的工作是设立外资银行和建立证券交易所。

会上成立了筹建上海证券交易所三人领导小组，由李祥瑞、龚浩成、贺镐圣组成。1990 年初，三人领导小组在汇报设立上海证券交易所的筹备方案中，建议 1990 年实现交易所的试运行，正式开业时间安排在 1991 年 4、5 月间。1990 年 2 月 28 日，朱镕基对此批示"请抓紧一些，可否力争今年开业"。[2]

上海证交所的建立对上海国际金融中心地位的促进作用，以及对中国继续推进改革开放的象征意义，为中央政府认同和支持。[3]1990 年 9 月 19 日，上海市政府和中国人民银行上海市分行联合向国务院提交设立证券

---

［1］　1988 年 11 月 9 日有关《中国证券市场创办与管理的设想》的汇报会最后形成的共识是：从总体上看，建立证券交易所，目前条件尚不具备，但从今后改革发展趋势来看，这是必然的。详见张劲夫：《股份制和证券市场的由来》，《百年潮》2001 年第 2 期。

［2］　见上海证券交易所档案。

［3］　一年以后，朱镕基对筹建上海证券交易所三人领导小组成员李祥瑞和龚浩成说，在筹建上海证交所之前，他就向邓小平汇报过，邓小平当时说："好哇，你们干嘛。"——引自对龚浩成的采访记录。

交易所的请示报告。国务院对此报告十分重视，仅仅过了十多天，10 月 8
日，时任国务院副总理李贵鲜批示同意。11 月 14 日，中国人民银行总行
批复同意设立上海证券交易所。11 月 26 日，在上海西南角的一个小宾馆
里召开了上海证券交易所成立大会。12 月 19 日，上海证券交易所举行了
开业典礼。

深圳几乎与上海同时开始筹备建立证券交易所，在某些方面甚至比上海
还准备得更充分和更早。但是，尽管深圳市决定深圳证券交易所在 1990 年
12 月 1 日开始试营业，直至次年 4 月，试运行 5 个多月以后，才正式得到中
央政府的批文，对深圳证交所的地位予以"追认"。最终，深圳证交所于
1991 年 7 月 3 日举行了正式开业典礼。

深圳证券市场从 1987 年启动，到 1990 年已有发展、万科、金田、安
达、原野等 5 家上市公司的股票公开交易，证券公司 12 家，营业网点 16
个。因此，深圳证交所成立时，市场的大量交易不是债券而是股票。

与深圳不同的是，在上海证券交易所成立时，除"老八股"之外，还有
1989 年保值公债 3 种，1987 年至 1991 年国库券 4 种，工行债券 6 种，交行
债券 1 种，中行债券 2 种，建行债券 1 种，另外还有上海石化、氯碱化工等
企业债券 14 种。

与此同时，为证券交易所酝酿建立起了很大作用的北京"联办"（证券
交易所研究设计联合办公室，后改名为中国证券市场研究设计中心，但仍简
称"联办"），创办了以国库券流通交易、机构交易商为主的全国证券交易
自动报价系统（STAQ），于 1990 年 12 月 5 日正式落成并投入使用。[1]

两个证券交易所以及报价系统的建立，意味着中国证券市场基础性制度
安排的形成，是中国证券市场初期具有决定意义的制度创新。而这种制度安
排，在前台更多的是地方政府、企业和个人，中央政府却只是幕后的推动者
和认可者。这和中国改革由下而上的路径依赖有关，也和当时的政治与意识
形态背景有关。正因如此，最早的股票发行和交易以及国债的流通交易，更

---

[1] 几乎同时建成的还有人民银行背景的中国证券交易系统有限公司创办的全国电子报
价系统（NET），功能和 STAQ 基本相同。1994 年两者都开始进行法人股流通的试点，并都在
1999 年被中央政府关闭。STAQ 和 NET 开通至关闭，前后共有 17 家公司挂牌交易，STAQ 10
家，NET 7 家。

多的都是企业和个人的自发行为。在证券交易所成立之前和成立之后相当长的一段时间里，民间的黑市交易是股票和债券二级市场重要的甚至是主要的组成部分。[1]而柜台交易则是地方政府和中介机构参与的结果。

在两个证券交易所成立以后，一直到 1993 年之前，股市具体运作制度的制定和修改基本上在地方政府和交易所的层次上展开，形成了基本完整的地方性法规体系。

到 1992 年，沪深地方政府各自颁布和实施了规范本地股市运作的地方性法规，包括一些专项法规。上海主要有《关于发行股票的暂行管理办法》（中国人民银行上海市分行，1984 年 8 月 10 日）、《证券柜台交易暂行规定》（中国人民银行上海市分行，1987 年 1 月）、《上海市证券交易管理办法》（1990 年 11 月）和《上海市股份有限公司暂行规定》（1992 年 6 月）；深圳主要有《深圳经济特区国营企业股份化试点的暂行规定》（1986 年 10 月）、《深圳市股票发行与交易管理暂行办法》（1991 年 5 月）和《深圳市股份有限公司暂行规定》（1992 年 2 月）等。两大报价系统也引进了做市商制度等规章，这些地方性法规和市场化的探索基本覆盖了股市运作的主要方面，操作性强，为以后全国性法规的制定积累了经验，提供了借鉴。

但是，两地市场的建立并非意味着全国统一市场的形成。两个证券交易所在成立最初到 1992 年前后，各自上市交易的企业仍主要是本地企业，发行上市也是如此。所以，两个证券交易所建立之后的最初阶段，仍呈现着地方性区域市场的特征。

总之，随着沪深交易所的成立，中国证券市场的发展从民间的非正式制度安排进入地方政府主导的正式制度安排，从民间为主推动进入地方政府为主推进。1992 年开始，证券市场迅速转热，开始引起中央政府的关注与担忧。

---

[1] 其中最著名的是四川成都的"红庙子市场"。它兴于 1992 年，止于 1993 年 5 月。因集中交易股票的市场位于名为红庙子的街道而得名。当时，人们交易的是四川省内公司发行的尚未到证券交易所正式上市的股票。这个市场发展到 1993 年 3 月初时，每天有数万人次来这里交易。几乎所有四川境内（除重庆外）的公司，无论是公众公司还是定向募集股份公司所发行的股票、内部股权证，都陆续进入自发交易市场，甚至债券、股票认购收据都可在市场上"炒"，交易品种最多时达 70—80 种。随后政府开始干预，采取了一些禁止该种形式交易的措施，1993 年 5 月，红庙子市场销声匿迹。

2.3　市场与政府的最初博弈

也许可以从 1990 年夏算起，中国股市开始了市场与政府持续的博弈。在沪深两个交易所正在筹备建立之时，股票集中交易的前景为股票资产带来更高的流动性和更强的赚钱效应。但在当时柜台交易为主的情况下，一方面由于一些股票的分红派息方案非常优厚，远高于同期的银行存款利息，投资者开始积极介入；另一方面由于当时的股份制企业非常少，股票发行数量有限，供求关系突然由冷转热，大批投资者涌向深圳和上海购买股票。面临僧多粥少的局面，地方政府被迫采取了一系列措施。例如，深圳市政府在 1990 年 5 月采取了一系列管理措施：取缔非法场外交易；对买卖双方各收取 0.5% 的印花税；实行股票价格涨跌停板制度；增设交易网点，加强市场行情的披露和正常的宣传引导等。尽管采取了这些措施，可是股票市场在投资者迸发的热情面前迅速进入了第一个快速上涨的阶段。

1990 年 5 月 25 日到 6 月 7 日的 20 天内，深圳 5 种股票在柜台交易 [1] 价格的增幅分别为：深发展 100%，金田 140%，原野 210%，万科 380%，安达 380%。股票价格的快速上涨，给最早进入市场的投资者带来了巨大收益，同时也引起了政府的担心。《人民日报》编发了《深圳股市狂热，潜在问题堪忧》的情况汇编，指出股票市场使机关人去楼空，引致国家体改委和中国人民银行总行从 7 月 3 日起对深圳股市进行联合调查。

在此之后，一系列政策措施先后出台：5 月 28 日，深圳限制涨跌停板 10%；6 月中旬，国务院批转国家体改委"向社会公开发行股票的股份制改革不再铺新点"；6 月 18 日，深圳将涨跌停板幅度缩窄至 5%；6 月 26 日，再将涨幅缩至 1%，跌幅还是 5%，从制度上限制市场只许跌不许涨；6 月 28 日，深圳又规定卖股者需缴纳 6‰ 的印花税；红利所得超过银行一年期利息部分，要缴纳 10% 的个人收入调节税；11 月 20 日，深圳党政干部响应红

---

[1]　当时深圳柜台交易主要在特区证券公司、国投证券部、中行证券部三家进行。

头文件的规定，纷纷踏入股市开始抛股[1]。

在这些措施的作用下，12 月 8 日起深市掉头向下，自此开始长达 9 个月的下跌。9 个月中，深市总市值抹去七八个亿，只剩 35 亿。

股票市场的萧条对地方政府发展金融业的计划带来了沉重打击，地方政府开始酝酿救市的措施。在连续 9 个月长跌之后，深圳市政府于 1991 年 8 月 19 日、21 日、23 日、25 日和 9 月 2 日，连开了 5 次救市会议。会后，深圳市政府筹集资金 2 亿元，从 9 月 7 日起开始绝密救市[2]，深圳的领头股"深发展"被一路打高。国庆节后，股民意识到有人托市，开始买进，到 10 月上旬深圳股市全面冲出谷底。

1992 年 2 月 18 日，上海证券交易所决定放开延中和大飞乐二只股票的价格限制。此前的 1991 年 8 月 17 日，深交所已放开涨停板限制，市场波澜不惊。1992 年 4 月 13 日，上海证交所进一步放宽小飞乐、电真空、凤凰涨跌为 5%，一市二制。5 月 5 日，除延中、大飞乐两只股票没有涨跌停限制以外，其余股票都放宽涨停至 5%。

5 月 21 日上海证券交易所决定全面放开股价。久受压抑的上海股市豪情大发，上证指数从 20 日的 616 点直升到 21 日收市的 1 265 点；到 5 月 25 日更达 1 420 点。豫园商城股票在股价放开当日升到空前绝后的 10 009 元。

在股价放开以后，股民大量入市引发了报价和交易系统的堵塞，为解决股民买卖股票渠道不畅的问题，上海证交所自 6 月 1 日起组织 20 多家会员单位进驻文化广场，专门接受客户卖出委托，以抑制股价高扬。第一天因为股民恐慌性入场交易引发秩序大乱，开市半个小时宣布暂停。一周后重开"文化广场证券交易大市场"，有 8 家会员单位进场接受客户买卖委托，广场内每隔 5 分钟播报一次股票行情，委托点接受报单后通过电话报入交易所场内撮合。直到 1993 年 12 月 24 日，文化广场大市场的使命才结束，这是中国证券市场早期发展和百姓投资意识突起的一个留影。

随着市场的上涨，股票出现了供不应求的局面。为了保证股票发行的顺

---

[1] 在股份制试点的早期，由于股票发行无人认购，深圳市曾号召各级党政干部带头支持改革认购股票。

[2] 关于中国证券市场历史上这次空前的政府救市过程，深圳证交所原副总经理禹国刚有详细的回忆记录，详见禹国刚：《深市物语》，海天出版社 2000 年版，第 205—246 页。

利进行，当时沪深两市的监管者——中国人民银行上海市、深圳市分行设计了股票认购证和新股认购抽签表等新的工具，即先发股票认购证和新股认购抽签表，然后凭认购证摇号或抽签认购股票。

当时由于改革开放的春风迅速吹起，股份制改造速度加快，原定的发行额度大大增加，仅上证所 1992 年全年要发行的股票就由 10 多只一下增至近 50 多只，于是股票认购证和新股认购抽签表价格暴涨，一时洛阳纸贵。

股票认购证和新股认购抽签表的发行表明，证券市场从此进入了前所未有的高速增长期。认购证和新股认购抽签表的发行及随后"8.10 事件"的发生，代表了股票市场开始由冷转热，由少数人关心和参与的边缘市场迅速成为整个社会都关注、越来越多人参与的热点市场。

1992 年 8 月 10 日，深圳发售 1992 年新股认购抽签表，出现百万人争购抽签表的场面，并发生了被称为"深沪交易所建立以来第一起集体违法犯罪事件"——震惊全国的"8.10 事件"。[1]

当时深圳有 60 万常住人口，为了 1992 年新股认购抽签表涌进的认购大军估计超过 150 万人。8 月 7 日下午开始，各售卖点前就摆开了长龙，到 9 日早晨，售表窗户打开不到半天就宣布已经售完。尽管下午 4 时下起了倾盆大雨，但站队的人们仍不愿散去，到了 10 日上午还有人在排队。而这天早晨出版的深圳各报已宣布 500 万张新股抽签表 9 日发售完毕，并称发售过程体现了"公平、公开、公正"的原则。

没有买到的人们互诉自己的委屈，人们交换各自的所见所闻。由于发售网点前炒卖认购表很猖獗，100 元一张的表炒卖到 300—500 元，香港新闻媒体当场捕捉到炒卖镜头并迅速播放。人们开始愤怒了，愤怒的人群中有人写下了"下午到市政府评理"的字句，更有激进的人打出了"反对贪污、要求公正""反对欺骗、要求公平""严惩不贷营私舞弊者""吃多少，吐多少"等标语，开始了游行示威。

8 月 10 日晚，深圳市长助理出面会见请愿者，并宣布了市政府 5 项通告，宣称：政府将彻底查清舞弊者，欢迎大家举报。但人们仍不散去，大批的人群涌向市政府大门，堵塞了深南路。晚上警察与武警出动。午夜 12 时，

---

[1] 详见张劲夫：《股份制和证券市场的由来》，《百年潮》2001 年第 2 期。

警察与示威者开始发生冲突。

8 月 11 日凌晨，深圳市政府召开紧急会议，宣布再增发 500 万张认购兑换券（合计 50 万张认购申请表）。当晚，市长郑良玉发表电视讲话。深圳市 8 月成立了联合调查小组，9 月扩为联合清查办公室，调用了党政干部 130 名，市长郑良玉牵头，作出了以下调查结果："今年 8 月 9 日，我市在发售 1992 年新股认购抽签表中，不少发售点的工作人员、监管人员和执勤人员都不同程度地犯有营私舞弊的错误……到 12 月 10 日止，已清查出内部截留私买的抽签表达 10 万多张，涉及金融系统干部、职工 4180 人……"。

深圳 "8.10 事件"，催生了两个结果：

一是更为规范的股票发行制度开始建立起来。当证券市场第一次以自己的方式表达了对市场基本制度安排的不满后，有益于市场 "三公" 原则的发行制度建设开始了。

"8.10 事件" 后的青岛啤酒发行就采用了无限量发行抽签表。从整个社会上看，成本加大了。于是，1993 年 10 月，青岛海尔把中签单和银行存款款合二为一，减少了纸张和工作量。1993 年 11 月，济南轻骑采用金额保证金存入定额定期特种储蓄存款的方式，虽然更方便，但对小散户和外地人不利。1994 年 6 月，广东星湖采用全额预交、比例配售、余款即退的方式。这和济南轻骑有同样的缺陷。1994 年 6 月，哈岁宝和琼金盘上网竞价发行，降低了费用，覆盖更广，资金锁定时间更短，登记过户量也更小，但竞价方式带来发行价波动较大。1995 年 1 月，仪征化纤上网定价发行 1 亿元新股，这成为其后新股发行的主要方式。

第二个结果就是中国证监会在 "8.10 事件" 过后两个月诞生。这也许是市场发展本身显示了对于统一监管的要求，中央政府从此开始着手接管证券市场的主导权。

1992 年 10 月 12 日，国务院证券委员会成立，主任由时任国务院副总理朱镕基兼任，副主任刘鸿儒（国家经济体制改革委员会副主任）、周道炯（中国建设银行行长），委员陈元（中国人民银行副行长）、洪虎（国家体改委副主任）、王春正（国家计委副主任）、金人庆（财政部副部长）、俞晓松（国务院经贸办副主任）、冯梯云（监察部副部长）、华联奎（最高人民法院副院长）、张思卿（最高人民检察院副检察长）、刘山在（经贸部部长助理）、刘敏学（国家工商总局局长）、金鑫（国家税务总局局长）、汤丙午（国有资产管理局局长）、殷介炎（国家外汇管理局局长）。

证券委的办事机构是中国证券监督管理委员会（China Securities Regulatory Commission，简称 CSRC）。1998 年证券委与证监会合并，中国证券监督管理委员会成为中国证券市场统一的政府监管机构。

在中国证监会成立前一个月，从原来人民银行分出来的三大商业银行即中国工商银行、中国农业银行、中国建设银行为主要发起人，成立了三大极具政府行政背景的证券公司：华夏证券有限公司、南方证券有限公司、国泰证券有限公司，注册资金各 10 亿元人民币。它们的成立标志着中国证券市场有了国家级的参与者，在中国证券市场未来的发展历程中扮演了重要角色。

2.4 股票市场发展过程中的政治争论

中国的证券市场不仅与中国的改革开放一起萌发，就是在整个证券市场早期发展过程中的政治和意识形态争论，也和改革开放一样曲曲折折、起起伏伏。

改革中的争论，涉及一系列问题，如对公有制为主的坚持，对私有化的担心，"姓社"还是"姓资"，计划还是市场，是有计划的商品经济还是计划为主、市场为辅，中国究竟是否应该明确改革是要建立市场经济体制，雇工是否合法，股份制究竟是资本主义的还是社会主义也能用，证券市场红利和股息是否属于剥削，发行股票是否应该让国有股流通，等等。

正因为如此，最初发行股份的企业大多数是集体企业；在设计股权结构时，一开始就将国有股和法人股锁定不让流通，以免犯私有化的罪名，从而伏下了十几年以后有关股权分置的是是非非。在股份制试点阶段只能从马克思、恩格斯和列宁的经典著作中寻找理论根据[1]，列举股份制的多种好

---

[1] 当时上海体改办、社科院等都编辑了不同版本的马克思、恩格斯和列宁论股份制的小册子，这些集子最后都由国家体改委经济体制改革研究院等部门编辑成《马克思恩格斯列宁论股份经济》一书，由经济管理出版社于 1998 年出版。

处，甚至找出"股份制发展的趋势是消灭私有制"这样理论根据；用马列主义的学说论证"股份制是促进社会经济，包括资本主义经济和社会主义经济发展的良好形式"[1]，减少对股份制的责难，为证券市场的孕育和诞生创造适宜的外部环境。

也正因为如此，上海证交所门口的金色大字最初的英文翻译用的是"securities"，而没有直接用"stock"。上海证交所理事长李祥瑞对此的解释是："当时翻译成'securities'，也符合我们股票少、债券多的实际情况。但另一个主导思想，是不敢按国际上通用的那样写上'share'或'stock'，生怕上报审批时引来麻烦，这也说明我们多么小心翼翼。"

这类争论，无论是针对改革开放的，还是针对股份制改革和证券市场的，都在证券交易所成立前后，在证券市场因为地方利益的冲动引发市场震荡时，达到了极其尖锐的程度。从 1989 年到 1990 年，在上海就整整两年没有增加一个新的股份制试点企业，一直停留于几年前试办的11 家。有人形容这一阶段的特点是：争议复起，试点低潮；股票冷清，有行无市。[2]

1990 年秋，在上海、深圳正紧锣密鼓地筹建证券交易所的时候，一封发自深圳、没有署名的群众来信，由中央有关领导批转，悄悄在高层传阅。信中认为，股票市场是资本主义的东西，关得越早越好，早关早主动。还认为现在深圳是资本主义泛滥，党政干部通通烂掉了，再发展下去要造成严重的社会问题，不知道要有多少人跳楼了。[3]

为此，1990 年 11 月，当时的中央领导就证券市场究竟是否应该继续试点问题找时任国家体改委副主任刘鸿儒谈话。在深沪股票市场面临着被撤销的巨大压力下，刘鸿儒表示："股票这个东西谁也没有搞过，的确风险很大，但应当相信我们这些共产党员、老同志不会去搞私有化，主要是在

---

[1] 参见金志主编：《组建股份制企业的政策与实务》，知识出版社（上海）1993 年版，第 62—66 页。

[2] 参见周振华主编：《企业改制》，上海人民出版社 1995 年版，第 179 页。

[3] 参见陈宏：《1979—2000 深圳重大决策和事件民间观察》，长江文艺出版社 2006 年版。

以社会主义公有制为主体的前提下建立股票市场。可是，你要允许我们搞实验。如果稍微出点问题，就兴师问罪，戴上一批政治帽子，那谁也不要搞了。"[1]

转折发生在 1992 年。

邓小平考察南方，对所有的意识形态和政治争议下了一个暂停的定论。邓小平的一段话，后来长期被证券业奉为"护身法宝"："证券、股市，这些东西究竟好不好，有没有危险，是不是资本主义独有的东西，社会主义能不能用？允许看，但要坚决地试。看对了，搞一两年对了，放开；错了，纠正，关了就是了。关，也可以快关，也可以慢关，也可以留一点尾巴。怕什么，坚持这种态度就不要紧，就不会犯大错误。"[2]

于是，中央政府表示继续进行证券市场试点，但仅限于现有的上海、深圳两个证交所。[3]股票市场就这样保留了下来。直到 1992 年，中共十四大正式确立建立"社会主义市场经济体制"，关于要不要市场经济的争论才就此基本停歇。

不过，是放开还是关闭，这把达摩克利斯剑却仍旧随着股市指数的起起伏伏而晃晃悠悠地悬在中国证券市场的头上。一直到 2002 年中共十六大，才确认国有企业改革的核心是产权的问题，提出建立"归属清晰，权责明确，保护有力，流转顺畅"的产权制度，真正地在理论上解决了产权的问题，而且明确提出建立国有企业、集体企业、非公有企业共同组建的股份制企业，同时明确了公司制、股份制是公有制的实现形式。自此才真正为股市正了名，把"关闭"这两个字从股民的心中抹去，把股市头上高悬了 10 多年的达摩克利斯剑真正收了起来。

---

[1] 参见陈宏：《1979—2000 深圳重大决策和事件民间观察》，长江文艺出版社 2006 年版。对此，在罗伯特·劳伦斯·库恩所著的《他改变了中国：江泽民传》一书中也有相近的描述：刘鸿儒对江泽民说："无论如何，我们都应当继续我们的股市试验——我们的改革决不能走回头路。请相信我，作为一名老党员，我不会随便便就去推进私有化。但是既然犯错误难以避免，我希望我们不要惩罚人或给人贴上政治标签，如果发生这样的事，就不会再有人愿承担责任了。"（参见 [美] 罗伯特·劳伦斯·库恩，《他改变了中国：江泽民传》，上海译文出版社 2005 年版，第 171 页）两年以后，刘鸿儒被任命为第一任证监会主席。

[2] 《邓小平文选》第三卷，人民出版社 1993 年版，第 373 页。

[3] 参见胡继之：《中国股市的演进与制度变迁》，经济科学出版社 1999 年版，第 122 页。

2.5 中国资本市场的制度传承

中国证券市场在早期发展阶段，经过多次的反复与波折，逐渐形成了极富"中国特色"的市场组织、运作和监管模式。这一模式的形成，最初主要依靠的是地方政府和投资者等市场利益主体追求发展的自发行为。然而，在一个法制不健全的经济体中，由自发的市场利益主体创造出来的缺少约束的市场，也表现出严重的缺陷：区域性的市场格局，低层次的市场目标，盲目的利益追求，以及大起大落的市场波动。

中国证券市场初期各利益主体的行为以其局部利益为基础，差异性很大。随着股市试点进程的深入，各主体的利益冲突趋向表面化和尖锐化，在股市的各个层面和各个环节上都表现出来。企业希望通过上市和配股获得资金；券商希望通过操纵市场获利；投资者希望在股价上扬的同时保护自身的利益；而交易所关心的主要是成交量的变化；地方政府则既希望让更多的本地企业能上市，也希望成交量扩大为本地政府取得更多市场收益，更希望市场指数一直上升，吸引更多资金进入使地方获得更多财富效应。股票市场由此成为各方利益争夺的场所，上市公司与投资者之间、证券商与投资者之间、上市公司与交易所之间、证券商和交易所之间，在很大程度上演变成监管与反监管的博弈，信任和合作关系受到严重破坏。政府托市、上市公司造假、虚假信息泛滥、机构大户做庄……显然，在激烈的利益争夺和冲突中，这些主体无法在发展初期为证券市场找到健康的发展方向，更不可能就股市的长远规划形成一致意见。

在初期各利益主体的主导作用下，股市的脆弱性还体现为市场信心和市场运行的不稳定性。在 1996 年以前，中国股市在政治上始终是试验性的制度安排。中央对于股市允许看、坚决试、不行就关的态度，既为股市提供了生存的机会和发展的空间，也使各利益主体对股市的长远稳定发展缺乏信心。股市发展过程中暴露出来的过度投机等不尽如人意的现象，又给股市的未来蒙上了阴影。这不可避免地造成股市的剧烈波动。

与此同时，伴随着改革的发展，改革中始终存在的政治争论，也给中国证券市场的制度设计埋下了致命的缺陷。为了符合公有制为主的政治和意识形态要求，为了在 80 年代末的社会政治生态中给股份制和证券市场找到发展的路径，形成了国有股、法人股（包含国有法人和集体法人）和个人股的股权结构，并基于国有资产不流失和不搞私有化的前提，固化了前两类股权不流通的市场现实。这为日后股权分置问题的解决和国有股的流通制造了极大的障碍，整个社会为此付出了巨大的成本。

从 1990 年证券交易所初创，到 1992 年中国证监会成立，中国证券市场早期的发展探索阶段暂告一个段落。这一阶段时间很短，但意义重大。在计划经济的环境下，各方利益主体的努力成功了，证券市场终于建立了起来。然而，计划经济的背景，以及中国基本政治经济和法律制度的现实，决定了其中国特色的市场模式。

中国资本市场的诞生及其制度演进，经历了从萌芽诞生、探索兴起到全面发展的历程。在这一历史过程的前期阶段，受制于特殊的新兴加转轨经济背景，支持资本市场健全运作的市场机制和法治规则等社会组织能力禀赋相对缺失和发育滞后。

在证券市场孕育诞生的初期，主导市场发展的是地方政府、交易所、中介机构和投资者等市场利益主体。中央政府的作用仅体现为批准了股市的试点，划定了试点的范围和界限，具体的市场和制度创新工作主要由那些市场利益主体，尤其是交易所和地方政府承担。

在这一时期，中央政府对股市采取了比较谨慎的态度。这与中央政府与地方政府在股市中所具有的不同利益取向有关。因为在股市中，地方政府具有更强的利益动机，它可以不需要担负最终的政治和经济责任，却可以获得诸如印花税等市场收益的大头。与之相比，中央政府的处境大不相同，它在股市中的潜在收益相对较小，除了在 1997 年以后可以推荐几家部委的公司上市以及征收部分印花税之外（比例非常小），没有直接的利益，相反它却要承担股市的主要政治风险。所以，这一时期中央政府对股市基本上采取了以防范风险为主的政策。[1]自我约束、竞争约束、行业自律、司法约束和监管约束都是空白，市场参与者未受节制的贪婪和各种不当行为导致资本市

[1]　例如在 1987 年 3 月 28 日，国务院发布的《关于加强股票、债券管理的通知》。1992 年底，国务院发出的《关于进一步加强证券市场宏观管理的通知》。

场出现严重的无序。这样的制度环境和能力禀赋基础，决定了中央政府伸手可及的行政集中控制便捷地成为一种替代和填补市场缺失的约束机制与克服地方政府失灵的重要战略选择。

因此，1992 年 10 月，随着国务院证券委和中国证监会的成立，中央政府开始逐步介入股市，制定了大量的规章制度，原有的市场利益主体的制度建设主导空间逐渐丧失。但总的来说，到 1995 年为止，中央政府只是被动地针对股市的具体问题予以干预。直到 1996 年，中央政府才正式把股市纳入国家发展规划，形成明确的发展战略和方针，积极主动地全面介入股市，成为股市发展的主导者。

第 3 章　探索与兴起

本章集中分析 1992—1997 年间中国资本市场的发展。

中国资本市场起步的动力，混合了政府发展经济的愿望、投资者的致富热情与企业发展对资金的渴望这三股力量，它们迅速推动年轻的资本市场快速向前发展。在计划经济的背景下发展股票市场，无疑是异常艰难的探索过程。在这一探索过程中，中国资本市场的开拓者付出了巨大的努力，也取得了巨大的成绩。从制度变迁的进程分析，资本市场的发展必然受其社会组织的能力存量或制度资源禀赋的制约，沿着相对成本较低的能力禀赋诱导路径发展。对于初生的中国资本市场，无论是投资者与发行人的诚信，还是自律监管或者司法干预，都根本不具备有效的能力禀赋。在经历了初生的热情和混乱后，强有力的政府行政体系不可避免地介入了市场的运行，形成了行政主导的市场发展模式。市场发展进程中出现的问题与无序，在多方力量的博弈下，最终推动年轻的中国股票市场步入无序与政府过度控制并存的困境，一边是投资者和企业对市场需求的炽热火焰，一边却是高度中央行政管制的冰冷海水。这一发展阶段，在市场快速发展的同时，中央行政权力逐步开始确立主导市场发展的地位，但市场自发力量、地方政府、中介机构与交易所仍然有着较大的自由空间。1996 年以前，中央政府对证券市场并没有建立有效控制，其他市场利益主体自主的创新和发展，推动市场进一步繁荣。在这一阶段，由于缺乏有效的控制约束机制，众多力量博弈的结果是在市场繁荣的同时，也形成了一些严重的制度缺陷和混乱现象，中国资本市场制度建设也陷入了长时间的迷失，最终转向主要依靠行政力量控制。

3.1　中央政府逐渐主导资本市场的发展

股份制改革起步的初期，股票的发行与交易都缺乏相应的法律法规，也没有统一的监管。对于市场参与者而言，一切均有可能，一切均可实现。在经历了初期的漠然和无知后，人们突然开始认识到股票的魅力。一些企业为了扩大发行，采用各种"优惠"措施来促销股票，例如让认购者参加住房抽奖，所持有股票能保本付息，等等。另一方面，地方政府为了发展本地经济，在证券发行和交易方面也采取了更为积极的态度。这些做法使得本来就缺乏监管的股票发行市场变得非常混乱，但开始吸引投资者进入股票市场，股票市场很快由冷转热。1992 年伊始，在国务院的指示下，国家体改委联合有关部委制定了 13 项股份制试点配套法规[1]，随后各地股份公司如雨后春笋般冒了出来，股票热席卷大江南北。在这一由冷转热的过程中，股票市场迅速由无人关心的边缘市场变成了万众瞩目的新市场。

初期的股票市场发展可分为投资者与中介机构自发阶段和地方政府主导阶段，确立了中国证券市场最具活力的发展基因。其成就在于：第一，形成了符合中国国情并领先国际的交易结算模式。两家证券交易所的建立，充分借鉴了海外股市的最新技术成果，迅速实现了交易和结算的集中化、无纸化和电脑化。深圳证交所一开始就形成了无形市场，上海证交所也从一开始的有形席位逐渐过渡到有形无形结合并以无形为主的市场模式。这种运作模

---

[1]　对于中国股票市场由冷转热及国家体改委联合其他国家部委出台 13 项配套法规的过程，聂庆平在《中国股票市场发展之路》（《当代金融家》2005 年第 2 期）中这样描述："1990年春，16 名人大代表联名提案，建议设立统一的证券监管机构，但没有引起注意。后来，股市热了起来后，人民银行经请示国务院同意，设立了股票市场办公会议制度，由 8 个部委参加，协调企业股份制和股票发行问题。由当时的人民银行行长李贵鲜负责召集，由金融管理司司长金建栋具体负责。1992 年 2 月后，体改委联合有关部委制定了 13 项股份制试点配套法规，随后各地股份制公司很快地发展起来，出现了新一轮股票热。同年 8 月 10 日爆发于深圳的 '8.10 事件'，使得股票热以一种无法被忽略的形式爆发出来。"

式，适应了中国股市散户市场的特点；同时又以其信用程度高、速度快、覆盖面广，走在了整个中国金融市场基础设施建设的前列。在中央政府介入之前，这种运作模式已基本定型，至今没有发生大的改变。第二，地方政府主导下形成了基本完整的地方性法规体系。到 1992 年，上海和深圳地方政府就已经各自颁布和实施了规范本地股市运作的地方性法规。这些地方性法规涉及了股市运作的主要方面，虽然比较粗糙，但基本完整，为以后全国性法规的制定积累了经验、提供了借鉴。第三，投资者的积极参与确立了股票市场在中国金融体系中的地位。短短几年时间里，年轻的中国股市显现出巨大的活力与能量，吸引了广泛的社会关注和参与。在这个阶段，城市居民，首先是深沪两市居民的投资意识开始觉醒，在初期各利益主体的努力下，股市在深沪两地的试点基本上是成功的。股票市场作为中国金融体系中不可缺少的部分，已经扎下根来。

越来越多的投资者、越来越便利的交易手段、越来越集中的流通场所，有效地增强了股票的流动性和估值基础，使得交易所交易的股票价格快速攀升。一些先期进入股票市场的投资者在股票价格的上涨过程中获得了巨大的"意外"收益，一时间关于股票市场暴富的财富神话传遍了各地，无数投资者在财富效应的影响下涌入股票市场，很快推动股票这一新生事物成为社会生活的热点。在这一过程中，暴涨的股价和热情的投资者共同制造了火爆的市场行情，以至"8.10 事件"等影响深远的事件。

在"8.10 事件"发生之前，中国证券市场处在一种自我演进、缺乏规范和监管的状态，并且以分散的区域性试点为主。在这一阶段，各地证券交易中心和证券交易所在市场发展中担当着关键角色，投资者与监管者之间的行政藩篱尚未成形，应该说制度建设是有可能向着更为市场化的自律监管体制发展的。然而，投资者虽然踊跃，但并不具备成熟的投资理念，唯专注于投机和炒作；交易所或交易中心虽然拥有较大自由度，但并不具备长远的监管目光和能力，唯追求短期的交易活跃；地方政府尽管希望发展金融服务业，但往往受制于地方利益驱动，更同样偏爱行政干预。在当时的中国政治和社会环境下，当"8.10 事件"发生时，能够作出快速反应并保持中立立场的约束主体，只有中央政府。

在"8.10 事件"后，中央政府迅速而直接地介入了这一地方性社会事件。国务院紧急作出反应，于同年 10 月成立专门的证券监管机构，由此产生了由 13 个部委领导组成的国务院证券委员会，另成立中国证监会，负责日常监管和决定执行。[1]市场自发的力量与国家社会秩序的冲撞引发了政府层面的反馈，从中央政府到地方政府都开始走向规范监管体制的探索过程。这一探索过程从一开始，便充斥着动荡与困惑，沿着市场自发形成、发展、过热、问题、政策回应、更严厉的行政性监管的固有轨迹不断反复，推动市场在冷与热的交替中向前发展，也持续地积累着矛盾与问题。

3.2 股票市场从分散走向集中

中国证券市场的建立，主要的推动力量是地方政府发展经济的动机和社会经济运行自发的冲动。但由于整个社会在能力禀赋方面的缺失，面对市场各种问题的涌现，除了中央政府的介入，别无其他可行的约束力量能够代行市场发展和监管之职能。在国家各种制度文本和制度能力都几乎是空白的中国股票市场上，中央行政权力的介入充分发挥了集权的高效率，各类市场规则很快建立起来。1992 年后，中国证券市场进入了一个全国性的"大跃进"时期，迎来了爆炸式的快速发展。1992—1997 年间，伴随市场的快速发展，中国资本市场逐步由分散和地方性走向了集中和全国性。

从中国证券市场最初的形成过程来看，地方政府和民间自发的股份制实践是推动股票市场发展的最大动力。"8.10 事件"之前，中央政府在证券市场的组织管理和监管中几乎完全不发挥作用。"8.10 事件"的发生，凸显了股票市场可能存在影响社会稳定的风险，直接促成 1992 年 10 月国务院证券委员会和中国证监会的正式成立。然而，这之后的几年时间里，在证券发行

---

[1] 中国证监会第一任主席刘鸿儒在回忆中国证监会成立前后的文章《中国证监会成立前后》（《财经》2000 年第 9 期）中也明确指出了中国证监会成立与"8.10"事件之间的关系。他回忆："证券委和证监会成立的直接原因，应当说是 1992 年发生了著名的深圳'8.10'事件；而根本原因，则是证券市场的迅猛发展对加强统一管理提出了内在要求，中央决定要有组织地推动这项改革。'8.10 事件'的关键是技术问题没有处理好，结果导致了政治问题，对中央的震动非常大。事件平息后，中央立即作出决定，成立专门的证券监管部门，以改变时而多头管理、时而无人管理的状态。"

和证券交易中，市场仍然发挥着重要作用。中央政府、地方政府和市场主体经历了相当长的博弈与磨合之后，才最终完成主导权力从地方向中央、从证券交易所向证监会的转移，形成了高度集权的市场监管体系。

　　这一权力转移的过程有以下关键性阶段：1993年11月，国务院决定将期货市场的试点工作交由国务院证券委负责，中国证监会具体执行。1995年3月，国务院正式批准《中国证券监督管理委员会机构编制方案》，确定中国证监会为国务院直属副部级事业单位，是国务院证券委的监管执行机构，依照法律、法规的规定，对证券期货市场进行监管。1997年8月，国务院决定，将上海、深圳证券交易所统一划归中国证监会管理；同时，在上海和深圳两市设立中国证监会证券监管专员办公室；11月，中央召开全国金融工作会议，决定对全国证券管理体制进行改革，理顺证券监管体制，对地方证券监管部门实行垂直领导，并将原由中国人民银行监管的证券经营机构划归中国证监会统一监管。1998年4月，根据国务院机构改革方案，决定将国务院证券委与中国证监会合并组成国务院直属正部级事业单位。这一系列改革，清晰地展现了中央政府越来越深的直接介入。经过这些改革，中国证监会的职能明显加强，集中统一的全国证券监管体制基本形成，地方政府在证券市场发展规划和监管中逐渐淡出。

　　这一市场管理权力的变化过程，对中国证券市场带来了深刻的影响。

　　从证券交易的组织形态来看，中国证券市场经历了一个由自发形成的地下交易到有组织的柜台交易，再到以沪深两大证券交易所为中心、场外交易并存，最后到只有沪深证券交易所场内交易的发展历程。

　　沪深证券交易所建立后，并没有形成全国统一的市场。两个交易所从成立到1992年前后，上市交易的主要对象仍然是本地企业，仍然是地方性的区域市场。在沪深交易所成立并运营的前后，全国各地先后出现了70多家地方证券交易中心。这些证券交易中心尽管运作机制比较简单，但其实已具备了证券交易所的基本功能。地方证券交易中心基本上都是由地方政府和人民银行批准设立的，仿照已成立的沪深交易所运行，很多小型股票也在交易中心挂牌交易。一些证券交易中心由人民银行省市区分行出面组建，管理人员和资金来自各地人民银行，另一些则是地方政府出面组建，如青岛市政府先期拨款1 200万元筹建青岛证券交易中心。还有一种情况是证券公司组建证券交易中心，譬如西北五省一市证券公司共同发起设立西安证券交易中心，委托陕西省和西安市证券公司筹建。最后一种情况是政府和多家企业共同发起设立交易中心，如云南证券交易中心即属此类。在各地证券交易中心的组建者中，人行和政府出面组建的占绝大多数。一般地说，谁组建就由谁为证券交易中心提供资金和管理人员，其他员工皆向社会公开招聘。各地证券交易中心的技术装备水平存在较大差异。有的交易中心配备了十分先进的主机，通信采用了双卫星和DDN双通道备份。有的交易中心则技术起点低，硬件设备简陋，使整个交易处于手工操作或半自动化阶段。1993年后，这些证券交易中心逐步整顿收缩，最终并入了上海和深圳两个交易所市场。在证券交易中心组建发展的同时，1992年7月和1993年4月，中国证券市场研究中心和中国证券交易系统有限公司又先后在北京开设了"全国证券交易自动报价系统"（STAQ）和"全国电子交易系统"（NET）两个全国性证券交易网络，主要用于法人股交易。此外，各地还存在产权交易中心和地下股票黑市。从1998年开始，中国证监会对41家场外"非法"股票交易和证券交易中心进行清理和关闭。1999年9月，STAQ系统与NET系统停止交易。[1]中国证券市场在非常短的时间内完成了从众多地方性交易场所向全国性集中交易市场的过渡。

各地证券交易中心的关闭和集中，一方面是证券市场发展的必然结果，即分散的证券市场必然集中到一个或少数几个大型证券交易所。美国等成熟市场完成这一历程经历了超过百年的漫长时间，而中国在中央行政权力的干预下在几年内迅速实现了这一集中。另一方面，这一集中过程也是地方政府和中央政府行政权力博弈的结果。中国改革开放以来的经验表明，在新兴市场领域，地方政府有着更大的发展冲动。其实，即使是沪深两个交易所，其诞生也是地方政府推动的结果。但当新生的市场发展成为重要的经济活动场所后，中央行政权力出于维护稳定、集中行政资源等考虑，必然依靠行政力量剥夺地方政府的权力，将这些重要的经济资源纳入自身的控制之下。在中

[1] 1998年，由于地区证券柜台交易泛滥，国家决定整顿场外非法交易市场，STAQ系统和NET系统也在其中。1999年9月，STAQ系统与NET系统暂停交易。至2001年5月25日，根据中国证监会意见，中国证券业协会决定，选择部分证券公司试点开展原STAQ、NET系统流通股转让业务，三板市场登上历史舞台。

国这样的行政主导国家，经济权力总会吸引政治权力。从集中市场的高效率来看，这样的集中带来了效率。但从市场发展权力过度集中来看，集中了几乎全部市场管理权力的中央政府，能否妥善运用手中资源，正确规划市场发展，却存在值得争议之处。对于同样没有市场发展和监管经验的中央政府来说，任何政策的失败，都是全国性的失败。

在各地证券交易中心发展的过程中，股票这一经济工具也体现出中国式群众运动的特点。最典型的是发生在成都的"红庙子股票黑市"事件。1992年开始，中央连续发布了一系列关于股份制试点的意见、办法后，各地试行股份制的热情再一次高涨。成都红庙子街是四川省证券交易中心办公所在地，1991年12月，四川金融市场证券交易中心在这里挂牌成立。1992年8月11日，省证券中心发行了首只可转换债券——工益转券。工益转券一发行，便炙手可热，500元一张的债券转手可卖850元到1 000元，大大刺激了本地人的神经，那些炒邮炒币的人开始聚集在红庙子街炒卖工益券。不久，来自深圳的大户们在红庙子街大肆收购在当时销售困难的川中第一股——川盐化股票，将川盐化从3元炒到8元。到了1993年，春节刚过，深沪股市连创新高，沪市创下1 500多点的新高，红庙子市场也更加火爆。人们开始以川盐化为龙头，炒卖起那些被称作公众公司的四川股票，俗称"八大家"，包括川盐化、川金路、川天歌、川乐电、川长钢、川金顶、川长虹、自贡东碳。当时，在这条长不足千米、宽不过10米的街上手持股票进行现场买卖的交易者成千上万。最盛时，一大早便有人入场，晚上亮灯后仍有人交易，每天进出超过10万人次，聚散资金数以亿元计。涌动的人流把红庙子及其相邻的街巷挤得水泄不通，虽然人声鼎沸，但秩序井然。[1]红庙子市场的兴起，引起了各个方面的关注，其交易组织的非规范性和对社会稳定的潜在威胁使其受到有关监管部门的诟病。1993年下半年，在有关管理层调控下，成都红庙子市场渐渐关闭。

随着证券交易场所的集中和规范，沪深证券交易所逐步采用了无纸化交易平台，按照价格优先、时间优先的原则，实行集中竞价交易、电脑配对、

---

[1] 由于成都红庙子市场的示范作用，四川的乐山、德阳、南充、绵阳等地也出现了"小红庙"。

集中过户，市场透明度和信息披露方面远远优于原先的黑市和区域性柜台交易，交易成本和风险大大降低。相应地，两交易所的登记结算公司分别建立了无纸化存管制度以及高度自动化的电子运行系统。由于股票流通量小，为了降低价格波动，交易涨跌幅度限制多次调整，从 1996 年 12 月开始，沪、深两市实施 10% 涨跌停板制度，一直沿袭至今。沪深证交所成立初期曾先后推出"T＋0"交易机制，从 1995 年起开始实施"T＋1"交易机制。无纸化交易和存管体制的建立，最终剥夺了任何地方证券交易中心发展成为规范证券交易所的技术可能性，沪深证券交易所无论是在法律上，还是在技术上都已经取得中国股票交易的垄断经营权。

毫无疑问，如果没有国家行政权力的介入，中国证券市场由分散走向集中肯定需要更长的时间。正是由于资源的集中，沪深交易所得以快速发展，建立起了一整套具有当时国际先进水平的电子交易系统，为中国证券市场未来的发展奠定了良好的技术性基础设施。

3.3 资本市场进入快速发展阶段

随着证券市场主导权力逐渐从地方转向中央，中国证券市场迎来了快速发展的阶段。在集中监管体系和沪深两个全国性交易平台形成的背景下，中国证券市场上市公司数量、总市值和流通市值、股票发行筹资额、投资者开户数、交易量等都进入了一个较快的发展阶段。中国资本市场也由建立之初的区域性市场发展成为全国性的资本市场。市场的大跃进具体体现在以下几个方面：

第一，市场规模快速扩大。

这一时期，越来越多的企业开始认识到资本市场的重要性，大批企业开始了重组、改制、发行上市的进程。尽管存在严格的发行额度限制，沪深两个交易所上市公司数量仍然快速增长，从市场建立之初的 13 家很快增长到 1998 年底的 851 家，两市总市值截至 1998 年底达到 19 506 亿元，已经相当于当年 GDP 的四分之一。通过两个交易所筹集的资金规模也快速增长。从 1993 年到 1998 年 6 年间，两市 A 股和 B 股筹资总额高达 2 650 亿元。年轻

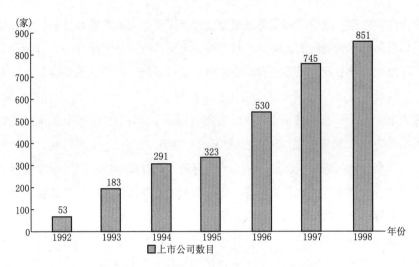

图 3.1　中国证券市场上市公司增长情况

资料来源:《中国证券期货统计年鉴》。

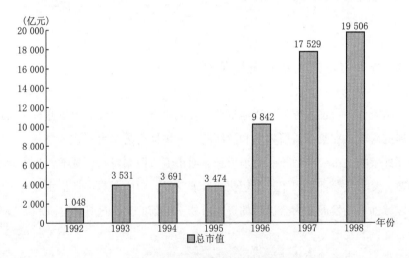

图 3.2　中国证券市场总市值

资料来源:《中国证券期货统计年鉴》。

的中国资本市场在国民经济中开始发挥越来越大的作用。

　　第二,市场品种日益丰富。

　　随着市场的发展,沪深两市交易品种逐步增加,由单纯的股票,陆续扩展到了国债、权证、企业债、可转债、封闭式基金等。股票也由单一的 A 股变为 A 股和 B 股两个品种，还出现了国债期货这一衍生品种。

以 B 股为例，在 20 世纪 90 年代初期全国上下强调吸引外资的背景下，上海和深圳都推出了人民币特种股票（简称 B 股）。B 股是与人民币普通股票（简称 A 股）相对应而得名的，也称为境内上市外资股，以人民币标明面值，以美元（沪市）或港币（深市）认购和交易。B 股自 1991 年底开始推出之后，一度影响很大，发展迅速。但随着 H 股等海外上市渠道的打开，境内 B 股对企业上市和境外投资者的吸引力都大为减弱。同时，由于 B 股市场与 A 股市场相比，流动性欠佳，长期处于低迷状态，也影响到市场的进一步扩容，从而造成发行市场和二级市场之间的恶性循环。截至 1998 年底，B 股市场共有上市公司 106 家（其中上海 52 家，深圳 54 家），共筹资 616.25 亿元人民币。这在一定程度上为国内企业的发展筹集了资金，也在封闭的中国资本市场上打开了一扇对外开放的窗口。

第三，证券中介机构迅速发展。

1986 年 9 月 26 日，新中国第一家代理和转让股票的证券机构——中国工商银行上海信托投资公司静安证券业务部宣告营业，从此恢复了中断了 30 多年的证券交易业务。1987 年 9 月经中国人民银行批准，深圳市 12 家金融机构出资组成了全国第一家证券公司——深圳经济特区证券公司。随着全国性证券市场的形成和扩大，证券中介机构也随之增加。1992 年 10 月华夏、南方、国泰三家全国性证券公司成立。此后，证券公司数量急剧增加，这些证券公司股东的背景基本上都是银行、地方政府和有关部委，其业务包括证券承销、经纪、自营和实业投资等。此外，信托投资公司也都兼营证券业务，商业银行也参与国债的承销和自营。到 1998 年底，全国有证券公司 90 家，证券营业部 2 412 家。其他从事证券业务的中介机构也不断发展，其中从事证券业务的会计师事务所 107 家，律师事务所 286 家，资产评估机构 116 家。

第四，投资者队伍初具规模。

由于中国股票市场建立在一个计划经济主导、金融市场发育水平很低的环境中，从一开始个人投资者就主导着股票市场，形成了鲜明的"散户市场"特征。尽管散户为主的市场存在种种问题，例如"散户市场"固有的投机氛围，但另一方面，个人投资者数量的快速增长也为市场的发展提供了强有力的支持。庞大的散户投资者将广大居民家庭储蓄汇聚起来，为市场提供了良好的流动性，推动股票市场深入人心，获得了广泛的社会关注。截至1998年底，沪深两市投资者开户数已经达到4 259万户，成为中国资本市场发展的最强有力支撑。

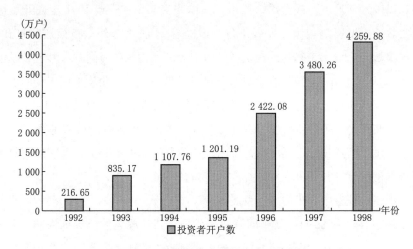

图3.3　中国证券市场投资者开户数

资料来源：《中国证券期货统计年鉴》。

同时，中国证券市场中的机构投资者也开始得到了初步发展。从1991年开始，出现了一批投资于证券、期货、房地产等市场的基金（统称为"老基金"）。它们依托于地方政府和银行分支机构，向公众募集资金，到1996年底共有78只，均为封闭式，大部分为契约型，总规模约66亿元，投资范围涵盖证券、房地产和资金拆借，其中房地产占据相当大的比重，流动性较低。而且有些老基金在交易所挂牌交易，往往也成为投机炒作的对象，在证券市场上造成了一定的混乱。1997年11月，《证券投资基金管理暂行办法》颁布，规范证券投资基金的发展，同时开始对"老基金"进行清理。到1998年底，新批准设立的6家基金管理公司共发行6只封闭式证券投资基金，规模达到120亿元。虽然从绝对的机构规模和市场份额来看，机构投资者在这一阶段发展水平还很低，但由于起点高、制度规范，机构投资者建设基础很好，为下一个阶段中国机构投资者的超常规发展准备了良好的条件。

无疑，中国资本市场在这一阶段的发展成绩是非常显著的。90年代初期，计划经济的力量主导着整个社会经济生活，股票市场"姓资还是姓社"的争论余音依然绕梁，中国普通民众的收入和财富积累水平都还很低，股票市场发展的基础条件总体而言是很差的。推动股票市场快速发展的力量，简单而言可以概括为：个人投资者对股票市场的投资热情很高；证券交易所有着很高的创新积极性；地方政府对股票市场发展非常支持；国有企业存在着巨大的直接融资需求；证券中介机构较为有效地满足了市场参与者对证券服务的需求；中央政府集权发挥了集中全国资源办大事的积极作用。在这一过程中，这六个方面的力量博弈互动，此消彼长，一方面推动市场获得了快速发展，另一方面混乱与问题也持续滋生。

3.4　证券市场的混乱与问题

从世界各国资本市场发展的历史来看，在发展初期，或早或晚都出现过投机横行的混乱时期，例如 18 世纪英国的南海泡沫，20 世纪早期美国大萧条前股市的混乱与泡沫。这些例子表明，作为大量投资者参与的资产市场，股票市场本身具有脆弱性，其运行必须受到一定外部力量的控制与约束。当市场发展到一定阶段，出现了种种问题、步入无序的时候，必须引入某种控制力量：或者依靠市场与行业公会的自我约束形成自律机制，或者借助有效的司法体系形成司法约束，或者建立某种形式的独立监管体系，或者引入行政力量。中国资本市场的实践结果，在中国特有的制度背景和能力禀赋条件下，恰恰选择了第四种控制机制，即在市场无序状态下建立了政府对资本市场微观活动的直接控制。

1992 年后中国资本市场发生的若干次重大事件都依循了下面的路径：市场发展迅速，监管相对缺位；市场运行出现问题，政府强力介入，建立严格的行政约束；市场被关闭或者出现新的问题，导致更进一步的行政干预；市场微观创新活力丧失，市场运行陷入低水平的繁荣与萧条循环之中。当中央政府与证券市场保持疏离时，无论是地方政府，还是交易所、投资者等其他利益主体，其发展市场的积极性都是旺盛的，但它们在市场快速发展中确保市场稳定健康运行的主动性却严重不足；当中央政府认识到证券市场巨大的潜在收益和风险，积极介入市场时，行政权力可以推动市场更快发展，但这种发展是外力驱动的，违规和混乱的种子仍然会在严厉的管制措施下生根发芽。

3.4.1 327 国债期货事件[1]

1995 年的"327 国债期货事件"，是中国资本市场发展过程中极具代表性的一个案例。从国债期货市场的形成到市场的关闭，既体现了证券交易所和投资者创新的热情与效率，也集中体现了行政权力对市场无序的应对特征，揭示了行政权力对市场活动直接控制的形成路径。

国债期货市场的推出，充分体现了交易所在市场创新方面的积极性和创造性。1992 年下半年开始，中国经济开始出现偏热势头，人民银行多次调高利率，造成部分国债品种跌破面值，严重挫伤了投资者积极性。在这样的背景下，上海证券交易所于 1992 年 12 月 28 日推出了 12 个品种的国债期货标准合约，包括 3 月、6 月、9 月和 12 月四个交割月的 1992 年三年期和五年期国债，从而拉开了国债期货市场发展的序幕。紧跟上证所的步伐，北京商品交易所、郑州商品交易所等 18 家交易所陆续推出了国债期货产品。

在上证所推出国债期货合约的一年间，市场交易并不活跃。从 1992 年 12 月 28 日到 1993 年 10 月，国债期货交易成交金额只有 5 000 万元。在经过一段时间试运行后，1993 年 10 月，上证所对国债期货合约的品种和交易运行机制进行了修改，增进了投资者对该交易品种的了解，市场气氛开始趋于活跃。1994 年，仅上证所 1994 年国债期货交易金额就突破了 23 511 亿元，占整个国债市场交易额的 96.7%，交易规模最高时一天可达 600 亿元。在国债期货交易活跃的刺激下，国债现券的交易也逐渐活跃起来。1992 年下半年至 1993 年下半年，上海国债现货市场交易的 5 种国债交易价格有 4 种低于面值。1993 年 10 月新的交易规则公布后，原 4 种现券交易价格低于面值的国债期货中有 3 种超过了面值。上海国债市场 1992 年 5 年期国债现券价格从 1994 年 4 月的 101 元左右，升至 6 月的 109.05 元，而国债期货品种

---

[1] 当年曾参与"327 国债期货事件"善后处理工作的徐士敏在回忆文章《前车之覆，后车之鉴》(《当代金融家》2008 年第 1 期)中对该事件发生过程进行了详细描述。

"313"则从 106 元左右一路上升到 111 元。

然而，进入 1995 年后，国债期货交易显示出巨大的投机性，孕育着巨大的风险，很快发生了影响深远的"327 国债期货事件"。该事件中交易的标的是 1992 年发行、1995 年 6 月到期的三年期国库券，该券发行总量为 240 亿元，1995 年 6 月到期兑付，利率是 9.5% 的票面利息加保值贴补率，但财政部是否对之实行保值贴补并不确定。327 国债期货是在上海证券交易所上市的期货品种。在其交易上，有财政部背景的中国经济开发信托投资公司（简称"中经开"）做多，万国证券做空。当万国证券与中经开正在国债期货市场展开厮杀之际，1995 年 2 月 23 日，财政部宣布提高该国债的保值贴补率，即这一国债交易品种不是以原来的每百元面值按 128.50 元兑付，而是提高到 148 元兑付。这一消息的公布，对做空方无异于泰山压顶。当日开盘，327 国债从 148.21 元一路劲升，攻到 151.98 元时，原与万国证券结盟做空的辽宁国发（集团）有限公司（简称"辽国发"）突然倒戈，从做空改为做多，在其掌控的"无锡国泰"交易席位上，10 分钟内 327 国债竟猛冲至 155.75 元。根据当时的仓位，327 国债每涨 1 元，万国证券就赔十几亿元；涨了 6 元，则意味着整个万国证券全赔进去也是资不抵债。在此困境下，万国证券公司总裁管金生成为背水一战的赌徒，空方主力在 148.50 元价位封盘失败后，在交易结束前最后 8 分钟，又大量恶意透支交易，以 730 万口的巨大卖单打击价位（一口是 200 张合约，一张合约是 1 000 元面值的国债，730 万口就是 1.46 万亿元面值的国债，而 327 国债总面值才 750 亿元，此 1.46 万亿元的面值接近 1994 年全国 GDP 的三分之一）。巨量空单将价格打压至 147.50 元收盘，使 327 国债期货合约暴跌 3.8 元，并使当日开仓的多头全线爆仓。空方主力的蓄意违规行为造成了严重的后果和恶劣的市场影响，为避免事态的进一步扩大，当晚，上海证券交易所无奈之下，宣布最后 8 分钟内已完成的交易全部无效，并从 2 月 27 日起休市，组织场外协议平仓。不久万国证券公司面临清盘；3 个月后，国债期货市场关闭；5 个月后，万国证券总裁管金生被以渎职、挪用公款等罪名判处 17 年有期徒刑；上证所总经理尉文渊因此离职。

在这一事件过去多年之后，认真分析这一市场悲剧酝酿与终局过程中有关各方的行为，可以更清晰地认识到，在当时的环境下，这一悲剧从一开始也许就注定了结局。

一方面，对于以财政部和证监会为代表的中央政府来说，一开始在这一市场的建立与发展过程中，没有进行积极有效的监管，在市场发展的关键时刻却做出非常缺乏透明度和可预测性的国债利率决策，在事件发生后更对市场一关了之。

就资本市场的内部构成而言，毫无疑问，衍生品处于资本市场产品链的最高端，对监管的需求最高。如果说在不规范的情况下股票现货市场还能够先发展后规范的话，具备了高杠杆和高度敏感性的衍生品市场，却不可能承受得了诸如利率等宏观价格决策和披露过程中的不规范。就"327事件"而言，所处的时期还是中国金融改革的初期，涉及的国债规模也是有限的，虽然一个市场因此被关闭了，也付出了数十亿元的代价，但对国民经济并没有产生直接冲击。通过万国证券与申银证券的合并，以及上海市政府与中央政府的直接介入，"327事件"造成的损失最终被消弭于无形。但这一事件也警示我们，在中国资本市场基础制度设计还存在缺陷，政府财经政策决策透明度还比较低的情况下，中国衍生品市场的发展将面临巨大的系统性风险。

另一方面，从市场自发动力来看，无论是交易所还是金融机构，在国债期货这一新兴市场上都缺乏维持这一市场健康发展的基本能力。[1]当时拥有巨大市场自主权力的交易所在创新方面是积极的，上证所在国债期货市场建立过程中体现了高度的创新精神和灵活性，但这一市场的建立无疑是仓促的。交易所对国债期货这一衍生产品的特性缺乏透彻的认识，在创新的同时，在一线监管和市场规则设计上并未建立起相应的有效的风险控制机制和操作规则、操作流程，包括在期货交易中采用现货交易系统，没有有效的追

---

[1] 从事后角度来看，当时交易所风险控制漏洞和监管当局处置方式的简单化，是导致这一市场被仓促关闭的主要原因。徐士敏在回忆文章《前车之覆，后车之鉴》中写道："如果1995年2月23日上午'无锡国泰'席位上200万口空翻多的下单，下午最后8分钟万国证券的巨额空单，上证所的交易系统对于这种蓄意违规的下单，能将其堵在门外而不进入交易系统，也许'327事件'的史实将会改变；如果当天晚上的最终决策不是简单地宣布最后8分钟内已完成的交易全部无效，而是像其他国内期货交易所那样，将当天327国债期货交易品种全部'锁仓'待交收，事后确定一个相对合理的结算价，予以全部平仓，'327事件'可能就是一场简单的期市风波，绝对不会成为震惊中外的少数会员蓄意违规、操纵市场、扭曲价格、严重扰乱市场秩序所引起的金融地震，最终直接导致国债期货暂停，使中国在金融衍生产品上的第一次试点以失败告终。"

加保证金的管理规则和执行机制，以至万国证券竟然可以方便地进行巨额恶意透支交易。对于证券中介机构而言，万国和中经开是中国资本市场最早的弄潮儿，但却是结合了资本的嗜利性与国有企业的"官府性"于一身的特殊企业。它们在投资过程中本身就不遵守诚实交易的基本准则，更不可能依靠自律约束来保证市场稳健发展。既然交易所和中介机构都不具备稳定市场、监管市场的动力和能力，市场最终可以依靠的便只能是政府的行政力量。

3.4.2　市场操纵与内幕交易横行

在任何国家的股票市场发展历史上，都有过股价操纵与内幕交易横行的阶段，年轻的中国资本市场也不例外。尽管中国在证券市场发展的初期就制定了禁止股价操纵和内幕交易的法律法规，但由于种种原因，这些法律法规未能被认真执行。其结果是在年轻的中国证券市场上，股价操纵和内幕交易横行无忌，严重地损害了中小投资者的权益，也助长了市场投机气氛，危害了证券市场的长远发展。在这一过程中，制度资源匮乏的司法力量完全未能发挥应有的约束作用，市场最终只能转向更强的行政控制机制。

从最初的股票发行和交易伊始，投机者操纵股票价格的尝试便同时开始。起初的市场操纵只是一些所谓"超级大户"合谋推高某只股票的价格，其规模有限。随着市场的发展，越来越多的资金大户和证券中介机构加入到操纵市场获取暴利的行列，形成了形形色色的"庄家"。

在这一阶段，证券监管体系还处于逐步完善的过程中，《证券法》还没有颁布实施，证券违法行为基本呈现出"无法无天"的状况。具体地看，中国证券市场中的违规行为有以下几个方面的特点：一是股价操纵和内幕交易在证券市场上普遍存在，大批投资者卷入其中，成为证券市场上公开的秘密。同时这些违法行为又非常隐蔽，绝大多数违法违规交易行为并不使用自己的账户，这使得对内幕交易的查处和取证非常困难，监管者往往见难而退。二是从事股价操纵和内幕交易的主体多样化，既有个人，也有许多机构，如上市公司、证券公司、各种投资机构等。三是市场操纵和内幕交易、虚假信息等形式的违法行为相关联，不少上市公司及其内幕人员与市场机构投资者勾结，利用信息操纵市场，常常发布虚假信息误导其他投资者，形成"庄股"这种综合性的证券违法形态。在股价猛涨的背后，往往是市场操纵、内幕交易、发布虚假信息等各种形式的证券违法违规行为共同存在，形成了复杂的证券犯罪形态，各类"庄家"肆无忌惮地操纵股票价格，影响恶劣，严重损害了中小投资者利益，甚至造成了中国证券市场的信任危机。四是上市公司重组往往成为证券违法行为的工具。在上市公司重组过程中内幕交易普遍存在，不少公司重组甚至根本就是为了操纵股价和获得对上市公司内部信息的操纵权而进行的。大量假重组、报表重组的背后，一些投机机构主动与上市公司勾结，利用资产重组的题材进行股价操纵，上市公司大股东及管理层、相关的中介机构人员、各种获悉消息者则放肆进行内幕交易，获取暴利。

无论是相对隐秘的内幕交易，还是明目张胆的市场操纵行为，都是毋庸置疑的违法行为。从西方国家证券法律实践来看，在证券市场违法行为泛滥情况下，司法体系的强力介入，通常可以有效遏制违法行为，推动市场健康发展。然而，中国司法制度无法担当这一职责。主要的原因在于：以成文法为主的中国法律制度不具备应对证券法律纠纷的灵活性；司法体系不具备处理证券市场违法犯罪行为的专业能力，既无专业人才，也无此类知识的历史积累；司法组织的制度设计没有为受证券违法行为损害的投资者提供司法救济的基本激励，等等。

由于司法救济的缺位，对于证券市场违法行为的遏制只能依靠中国证监会的行政力量。但中国证监会成立后，直到1996年，证券市场主要还是依靠地方政府和交易所自身的推动。加强对不当行为的监管，本身是证监会逐渐取代地方政府主导市场发展与监管的重要动机。然而，中国证监会主导地位建立后的一个较长时间里，并没对市场违法违规行为形成遏制作用。在中国证券市场快速发展的阶段，尽管内幕交易和市场操纵的普遍存在已得到大量实证研究的证实，但证券监管者对这类行为的查处很少。一来《证券法》直到1999年才正式实施，对内幕交易和市场操纵的法律规定相对欠缺；二来监管者更偏爱从事诸如"审批"之类的监管工作，查处内幕交易与市场操纵费力费时，障碍很多，成本很高，私人收益却很少。根据统计，截至2002年12月，中国证监会公开处罚的证券违法犯罪案件中，内幕交易和市场操纵占全部案件的比重分别只有2.6％和5.5％，在10种违法类型中分别居于第8位和第6位。显然，这类违法行为受到惩处的概率太低，监管与执法的威慑力严重不足。由此也产生了一个悖论：中国证券市场存在强大的行政干预，行政力量无所不在，但同时行政力量对内幕交易和市场操纵几乎无能为力，没有有效遏制这些犯罪行为。显然，虽然在市场无序状态下建立了政府对资本市场微观活动的直接控制，但这种直接控制并没有能力实现市场运行的规范有序和公平透明。尽管中国资本市场发展的能力禀赋背景将中央行政权力控制机制推上了中国资本市场发展与监管的主导地位，但行政主导的市场监管模式，并非完全适应资本市场这个特殊的舞台。中国资本市场未来走向开放与规范，依然必须依靠行政力量与市场力量的重新定位，探索更有效的组织发展与监管模式。

3.4.3　大股东掏空上市公司愈演愈烈

上市公司质量是资本市场健康发展的基石。然而，在中国资本市场发展的这一阶段，上市公司质量不佳的问题变得越来越严重。从源头开始，众多上市公司的来源基本限制在国有企业范围内，而国有企业在改制重组的过程中，财务造假、过度包装几乎成为行业惯例。企业一旦上市，则开始面临被大股东掏空的压力。

对作为国有企业的大股东为什么会掏空所控制的上市公司，已经有了大量研究，其中特别值得指出的是股权分置条件下大股东与流通股股东在利益取向上的差异。行政权力在企业和个人利益动机面前毫无抵抗能力，相反，过度集中于中央的股票发行审批权力反而成为寻租的源头，腐败行为为资本市场注入了更多的问题公司。

红光事件等案例充分表明，政府在资本市场一方面是政策的制定者和监管者，另一方面政府也有着自己的利益。地方政府需要更多的本地企业上市，为了达到目的可以积极配合上市公司的造假行为。中央政府集中了巨大的权力，即使不考虑腐败因素，也难以应对地方政府、企业和证券中介机构联手布下的种种迷局。

大股东掏空上市公司的手段多种多样：一是无偿占用上市公司资金；二是巨额欠款拖垮上市公司；三是巨额担保套牢上市公司；四是劣质资产卖给上市公司；五是无形资产高价转让给上市公司；以及其他形形色色的方法。

在这一阶段，大股东掏空上市公司事件频发，典型的案例有：

猴王集团案例。1993 年上市的猴王股份是全国最早的上市公司之一，也是焊材行业唯一一家上市公司。可是，这家焊材年产销量曾经达 7 万吨、综合经济效益连续几年居全国同行业第一的上市公司，却因为上市之后一直处在母公司猴王集团的完全控制之下而深受拖累，猴王股份对集团的应收款至少有 8.9 亿元，外加担保 3 亿元，尤其令人称奇的是，集团甚至可以随便用上市公司的名义为自己贷款，并且一贷就是 3 亿元。1999 年猴王股份终于历史上第一次出现了高达 6 770.20 万元的亏损，每股收益为－0.22 元，净资产收益率－20.32％，每股净资产仅 1.10 元，调整后只有 0.96 元。2000 年亏损额由上一个会计年度的 9 523 万元，增加到 6.8 亿多元，每股收益也由－0.31元变为－2.28 元。2001 年 2 月 27 日，它的母公司猴王集团突然被宣布破产，猴王集团欠下猴王股份的近 11 亿元债务付诸东流，猴王股份还因为集团承担的逾 2 亿元的担保及自身的上亿元债务而被三大债权人申请破产。

棱光实业担保事件。棱光实业公司是全国最大的半导体用硅多晶和石英玻璃制品的生产、销售企业，其产品高纯硅多晶和透明石英玻璃坩埚连续多年获国家质量银质奖，在国内享有较高声誉。1993 年 2 月 9 日，棱光实业在上海证券交易所上市，第一大股东为上海建材集团，它持有棱光实业 55.62％的国有股。1994 年 4 月 28 日，珠海恒通集团股份有限公司斥资5 160 万元，以每股 4.3 元的价格收购上海建材集团总公司持有的棱光实业1 200 万股国有股，占总股本的 35.5％，成为棱光实业第一大股东，建材集团以持股 21.1％退居第二大股东。然而，到了 1999 年 6 月，棱光实业突然披露其为恒通集团子公司担保已达到 3.33 亿元，而且其中大部分贷款逾期未还，棱光实业将承担担保责任。棱光实业因为"重大担保事项及重大诉讼事项未及时披露"而成为上海证券交易所有史以来第一次"公开谴责"的对象。2000 年 4 月，棱光实业因为诉讼案件所涉及或负有赔偿责任的或有赔偿金额已超过公司 1999 年净资产而被归入"特别处理"公司行列。

济南轻骑大股东欠款事件。济南轻骑的大股东轻骑集团居然对其拥有高达 25.8 亿元的巨额欠款，创下了中国证券市场上的"拖欠"之最。1993 年公司改制上市时，轻骑集团作为发起人投入的部分资产始终未过户。公司首次发行募集资金到位后，就有 3 亿元被三大银行强行扣下替轻骑集团还债。1999 年 11 月 15 日，因违规炒作股票，轻骑集团董事长张家岭等三名有关责任人被认定为证券市场禁入者。禁入令迫使张家岭交出了所兼任的上市公司董事长职务，上市公司与集团公司的"三分开"问题终于提上了议事日程，一向讳莫如深的大股东欠款问题也随之浮出了水面。尽管轻骑集团先后多次以房产、股权等资产来冲减对济南轻骑的应付款，但截止到 2000 年 12 月 31 日，公司对轻骑集团及其下属单位的应收款项总额同比反而增加了 66 858 万元，增长幅度达 33.06%，应收关联单位欠款高达 25.59 亿元。这种竭泽而渔的做法，导致一家曾被誉为绩优股的上市公司，最终沦落为"亏损大户"。

大庆联谊案。大庆联谊 1999 年年报披露，其第一大股东大庆联谊石油化工总厂欠上市公司应收账款 2 429 万元，其他应收款高达 5.96 亿元。2000 年年报显示，该大股东欠公司债务仍达 6.02 亿元。中国证监会在对大庆联谊欺诈上市案的处理决定中，责令其大股东在 6 个月内将所占有的募集资金 4.8 亿元归还上市公司。然而，时间已过，大庆联谊石油化工总厂依然故我，还钱没有，要还就拿一大堆破烂资产来顶债。2001 年 5 月 29 日，大庆联谊披露，联谊总厂拟以资产和现金总计 2.9 亿元偿还欠款，偿还后尚欠大庆联谊应收款 3.12 亿元。而据此前的另一则公告披露，拟用以抵债的资产总计 3.6 亿元。大庆联谊失去的是白花花的现金，得到的却是不知道效益如何的宾馆、酒店、沥青厂还有写字楼。

大股东掏空上市公司的行为，从市场微观基础层面破坏了市场健康持续发展的基础。这一问题的持续存在，使得中国资本市场难以快速完成从投机性市场向投资性市场的关键嬗变。对于大股东掏空上市公司这类违法行为，中国的司法体系仍然未能发挥积极作用。面对大股东的侵犯，中小投资者成功的司法诉讼仍旧是凤毛麟角。

3.4.4　市场大起大落

从市场建立开始，中国股票市场就呈现出高度的波动性，大牛市和大熊市相互交替，要么是所有股票一齐上涨的牛市，要么是给投资者带来惨重损失的一片萧条。这一特征与当时中国经济运行"一放就乱，一收就死"的总体特征颇为类似。

具体地划分，1992—1997 年短短 6 年间，中国股票市场先后发生了 5 次大幅振荡，产生了 5 次大牛市和 5 次大熊市：

第一次大牛市（1990年12月19日至1992年5月26日）。上海证券交易所正式开业以后，挂牌股票仅有8只，人称"老八股"。当时交易制度实施1‰涨跌停板（后改为0.5‰）限制，股指从96.05点开始，历时两年半的持续上扬，终于在取消涨跌停板的刺激下，一举达到1429点的高位。

第一次大熊市（1992年5月26日至1992年11月17日）。冲动过后，市场开始价值回归，不成熟的股市波动极大，仅仅半年时间，股指就从1429点下跌到386点，跌幅高达73%。这样的下跌在现在来看是不可想象的，而在当时，投资者们都自然地接受了。

第二次大牛市（1992年11月17日至1993年2月16日）。下跌快，上涨更快，半年的跌幅，三个月就全部涨回来。从1992年11月17日的386点开始，到1993年2月16日的1558点，只用了三个月时间，大盘涨幅高达303%。

第二次大熊市（1993年2月16日至1994年7月29日）。快速牛市上涨完成后，股市的大扩容也就开始了，伴随着新股的不断发行，上证指数也逐步走低，进而在777点展开长期拉锯。后来777点位失守，大盘再度一蹶不振地持续探底。到1994年7月29日，股指回到325点，但这次熊市带来的"成果"是上市公司数量急速地膨胀。

第三次大牛市（1994年7月29日至1994年9月13日）。证券市场的一片萧条使人们都对股市信心丧失殆尽，市场中甚至一度传言监管层将关闭股市。为了挽救市场，相关部门出台三大利好救市，股市再度亢奋，一个半月时间，股指涨幅200%，最高达1052点。

第三次大熊市（1994年9月13日至1995年5月17日）。随着股价的炒高，股市终于开始下跌，在1995年5月17日，股指已经回到577点，跌幅接近50%。

第四次大牛市（1995年5月17日至1995年5月22日）。这次牛市只有三个交易日！股市受到管理层关闭国债期货消息的影响，全面暴涨，三天时间股指就从582点上涨到926点。本轮行情充分反映了中国股市对相关"政策"的敏感程度，"股市政策市"的说法也被投资界普遍接受。

第四次熊市（1995年5月22日至1996年1月19日）。短暂的牛市过后，股市重新下跌。至1996年1月19日，股指达到阶段低点512点，绩优股股价普遍超跌，新一轮上涨行情条件具备。从 1995 年 8 月开始，当时仅仅 3 倍市盈率的四川长虹开始悄悄走强，业绩白马股票逐步受到主流资金的关注。

第五次大牛市（1996 年 1 月 19 日至 1997 年 5 月 12 日）。崇尚绩优股开始成为市场主流投资理念，在深发展、四川长虹、深科技、湖北兴化等业绩极佳的绩优成长股的带领下，股指重新回到 1 510 点。这些股票创造的"投资神话"也对当时的普通投资者形成了巨大的心理冲击。

第五次大熊市（1997 年 5 月 12 日至 1999 年 5 月 18 日）。这轮大调整也是因为过度投机，在绩优股得到了充分炒作之后，到 1999 年 5 月 18 日，股指跌至 1 047 点。这次熊市持续了两年之久。

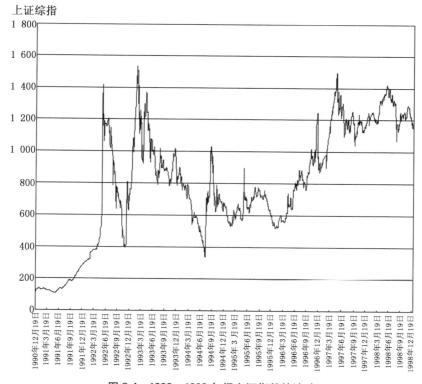

图 3.4　1992—1998 年间上证指数的波动

资料来源：上海证券交易所研究中心。

制度经济学强调，制度的好坏决定了经济增长与否，而国家在制度形成方面又往往发挥着举足轻重的作用，所以无论经济是增长还是衰退，与国家都有很大的关系。从这个角度来观察中国的股票市场，人们很容易得出股票市场是"政策市"与"计划市"的结论。市场振荡的历史也清楚地表明，政策的变化在股票市场的大起大落中确实发挥了关键性的作用，过度的政策干预直接诱发了股票价格的暴跌或者暴涨。与所有经济主体一样，掌握了股票市场生死大权的中央政府，也有着自己的"经济人性"，同样也难以摆脱对股票市场的"认知偏差"。当股票市场萧条时，为了推动市场发展，政府可以不断"出政策"，而资本市场天生的过度反应特征又将这些政策和"利好"放大，推动市场从萧条走向上涨，再到泡沫。当市场暴涨到一定阶段，"父爱主义"泛滥的政府又会有新的担忧，于是采取措施使股票市场降温，当"利空"积累到一定程度又引发股市的暴跌。

然而，仅仅指责政府行为并不能充分解释中国股票市场的大起大落。大量学术研究成果表明，这一阶段的中国股票市场存在明显的过度投机性，而投资者的主体是非理性的投机者和有限理性的投资者。从制度上来看，由于缺乏分红机制、退市机制、做空机制，以及存在"壳资源"现象、大股东掏空和政府保护等原因，股票市场从建立开始就逐渐形成了一种不注重股票内在价值而更多投入炒作的投资理念，形成了浓厚的市场投机氛围。对于投资者而言，即使原本是风险回避型的理性投资者，在这样的环境下，也会把注意力集中在市场炒作上，选择通过资本利得来获取投资收益。盲目投机的市场，必然是波动的市场，如果作为监管者的政府总是在发展与稳定之间摇摆，那么市场的大起大落就不可避免。

市场的快速发展与种种问题的产生，将年轻的中国资本市场推到了一个关键的路口：应该建立什么样的市场组织与监管模式？该模式一方面要保证市场快速发展，满足已进入高速发展阶段的中国实体经济对资本市场的需要，另一方面又要维护市场秩序，努力保障"公开、公平、公正"的实现。1992—1997年市场演进的道路表明，无论是作为自律组织的交易所、初生的证券公司、快速增加的投资者，还是中国的司法体系或者地方政府，都难以依靠自身的能力来实现上述目标。对于有着丰富"大政府"传统的中国而言，最终只有依靠中央政府全方位的介入。[1]

---

[1] 尽管我们强调中国资本市场能力禀赋的特征决定了中央政府对股票市场控制机制的合理性与历史必然性，但这并不意味着我们认可这种方式是最优的选择。

第4章 统一监管与集中控制

　　中国资本市场是在计划经济体制的历史背景下通过下放政府行政权力与放松金融管制的方式建立起来的。在资本市场建立初期，市场建设与发展所需的制度性基础设施较为落后，市场健康运作所必需的能力禀赋相对较弱。同时，由于发挥主导性作用的地方政府盲目追求地方利益最大化，力图通过活跃的资本市场获得更多的短期收益，市场发展与创新的冲动有余而确保市场健康运作的激励和规则安排不足，最终引致市场的严重混乱与无序。

4.1　统一监管与集中控制体系的形成

　　行政分权格局下中国证券市场出现众多问题，加之1997年东南亚金融危机所带来的直接影响，1997年底，中央召开了全国金融工作会议，在强调防范与化解金融风险的同时，决定对证券监管体制进行改革，实行垂直领导。中央政府开始通过权力向上集中的方式加强治理，从而使中国证券市场逐渐形成集中统一的组织体制，产生了以中央政府行政力量为主导的集中型市场组织格局。

4.1.1 对交易所的行政集中控制

证券交易所组织体制的转变是行政集中控制体系形成的重要一环。从交易所的诞生过程来看，上海证券交易所与深圳证券交易所是由地方政府建立并管理的，而非市场自发作用的产物。从上海与深圳两地证券交易所正式营业至国务院证券委员会成立，即 1990 年 11 月至 1992 年 10 月间，中国证券市场基本由中国人民银行及其分行和上海市政府、深圳市政府管理，并没有统一的中央专业监管机构参与管理。在此期间，规范证券市场的各种法规、规章和其他文件均由中国人民银行和两个地方政府制定，形成了地方政府与人民银行相结合的管理体制。如 1990 年 11 月，上海市人民政府发布《上海市证券交易管理办法》；1991 年 11 月，中国人民银行、上海市人民政府联合发布《上海市人民币特种股票管理办法》。

在 1992 年至 1997 年间，中国证券市场呈现国务院证券委、中国证监会、中国人民银行、中央各有关部委、地方政府与证券交易所多头分散管理的局面。1992 年 10 月，国务院证券委和中国证监会相继成立。国务院证券委是全国证券市场的主管机构，依法对全国证券市场进行统一管理，由中国人民银行、国家计委、财政部、国家经贸委、国家开发银行、国家工商行政管理局等 14 个单位相关负责人组成，采取例会形式办公，类似于一个处理证券市场大政方针的部长办公会议，是一个比较松散的机构。中国证监会是国务院证券委的具体执行机构，属于事业单位编制，具体负责对证券市场的股票发行和上市，以及对包括券商、交易所、参与证券业务的会计师事务所和律师事务所等中介机构的监管。

同时，在这一阶段，国务院赋予其他有关部门和地方人民政府部分证券监管的职责，具体分工是：国家计委根据证券委的计划建议进行综合平衡，编制证券计划；中国人民银行负责审批和归口管理证券机构，同时报证券委备案；财政部归口管理注册会计师和会计师事务所，对其从事与证券业有关的会计事务资格由证监会审定；国家体改委负责拟订股份制试点的法规并组织协调有关试点工作；上海证券交易所、深圳证券交易所由当地政府归口管理，并由中国证监会实施监督；设立新的证券交易所必须由证券委审核，报国务院批准；现有企业的股份制试点，地方企业由省级或计划单列市人民政府授权的部门会同企业主管部门审批，中央企业由国家体改委会同企业主管部门负责审批。

初期的证券交易所总经理由地方政府直接任命。1993 年 7 月，国务院证券委发布《证券交易所管理暂行办法》，规定"证券交易所由所在地的市人民政府管理，中国证券监督管理委员会监管"，"总经理由证券交易场所所在地人民政府会同证监会提名，理事会聘任，报证券委备案"。因此，交易所与地方政府在利益上息息相关，导致交易所行为地方化，并有放松市场监管力度的倾向。而且，由于沪深证券交易所存在结构功能趋同的现象，导致两个交易所在各自地方政府的主导与扶持下，在相关业务方面出现恶性竞争，影响了整个资本市场的健康发展。同时，随着沪深证券市场规模的逐渐扩大以及非本地上市公司数量的增加，交易所市场由地方性市场发展为全国性市场。因此，对交易所管理体制的变革随之提上议事日程。

1995 年 7 月 20 日，经国务院批准，国务院证券委在《1995 年证券期货工作安排意见》中规定："证券交易所、期货交易所的正副理事长和正副总经理人选，由中国证监会提名，商所在地人民政府后推荐给交易所会员大会或理事会任免。"1997 年 8 月 15 日，国务院正式决定，沪深证券交易所划归中国证监会直接管理。1997 年 11 月，国务院批准经修改的《证券交易所管理办法》（简称《管理办法》），明确规定"证券交易所由中国证券监督管理委员会监督管理"，同时"证券交易所设立的证券登记结算机构，应当接受证监会的监督管理"，交易所"总经理、副总经理由证监会任免"，"证券交易所中层干部的任免报证监会备案，财务、人事部门负责人的任免报证监会批准"；同时增加了"对会员的监管""对上市公司的监管""证券登记结算机构"等内容。《管理办法》的颁布实施，朝着建立全国行政集中控制的监管体制迈出了重要一步。1999 年 7 月 1 日实施的《证券法》第一百条进一步明确规定："证券交易所设总经理一人，由国务院证券监督管理机构任免"[1]，以证券市场基本大法的形式确定了国务院证券监督管理机构对交易所进行行政直接控制的法律地位。

---

[1]　2006 年 1 月 1 日起施行的新《证券法》第一百零七条原封不动地保留了这一规定。

4.1.2　监管机构的垂直整合

中国证监会接管各地证管办与新设中国证监会派出机构是集中统一监管体系形成的重要标志。在证券市场建立初期，法律曾确定双重管理的证券监管体制，即国务院证券委为"全国证券市场的主管机构"，中国证监会为"证券委的监督管理执行机构"，并规定"证券公司由中国人民银行归口管理，业务活动接受中国证监会监督管理"。1998年4月，根据《中共中央、国务院关于深化金融改革，整顿金融秩序，防范金融风险的通知》（中发〔1993〕19号）和《国务院关于机构设置的通知》（国发〔1998〕5号）的规定，国务院证券委员会被撤销，其职能归入中国证监会。同时，人民银行对证券经营机构的监管职能也划归证监会，地方证券监管部门也改为直属中国证监会领导。从而确立了中国证监会在证券市场监管体制中的主体地位，改变了以往多头管理和分散管理的局面，提高了证券市场监管的集中统一度。1998年9月，国务院批准的《中国证券监督管理委员会职能配置、内设机构和人员编制规定》进一步明确：中国证券监督管理委员会为国务院直属事业单位，是全国证券期货市场的主管部门。自此，证监会的职能得到大幅加强，集中统一的全国证券监管框架基本形成。

中国证监会在证券监督管理体制中处于核心地位，其监管权力属于国家行政权力。作为证券市场的统一监管者，中国证监会基本上承袭了原来的国务院证券委和证监会两套机构享有的证券市场监督管理权，其中既包括审批权（即行政许可权）、核准权以及行政处罚权等典型的行政权，也包括规章、规则制定权等准立法权。

1996年3月，中国证监会决定分批授权地方监管部门行使部分监管职责。1997年，证监会向沪深交易所派驻督察员，并在两地设立专员办公室作为派出机构。1998年8月，国务院批准《证券监管机构体制改革方案》，中国证监会作为全国证券期货市场的主管部门，可根据各地区证券、期货业发展的实际情况，在部分中心城市设立证监会派出机构，形成由证监会与其派出机构组成的证券市场监管体系。证监会接收全国各省市的证管办，并在全国中心城市设置9个证券监管办公室（天津、沈阳、上海、济南、武汉、广州、深圳、成都、西安），2个直属于中国证监会的办事处（北京、重庆），在 25 个省、自治区、计划单列市设立证券监管特派员办事处。1998 年 9 月，中国证监会与江苏、上海、安徽三省市的政府签署了"证券监管机构交接备忘录"，标志着地方证券监管机构开始正式移交中国证监会垂直领导。1998 年下半年，国务院正式批准中国证监会"三定"方案，明确中国证监会对全国证券期货市场实行集中统一监管。1998 年底，全国各省、市、区证券监管机构已全部收归中国证监会垂直管理，原来的地方证管办由地方政府的一个办事部门转变为中国证监会的派出机构。1999 年 7 月 1 日，证监会 36 个派出机构统一挂牌，从而逐步建立起了由中国证监会集中统一的证券监管模式。

尽管行政集中统一管理方式会带来或多或少的问题，但是，从中国资本市场的发展实践来分析，证券监管部门对市场实行集中统一的管理模式有其必然性。在现代市场经济体系中，经济自由化是其核心内容，主要表现为微观经济主体在投资、生产、定价、交易与产品创新等一系列经济活动上的自由化。[1]但目前中国证券市场的残酷现实昭示着无法实施以市场化分权与有效监管为导向的监管方式。由于中国经济运行处于新兴加转轨阶段，资本市场参与主体之间尚未完全建立起平等互利的自由契约经济关系，各个经济主体的声誉约束机制尚未形成，或是由于违规成本过低而使约束机制失效，市场参与主体过多地关注短期得失，导致整个市场体系中各类经济主体行为的"短视化"。因此，如果此时在资本市场监管模式方面过度地依赖市场自身内在的约束机制和市场参与主体的自发作用，则势必使证券市场出现严重的混乱与无序。

历史发展经验表明，一个具有创新活力、具有自我进化能力以及自我调节能力的市场体系，一定是在"秩序"与"混乱"两者之间取得平衡的市场体系。换言之，兼具"秩序"与"混乱"的市场体系，其发展过程必然是追求一定程度的"秩序"和容许一定程度的"混乱"，因此，证券市场监管体

---

[1]　市场化改革的核心内容集中在经济自由化上，通过改革，使微观经济主体获得自由的经营权利。市场化改革通常会涉及两方面内容，一方面是经济自由化，赋权于市场参与者；另一方面是通过改革来限制政府权力，缩小政府权力在微观层面上的行使范围，取消政府对微观经济主体经济活动的直接控制与国家管制（参见胡汝银：《从环境体制文化三方面入手推动资本市场制度转型》，《中国证券报》2007 年 1 月 19 日第 A14 版）。

制向市场化分权与有效监管模式过渡是中国证券市场未来发展的必然趋势。但是，这种市场化监管体制的形成也需要一定的基础，即在形成有效遏制经济主体滥用市场机制的法治秩序的同时，通过建立比较完善的市场体系，使经济主体之间形成平等互利的自由契约经济关系，经济主体自身形成比较完备与约束力较强的声誉机制，从而最终增强整个证券市场的能力禀赋，促进市场实现可持续发展。

综上可知，对于中国证券市场而言，在现阶段，实行统一集中管理，以政府的"有形之手"在一定程度上替代市场的"无形之手"进行监管，既可以节约制度建设成本，增强监管效力，也可以利用政府的力量培育与强化市场发展所必备的能力禀赋，为证券市场监管体制向市场化分权与有效监管模式过渡提供良好的条件。

4.2 中央行政控制的历史基础

由于新中国的股票市场是在计划经济或是有计划的商品经济环境下诞生的，且发展股票市场的初衷之一是为国有企业"脱贫解困"服务，因此，中国股票市场从建立开始，就不可避免地带有较为浓厚的政府政策色彩。

强管制（行政审批）、弱监管（执法处罚），包括用行政控制替代法律实施，是中国证券市场长期以来的一大积弊。[1]市场约束、法律约束与行政约束是影响市场运行的三种力量，但影响程度不一，具体来说，在中国资本市场运行过程中，行政约束力量过度膨胀，而市场约束与法律约束力量明显不足，整个资本市场的市场化程度与法治程度相对较低，市场运行由政府主导。但是，深入考察中国证券市场的现实情况，不难发现，政府主导完全是特定历史背景下的一种自然选择。

在计划经济体系下，经济决策权在中央政府与地方政府之间的周期性再分配主要依赖于不同权力配置状态所产生消极后果的严重性。如果中央权力

---

[1] 参见胡汝银：《从环境体制文化三方面入手推动资本市场制度转型》，《中国证券报》2007年1月19日第A14版。

过于集中，造成地方政府束缚过多，缺乏激励机制，最终就会导致整个经济僵化，缺乏效率，即出现所谓的"一收就死"状况。随着时间的推移，中央权力过于集中的弊端逐渐显露出来，为了提高经济系统的灵活性，中央政府对地方政府进行适度放权。一旦放权，经济系统就出现混乱，接着中央政府又会收权，但收权后又会引致经济系统僵化，然后只能再放权。而且，这种权力格局的不断再分配根本没有制度化的法律规则予以限定，而是视情况而定。不断地放权与收权既没有任何法律与政治上的障碍，又没有国家权力界限，最终使整个经济运行陷入一种"一收就死、一死就放、一放就乱、一乱就统、一统再死"的恶性循环中。

改革开放后，政府权力的分配仍然沿袭计划经济体系下的行政规则，当行政分权导致秩序混乱后，自然会出现行政收权。在证券监管领域同样存在此种情形，即形成一种放权与收权周期性变化的路径依赖。同时，在证券市场建立初期，对于市场参与者而言，平等互利的自由经济契约关系、市场化的理念与基本价值取向差不多都是空白，加之市场参与者缺乏合规与公正博弈意识，投资者盲目炒作股票，使市场陷入混乱状况。另外，在地方分权管理证券市场的背景下，由于地方政府也缺乏对市场进行有效监管的动力，此时，如果希冀依靠市场内生的自我演化与自我净化机制对市场参与者行为进行调节，形成健全完整的约束机制，无疑需要花费较长的时间。因此，中央政府在资本市场制度建设过程中发挥主导作用，既节约了时间，也节约了成本。但是，这也使市场的行政化成为中国证券市场的显著特征；并且，随着时间的推移和自我强化，这种行政化的色彩越来越浓。

中国股票市场建立后，政府开始着手建立健全规范市场行为的法律、法规体系以及监管体制，完成股票市场基本运作规则和基本制度的构建。中国股票市场法律法规和相关政策的内容可以划分为以下三个层次：一是规范公司行为和证券市场行为的基本法律；二是规范证券交易机构、证券经营机构以及其他证券中介服务机构行为的配套法规；三是规范股票市场具体行为的监管制度和管理办法。另外，政府还要根据形势变化并针对股票市场发展中出现的新问题，不断修订原有法律法规和政策，补充新的法规、管理制度和有关政策。

因此，在中国这样一个发展历史短、相关法律法规和政策尚未定型的股票市场中，必然呈现出法律法规和政策出台密度高、数量多，且修改频率高的特点。国家每一项政策措施的出台也更加受市场关注，"计划股市"的概念在投资者的心目中不断得到强化。

股票市场是一个受利益机制驱动、极易发生过度投机行为的市场。作为新兴市场，中国股票市场中各种违规行为频繁出现，如上市公司的欺诈上市、虚增利润、虚假信息披露，以及关联交易中的违规行为等；证券中介机构协助上市公司出具虚假财务报表、进行虚假陈述等；证券经营机构欺诈客户、挪用客户保证金等；机构投资者利用信息、资金优势操纵股票价格，进行内幕交易以及散布虚假信息、误导投资者等。

政府作为社会公共利益的代表，要依法行使对股票市场的监管职能，维护市场秩序、规范市场行为，保障市场稳健高效运行。这也是中国证券监管部门过多介入股票市场的原由之一。政府作为各项政策的制定者和组织实施者，经常将股票市场作为实施政策的重要对象。在一定历史阶段，政府为了贯彻某种政策意图，经常通过领导人讲话，借助新闻媒体制造舆论，以及颁布临时性政策措施等形成政策导向，引导股票市场沿着其期望的政策目标运行，从而使政策带有明显的功利色彩。当股票市场低迷时，政府通常制造托市舆论或采取政策措施，充当"救市者"的角色；而当股票市场出现持续上涨时，政府又通常制造相反的政策舆论或采取相反的政策措施，有意"打压"市场。

同时，由于中国的宏观经济处于新兴加转轨的过程中，导致宏观政策缺乏连续性和稳定性。在证券市场中，尚未形成一整套规范证券市场健康运行的法律法规体系和相对稳定、具有政策连续性的监管制度，相当多的管理制度和政策措施都带有临时性、易变性特征，使市场难以形成稳定的政策预期，不确定性强、政策风险大是政策预期的典型特征。在股票市场发展过程中，政府总是在不断地制定新办法、新政策、新措施，导致市场管理政策多、出台频率高。一方面，使股票市场经常受宏观政策影响，并且每次政策的出台或制度的改变均给市场带来剧烈的价格波动；另一方面，也使政府政策逐渐成为一种长期左右股票市场运行趋势的因素，形成市场围绕政策转的被动局面，严重削弱了市场机制的作用，降低了市场运行质量。

同时，证券市场实行集中统一的监管模式，独立专一的监管机构可以提高决策制定与实施的公信力与权威性，但同样可能损害决策的科学性，特别是当证监会与其他金融监管部门之间就某些重大事项存在目标冲突时，监管机构的决策就可能是各部门利益妥协的结果。除了一般监管职能外，政府还担负着培育与引导证券市场发展的职能，而当前改革进程的焦点是金融体系的改革与发展，这又是一项涉及金融各个子领域与不同层面的系统工程。在这种背景下，不同领域的金融法规、政策与制度之间存在着高度的相关性和相互制约性，如证券监管部门履行公共管理职能，其本质是公权；而国有资产管理部门履行所有者职能，其本质是私权，或是具有公共管理职能（代表全民）的私权，其本质仍然是私权。证监会的某项制度或举措可能是符合单纯证券监管目标组合的最优先选择，但置于政府整体的金融或经济规划之中则可能并非最优先者。

4.3 集中统一监管的成果

4.3.1 统一监管与市场发展

随着全国集中统一监管体系的形成，阻滞中国证券市场发展的监管因素或制度障碍逐渐被扫除。通过将分散于多个监管主体的证券监管权限逐一向上集中到证监会，给整个证券市场带来了较大的变化。这种变化又造成了深远的影响，集中统一监管打破了先前地方政府、中央各部委以及交易所等多部门对证券市场的多头监管，明确了各个监管主体的职责分工，从而消除了先前存在的不同监管部门之间的摩擦，节约了制度成本。监管权限的集中消除了沪深交易所及其背后的地方政府为争夺证券市场中金融资源（如投资者、上市资源、中介机构等）而不惜放松监管要求展开的恶性竞争，避免了不必要的"资源内耗"。在证监会的统一领导下，交易所将监管重点转移到上市公司与二级市场上，通过对上市公司与二级市场的有效监管，恶性违规事件越来越少，"庄股"也变得越来越少。同时，监管权限的集中也消除了市场主体利用不同监管主体在监管权限与监管措施等方面的差异而引发的"监管套利"，促进证券市场在规范中不断得到发展。

"股权分置"问题是中国证券市场的一大顽疾,因上市公司股权分置引致不同类型股东利益的不一致,从而引发中国证券市场出现一些看似怪异的现象,如大股东掏空上市公司、上市公司股权融资冲动以及上市公司频繁的关联交易等。这些问题及隐藏在其后的深层次矛盾严重阻滞了中国股票市场的健康发展。加之1999年至2001年间在网络科技股热潮带动下,中国股票市场在1999年5月出现所谓的"5.19行情",部分网络股价格被追捧至非理性的高度,上证综合指数也从1999年的1 100点左右攀升到了2001年的历史新高2 245点。但泡沫最终总会破灭,在2001年至2005年,中国股票市场进入长达四年之久的低迷时期。为了消除股权分置状态及其带来的不良影响,在中国证监会的统一领导与指挥下,从2005年起,中国证券市场正式掀起轰轰烈烈的股权分置改革。截至2006年末,已经完成或者进入股改程序的上市公司市值占应改革上市公司总市值的比重达到98%,股权分置改革基本完成。在这一阶段,证监会集中统一监管的优点得到了充分体现。无论是股权分置改革的前期准备阶段(试错阶段、理论争鸣阶段、达成共识阶段和高层决策阶段),还是股权分置改革的正式实施阶段,证监会都起到了组织、领导、指导与决策的作用,在证监会的主导下,一系列有关股权分置改革的管理办法与指导文件陆续出台。

股权分置改革的基本完成,标志着一直阻碍市场发展的股权分置问题得到了初步解决,市场的巨大潜能得到了充分释放。以证券市场为代表的中国资本市场在总量上实现了质的突破,标志着中国已经初步进入资本大国之列。以上海证券市场为例,2007年,上海证券市场股票总成交额近31万亿元,同比增长4.3倍,位居亚洲第二位、世界第七位;上海证券市场总市值达到27万亿元,同比增长2.9倍,位居亚洲第二位、世界第六位;上海证券交易所股票融资额达到6 701亿元,其中IPO总额达到4 380亿元,位居世界第一位。

4.3.2 统一监管与市场规范

尽管在集中统一的监管体系形成前,中国证券市场已经出台了一系列管理规定与办法,但有关证券市场的相关管理规定分别由不同监管主体制定,导致整个证券市场监管体系呈现政出多门的格局。而且，这些管理规定依赖于地方或部分行政机构，具有较强的地方色彩与部门特色，这些规则还都比较粗糙，并且执行不到位，使整个市场缺乏统一有效的监管法律法规。同时，市场也缺乏全局性、整体性与系统性的制度安排。

在集中统一监管体系形成后，整个证券市场被纳入单一监管主体的监管框架中，无论是监管成本还是监管效率都得到了大幅提高。随着 1999 年《证券法》的正式实施，中国证券市场正式进入统一规范的法治监管阶段，证券监管部门的执法权力与执法力度也不断得到强化。在这一期间，证监会加大对市场中各种违法违规行为的查处与惩罚力度，在一定程度上净化了整个市场的投资环境，促进了市场的规范化发展。证监会集中统一监管的成效显著，查处了一批违法违规行为，典型的事件有虚构业绩的"银广夏事件"与操纵股价的"亿安科技"事件。

2001 年《财经》杂志以封面文章刊发《银广夏陷阱》，随后证监会对银广夏立案稽查。调查结果显示，从 1999 年开始，银广夏通过伪造购销合同、伪造出口报关单、虚开增值税专用发票、伪造免税文件以及伪造金融票据等手段虚构主营业务收入，虚构巨额利润 7.45 亿元。涉案当事人被移交司法机关，原天津广夏董事长兼财务总监董博因提供虚假财务报告罪被判处有期徒刑三年并处罚金人民币 10 万元。亿安科技事件则源于其股票价格从 1999 年 10 月 25 日的 20 多元一直飙升至 2000 年 2 月 15 日的 100 多元，引起了监管部门的关注。证监会的调查结果表明，亿安科技股票价格短期内飙升纯属庄家操纵行为，四家公司通过多个个人股票账户集中买入亿安科技股票，还利用控制的不同股票账户，以自己为交易对象进行不转移所有权的自买自卖，从而达到操纵股价的目的。证监会对参与操纵股价的四家公司作了重罚，罚没款近 9 亿元。

证监会通过严厉打击并重处市场中各类违法违法行为，不但为市场营造了一个"三公"环境，打破了先前市场中所谓"无股不庄"的神话，而且通过重处违法违规行为，增加违法违规成本，从而对其他潜在的违法违规行为起到了巨大的威慑作用。通过单一主体的集中统一监管，中国股票市场正逐步迈入规范化发展阶段。

4.4　稳定至上与专业化监管

4.4.1　稳定至上与政策调控

目前中国证券市场的游戏规则可以概括为"凡是法律与监管机构不允许做的，一概都不可以做"（即正面清单），而不同于世界其他主要证券市场实行的"只要不是法律不允许做的，一概都可以做"（即负面清单）的游戏规则。在中央高度集中化的市场组织体制下，市场监管权与市场发展权全部收归中央政府，形成中央政府行政集中控制的格局。

在地方政府行政分权管理证券市场的时期，分散决策的地方政府之间存在着相互竞争压力，监管的政策取向是保证市场活跃程度。为了实现这一目标，在保证成交量不受影响的前提下，监管机构容许市场出现大幅波动。但另一方面，监管机构也比较关注市场与投资者的需求，积极尝试与鼓励各种金融创新。从某种意义上来看，监管者与市场参与者之间在一定范围内存在着一种良性互动。

进入中央统一集中监管时期后，中央监管机构在资本市场运作和发展过程中，被赋予广泛的职能和角色定位，监管机构的政策目标多元化，包括"改革""发展""稳定""规范""安全"等。从短期的角度看，这些目标往往是不兼容的。当这些目标短期内难以同时兼顾时，作为官僚组织的中央政府和监管机构在股市政策的制定上，更多地是基于短期决策视野从政治角度和社会压力角度加以考量，"稳定"往往成为最优先的政策目标，"稳定至上"成为压倒一切的政治诉求。

例如，在特定的时期，由于担心引发市场下跌而影响"社会稳定"，监管机构对市场上的某些违规行为投鼠忌器，不及时坚决地采取有力措施进行处罚和治理。如券商中一度普遍存在的挪用客户保证金和客户托管的国债等资产的违规现象，即由于这些因素而延续多年。

2010年融资融券试点启动前，中国证券市场不存在卖空机制，是典型的"单边市"。在稳定至上的政策取向下，这种单边市的上涨与下跌并不对称。当市场出现利好时，短期内会出现大幅上涨，而一旦市场由于过度上涨而进入下跌调整阶段时，投资者由于市场下跌造成投资亏损，不断向监管机构施加压力要求出台政策救市。而监管机构出于稳定的考虑，会被动地出台相应救市政策，甚至以牺牲市场发展与市场效率为代价，如暂停市场的融资功能，包括 IPO 与再融资项目的搁置等。这种人为干预使得市场价格高于供求均衡价格，导致市场供求长期失衡，延缓了市场自我校正和自我复苏的时间，延缓了市场的发展进程，削弱了市场的国际竞争力和运作效率，使整个市场陷入更长时期的阴跌过程中。这即是 2001 年至 2005 年中国证券市场出现长达四年之久的低迷期的基本原因。

为了实现稳定目标，资本市场相关的产品创新活动长期处于停止状态。出于"维稳"的考虑，股指期货与创业板曾被一再推迟。这种以牺牲发展和创新换取短期稳定的策略，从长远角度来看，并不能真正实现稳定，而是相反地使市场严重的供求失衡问题长期难以得到实质性的解决，引起价格长期高估，降低了投资者的长期投资收益率和市场的长期投资吸引力，加大了市场的短期投机性和波动性。结果是既不能实现真正的稳定，也严重偏离了发展、创新和安全等政策目标，使资本市场无法为社会经济发展提供足够的支持或作出及时、充分、有效的反应，导致市场僵化和缺乏活力与效率，阻碍了证券市场自身能力禀赋水平的提高和能力建设的步伐，削弱了中国资本市场的可持续发展能力和国际竞争力。

由于资本市场缺乏自我平衡机制，经常出现暴涨暴跌和大幅波动，导致一些投资者出现他们不愿意承受的投资亏损，这些投资者本能地向政府施加压力，要求政府救市。充满对投资者关爱的政府也常常因应这些要求而出台利好政策来刺激市场。这种"为民做主"的救市机制产生了一种隐性担保，导致投资者过度依赖政府，对政府政策信号的关注往往超过对上市公司股票内在投资价值的关注，甚至盲目投资，在亏损之后又力图逃避本人的不当决策责任，将亏损的原因归咎于政府，甚至到政府机构去"上访"和"闹访"。从而，难以形成一种健康的"买者自负"的资本市场投资文化和投资秩序，并在无形之中陷入一种恶性循环，即"投资者投资受损→求助于政府→政府为求稳定而出台政策→政府过多干预破坏市场内在机制→投资者盲目投资→投资者投资再度受损⋯⋯"。

4.4.2　集中控制与专业化监管

在行政集中控制阶段，中国证券监管机构在资本市场中肩负着较多的职能，承载着过多的责任，集审批者、产品创新者、监管者、证券业主管部门、市场稳定者与市场发展推进者等诸多角色于一身，而这些角色往往又是相互冲突的。在某一特定历史阶段内，当监管机构的多重角色之间存在冲突时，可能会为了某一特定目标而牺牲或放弃其他目标。如上节所述，比较典型的是在稳定与创新目标的取舍上，为了维持市场稳定，风险厌恶型的监管机构一直排斥市场创新。同时，为了实现市场的稳定，监管机构在市场风险控制方面更多地借助行政指令和行政审批手段等行政直接控制措施，从而导致市场机能不全和效率低下。

在市场创新方面，监管机构缺乏清晰、长期、完整、透明、系统性的政策设计和进程安排，通常是走一步看一步，甚至束之高阁，以致资本市场存在严重的结构性缺陷，缺乏深度和广度，只能进行低水平的数量扩张，市场组织机制僵化、低效。在证券现货市场发展方面，由于缺乏做空机制或做空机制不健全，在单边市情形下股价长期高于其均衡价格，市场供求长期严重失衡，市场无法出清。大量谋求融资上市的公司只能排队等待，大量寻找投资机会的资金或者因股价偏高和长期投资收益率过低而选择滞留在股票市场的大门之外，或者选择进入股票市场进行短期投机和炒作，导致市场频繁地大幅上下波动。

政府对资本市场的集中控制在一定程度上也抑制了资本市场和整个金融市场的健康发展，对上海建设国际金融中心带来了消极影响。伦敦金融城发布的全球金融中心指数排名显示，在 2007 年 3 月，上海的指数为 576，排第 24 位；2007 年 9 月，上海的指数为 527，排第 30 位；2008 年 3 月，上海的指数为 554，排第 31 位。上海在全球金融中心发展中的排名不断下降，在一定程度上是中国资本市场和整个金融市场发展相对缓慢和国际竞争力下降的反映。

随着资本市场的不断发展与完善，整个证券市场的能力禀赋有了长足的提升。因此，从市场能力禀赋动态变化的角度考虑，需要不断推进资本市场的监管改革和监管机构角色的重新定位，使监管机构的角色逐步趋于专业化，从而使监管机构的政策目标单一化，避免监管机构的角色冲突和目标冲突，避免监管机构失灵，提高监管机构的运作效能，提升整个资本市场的运作效率。

国际经验表明，监管机构专业化的角色定位，是避免监管机构失灵的一种有效的制度安排。例如，美国证券交易委员会（SEC）成立前，美国证券市场完全依靠自律监管和各州的分散监管来运作。作为美国《1933 年证券法》和《1934 年证券交易法》的产物，SEC 的基本使命是保护投资者和维护资本市场的廉正诚实，其唯一任务就是保证法律实施和资本市场健康运行，超脱于党派利益和政府利益，既独立于政府，亦对业界独立，与纽约证券交易所、全美证券交易商协会和证券业协会等组织之间没有任何行政隶属关系。正是这种聚焦于对资本市场不当行为进行执法监管的专业化定位，使得 1929 年大危机之后的美国资本市场由大乱全面走向大治，形成了良好的法治秩序和市场秩序。英国以及我国香港地区资本市场监管机构的专业定位和配套性的资本市场制度安排，也在这方面提供了成功的经验。

就监管本身而言，无论是何种监管组织框架，最重要的目标是能实现有效监管，在监管成本与监管收益之间达到合理的平衡与最优化。[1] 只有实现了有效监管，市场才能良好运作，才能保证公正博弈，才能使投资者对市场的未来发展抱有信心。

因此，就中国资本市场制度与能力建设的长期目标而言，要实现有效监管，必须依照良好监管的基本要求，推进中国资本市场监管改革，重新构造和调整中国证券市场监管的制度结构；对政府和监管机构的作用不断进行重新定位，重新构造和调整政府、监管机构和市场参与者之间的关系。凡是应该由市场和市场参与者完成的功能，政府和监管机构不应越俎代庖。同时，凡是应该由监管机构独立完成的功能，国务院等中央政府领导机构不应越俎代庖。政府和监管机构的角色与功能需要随着市场日渐走向成熟而不断调

---

[1]　在 OECD 监管改革报告中，将有效监管标准与原则归纳为以下七点：第一，建立实现明晰监管目标的机制；第二，拥有健全的法律基础；第三，能产生可证明为成本支出带来合理性的收益；第四，使成本与市场扭曲最小化；第五，通过市场激励和目标导向促进创新；第六，对被监管者简单、明了以及实用；第七，同促进竞争、贸易与投资的原则保持兼容性（参见 OECD, *The OECD Report on Regulatory Reform*：*Synthesis*，1997，Paris）。

整,从集中于注意股票价格指数的高低和市场的稳定,转换到集中于建立和维持良好的市场秩序,确保市场运作的公正、透明和效率,降低市场的系统性风险。[1]

此外,要实现有效监管,必须提高监管透明度,使市场参与者能对监管形成稳定的预期,建立健全有效的监督机制和问责机制,对监管绩效和重要的监管措施进行定期评估,并使监管机构与市场参与者之间的关系由目前的这种等级森严的"领导与被领导关系",转变为一种法律地位平等的关系。

基于国际经验和中国的实际,中国资本市场未来监管改革的基本原则可概括为"更少的管制和官僚统制,更好、更专业化的监管"。证券市场监管改革的基本目标则是提高资本市场效率,完善资本市场机能,提升资本市场竞争能力和适应变化的能力,提高资本市场的可持续发展能力。

要实现上述改革原则与目标,需要采取以下改革措施:

第一,根据动态能力建设适时推进市场化进程,加速培育成熟、健全、完整的市场机制,为专业化监管创造良好的资本市场配套环境。

第二,监管机构职能逐步由"全能型"过渡到"专业型"和单一化。当前,监管机构扮演着众多的角色,肩负众多职责,诸如稳定市场的角色、满足政府的偏好和意愿的角色等。监管机构角色定位明确之后,需要把不同功能分离出来,实现监管功能单一化,把监管机构变为专事资本市场监管的专业性机构。股票市场的资产价格水平等宏观调控任务,按照国际惯例,应由中央银行承担。

第三,监管方式合理化。有两类监管方式,一类是推动市场发展(enhancing the market)的监管,另一类是替代市场作用(supplanting the market)的监管。[2]前一种监管又可称为激励导向的监管(incentive-oriented regulation),它着眼于"疏导"行为主体的主动行动,侧重于效率提高、市场发育成长和机能完善,而不是着眼于"围堵",不是取代市场,更不是扭曲市场机制和抑制市场的发展。只有采用推动市场发展的监管方式,资本市

---

[1] 对于证券市场监管目标,国际证监会组织曾经归纳为保护投资者,保证市场公正、效率与透明,以及降低系统性风险这三点(IOSCO,1998)。

[2] 参见 Aoki, M. K. Murdock, and M. Okuno-Fujiwara, "Beyond the East Asian Miracle: Introducing the Market Enhancing View", unpublished, Stanford, 1995。

场的制度与能力建设才能快马加鞭。

第四，推进资本市场监管文化的转型，即由"行政控制"文化转向"服务"文化，由"官本位"转向"市场参与者本位"，强化监管机构的服务意识，提高服务效率，改进服务质量。

第五，建立良好的社会制度环境和健全的法律规则。没有健全的法律规则，就不会有健全的监管。需要努力优化监管的法律与制度环境，形成基于健全的法律规则的监管机制，建立健全监管所需要的制度条件，扩大监管规则制定过程的社会参与程度，完善监督监管者的社会机制和相应的权力制衡机制。

第 5 章　发行制度的演进

　　股票市场历来是风险与收益并存的，但在中国股票市场，却有一块避险"胜地"——新股市场。在这个市场，风险和收益是完全不对称的，甚至有人戏称为"一个绝无风险的市场"或"新股不败"。

　　确实，与国际市场相比，中国新股投资高收益现象极其显著。在 A 股市场，2002 年前及 2007—2008 年间，新股首日收益历年平均在 100％以上。20 多年来，主板市场新股首日收益最高曾达到 3 550％，中小板市场最高达 627％。2014 年 1 月 IPO 重启后，监管层对新股发行进行了改革，将新股首日最高涨幅限定在 44％。因此，2014 年后，新股首日收益基本稳定在 44％左右。此外，在很长一段时间内，中国新股市场还具有"新股不败"的显著特征。2012 年之前，新股首日收益超过 100％的比例约 39％，2008 年之前该比例更高达约 58％。一般而言，新股发行制度主要包括三个方面：发行准入制度（发行审核等）、发行定价方法和新股分配机制。在这几个方面，中国市场均与国际市场存在显著差异。

　　首先，从发行准入制度看，政府事实上控制了新股发行的规模与过程。在 2000 年以前，政府对新股发行采取额度制，该额度由国家计委和证监会共同决定，并分配给各省、市、自治区和部委。地方政府和各部委选择符合条件的企业，该企业经证监会发审委通过后即可公开发行股票。2000 年，根据证券法的要求，证监会废除了额度制，改行核准制，但发审委的批准仍是企业首次公开发行股票的必要条件。2001 年 3 月 17 日，中国证监会宣布取消股票发行审批制（额度制或指标制），正式实施股票发行核准制下的"通道"管理体制。2003 年 12 月，证监会发布了《证券发行上市保荐制度暂行办法》等法规；2004 年，中国的新股发行开始正式实行保荐制。

其次，在发行定价方法方面，中国先后采取了多种方式，经历了非市场化—市场化—非市场化—市场化的反复。在 1999 年中期以前，固定市盈率定价是最主要的新股定价方法。大多数新股的发行市盈率在 12—15 倍之间。1999 年 7 月，证监会允许总股本在 4 亿股以上的企业可与承销商协商定价。2000 年 4 月，所有股票均可以协商定价。2001 年后，询价（bookbuilding）方法得到了广泛的应用。在这种方法下，发行公司与承销商协商确定一个初始价格范围（file price range），然后由承销商根据机构投资者的需求情况调整发行价格。在这一阶段，又先后经历了区间范围内累积投标竞价方式、区间累计投标询价方式且询价上限按照严格的市盈率预定范围发行、累计投标询价定价方式、询价制确立及多元定价方式等阶段。

第三，中国的新股分配机制十分独特。在 1996 年以前，诸如认购证、与存款挂钩、网上竞价等多种方法被用来对巨大的新股需求进行比例分配。1996 年，新股开始以抽签方式进行分配，中签率取决于申购者投入的资金量。在 1998 年和 1999 年，证监会规定证券投资基金和战略投资者具有新股认购的优先权，他们可以分配到 25%—75% 的新股。2000 年，证监会引入了新股申购与申购者持有的二级市场股票市值挂钩的分配方法，但抽签方法依然适用，只是中签率不是取决于申购者投入的资金量，而是取决于申购者持有的股票市值。2002 年，按市值配售方法得到了强化，但之后由于紧接而来的数年熊市，发行的新股很少。在 2006 年股权分置改革基本完成且恢复新股发行后，按市值配售方法事实上被废止。为了使发行机制更加灵活，更能适应新股发行供求关系的变化，中国新股发行机制陆续引进了一些二次发售机制，如"绿鞋"机制和"回拨"机制。2009 年 6 月新股发行体制改革正式启动，在配售方面主要围绕深度市场化的制度设计展开。中共十八届三中全会提出推进股票发行注册制改革后，新股配售制度的市场化进程加快。

中国新股发行制度的演变是一个典型的能力禀赋诱导的市场发展过程。在现阶段，企业进入资本市场本质上是获取了一种相对廉价的资金渠道，因此，在新股发行这一过程中客观上存在着巨大的经济利益，这种利益博弈在很大程度上是和市场化引致的效率相冲突的。然而，在中国市场经济不够成熟的阶段，由于能力禀赋的不足和缺失，市场化和效率尚不能完全对应，加上不同参与者的利益此消彼长，导致中国新股发行市场化进程不断反复。但是，在不断尝试和修正的过程中，新股发行制度正不断走向市场化、去行政化。

5.1　政府对新股发行主体的控制及其演变

5.1.1　新股发行的审核体制演变

从世界范围来看，股票发行的审核体制一般分为三类：注册制、核准制和审批制。

注册制是指证券监管机构只对股票发行人所公开信息的形式要件及其真实性进行审查，而对所披露信息的内容不作实质条件限制的制度。注册制的优点在于以市场为主体，程序简单，成熟高效。但是对投资者要求较高，要求投资者具备丰富的股票投资知识和经验。另外，注册制下新股发行的市场操作风险较大，容易导致股票市场投机行为的产生。实行注册制的代表是美国和日本等资本市场比较发达的国家。

核准制是指证券监管机构不仅要对股票发行人所公开信息资料的真实性进行审查，而且还要依据法定标准对发行人进行实质性审查，只有经其审查核准后，方可发行股票的制度。核准制的优点在于其制定了严格的审核条件，注重保护投资者利益，将一些质量低劣、风险较大的公司排除在证券市场之外，降低了证券市场的投机风险。但这样一来，投资者容易对证券监督机构的审核产生依赖心理，影响自身独立的投资判断。同时，由于审核过程耗时过多，审核工作繁重，不仅影响审核工作的效率，还降低了发行主体的市场效率。实行核准制的代表是大陆法系国家、美国部分州、中国大陆、中国台湾及大多数发展中国家和地区。

审批制是核准制的一种特殊情况，可以说是一种行政色彩浓厚的核准制度。即按照严格实质管理原则，要求股票发行不仅应满足信息公开的各项条件，而且还要通过在计划指标前提下的更为严格的实质性审查。审批制在本质上是一种计划经济的管理模式。

中共十一届三中全会以后，随着中国改革开放事业的逐步推行，沉寂了30余年的证券市场也渐渐绽放出新蕾。1980年，中国人民银行辽宁省分行新抚办事处代理发行了新中国成立后发行的第一张股票。但当时的股票十分不规范，严格来说只是记个名或发一个股金证，而且那些"股票"还允许退股，并许诺在一定期限内偿还本息，其发行对象也仅限于本企业职工。到1984年底，沈阳、上海、北京等城市才出现了现代意义上的、向社会公开发行的比较规范的股票。有人认为，1984年北京发行的北京天桥股份有限公司的股票"揭开了新中国股票发行的序幕"。

1984年12月，经人民银行上海市分行批准，工商银行投资信托公司静安证券业务部向社会代理发行了上海飞乐音响股份有限公司的股票。上海飞乐音响公司公开向社会发行股票1万股，每股面值50元，总金额50万元，其中飞乐总厂占2 500股，集体1 000股，个人6 500股。从1984年到1986年，上海有数百家企业发行了股票，所筹资金达1亿元以上，但公开发行的只有5家，其余皆为定向发行或内部发行。

1990年，沪深证券交易所相继成立。但直到1992年10月底，中国各地区企业股份制改造和发行股票的工作应该说还是比较混乱的。当时的相关规则主要是一些地方性规章和少量行政条例，导致中国股票发行的审核工作比较混乱。

1993年以后的一段时期是中国股票市场的规范发展时期，不但建立了全国性的、统一的股票发行审核制度，而且先后经历了行政色彩较浓的审批制和市场化成分日益增多的核准制两个阶段。

具体细分，审批制包括"额度管理"和"指标管理"两个阶段，而核准制包括"通道制"和"保荐制"两个阶段。

1. "额度管理"阶段（1993—1995年）

1993年4月25日，国务院颁布了《股票发行与交易管理暂行条例》，标志着审批制的正式确立。在审批制下，股票发行由国务院证券监管机构根据经济发展和市场供求的具体情况，在宏观上制定一个当年股票发行总规模

（额度或指标），经国务院批准后，下达给计委，计委再具体分配到各省、自治区、直辖市、计划单列市和国家有关部门。省级政府和国家有关部门在各自的发行规模内推荐预选企业，证券监管机构对符合条件的预选企业申报材料进行审批。

"额度管理"的主要做法是国务院证券管理部门根据国民经济发展需求及资本市场实际情况，先确定总额度，然后根据各个省级行政区域和行业在国民经济发展中的地位和需要进一步分配总额度，再由省级政府或行业主管部门来选择和确定可以发行股票的企业（主要是国有企业）。

在这个阶段共确定了 105 亿股发行额度，1993 年下达 50 亿股、1995 年下达 55 亿股，由省级政府或行业主管部门给选定的企业书面下达发行额度；共有 200 多家企业发行股票，共筹资 400 多亿元。

在资本市场建立之初，股票发行是一项试点工作，哪些公司可以发行股票是一个非常敏感的问题，需要有一个通盘考虑和整体计划，也需要由政府对企业加以初步遴选。一是可以对企业有个基本把握，二是为了循序渐进培育市场，平衡复杂的社会关系。当时的市场参与各方还很不成熟，缺乏对资本市场规则、参与主体权利义务的深刻认识，因此，实行额度管理是历史的必然选择。但是，额度管理制下仅规定额度总量而未限制上市家数，使一批具有行业代表性，对国民经济有重要意义的大企业难以进入市场。

2."指标管理"阶段（1996—2000 年）

1996 年，国务院证券委员会公布《关于 1996 年全国证券期货工作安排意见》，推行"总量控制、限报家数"的指标管理办法。具体操作方法是：国务院证券委员会确定在一定时期内应发行上市的企业家数，然后向省级政府和行业管理部门下达股票发行家数指标，省级政府或行业管理部门在上述指标内推荐预选企业，证券主管部门对符合条件的预选企业同意其上报发行股票正式申报材料并审核。

1997 年，证监会下发了《关于做好 1997 年股票发行工作的通知》，同时增加了拟发行股票公司预选材料审核的程序，由证监会对地方政府或中央企业主管部门推荐的企业进行预选，改变了两级行政审批下单纯由地方推荐企业的作法，开始了对企业的事前审核。1996 年、1997 年分别确定 150 亿股和 300 亿股的发行量；共有 700 多家企业发行，筹资 4 000 多亿元。

从"额度管理"转变为"指标管理"，解决了早期股票发行体制下存在的某些突出矛盾。应该说在股票市场发展的初期，中介机构和投资者不成熟的情况下，审批制较充分地利用了国家行政权力来监管发行公司，一定程度上保证了股票市场的健康成长。但是，随着中国市场经济的不断完善，股票市场的进一步发展壮大，这种带有计划经济色彩的发行制度也开始显露出越来越严重的弊病。"额度管理"和"指标管理"两者都属于典型的计划性质的审批管理体系，在审批制下，上市企业选择行政化，资源按行政原则配置，从而造成了一系列的问题。

首先，上市企业担负着为地方或部门内其他企业脱贫解困的任务，内在质量难以保障，难以满足投资者的要求。对股票发行额度（指标）的过度强调，使得企业在改制过程中往往仅以额度大小和包装效果作为资产重组的依据和目的，而对企业资产之间内在的技术经济联系重视不够。不少企业徒有股份公司之名，计划经济体制下的国有企业的运行模式并没有发生根本性转变。

其次，强化对国有企业的支持，客观上限制了其他经济成分企业的发展，造成了证券市场中上市公司的结构性矛盾。

再次，证券中介机构职能错位、责任不清，无法实现资本市场的规范发展。

最后，行政化的审批在制度上存在寻租行为。由于股票发行额度（指标）意味着资金，在证券监管机构和国家计委确定全国股票发行的总规模后，资金短缺企业为了获得有限的额度（指标）便会向当地政府或所属部委展开寻租。据业内人士估计，这一阶段每个企业用于股票发行的公关费用大约在 50 万—300 万元之间，成为滋生腐败问题的温床。

3."通道制"阶段（2001—2004 年）

1999 年证券监管机构停止下达股票发行计划，股票发行的审核制度开始向着市场化方向改革。1999 年 7 月 1 日《证券法》的实施，以及《中国证监会股票发行审核委员会条例》《中国证监会股票发行核准程序》《股票发行上市辅导工作暂行办法》等一系列文件的相继出台，构建了股票发行核准制的基本框架。新的核准程序是：第一，省级人民政府和主管部委批准改制设立股份有限公司；第二，拟发行公司与有资格的证券公司签订辅导（保荐）

协议，报当地证管办备案，签订协议后，每两个月上报一次辅导材料，辅导时间为期一年；第三，辅导期满，拟发行公司提出发行申请，证券公司依法予以推荐（保荐）；第四，经发行审核委员会专家投票表决，证监会审核后，决定其是否具有发行资格。

核准制的第一个阶段是所谓的"通道制"。2001 年 3 月 17 日，中国证监会宣布取消股票发行审批制（额度制或指标制），正式实施股票发行核准制下的"通道"管理体制（以下简称"通道制"）。

2001 年 3 月 29 日，中国证券业协会对"通道制"做出了具体解释：每家证券公司一次只能推荐一定数量的企业申请发行股票，由证券公司将拟推荐企业逐一排队，按序推荐。所推荐企业每核准一家才能再报一家，即"过会一家，递增一家"（2001 年 6 月 24 日又调整为"每公开发行一家才能再报一家"，即"发行一家，递增一家"），具有主承销资格的证券公司拥有的通道数量最多 8 条，最少 2 条。到 2005 年 1 月 1 日"通道制"被废除时，全国 83 家证券公司一共拥有 318 条通道。

通道制下股票发行"名额有限"的特点未变，但通道改变了过去行政机制遴选和推荐发行人的做法，使得主承销商在一定程度上承担起股票发行风险，同时也真正获得了遴选和推荐股票发行的权利。

但是，正如上面提到的，"通道制"仍然未彻底摆脱计划体制的束缚。原先的发行指标通过行政机制分配给地方政府和企业的主管部门，而现在的发股通道则由证券监督机构下达给证券公司，并且通道使用的快慢在很大程度上也受制于证监会对拟发行公司申报材料的审核速度。另外，"通道制"的排队机制抑制了证券公司之间的有效竞争。由于证券公司使用通道时，必须遵守排队规则，按照发行申报材料报送证监会和"发审委"的顺序进行排队，导致实力较强的证券公司只能与实力较弱的证券公司一同排队，等待审核和核准。这种排队机制弱化了各证券公司在通道数量上的差别，降低了证券公司的竞争效率。

4."保荐制"阶段（2004 年至今）

随着"通道制"弊病的逐步显现，证券监管机构也在积极采取行动。2003 年以来，证监会通过对市场进行广泛的调查研究，确立了加强证券市场基础性建设，做好市场强基固本工作的方针，以提高上市公司质量，增加证券市场对投资者的吸引力。2003 年 12 月，证监会制定了《证券发行上市保荐制度暂行办法》（简称《暂行办法》）等法规，这是适应市场需求和深化股票发行制度改革的重大举措。

"保荐制"起源于英国，全称是保荐代表人制度，发展于中国香港，大多运用于投资风险相对较高的创业板市场，故将保荐制度引入中国的主板市场无疑是一次大胆的金融创新。中国的保荐制度，是指有资格的保荐人推荐符合条件的公司公开发行和上市证券，并对所推荐的发行人的信息披露质量和所做承诺提供持续训示、督促、辅导、指导和信用担保的制度。其主要内容包括建立保荐机构和保荐代表人的注册登记管理制度，明确保荐期限，分清保荐责任，引进持续信用监管和"冷淡对待"的监管措施等四个方面。保荐制度的重点是明确保荐机构和保荐代表人责任并建立责任追究机制。保荐人就其本质来说，是希望对证券发行设立一个"第一看门人"。保荐人凭借其在保荐过程中对拟上市公司的考察、了解，达到选择绩效优良公司上市的目的。与通道制相比较，保荐制增加了由保荐人承担发行上市过程中的连带责任的制度内容。保荐人的保荐责任期包括发行上市全过程，以及上市后的一段时期（比如两个会计年度）。2004 年 5 月 10 日，首批共有 67 家证券公司、609 人被分别注册登记为保荐机构和保荐代表人。

在"保荐制"推行初期，江苏琼花等丑闻不断被披露，表明"保荐制"存在诸多问题，其中比较突出的是：证券发行参与主体责任界限不明确，《暂行办法》部分条款混淆了保荐机构、证券发行人和其他中介机构之间的责任，使得原本应由中介机构和证券发行人独立承担的责任，却要求保荐机构和保荐代表人负连带责任。譬如《暂行办法》第 65 条第 2 款：发行人出现证券上市当年即亏损，中国证监会自确认之日起 3 个月内不再受理保荐机构的推荐，将相关保荐代表人从名单中去除。又如，第 66 条第 1 款：发行人在持续督导期间出现证券上市当年累计 50％以上募集资金的用途与承诺不符或主营业务利润比上年下滑 50％以上，证监会自确认之日起 3 个月内不再受理相关保荐代表人具体负责的推荐。

2008 年，中国证监会修订并发布了《证券发行上市保荐业务管理办法》。修订后的保荐办法进一步强化了保荐机构的内部控制，落实了保荐机构及其保荐代表人的责任，并完善了相应的监管措施。同时，为进一步落实

保荐制度的各项要求，提高保荐机构及其保荐代表人的执业规范，中国证监
会还起草了保荐业务规则、保荐监管规程等相关配套规则。

从以上对中国股票发行审核制度的历史变迁分析中可以看出，新股发行
从一开始就受到严格的行政管制，无论是审批制，还是一直到 2004 年才开
始实施的保荐人制，事实上都是用行政审核代替投资者自身的价值判断，这
对新股发行的定价行为和上市后的市场表现都产生了严重的影响。

应该说，在整个市场配套机制不健全和价值发现能力较弱的前提下，实
施严格的行政管制有利于保证新股的发行成功，存在一定的合理性。但随着
中国资本市场的日趋成熟，继续实施严格的行政管制，则无助于培养市场的
价值发现功能和证券市场的健康发展。一方面，审核机构的价值判断不一定
正确，有时甚至会出现审核失误和权力寻租现象，使原本符合条件的公司发
行受阻，而一些不符合条件的公司顺利上市，从而影响证券市场的资源配置
效率；另一方面，审核机构事先对发行申请进行实质性审查，容易给投资者
发出错误导向或使投资者产生依赖心理，误认为管理部门对通过发行审查证
券的安全性和收益性等问题已做出保证，从而放弃对发行公司价值的自主判
断，有损证券市场的定价效率。

5.1.2 新股发行主体资格的演变

2006 年 5 月 18 日，《首次公开发行股票并上市管理办法》（以下简称
《办法》）正式施行。《办法》规定了上市公司首次公开发行股票的条件，主
要包括主体资格、独立性、规范运行、财务与会计、募集资金运用五个方
面。《办法》规定，发行人应当符合下列条件：一是最近 3 个会计年度净利
润均为正数且累计超过人民币 3 000 万元，净利润以扣除非经常性损益前后
较低者为计算依据；二是最近 3 个会计年度经营活动产生的现金流量净额累
计超过人民币 5 000 万元，或者最近 3 个会计年度营业收入累计超过人民币
3 亿元；三是发行前股本总额不少于人民币 3 000 万元；四是最近一期末无
形资产（扣除土地使用权、水面养殖权和采矿权等后）占净资产的比例不高
于 20％；五是最近一期末不存在未弥补亏损。

2015 年 12 月，证监会对《首次公开发行股票并上市管理办法》进行了
修订。此次修订将部分基于审慎监管要求的发行条件调整为信息披露要求，

删除了发行条件的"独立性"和"募集资金运用"部分，同时增加了第四十二条"发行人应当在招股说明书中披露已达到发行监管对公司独立性的基本要求"。

对发行条件的调整并非是降低了监管标准，而是强化了以信息披露为中心的监管理念，监管部门从事前监管转向事中事后监管，从而进一步放权于市场，有利于提升证券市场的效率。监管部门通过督促发行人在招股说明书中如实披露独立性和募集资金运用等情况，向投资者充分揭示股票投资价值和风险。发行条件的调整是中国证券市场走向市场化、去行政化的必然要求，也是证券市场健康发展的内生动力。但是必须看到，中国新股发行制度的市场化仍有巨大的改善空间，监管部门在新股发行中对信息披露的监管依然任重道远。

5.2　发行定价方式的变化

所谓新股定价机制，是指关于获准首次公开发行股票资格的上市公司与其承销商在事前（或上市前）确定股票发行价格并出售给投资者的一种制度安排。

一般而言，承销商与发行人（或发行公司）在确定新股发行价格时会考虑如下两方面因素：（1）纵向分析，即根据发行人过去的业绩和未来的成长性考虑发行价格；（2）横向对比，即根据二级市场同业公司的价格定位来考虑发行价格。上述两个方面的量化过程会随着新股定价机制的不同而表现出很大的差别。

在沪深证券交易所成立以前，中国的股票发行都是私募发行或者是带有浓厚私募发行的性质。发行价格大部分按照面值进行，定价没有制度可循。自从深沪证券交易所成立以后，新股发行都是采取公开发行的方式，新股发行经历了一个"定价—竞价—定价"的反复演变过程。

5.2.1　固定价格公开发售机制

从中国实际情况看，中国长期以来实行的主要是固定价格公开发售机制。在这种制度下，承销商事先根据一定的标准确定发行价格，之后再由投资者进行申购。从实际操作来看，固定价格简便易行，对市场化程度要求不高。因此，在1998年底《证券法》颁布之前大约8年的时间里，中国新股发行定价主要采取这种固定价格模式。

在这个阶段，中国新股发行价格基本上是根据发行企业的每股收益和一个相对固定的市盈率水平来确定的，即新股发行价格＝每股税后利润×市盈率。因此，对新股发行价格确定起重要作用的是每股税后利润和市盈率两个因素，但具体的计算方式又历经了以下几个发展过程。

1996年以前，发行定价用固定的市盈率和盈利预测倒推得出，其计算公司为：股票发行价格＝预测的每股收益×合理的发行市盈率。

1996年，确定发行价格不再以预测的每股收益为基础，改为以过去三年已实现的每股税后利润的算术平均数为基础计算市盈率。对缺乏以前年度每股收益数据的公司，则由净资产折股模拟计算得出每股收益。

1997年，又在定价中重新加入了预测因素。定价公式变为：股票发行价格＝每股发行税后利润×合理的市盈率；每股发行税后利润＝发行前一年每股税后收益×70％＋发行当年摊薄后的预测每股税后利润×30％。合理的市盈率水平最终由证监会确定。

1998年，证监会再次调整了新股发行定价方法，定价公式变为：股票发行价格＝（发行当年预测利润÷发行当年加权平均股数）×市盈率。其中，发行当年加权平均股数＝发行前总股本数＋本次公开发行股数×（12－发行月份）÷12。

5.2.2　上网竞价方式

在1994年6月至1995年1月，哈岁宝、青海三普、厦华电子和琼金盘4家公司采用上网竞价方式进行发行。该方式的做法是：预先确定发行底价，投资者以不低于发行底价的价格申报，按照时间优先、价格优先的原则成交。应该说，这是一种市场化程度相当高的新股定价方式，而且减少了发行环节，有助于提高发行效率。

但遗憾的是，由于当时市场的不成熟和缺乏发现价格的能力，加之透明度极差，新股认购成为名副其实的"博傻"，投机性太强。结果，哈岁宝、青海三普、厦华电子虽然分别以高出底价 38％、167％和 141％的价格售出了全部股票，但上市首日均跌破发行价。琼金盘只售出 47.3％的股票，其余由主承销商包销。

1995 年 2 月以后，新股发行未再采用上网竞价发售方式。

5.2.3　多种新的定价发售方式

大量研究表明，固定价格公开发售机制，由于定价之前没有收集相应的市场信息，加上发行和上市之间的时差及投资者申购利息等成本，使得其效率要远远低于拍卖（竞价）机制和簿记方法。另一方面，从世界新股制度的发展趋势来看，固定价格发售方法比较适合市场容量较小、个人投资者比重较大的国家或是发行量比较小的项目，比较符合"公平原则"，并且具有承销成本较低的优势。但随着中国资本市场的发展，继续采用单一的固定价格发售方法显然已经不能适应市场的需要。为此，中国开始积极探讨新股定价制度的改革。

1998 年底，《证券法》颁布，之后推出的一系列新股定价发行方法对中国新股市场的发展产生了显著的影响。

1. 市盈率限制的突破和新定价方法的推出

1998 年底颁布的《证券法》以及 1999 年 2 月发布的《股票发行定价分析报告指引（试行）》提出要让发行人和承销商根据客观条件和市场状况合理协商确定发行价格，提出了让发行的利益关系人决定价格的原则。1998 年底湖南高速以 18 倍的市盈率发行。这些都标志着新股定价方式开始突破行政干预，走向市场。

2. 上网发行和对法人配售相结合的方式

1999 年 7 月 1 日，《证券法》生效，该法规定，股票发行价格由发行人和承销商协商后确定，表明中国在证券市场的价格机制上，向市场化迈进了一大步。此后的《关于进一步完善股票发行方式的通知》对新股发行定价的市场化作了进一步的明确规定，要求发行人和承销商在协商定价时，机构投资者也要参与定价。当然这种定价也要通过证监会的审核。由此，中国新股市场开始出现对一般投资者上网发行，对法人配售商采取路演和向机构投资者询价等方式来确定发行价格。在这一发行方式下，发行公司和承销商拥有分配部分股票的权利；机构投资者也初次以法人身份介入新股的定价发行。在这个过程中，新股市场不断探索市场化定价的多种方式，出现了"询价区间内累积投标竞价"，"总额一定，不确定发行量，价格只设底价、不设上限"等做法。发行市盈率也不断升高，2000年新股发行市盈率被闽东电力以88.69倍的市盈率刷出历史最高水平。

这样一种对一般投资者上网发行和对法人配售相结合的发行方式，从形式上说其实是簿记方法和公开发售方法的混合机制。近年来，许多原先实行固定价格公开发售机制的国家纷纷开始使用簿记/公开发售混合机制，以发挥各种发售方法的优势及适应本国国情。一般认为，这种混合方法既调动了机构投资者收集信息并揭示公司真实价值的积极性，能引导理性和长期投资理念，也保留了对个人投资者的一定倾斜，特别适合正在走向成熟或开放的新兴市场使用，已成为一种趋势和潮流，我国香港就是使用这种方法的典型代表。然而在中国，实际的情形是这一混合机制运行并不理想，在带来发行市盈率大幅上升的同时，也出现了法人配售权黑箱交易和战略投资者并不"战略"这些不合理现象。因此，在2000年下半年之后市场中就已鲜见这一方法，后来只用于一些超级大盘股如宝钢、中石化等的发行中。

从簿记方法的性质上看，尽管路演、预订单、簿记机制和持股锁定期等是簿记方法中最引人瞩目的特征，但事实上，承销商所拥有的自由分配股份的权利以及相应产生的对真实信息揭示的激励才是簿记方法的本质优势之所在。然而，在中国的市场环境下，机构投资者并不具备长期战略投资的理念，更没有发现和揭示新股真实信息的动机，从而导致了这一混合机制在中国的扭曲和日渐式微。

3.上网定价发行和向二级市场投资者配售新股相结合的发行办法

2000年，中国新股市场出现的另一个新现象就是上网定价发行和向二级市场投资者配售新股相结合的发行方式。在这一制度下，仍然采用事先确定固定价格、淡化市盈率区间限制的定价方法。唯一的改变就是在新股发行时将一定比例（一般为50％）的新股由上网发行改为向流通市场投资者配售，二级市场的投资者可以根据其持有上市流通证券的市值和折算的申购限量进行自愿申购。

这一方法的实行，体现了对中国新股高初始收益率所带来的一、二级市场非均衡的一种解决思路。它以一种介于市场和行政之间的方式来对滞留在新股市场寻求无风险高收益的新股申购资金收益进行调节，事实上是对新股高初始收益的一种重新分配。其目的是改善二级市场资金格局和保护二级市场投资者，但是对新股高初始收益率本身并没有实质性的影响。由于向二级市场配售的比例有限，削弱了这一制度的实施效果，加上一些技术原因，2000 下半年，这一方法也暂停执行。

4. 放开市盈率限制的上网定价发行

2000 年下半年之后，随着对法人配售和二级市场配售的逐渐减少，上网定价发行又逐渐成为中国新股市场的主流发售制度。与 1999 年之前的上网固定底价发行不同的是，发行公司和承销商在发行市盈率等问题上拥有了更多的主动权，形成了一种市场化程度较高的固定价格发售模式。相应地，发行价格也不断上升，出现了 30、40、50 甚至 60 倍的发行市盈率。这个阶段新股市场化的倾向，与 2001 年核准制的正式实施有相当的关系，是证监会贯彻核准制、实施市场化思想的一个反映。同时，高市盈率发行也体现了解决中国新股市场问题的一种思路：通过放开一级市场定价限制，实现一、二级市场价格的接轨，来解决中国新股的高收益率及相关问题。但是，如果二级市场非理性定价是新股高收益率的来源之一，简单地用放开故意折价的方法来实现一、二级市场价格的接轨，可能未必是正确的。2001 年 7 月之后，股市不断下跌，不少新股的价格呈现出高开低走的态势，市场对高价发行的新股出现抵触情绪。2001 年 11 月以后，这一方法基本停止使用。

5. 网上累计投标发行定价方式

2001 年 11 月从北京华联发行开始，中国的新股市场开始使用网上累计投标发行定价方式。在这一制度下，发行者和承销商预先确定价格区间，投资者在该区间内进行竞价投标，承销商则根据一定的超额认购倍数来确定最终的发行价格。

6. 询价制的确立及完善

经过一年多的停顿之后，2002 年 5 月，向二级市场投资者配售新股的发行方式再度启动。不同的是，这次的配售份额达到了 100％，即只有二级市场投资者才能成为新股发行时的一级市场投资者。管理层调节资金配置，扶持二级市场的意图十分明显。同时，定价方式仍然使用了市盈率受到实质性限制的固定价格机制。

2004 年 12 月 7 日，证监会发布《关于首次公开发行股票试行询价制度若干问题的通知》及配套文件《股票发行审核标准备忘录第 18 号——对首次公开发行股票询价对象条件和行为的监管要求》，广受证券界人士关注的新股询价制终于在千呼万唤中正式出台。

新的询价制度核心在于：规定发行人及其保荐机构应采用向机构投资者累计投标询价的方式确定发行价格。同时，为了促使参与询价的机构理性报价和加强市场对询价过程的监督，规定了全额缴款、同比例配售、申购及配售情况公告、获配股票锁定期等四项主要措施。

随后，询价制得以完善。2006 年 9 月，证监会发布《证券发行与承销管理办法》，进一步完善了 IPO 询价制度。提出询价对象可以自主决定是否参与初步询价，询价对象申请参与初步询价的，主承销商无正当理由不得拒绝；未参与初步询价或者参与初步询价但未有效报价的询价对象，不得参与累计投标询价和网下配售。

询价制的推出受到了市场的肯定。但是，一方面由于机构投资者可以通过询价获得网下配售，也可以在网上参与新股申购，在机构投资者与个人投资者的资金规模差距悬殊的背景下，中小投资者在新股申购中处于劣势；另一方面，市场上出现了新股发行价格与二级市场价格严重背离的现象。基于此，询价制进行了进一步完善。

2009 年 6 月，中国证监会发布了《关于进一步改革和完善新股发行体制的指导意见》（以下简称《指导意见》），正式启动新股发行体制改革。《指导意见》提出，在新股定价方面，完善询价和申购的报价约束机制，淡化行政指导，形成进一步市场化的价格形成机制。2010 年 10 月 11 日，中国证监会颁布了《关于深化新股发行体制改革的指导意见》，提出扩大询价对象范围，充实网下机构投资者。

询价制以其向市场化迈进的改革方向成为众望所归。公众期待摆脱行政束缚的"紧箍咒"后，市场化的新股询价能够有效提高发行价格的合理性，挤出股市泡沫，涤清二级市场的投机浊浪，使股价走向价值回归。

然而，询价制也并非彻底的市场化定价机制。一方面，发审委事实上仍直接或间接进行发行市盈率指导；另一方面，在询价环节中，由于受到各种利益因素的制约，特别是询价的对象有严格的限制，因而没有能够真正发挥应有的作用，最终使询价流于形式。询价机制缺陷的集中体现就是所谓的"新股不败"现象，而这一现象对于平衡证券市场风险与收益是极为不利的。

7. 多元定价方式及定价方式的进一步探索

在询价制实施过程中，新股定价方式日益规范，但也暴露出一些制度固化方面的问题。证监会坚定市场化方向，进一步还权于市场。2012 年 4 月，证监会发布《关于进一步深化新股发行体制改革的指导意见》，拉开了中国证券市场新一轮新股发行体制改革的序幕。该《指导意见》提出："扩大询价对象范围。除了目前有关办法规定的 7 类机构外，主承销商可以自主推荐 5 至 10 名投资经验比较丰富的个人投资者参与网下询价配售。""招股说明书预先披露后，发行人可向特定询价对象以非公开方式进行初步沟通，征询价格意向，预估发行价格区间，并在发审会召开前向中国证监会提交书面报告。"2012 年 5 月修订的《证券发行与承销管理办法》[1] 明确："首次公开发行股票，可以通过向询价对象询价的方式确定股票发行价格，也可以通过发行人与主承销商自主协商直接定价等其他合法可行的方式确定发行价格，发行人应在发行公告中说明本次发行股票的定价方式。""采用询价方式定价的，发行人和主承销商可以根据初步询价结果直接确定发行价格，也可以通过初步询价确定发行价格区间，在发行价格区间内通过累计投标询价确定发行价格。"

为贯彻中共十八届三中全会精神，推进股票发行向注册制过渡，使发行价格更真实反映供求关系，解决新股"高发行价、高市盈率、高超募"的"三高"问题，证监会于 2013 年 11 月、12 月分别实施《关于进一步推进新股发行体制改革的意见》和《证券发行与承销管理办法》，通过剔除最高报价，规定有效报价家数区间，发布投资风险特别公告，加强承诺及约束等方式改革定价制度。此轮新政实施后各项改革措施得到了积极落实，但受制于整体市场环境，发行定价机制与发达成熟市场仍有差距。2014 年 3 月，证监

---

[1] 伴随发行制度改革，《证券发行与承销管理办法》经过多次调整。2006 年 9 月 17 日发布施行的《办法》，在 2010 年 10 月 11 日、2012 年 5 月 18 日由证监会发令修改。2013 年 12 月 13 日发布施行的《办法》，在 2014 年 3 月 21 日、2015 年 12 月 30 日、2017 年 9 月 7 日、2018 年 6 月 15 日由证监会发令修改。

会修订《证券发行与承销管理办法》，出台完善新股发行改革相关措施，对定价制度进行微调及完善，取消了有效报价投资者数量的上限，并进一步规范了网下报价行为。2015 年，证监会修订了《证券发行与承销管理办法》，简化了发行条件，取消了新股申购预先缴款制度，允许发行量 2 000 万股以下的小盘股直接定价发行。

专栏 5.1　新股发行定价新机制

国际通行的新股发行定价方式大致可分为四种情况：累计投标方式、竞价方式、固定价格允许配售和固定价格公开认购。其中，从美国流行起来的累计投标询价制度逐渐成为世界范围内，尤其是新兴市场最受欢迎的股票定价方法，成为新股定价使用最广泛的方法。

这四种方式是较为传统的新股定价机制。近年来，在新股发行领域还出现了两种新的定价机制，即 NET 新股和 DPO。

1996 年，以 Baby Berkies 首先通过互联网发布招股信息为标志，NET 新股通过互联网出售新股开始发展起来，尤其以美国为最。NET 新股主要有两种形式：一是以 Wit Capital 为代表的新股在线电子经纪人，二是以 W. R. Hambrecht 为代表的新股互联网承销商。对前者而言，其并未改变美国簿记方法的标准过程，Wit Capital 以买者的身份参与到传统的新股定价和分配程序中去，之后在互联网上采用"先到先买"的原则将新股再进一步出售给他们的客户。对后者而言，W. R. Hambrecht 则采用的是通过互联网以封闭出价、统一价格、"肮脏拍卖"（dirty auctions）的方式出售新股股票，整个过程接近于统一价格拍卖。一般而言，通过这种网上拍卖出售的新股主要都是小公司，投资者则主要包括那些无法进入大型的以簿记方法出售的新股的中小投资者。

另一种新的新股定价机制是由发行公司自身直接出售新股股票（direct public offering，DPO，主要通过互联网），无须投资银行介入。目前，大都认为，其优势在于发行费用成本低、发行效率高、限制条件少、受众面广以及信息、交流便捷。但是，这种定价方式也有一些问题，例如，监管困难，股票交易的有效性难以保证，股票缺乏活跃的二级市场，以及股票难以吸引高质量的投资者。总之，这种方式由于对公司自身的信誉、知名度和公司管理人员操作能力的要求甚高，不少希望实现 DPO 的公司都由于无法达到最低筹资额而宣告失败。

迄今为止，尽管上述两种定价机制当初出现时呼声很高，但并不被广泛认同。对 NET 新股，业界人士一般认为其并未形成对传统新股制度的变革，而仅仅是一种补充形式。当然，目前也有不少人在探索改进网上拍卖方式，使之可以代替累计投标方式，成为最优和最透明的新股机制。对 DPO，一般认为，目前至少不可能成为主流。整体来看，这两种定价机制不属于主流的定价机制。

5.3　新股分配机制的演进

新股分配机制（即谁可以获得新股）是新股发行制度的重要组成部分。新股分配不仅直接影响有关参与各方的利益分配，也间接影响到新股的定价机制。从 20 世纪 80 年代至今，中国新股分配机制大致经历了如下几个阶段。

5.3.1　自主决定向社会招股方式（1984—1990 年）

从 1984 年股份制试点到 90 年代初期，中国企业发行股票采用自主决定向社会招股的方式，又称内部股或内部职工股。企业决定后报上级主管机关批准，然后印刷一批股票向企业内部或社会公开发行，基本不涉及承销商和中介机构。这些自主决定向社会招股的企业中有 90 家在 1993 年经过当时体制改革委员会的审查，取得了上市资格，投资者获得了巨大的收益。而其他大部分内部股成为废纸。

这一阶段股票发行的对象多为内部职工和当地的投资者，较少面向全国、全市场发行。

5.3.2 认购证(表)方式(1991—1993年)

沪深证券交易所建立之后,新股分配开始面向全市场,并充分利用证券交易所的电子交易系统,以求实现更快捷、更方便、更公平和成本更低的目的。这一阶段新股分配方式较为丰富,具体包括:抽签、比例配售、上网抽签、上网竞价、网上抽签和网下配售相结合、按市值配售等方式。

在股票市场发展初期,由于股票供不应求,沪深两市普遍采用发售认购证抽签方式。所谓认购证抽签发行,就是发行人向符合要求的投资者发售申请表,然后对售出的申请表进行抽签摇号,中签者可购买股票。这种发行方式又可以分为三个阶段:

(1)限量发售认购证方式。在1991—1992年,中国股票以限量发售认购证的方式发行,投资者只有先购买认购证,凭认购证才能购买股票。由于认购证严重供不应求,引发抢购风潮,造成社会动荡。因发行程序透明性差,发行机构出现私自截留申请表等徇私舞弊现象,严重违背了"公平、公开、公正"的原则,引发了震惊中外的深圳"8.10事件"。很快这种方式不再采用。

(2)无限量发售认购证方式。1992年,上海率先采用无限量发售认购证摇号中签方式,1992年12月17日发布的《国务院关于进一步加强证券市场宏观管理的通知》确认了这种发行方式。这种方式基本避免了有限量发行方式的供不应求和营私舞弊等弊端。但从发售认购证到最后交款,整个过程约1个月,发行时间较长;认购量不确定,发行环节多,工作量大,对社会资源造成了不必要的浪费;认购成本高,投资风险大,也对二级市场产生了不利影响。

(3)无限量发售认购表,与储蓄存款挂钩的方式。1993年8月18日国务院证券委颁布《1993年股票发售与认购办法》规定,各级政府同当地人民银行商定,可按居民在银行定期储蓄存款余额的一定比例配售申请表,然后对认购的申请表进行公开摇号抽签,中签后按规定要求办理缴纳股款手续。或者开办专项定期定额储蓄存单业务,按专项储蓄存单上的号码进行公开摇号抽签。同储蓄存款挂钩的方式与"无限量发行认购证"相比大大减少了社会资源的浪费,降低了一级市场成本,并且可以吸筹社会闲资,吸引新股民入市。但一方面出现高价转售中签表现象，投机性很强；另一方面由于以实际的定期存款为基础配售，引起巨额投机资金在定期、活期存款间转换，引起金融动荡。

5.3.3　全额预缴款、比例配售方式（1994 年）

1994 年开始，中国证券发售方式开始采用"全额预缴款、比例配售"的发售方式。具体包括两种方式："全额预缴、比例配售、余款即退"和"全额预缴、比例配售、余款转存"。前者是指投资者在规定的申购时间内，将全额申购款项存入主承销商在收款银行设立的专户中，申购结束后，转存入银行专户冻结，在对到账资金进行验资和确定有效申购后，根据股票发行量和申购总量确认配售比例，进行股票配售，余款返还投资者。"全额预缴、比例配售、余款转存"在"全额预缴、比例配售"阶段的处理与"全额预缴、比例配售、余款即退"相同，但申购余款连同按同期银行存款利率计算的利息一起返还投资者。

"全额预缴款、比例配售"的方式相比储蓄存款挂钩的方式，缩短了申购时间，提高了申购效率，巨额存款搬家的状况得到缓解。

5.3.4　竞价发售方式（1994—1995 年）

"上网竞价发行"是预先确定发行底价，投资者以不低于发行底价的价格申报，按照时间优先、价格优先的原则成交。当有效申购量等于或小于发行量时，发行底价就是最终的发行价格，每个投资者以各自申报量获得配售；当有效申购量大于发行量时，主承销商可以采用比例配售或者抽签的方式确定每个有效申购实际应配售的新股数量。

在 1994 年 6 月至 1995 年 1 月，曾有哈岁宝、青海三普、厦华电子和琼金盘等 4 家公司试点了"上网竞价发行"方式，但试点结果不理想。第一，由于当时竞价时只设底价而不设价格上限，加上市场环境欠佳，哈岁宝、青海三普、厦华电子虽然分别以高出底价 38％、167％和 141％的价格售出了全部股票，但上市首日均跌破了发行价；琼金盘只售出 47.3％的股票，其余52.7％由主承销商包销。第二，发行募集资金大大超过了预计资金总量。第三，由于当时市场基础建设欠完善，透明度差，新股认购的投机心理很强。

因此，1995 年 2 月以后新股发行未再采用该方式。

5.3.5 上网定价抽签发行方式（1995—1997 年）

为避免竞价发行的弊端，上网抽签发行方式应运而生。1995 年至 1997 年，新上市公司发行股票主要采用上网抽签方式。该方式的基本做法是：投资者可在指定时间到其开户的证券营业部，按发行公司和主承销商确定的发行价格填报申购股票的数量，并保证资金账户有相应数额的资金。证券登记公司将申购资金冻结在清算银行的申购专户中。证券交易所交易系统对有效申购进行连续配号，并将配号结果传真至各证券营业部供投资者查询。其后主承销商根据股票发行量和有效申购量计算中签率，并组织摇号抽签。中签者成为公司股东，对未中签者的资金予以解冻。

该方式根据认购新股的数量和人数，实行保证基数，合理分配，让大、中、小户站在同一起跑线上，保证了新股申购的公平性，且具有效率高、成本低、安全快捷等优点。该方式的缺陷在于，一级市场收益率长期较高，易造成大量资金滞留一级市场，形成"资金为王"局面，对中小投资者分享新股收益十分不利。

5.3.6 网上抽签与网下配售相结合方式（1998 年至今）

证监会尝试于 1998 年向投资基金配售新股，1999 年向法人配售新股，旨在通过增加新股发行中机构资金的比重，达到避免发行大盘股时二级市场股价的剧烈波动，以及充分发挥机构评估企业内在价值等方面的技术优势，实现合理定价的目的。

1999 年 7 月 28 日，证监会发布《关于进一步完善股票发行方式的通知》。该《通知》规定：公司股本总额在 4 亿元以下的公司，仍采用上网定价、全额预缴款或与储蓄存款挂钩的方式发行股票；公司股本总额在 4 亿元以上的公司，可采用对一般投资者上网发行和对法人配售相结合的方式发行股票。2000 年 4 月取消 4 亿元的额度限制，公司发行股票都可以向法人配售。

这种模式的基本做法是：发行公司和主承销商确定发行价格区间，并将股票发行量分为向法人配售部分和上网发行部分，通过向法人投资者进行路演、询价、预约配售，确定股票发行价格和法人认购者；另一部分股票则按照已确定的价格上网发行。

这种新股分配方式区别于以往的比例配售之处在于：比例配售将所有拟发行的股份均上网，根据网上申购数量和人数按统一比例分配；而新股配售一般将新股股份分成网上和网下两部分，其中网下部分针对基金及战略投资者，而网上部分针对二级市场投资者，网上和网下部分的配售比例是不一样的。新股配售方式区别于上网询价的特点在于：后者的价格事先不确定，而通过路演询价来实现；前者的发行价格可以事先确定，也可以通过询价来实现。

网下配售主要面向基金和机构投资者。为扶持基金业的发展，1998 年 8 月 11 日证监会发布《证券投资基金配售新股有关问题的通知》，其中规定：证券投资基金可以申请配售新股。公开发行量 5 000 万股（含 5 000 万股）以上的新股均可向基金配售。1999 年 11 月，基金的申购特权进一步扩大，公开发行量在 5 000 万股及以上的新股，都按不低于公开发行量的 20% 的比例供各基金申请配售，每只基金一年内用于配售新股的资金比例由 15% 提高到 30%。2000 年 4 月 5 日，证监会又发出通知，允许发行后总股本在 4 亿元以下的公司向法人配售新股。由于投资者普遍认为基金享有特权，违背"三公"原则，2000 年 5 月，基金配售新股的特权被取消，但基金可与特定的机构投资者（战略投资者和询价制后的询价对象）一样，参与新股网下配售。

5.3.7　向二级市场投资者按市值配售（2000—2006 年）

2000 年 2 月，证监会颁布了《关于向二级市场投资者配售新股有关问题的通知》。该《通知》提出了向二级市场投资者配售股票的发行方式。该方式的做法是：发行公司和主承销商在发行股票时，将一定比例的股票由上网公开发行改为向二级市场投资者配售。投资者根据招股说明书概要刊登前一个交易日其所持有的按收盘价计算的上市流通证券的市值，以及规定的折算率，折算为申购限量，在此限量内自愿申购股票。证券交易所按 1 000 股有效申购量配一个号的规则，对有效申购量连续配号。主承销商组织摇号抽签，中签的投资者认购新股应缴纳的股款，由证券营业部从其资金账户中扣缴。因投资者认购资金不足，不能认购的新股视同放弃认购，由主承销商包销。

2002 年，按市值配售的方法得到了强化，但之后由于紧接而来的数年熊市，发行的新股很少。在 2006 年股权分置改革基本完成且恢复新股发行后，按市值配售方法事实上被废止。

5.3.8 二次发售机制（2001 年至今）

为了使发行机制更加灵活，更能适应新股发行供求关系的变化，中国新股发行机制陆续引进了一些二次发售机制，如"绿鞋"机制和"回拨"机制。

（1）"绿鞋"机制。2001 年 9 月，证监会发布《超额配售选择权试点意见》，开启了"超额配售选择权"机制，但直至 2006 年才有了第一次应用。"超额配售选择权"又称"绿鞋"机制，是指发行人授予主承销商的一项选择权，获此授权的主承销商按同一发行价格超额发售不超过包销数额 15％的股份，即主承销商按不超过包销数额 115％的股份向投资者发售。在增发包销部分的股票上市之日起 30 日内，主承销商有权根据市场情况选择从集中竞价交易市场购买发行人股票，或者要求发行人增发股票，分配给对此超额发售部分提出认购申请的投资者。首次公开发行股票的数量在 4 亿股以上的，发行人和主承销商才可以在发行方案中采用超额配售选择权。2006 年，中国工商银行首次公开发行股票，并首次将"绿鞋"机制引入 A 股市场。2010 年，中国农业银行首次公开发行股票（A＋H 股），成为继工商银行之后，第二例在 A 股市场采用"绿鞋"机制的 IPO。"绿鞋"机制是新股发售机制的重要安排，有效调剂了供求，发挥了稳定股价的作用。

（2）"回拨"机制。2001 年，在中石化 A 股发行时首次采用了"回拨"机制。"回拨"机制是指在同一次发行中采取两种发行方式组合（例如市值配售和上网定价发行、市值配售和法人投资者配售、上网定价发行和法人投资者配售）时，先设定不同发行方式下的发行数量，然后根据认购结果，按照预先公布的规则在两种发行方式之间调整发行数量。"回拨"机制最直接的好处是能在机构投资者与一般投资者之间建立一种利益调节机制，一定程度上改善了供求关系。

2007 年 10 月，中石油发行采用了"回拨"机制。"回拨"机制启动前的中签率约为 1.81%，低于网下初步配售比例，根据预先公布的规则启动"回拨"机制，将 2 亿股股票从网下拨回到网上。"回拨"机制实施后，网下最终的配售比例为 2.089%，网上发行最终中签率提高到 1.94%。

5.3.9 配售制度的进一步完善（2009 年至今）

2009 年 6 月，新股发行体制改革正式启动，在配售方面主要围绕深度市场化的制度设计展开。2009 年 6 月，证监会出台《关于进一步改革和完善新股发行体制的指导意见》，启动新股发行体制改革。该《指导意见》提出优化网上发行机制，将网下网上申购参与对象分开；对每一只股票发行，任一股票配售对象只能选择网下或者网上一种方式进行新股申购；对网上单个申购账户设定上限，原则上不超过本次网上发行股数的千分之一；完善回拨机制和中止发行机制。其后，2010 年 10 月《证券发行与承销管理办法》《关于深化新股发行体制改革的指导意见》、2012 年 4 月《关于进一步深化新股发行体制改革的指导意见》和 2012 年 5 月《证券发行与承销管理办法》等一系列法律法规相继修订和推出，其重点在于健全回拨机制、中止发行机制等。

在中共十八届三中全会提出推进股票发行注册制改革后，新股配售制度的市场化进程加快。证监会于 2013 年 11 月、12 月相继出台了《关于进一步推进新股发行体制改革的意见》《证券发行与承销管理办法》《首次公开发行股票时公司股东公开发售股份暂行规定》等法规，通过试点老股转让并挂钩超募资金、设定网上市值及申购上限要求、尝试主承销商自主配售、优先配售公募社保基金、完善回拨机制等方式，探索配售制度改革。新政实施后市场活力充分释放，但也显现出一系列问题，例如以奥赛康为代表的拟上市企业在询价环节出现违规情形等。在充分总结前期经验的基础上，2014 年 3 月，证监会相继修订了《证券发行与承销管理办法》《首次公开发行股票时公司股东公开发售股份暂行规定》等法规，从优化老股转让制度并取消与超募挂钩，同步网下配售市值要求，增加配售公募社保、年金保险比例，回拨适度倾向网上投资者等方面进一步完善了配售制度，旨在健全公开、公平、公正的市场环境，坚定市场化、法制化的改革方向，为下一步向注册制改革过渡打下基础。

5.4　发行制度改革前瞻

5.4.1　当前新股发行制度的问题

概括而言，当前新股发行制度最主要的问题有以下几个方面：

第一，对新股发行节奏和发行资格实行严格的、多变的行政控制。尽管发行审核由过去的"审批制"改为"核准制"，但随意性较强的行政控制的本质没有改变，市场无法出清，这极大地限制了新股市场的供给和一、二级市场的供求平衡，客观上助长了 IPO 饥渴症、股票发行人热衷于上市圈钱、新股市场高收益等中国资本市场特有的现象。

第二，发行定价市场化程度不够。在询价环节中，由于各种因素和利益的制约，询价往往流于形式。在国际市场，新股跌破发行价是司空见惯的。当然，个别股票上市后出现大幅度上涨并不奇怪，但如果所有新股上市后都出现巨大的涨幅，也许只能说明市场供求机制及询价机制有问题。

第三，新股配售过程有违公平原则，向机构投资者过度倾斜。一方面，由于发行分为网下申购与网上申购两部分，而个人投资者只能参与网上申购，相对机构投资者来说，其中签的比例就低了不少，导致明显的不公，客观上还为权力寻租提供了空间。另一方面，新股分配以资金量作为配售的主要依据，使得大量资金囤积股票一级市场。而且，新股申购的高门槛，使得一、二级市场价差收益大都落入机构投资者腰包。被称为"小散"的中小投资者很难从一级市场分得一杯羹，只能被动接受二级市场的高价格。这种情形，显然有违市场公平。

鉴于中国新股市场存在上述不足，以及"高收益"和"无风险"两大外在表现，多年来各界人士对改革新股发行制度的讨论和呼吁不绝于耳。这种讨论大多是小范围的，社会影响不大。然而，2007 年底的一次偶然事件却引发了一场全社会、各界人士广泛参与的大讨论。

2007 年 11 月 5 日，中国石油在 A 股市场的当日开盘价为 48.6 元，与 16.7 元的发行价相比上涨了 191％。但随后股价一路下跌，当日收盘价为

43.96 元，到 2008 年 3 月初股价跌破了 22 元，2013 年 6 月底一度跌破 7 元。统计显示，在中国石油上市首日，散户（中小个人投资者）是最主要的买方，个人投资者的买入委托和买入成交占比均在 90% 以上。

在中国石油以及其他新股发行过程中，由于中国新股市场的无风险和高收益这两个特征的存在，导致了高达数万亿元的巨额资金涌入新股市场，并形成了大量的专业打新股的资金或机构（如银行发行的专业投资新股发行市场的理财计划和保险资金等，其资金量约在 3 000 亿元以上）。例如，在中国石油的新股网上认购中，某两家保险公司总共中签获得了 2.7 亿股，在中国石油上市首日，其中一家公司卖出了其中签数量的 90% 以上。这种大规模的短线操作对股价造成了明显的冲击。

这一现象对资本市场健康发展造成不利影响，严重损害了投资者的利益。一方面，个人投资者（特别是中小投资者）对新股的需求非常巨大，但由于新股申购以资金量为中签基础，因此个人投资者往往较难获得新股，故只能在二级市场高价买入。这不仅直接影响了投资者利益，也为个别企图影响新股上市交易价格的交易者制造了机会。另一方面，一级市场和二级市场之间存在巨大的价格差，且这些价差收益的很大一部分被专业打新股的机构获得，而没有转变为中国最有效率的资产——上市公司的营运资金。这对资本市场而言，是资金的净漏出，对投资者而言，是福利的净损失（上市公司的资产本质上最终也是投资者的资产）。

在这一背景下，新股发行制度改革日益引起社会各界的广泛关注，中国各界（包括监管者、从业人员、投资者、学术界）对新股发行制度改革展开了热烈讨论。证监会曾多次邀请证券交易所、券商、基金等机构就现行新股发行制度中存在的问题进行座谈，并向社会公开征求改革意见。

5.4.2 股票发行注册制改革

基于上述新股发行制度的问题，市场对股票发行效率及其市场化程度的要求不断提高，股票发行注册制改革的必要性和迫切性日益凸显。2013 年 11 月 12 日，中共十八届三中全会通过了《关于全面深化改革若干重大问题的决定》，要求"推进股票发行注册制改革"，"提高直接融资比重"，为注册制改革定下总基调。2014 年 5 月 8 日，国务院通过《关于进一步促进资本市场健康发展的若干意见》，文件在"发展多层次股票市场"部分要求："积极稳妥推进股票发行注册制改革。建立和完善以信息披露为中心的股票发行制度。发行人是信息披露第一责任人，必须做到言行与信息披露的内容一致。发行人、中介机构对信息披露的真实性、准确性、完整性、充分性和及时性承担法律责任。投资者自行判断发行人的盈利能力和投资价值，自担投资风险。逐步探索符合我国实际的股票发行条件、上市标准和审核方式。证券监管部门依法监管发行和上市活动，严厉查处违法违规行为。"2015 年 3 月 5 日，国务院总理李克强在政府工作报告中指出："加强多层次资本市场体系建设，实施股票发行注册制改革"，这也是在我国政府工作报告中首次提及实施股票发行注册制改革。2015 年 5 月 8 日，国务院批转发改委《关于2015 年深化经济体制改革重点工作的意见》，明确指出要"实施股票发行注册制改革"。2015 年 12 月 27 日，第十二届全国人民代表大会常务委员会第十八次会议审议通过《关于授权国务院在实施股票发行注册制改革中调整适用〈中华人民共和国证券法〉有关规定的决定（草案）》，明确授权国务院对拟在上海证券交易所、深圳证券交易所上市交易股票的公开发行，调整适用《中华人民共和国证券法》关于股票公开发行核准制度的有关规定，实行注册制度。这一决定的正式通过，标志着股票发行注册制改革有了明确的法律依据。

坚持市场化和法制化取向，以信息披露为中心，各参与主体归位尽责，由市场对发行人的资产质量、投资价值做出判断，并发挥其在资源配置中的决定性作用，应是当下中国注册制改革的关键所在。具体来看，包括以下几方面：

一是发行人是信息披露第一责任人，必须做到言行与信息披露的内容一致，把所有信息最大限度真实、全面、准确地披露出来，不能存在遗漏和隐瞒。此外，要及时向中介机构提供财务会计资料和其他资料，全面配合中介机构开展尽职调查。

二是以承销机构为主的中介机构应当严格履行法定职责，遵守业务规则和行业规范，对发行人的申请文件和信息披露资料进行审慎核查，督导发行人规范运行，对其他中介机构出具的专业意见进行核查，对发行人是否具备持续盈利能力、是否符合法定发行条件做出专业判断，并确保发行人的申请文件和招股说明书等信息披露资料真实、准确、完整。

三是投资者自行判断发行人的盈利能力和投资价值，自担投资风险。投资者应当认真阅读发行人公开披露的信息，自主判断企业的投资价值，做出投资决策，并自行承担股票依法发行后因发行人经营与收益变化可能导致的损失。

四是证券监管部门依法对发行申请文件和信息披露内容的合法合规性进行审核，并监督披露过程，严厉查处违法违规行为。发现申请文件和信息披露内容存在违法违规情形的，严格追究相关当事人的责任。

五是在以上基础上由发行人和承销商等中介机构根据市场供求状况和自己的判断，决定目标市场、发行时机、发行价格和发行规模。

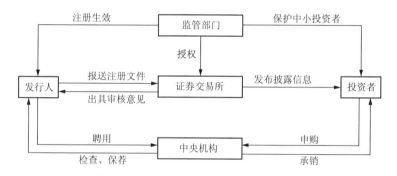

图 5.1　股票发行注册制的运行机制

推进股票发行注册制改革，是中国资本市场的市场化发展内在要求，也是资本市场的市场化程度提高的必然结果。股票发行注册制能够进一步还权于市场，更好地发挥市场在资源配置中的作用，促进上市公司优胜劣汰。同时，也有利于落实以信息披露为中心的监管理念，实现各市场主体归位尽责。

新股发行制度的改革方向是不断走向市场化、不断去行政化。在这个过程中，为避免过度竞争和无序导致的负面影响，以及能力禀赋（包括市场参与者的自我约束、行业自律约束）的相对缺失，需要在不断推进能力建设的基础上解决新股发行市场的过度控制状况。可以预期，尽管在改革的过程中可能出现一些反复，但是在不断尝试和修正的过程中，中国股票市场发行制度的市场化改革必将持续推进。

第 6 章 信息披露制度

　　真实、完整、准确、公平的信息披露，是证券市场健康运行的基础。证券市场本质上是一种信息市场，证券市场的资源配置过程是由证券价格信号来引导的。因此，证券市场的资源配置效率和使用效率依赖于市场的定价效率或证券价格的信息含量，依赖于证券发行人的信息披露质量。中国资本市场经过近 30 年的改革、发展与能力建设，逐步建立起了一套完整的上市公司信息披露体系，推动着市场逐步从无序走向有序，从混沌走向透明。

6.1　中国信息披露制度演变的历史与现状

　　信息是现代资本市场的核心要素，证券市场本质上是一个基于信息的市场。信息披露制度，也称公示制度、公开披露制度，是指上市公司在证券的发行、上市和交易等一系列环节中，依照法律、证券主管机关或证券交易所的规定，以一定的方式向社会公众公开与证券有关的财务和相关信息而形成的一整套行为惯例和活动准则。

　　信息披露是上市公司的法定义务。信息披露不仅直接影响到证券市场的透明度和定价效率，是投资者进行投资决策的重要依据，也是证券市场"三公"原则的法定基础和各国（地区）证券市场监管的核心内容。正像美国最高法院法官路易斯·布兰代斯（Louis Dembitz Brandeis）所说的那样，"阳光是最好的消毒剂，电灯是最有效的警察"。

从成熟市场公开信息披露制度的起源和演变来看，公开信息披露制度经历了一个由自律规制逐步走向司法规制和公共权力规制的发展过程。从公开信息披露的内容上看，则经历了一个早期以披露账簿信息为主到披露会计报表再到披露财务报告的演变过程。以财务报告披露为主体的信息披露制度诞生于 20 世纪 80 年代初期。1978 年，美国财务会计准则委员会（FASB）提出了把会计报表扩大为财务报告的思路，并于两年后发表了《会计报表和其他财务报告手段》的邀请评论书。以此为契机，公开信息披露逐步进入了以财务报告披露为主的阶段。

中国上市公司信息披露制度的演变可分为四个阶段。第一阶段为 1992 年前的初始阶段。中国上市公司信息披露，开始于 1991 年。当年的 6 月 10 日，在《上海证券报》试刊号上，当时"老八股"的年报首次集体亮相。这些当时被称作"1990 年经营状况说明书"的全部 8 家公司文件，一共仅用了一个半版就刊完。由于统一的股份公司会计制度和财务报表尚付阙如，由上海证券交易所和大华会计师事务所根据简明实用原则设计了该"说明书"。内容包括：公司概况，公司财务状况，已发生或将要发生的对公司资产、负债和股东权益有较大影响的重要事项，股票发行和分红情况等四项内容。与此同时，深圳证券交易所也建立了相应的信息披露制度。

第二阶段为 1992 年至 1999 年的发展阶段。尽管沪深两个证券市场已建立了基本的会计信息披露制度，但此时的信息披露缺乏可比性，且存在较多不完善之处。鉴于此，1992 年 6 月，财政部和国家经济体制改革委员会联合颁布了《股份制试点企业会计制度》，开始了中国上市公司信息披露司法与公共权力管制阶段。从 1992 年年度报告开始，资产负债表、损益表、财务状况变动表这三个被国际公认的最能反映企业经营状况的财务报表开始全部刊登。同时，文字说明部分包括公司基本情况、公司高级管理人员情况、财务指标分析、重大事项揭示等几项内容，每家公司年报的篇幅也迅速扩大为一个整版。

1994 年 1 月，证监会出台了《年度报告的内容与格式》，详细规定了上市公司年报披露的期限、报表的内容，并具体要求揭示 8 项财务指标，即总资产、净资产、主营收入、税后利润、每股收益、每股权益、净资产收益率和股东权益比率，还相应地规定了计算方法和口径。1995 年，证监会又推出了修改后的《年度报告的内容与格式》。由此，上市公司信息的披露日益趋于规范化。

第三阶段为 1999 年至 2006 年的完善阶段。1999 年《证券法》的出台和《会计法》的修订标志着中国信息披露制度的监管开始形成以基本法律为主，以相关的行政法规、规章等为辅的监管框架。在这一阶段，信息披露制度体系更为科学、完整、具体、可行，信息披露制度更加规范，可操作性不断增强。

第四阶段为 2006 年至今的逐步成熟阶段。在这一阶段，对上市公司信息披露的要求在范围上更广泛，操作上更具体，程度上更深入。2006 年 2 月 15 日，财政部同时发布了 39 项企业会计准则和 48 项注册会计师审计准则，于 2007 年 1 月 1 日起实施。2007 年 1 月 30 日，《上市公司信息披露管理办法》公布施行，这是中国第一部全面规范上市公司信息披露的规章。该《办法》明确提出上市公司应建立信息披露事务管理制度；明确了发行人、大股东和管理层的信息披露责任；明确了信息披露的主要内容及细则，提升了临时报告披露监管的法律效力。2009 年，在股价异动的监管中，证监会将信息披露与股价异动的监管相结合，一旦发现上市公司披露重大事项前出现股价异动，立即采取监管行动，并将相关情况通报给证监会稽查部门和市场监察部门，建议其关注或立案稽查。2012 年 9 月，证监会发布了修订后的《公开发行证券的公司信息披露内容与格式准则第 2 号——年度报告的内容与格式》，大幅缩减了年报摘要篇幅，简化了年报信息披露内容，增加了非财务信息披露和自愿披露内容，鼓励差异化披露。2013 年，证监会发布了一系列信息披露准则，包括《半年报准则》和《季报准则》，修订了《年报准则》，并会同银监会修订了《商业银行信息披露特别规定》，简化了年报信息披露内容，增加了非财务信息披露和自愿披露的内容，逐步建立差异化信息披露制度。2014 年，证监会修订发布《上市公司章程指引》《公开发行证券的公司信息披露内容与格式准则第 2 号——年度报告的内容与格式》等 9 个规范性文件，明确了优先股信息披露要求。

创业板方面，在以投资者需求为导向的指导原则下，中国证监会积极探索更符合创业板上市公司特点的信息披露制度安排，推进披露内容和形式创新，为投资者提供更为有效的信息，同时降低公司披露成本。2012年12月，中国证监会发布了修订后的《公开发行证券的公司信息披露内容与格式准则第30号——创业板上市公司年度报告的内容与格式》。新的披露准则强化年报全文披露要求，简化年报摘要，着重披露公司财务状况和经营状况。针对创业板部分行业模式较为特殊的情况，中国证监会联合交易所制定了特殊行业信息披露指引。为探索更符合创业板上市公司特点的信息披露制度安排，2013年3月和6月，证监会分别发布了修订后的信息披露编报规则第20号和第31号，在原有年度报告内容与格式准则的基础上，强化非财务信息的披露要求，进一步推进电子化披露，提高创业板公司信息披露的针对性。

2015年初，《证券法》修订开始启动。2015年4月证券法修订的一审稿在加大信息披露的真实性，对操纵市场行为、关联交易的处罚力度等方面作出了很大的修改和完善，同时在加强对投资者的保护、多层次资本市场和中介机构服务机构的责任等方面增加了多项措施及规定。[1]

经过多年的努力，中国目前已基本上建立了具有国际水平的信息披露制度体系，形成了以国家基本证券法律为主，相关的行政法规、部门规章等规范性文件为补充的全方位、多层次的上市公司信息披露制度框架。与此同时，中国会计制度建设也取得了长足进展，已经建立与国际会计制度基本接轨的企业会计制度，为上市公司信息披露提供了可靠的制度基础。

当前，规范中国上市公司信息披露制度的体系包括四个层次：

（1）国家基本证券法律。由国家立法机关制定、颁布的《公司法》《证券法》《刑法》等。其中，《公司法》对企业向外公布财务报告的内容、方式作了原则规定；《证券法》及其配套法规中，对企业（重点是上市公司）信息披露的内容、格式以及信息披露的途径与方式等作了总体及详细规定。

（2）专门法律和行政法规。主要包括《会计法》和《注册会计师法》，以及由国务院制定、颁布的《股票发行与交易管理暂行条例》《股份有限公司境内上市外资股的规定》等法规。《会计法》主要强调会计信息的可靠性，企业披露虚假会计信息，应根据情节严重程度，由责任人承担行政或刑事责任。

[1] 参见《吴晓灵：证券法修订草案二审稿将更加完善》，《证券时报》2017年3月5日。

（3）部门规章。有关行政主管部门依据第一层的法律条文发布的部门规章及规范性文件。主要包括会计信息披露规则体系、会计准则体系和审计准则体系以及证监会作为国务院证券监管主管机构所颁布的《公开发行股票公司信息披露实施细则》《公开发行股票公司信息披露的内容与格式准则》等规章。另外，证监会还会根据环境的变化，不定期发布一些相关文件，对上述规定做出补充甚至具体的编报指南。

表 6.1　信息披露制度的法律与制度框架

披露内容		法　律	行政法规	部门规章	至少应披露的内容
首次披露	招股说明书	《公司法》第85、86、89条；《证券法》第64、69条	《股票发行与交易管理暂行条例》第13、15、16、17、19、21条	《上市公司信息披露管理办法》第二章第11—14、16条	（一）股票获准在证券交易所交易的日期；（二）持有公司股份最多的前十名股东的名单和持股数额；（三）公司的实际控制人；（四）董事、监事、高级管理人员的姓名及其持有本公司股票和债券的情况
	上市公告书	《证券法》第53、54、59条	《股票发行与交易管理暂行条例》第33、34条	《上市公司信息披露管理办法》第二章第15、16条	
定期报告	年报	《公司法》第164条、《证券法》第66、69、71条	《股票发行与交易管理暂行条例》第57、59条	《上市公司信息披露管理办法》第三章第19—21、28条	（一）公司基本情况；（二）主要会计数据和财务指标；（三）公司股票、债券发行及变动情况，报告期末股票、债券总额、股东总数，公司前 10 大股东持股情况；（四）持股 5% 以上股东、控股股东及实际控制人情况；（五）董事、监事、高级管理人员的任职情况、持股变动情况、年度报酬情况；（六）董事会报告；（七）管理层讨论与分析；（八）报告期内重大事件及对公司的影响；（九）财务会计报告和审计报告全文；（十）中国证监会规定的其他事项
	中报	《公司法》第146条；《证券法》第65、69、71条	《股票发行与交易管理暂行条例》第57、58条	《上市公司信息披露管理办法》第三章第19—20、22、28条	（一）公司基本情况；（二）主要会计数据和财务指标；（三）公司股票、债券发行及变动情况，股东总数、公司前 10 大股东持股情况，控股股东及实际控制人发生变化的情况；（四）管理层讨论与分析；（五）报告期内重大诉讼、仲裁等重大事件及对公司的影响；（六）财务会计报告；（七）中国证监会规定的其他事项
	季报			《上市公司信息披露管理办法》第三章第19—20、23条	（一）公司基本情况；（二）主要会计数据和财务指标；（三）中国证监会规定的其他事项

续表

披露内容		法　律	行政法规	部门规章	至少应披露的内容
临时报告	重大事件	《证券法》第67条	《股票发行与交易管理暂行条例》第60条	《上市公司信息披露管理办法》第四章第30—33条，第五章第40、42、44条	（一）公司的经营方针和经营范围的重大变化；（二）公司的重大投资行为和重大的购置财产的决定；（三）公司订立重要合同，可能对公司的资产、负债、权益和经营成果产生重要影响；（四）公司发生重大债务和未能清偿到期重大债务的违约情况，或者发生大额赔偿责任；（五）公司发生重大亏损或者重大损失；（六）公司生产经营的外部条件发生的重大变化；（七）公司的董事、1/3以上监事或者经理发生变动，董事长或者总经理无法履行职责；（八）持有公司5%以上股份的股东或者实际控制人，其持有股份或者控制公司的情况发生较大变化；（九）公司减资、合并、分立、解散及申请破产的决定；或者依法进入破产程序、被责令关闭等21项
	并购信息	《公司法》第173—175、180条、《证券法》第四章		《上市公司信息披露管理办法》第四章第30、34条	
	其他	如股东大会、董事会决议公告等常规性公告，主要在证券交易所的《上市规则》中规范			

注：表中仅列示最主要的信息披露规范。

（4）自律规则。由上海证券交易所、深圳证券交易所制定的《上市规则》等业务规则及要求。

证监会自成立以来，十分重视上市公司的信息披露工作，根据中国证券市场发展的实际情况，并借鉴成熟市场经验，对证券市场进行监督管理，逐步确立了以强制信息披露为核心的监管理念。同时，上市公司监管也围绕信息披露这个中心，建立了"事前立规、依法披露、事后追究"的信息披露监管制度。目前形成的上市公司信息披露法律框架从原则性规范到操作性规范，从信息披露的内容、形式到手段，都作出了较为合理的规定，并参考了国际通行的规范，披露标准较高，制定过程较为透明，基本达到了国际水平。

从监管体系看，目前，中国已建立了包括证监会、证监会派出机构、证券交易所等分工协调监管的信息披露监管体系。

证监会主要负责基本规则的制定、重大或无先例的信息披露个案的处理，指导、协调派出机构和交易所进行信息披露的监管。证券主管机关一般

专栏 6.1　中国会计制度的变革

20 世纪 80 年代，我国制定了《中外合营企业会计制度》，开始了建立现代会计制度的历程。90 年代，为适应建立社会主义市场经济体制的要求，我国在会计改革上搞了"两则两制"和《股份制试点企业会计制度》，保留了《中外合营企业会计制度》。"两则"是指《企业会计准则》和《企业财务通则》，"两制"是指 13 个行业的会计制度和 10 个行业的财务制度。1992 年颁布的《企业会计准则》是财政部在企业会计核算制度方面进行的一次重大变革。13 个行业的会计制度首先对原来的大约 40 多个会计制度进行了合并，并借鉴中外合资企业制度的模式建立了资产、负债、所有者权益、收入、费用和利润会计要素的概念，在此基础上形成了以资产负债表、损益表、财务状况变动表为主要内容的财务报告体系。1999 年，全国人大修订了《会计法》。2000 年，国务院制定并发布了《企业财务会计报告条例》。另外，修订后的《公司法》《证券法》也于 2006 年 1 月 1 日起正式施行。为了配合我国经济在过去十几年里的飞速发展和相关领域的法律条款的调整，满足我国企业会计发展自身需要，同时也基于我国的会计准则能与国际接轨的迫切要求，会计准则的修订是十分必要的，也是相当及时的。

为了适应中国的经济发展和国际会计趋势的变化，2003 年，财政部完成了会计准则委员会的重大换届改组，正式启动新会计准则的建设工作。改组后的财政部会计准则委员会分别主持了 20 余项会计准则研究课题，研究基本准则和多项具体准则的制定和修订。2005 年，会计准则委员会先后修订了 17 个会计准则，制定了 21 个新的会计准则，并先后分五次向业内发布征求意见稿。2006 年 2 月，财政部经过长时间调研、酝酿、反复征求意见，综合各方回馈和修订，正式发布了包括《企业会计准则——基本准则》《企业会计准则第 1 号——存货》等 38 项具体会计准则和应用指南三个部分在内的新企业会计准则体系，并于 2007 年 1 月 1 日开始在上市公司全面实施。"新会计准则"的颁布实施，对于中国会计制度与国际惯例接轨具有深远意义。2007 年 12 月，中国会计准则委员

会与中国香港会计师公会就两地会计准则签署了等效联合声明。2010 年
4 月，财政部发布了《中国企业会计准则与国际财务报告准则持续全面
趋同路线图》。以上均标志着中国会计准则的等效工作取得了实质性进
展。2012 年 5 月，财政部下发《关于征求〈企业会计准则第 30 号——财
务报表列表（征求意见稿）〉意见的函》，以规范财务报表的列表，保持
我国企业会计准则与国际财务报告准则的持续趋同。2012 年 11 月，财政
部制定了《企业会计准则解释第 5 号》。2014 年，财政部陆续新增或修订
了 8 项企业会计准则。其中新增的企业会计准则包括《企业会计准则第 39
号——公允价值计量》《企业会计准则第 40 号——合营安排》《企业会计
准则第 41 号——在其他主体中权益的披露》，修订的企业会计准则包括
《企业会计准则第 30 号——财务报表列表》《企业会计准则第 9 号——职
工薪酬》《企业会计准则第 33 号——合并财务报表》《企业会计准则第 2
号——长期股权投资》《企业会计准则第 37 号——金融工具列表》。

资料来源：根据有关资料整理。

仅就重大事项或违规行为进行监管，上市公司重大事项披露的违规行为涉及
内幕交易、市场操纵或市场欺诈的，由证券主管机关介入处理。各派出机构
根据属地原则，发挥自身熟悉本地公司情况的优势，以现场检查和日常监管
为基础，近距离了解上市公司情况，重点督促上市公司如实披露真实的信
息，关注披露信息与实际情况的一致性。

证券交易所处于证券监管第一线，对上市公司临时公告实施事前形式审
核，对定期报告实行事先登记、事后审核；负责督促上市公司依法及时、准
确、规范地披露信息，并从持续监管角度出发，对上市公司信息披露的真实
性进行合理质疑。

对上市公司在发行上市以后所进行的持续性信息披露，主要由证券交易
所进行监管，对上市公司持续性信息披露违规的处罚亦由证券交易所进行。
证券交易所处于日常监管的第一线，发挥着最主要的作用。证券交易所的市
场规则及其与上市公司签订的上市协议中也规定了上市公司违反信息披露规
定应负的责任，以及证券交易所可采取的处罚措施。从海外主要市场来看，

证券交易所是处罚上市公司信息披露违规特别是持续性信息披露违规的主
体，证券交易所对于上市公司在信息披露中违反上市规则或上市协议，有包
括警告、罚款、行业内通报批评、变更证券交易方式、认定上市公司有关责
任人不具备某些执业资格、停市、取消上市资格、报送上级主管机关处理等
多种处罚手段，对上市公司具有相当的威慑力和约束力。

　　同时，证监会与派出机构、证券交易所之间建立了一系列监管信息交流
制度，通过定期或不定期地举行监管协调会以及利用上市公司监管信息系
统，充分共享日常监管信息。

　　除此以外，中国注册会计师协会对为上市公司财务报告出具审计意见的
注册会计师进行规范和监督。

表6.2　中国信息披露的监管部门及其职责和权限

监管部门		监管职责	监管权限
证监会	发行监管部	拟订在境内发行股票并上市的规则、实施细则，以及发行可转换公司债券的规则、实施细则；审核在境内首次公开发行股票的申请文件并监管其发行上市活动；审核上市公司在境内发行股票、可转换公司债券的申请文件并监管其发行上市活动等	处罚权：单处或并处警告；没收非法所得；罚款；暂停违法者从事证券业务或撤销其从事证券业务的资格调查取证权：（一）对证券发行人、上市公司、证券公司、证券投资基金管理公司、证券服务机构、证券交易所、证券登记结算机构进行现场检查；（二）进入涉嫌违法行为发生场所调查取证；（三）询问当事人和与被调查事件有关的单位和个人，要求其对与调查事件有关的事项作出说明；（四）查阅、复制与被调查事件有关的财产权登记、通信记录等资料；（五）查阅、复制当事人和与被调查事件有关的单位和个人的证券交易记录、登记过户记录、财务会计资料及其他相关文件和资料；对可能被转移、隐匿或者毁损的文件和资料，可以予以封存；（六）查询当事人和与被调查事件有关的单位和个人的资金账户、证券账户和银行账户；对有证据证明已经或者可能转移或者隐匿违法资金、证券等涉案财产或者隐匿、伪造、毁损重要证据的，经国务院证券监督管理机构主要负责人批准，可以冻结或者查封；（七）在调查操纵证券市场、内幕交易等重大证券违法行为时，经国务院证券监督管理机构主要负责人批准，可以限制被调查事件当事人的证券买卖，但限制的期限不得超过十五个交易日；案情复杂的，可以延长十五个交易日
	上市公司监管部	拟订监管上市公司的规则、实施细则；监管境内上市公司并购重组活动；监督和指导交易所、派出机构监管上市公司的信息披露工作；监督上市公司及其董事、监事、高级管理人员、主要股东履行证券法规定的义务；牵头负责上市公司出现重大问题及风险处置的相关工作等	

续表

证券交易所	深交所由公司管理部、中小板公司管理部、创业板公司管理部，上交所由上市公司监管一部，对上市公司的年度报告、中期报告和临时报告的信息披露进行监管，并对上市公司进行日常监管	处罚权： 警告；公开批评；公开谴责 调查取证权： 没有对上市公司的调查取证权，只能不断要求上市公司就可疑问题提供解释
中国注册会计师协会	拟订会计师事务所执业质量检查制度和惩戒制度等行业监管制度；统筹全国会计师事务所执业质量检查工作，督促事务所健全质量控制体系，提高执业质量。负责对证券资格事务所的执业质量检查及处理工作；指导、协调地方协会开展事务所执业质量检查和业务监管工作；负责上市公司年报审计监管工作；负责事务所业务报备及资料分析工作；承办中国注册会计师协会惩戒委员会、中国注册会计师协会申诉与维权委员会的日常工作	处罚权： 对注册会计师：警告；没收违法所得；罚款；暂停执行部分或全部业务，暂停执业的最长期限为12个月；吊销有关执业许可证；吊销注册会计师证书 对会计师事务所：警告；没收违法所得；罚款；暂停执行部分或全部业务，暂停执业的最长期限为12个月；吊销有关执业许可证；撤销会计师事务所 调查取证权： 没有对上市公司的调查权

　　资料来源：《证券法》，《股票发行与交易管理条例》，《违反注册会计师法处罚暂行办法》，《中国注册会计师协会秘书处机构设置及职责范围》，证监会网站，上海证券交易所网站，深圳证券交易所网站。

6.2　信息披露制度建设的成就与不足

　　各国证券市场立法通常规定了若干信息披露的基本原则。例如，中国《证券法》第六十三条规定："发行人、上市公司依法披露的信息，必须真实、准确、完整，不得有虚假记载、误导性陈述或者重大遗漏。"《上海证券交易所上市规则》规定："上市公司和相关信息披露义务人应当根据法律、行政法规、部门规章、其他规范性文件、本规则以及本所其他规定，及时、公平地披露信息，并保证所披露信息的真实、准确、完整。""上市公司董事、监事、高级管理人员应当保证公司及时、公平地披露信息，以及信息披露内容的真实、准确、完整，没有虚假记载、误导性陈述或者重大遗漏。不能保证公告内容真实、准确、完整的，应当在公告中作出相应声明并说明理由。"根据以上法律规定的基本原则，我们对中国资本市场信息披露的整体水平进行简单评估。

6.2.1　中国上市公司信息披露的整体质量持续改善

深圳证券交易所从 2001 年开始根据会计信息质量特征和上市公司信息披露规则制定了评价标准，跟踪上市公司全年的信息披露行为（包括强制性信息披露和自愿性信息披露），对其信息透明度（包括披露数量和会计信息质量特征等）作出全面评价。其关键的信息披露质量特征包括披露的合规性、真实性、及时性、可比性（一贯性）等，评价结果分为四个等级：优秀、良好、及格和不及格。2011 年，深交所对《上市公司信息披露工作考核办法》进行了修订。此次修订最大的特点是增加了量化的考核指标，从信息披露、规范运作、监管措施和违规处罚等方面建立了量化的综合考核指标体系，增加了上市公司自评环节，进一步提高了考核标准的客观性、考核过程的公开性、考核结果的公正性以及考核方法的科学性，以更好地发挥信息披露考核对上市公司规范运作的正面引导作用。根据新的《考核办法》，上市公司信息披露考核结果依据信息披露质量从高到低划分为 A、B、C、D 四个等级。

这里采用深圳证券交易所对深圳证券市场上市公司信息披露质量的评级来衡量上市公司的信息透明度状况。表 6.3 和表 6.4 给出了样本公司各年度的信息披露质量考评结果以及评级变化情况。

从表 6.3 中可以发现，考察期内上市公司的整体披露质量较好，不及格比例整体上呈下降态势。另外，上市公司信息披露呈现出逐年转好的趋势，表现为信息披露优秀和良好公司比例的逐渐增加。

表 6.4 的数据显示，在绝大多数年份内，评级调升公司的数量和比例大于评级调低公司，表明上市公司的信息披露质量呈现整体改善趋势。另一方面，评级发生变化的公司数量逐渐降低，从 2002 年的 48.23％降低到 2016 年的 26.62％，说明上市公司的信息披露水平整体趋于稳定。

6.2.2　信息披露存在的问题与不足

中国上市公司现行信息披露制度体系除了实质性审查较为特殊以外，基本上具备一个典型的信息披露制度体系所要求的条件。这一制度体系的形成

表 6.3　深市主板上市公司信息透明度评价情况

年份	优　秀		良　好		合　格		不合格		总计	及格比例（%）
	家数	比例（%）	家数	比例（%）	家数	比例（%）	家数	比例（%）		
2001	30	5.80	201	38.88	251	48.55	35	6.77	517	93.23
2002	40	7.86	239	46.95	197	38.70	33	6.48	509	93.51
2003	41	8.10	267	52.77	174	34.19	26	4.94	508	95.06
2004	30	5.98	303	60.36	147	29.28	22	4.38	502	95.62
2005	40	8.05	283	56.94	139	27.97	35	7.04	497	92.96
2006	41	8.37	248	50.61	170	34.69	31	6.33	490	93.67
2007	42	8.61	232	47.54	192	39.34	22	4.51	488	95.49
2008	46	9.47	258	53.09	165	33.95	17	3.50	486	96.51
2009	51	10.52	319	65.77	103	21.24	12	2.47	485	97.53
2010	54	11.16	324	66.94	93	19.21	13	2.69	484	97.31
2011	56	11.57	324	66.94	88	18.18	16	3.31	484	96.69
2012	56	11.64	329	68.40	83	17.26	13	2.70	481	97.30
2013	69	14.38	334	69.58	68	14.17	9	1.87	480	98.13
2014	88	18.33	318	66.25	59	12.29	15	3.13	480	96.87
2015	84	17.57	300	62.76	75	15.69	19	3.97	478	96.02
2016	84	17.61	286	59.96	90	18.87	17	3.56	477	96.44

注：本表中，2011 年《上市公司信息披露工作考核办法》修订后 A、B、C、D 四个等级分别对应修订前优秀、良好、及格和不及格四个等级。
资料来源：深圳证券交易所。

表 6.4　深市主板上市公司信息透明度评价结果变化情况

年度	调　低		不　变		调　升		总计
	家数	比例（%）	家数	比例（%）	家数	比例（%）	
2002	98	19.29	263	51.77	147	28.94	508
2003	95	18.74	284	56.02	128	25.25	507
2004	107	21.36	272	54.29	122	24.35	501
2005	105	21.13	294	59.15	98	19.72	497
2006	113	23.06	284	57.96	93	18.98	490
2007	121	24.85	246	50.51	120	24.64	487
2008	100	20.58	257	52.88	129	26.54	486
2009	51	10.52	307	63.30	127	26.19	485
2010	62	12.81	344	71.07	78	16.12	484
2011	74	15.29	335	69.21	75	15.50	484
2012	67	13.93	338	70.27	76	15.80	481
2013	47	9.81	349	72.86	83	17.33	479
2014	49	10.23	360	75.16	70	14.61	479
2015	74	15.51	356	74.63	47	9.85	477
2016	67	14.05	350	73.38	60	12.58	477

资料来源：深圳证券交易所。

所依据的原则可被归纳为四点,即及时性原则、完整性或充分性原则、真实性和准确性原则、公平性原则。[1]下面从信息披露时间的及时性、信息披露形式的完整性、信息披露内容的真实性和准确性,以及信息披露对象的公平性这四个方面分析上市公司信息透明度的具体表现和存在的问题。

1. 信息披露时间的及时性

从直观上讲,上市公司信息披露的及时性至少有两个方面的好处,一是会降低利用信息披露的时滞进行内幕交易(或私下交易)的可能性,达到交易的公平;二是有助于投资者对公司进行理性估价,在一定程度上消除证券定价的过分偏差和累积的风险,提高证券市场信息传导机制的有效性,并最终提高整个证券市场的有效性。

根据证监会、财政部、上交所、深交所等机构查处的上市公司违规披露分布情况,可以发现未及时公布公司重大事项的占50%以上。可见隐瞒公司重要信息(如巨额担保、重大诉讼、关联交易等),不及时向投资者披露公司重大事项,已成为中国上市公司主要的违规信息披露类型。

另一方面,部分上市公司还存在不按时公布公司定期报告的现象。例如,陈向民(2001)的研究发现,随着定期报告披露时间的临近,年报披露的市场反应较为强烈。原因在于,中国上市公司存在较为明显的"好"消息早报,而"坏"消息晚报告出去的习惯,对"坏"消息的反应总是比对"好"消息的反应强烈,而且往往不能较早完成的年报披露的公司都是问题比较多的公司。当年报披露时,总会包含一些与投资者的预期有较大出入的信息,由此造成该类公司信息有较大的市场反应的现象。

2. 信息披露形式的完整性

完整披露原则要求上市公司信息披露对全体投资者不得忽略或隐瞒任何重要的信息,是上市公司信息披露有效性的一个重要原则,也是降低信息不对称行之有效的方法,因为投资者只有在获得足够证券信息的前提下,才能作出

---

[1] 中国证监会于2007年2月2日发布的《上市公司信息披露管理办法》第三条规定,发行人、上市公司的董事、监事、高级管理人员应当忠实、勤勉地履行职责,保证披露信息的真实、准确、完整、及时、公平。上海证券交易所于2007年4月4日发布的《上海证券交易所上市公司信息披露事务管理制度指引》第三条规定,信息披露事务管理制度由公司董事会负责建立,董事会应当保证制度的有效实施,确保公司相关信息披露的及时性和公平性,以及信息披露内容的真实、准确、完整。

正确的投资判断。

　　总体上讲,随着市场的规范化发展,上市公司信息披露的完整性在逐步好转,发布信息的频率呈现明显上升的趋势。但是远未达到法律法规所要求的标准,主要表现在对一些重大信息披露不完整、不充分。

　　一是对资金投资情况和获利能力构成的信息披露不够。近年来,许多企业开展了广泛的经营活动,非主营业务利润和投资收益占利润总额的比例越来越大。如有的公司通过将股东和债权人投入企业的资金大量地投放于股票交易、期货交易或房地产交易上,以期获利。这样就使得股东和债权人所面临的风险大大增加,如果详细地向股东、债权人披露资金投向,会引起投资者的警惕。因而企业的通常做法是将此类信息一笔带过,笼统地称之为“对外投资收益”。然而投资者有权了解企业资金投资情况、收益和风险情况,因此上市公司应完整地揭示这部分信息。

　　二是对重大财务事项的提示不够完整。虽然上市公司会计报表注释对或有事项、承诺事项和期后事项等有一定程度的揭示,但远远不能满足信息使用者的需求。从目前的会计制度看,有关部门已要求上市公司披露相关信息,而对其他企业尚未作出要求。于是,一些企业就尽量回避相关此类信息的披露,致使投资者尚未弄清楚事情的本质,就要承担发生的损失。

　　三是借保护商业秘密为由,隐瞒企业的财务信息,致使信息披露不完整。保护商业秘密和公开财务信息都是市场经济的要求,但一些上市公司借保护商业秘密为由,有意模糊商业秘密和财务信息的界限,故意隐瞒真实的财务状况。如企业的客户名单属于商业秘密,但企业借此对企业应收账款的账龄结构与发生坏账的可能性不予披露。尤其在中国各类企业应收账款比例不断上升、坏账损失有可能增大的情况下,如果不披露资产的实际运行情况,不仅违背信息披露的完整性与充分性原则,也不符合会计的稳健性原则要求。

　　四是与某个事件相关的所有信息不能够一次性全面披露,而依赖于后续的补充公告和更正公告(俗称“打补丁”)。据统计,对 2015 年年报发布补充更正公告的上市公司比例达 25.24%。虽然一些补充或更正公告能对年报中信息的差错和遗漏进行及时的更正,但由于不少“补丁”常打在重要的财务数据或敏感的问题上,甚至有些上市公司在年报披露过程中将应当披露的资料有意遗漏,事后以一小块不引人注意的小公告更正,利用补充或更正公告的形式做掩饰，这使"补丁"变成了粉饰年报的工具。

五是选择性信息披露现象非常普遍，可以说几乎每一家公司都希望信息披露能给企业带来最大限度的积极效应，都在有意或者无意地进行选择性披露。例如，公司在披露利好消息时，通常都"不厌其详"；而公司在披露不好消息时，通常都"言简意赅"甚至"压根不提"，针对重大性事件披露时，上市公司通常隐瞒公司不好的消息，或者推迟披露不好的消息，或者选择"最佳"时机披露不好的消息。

3. 信息披露内容的真实性和准确性

上市公司信息披露的真实性和准确性是证券市场的核心问题，也是上市公司信息披露是否有效的核心环节。虚假的信息披露将造成市场秩序的无效和市场功能的丧失，这是国内外证券市场用巨大的损失多次证实的教训。

很多实证研究表明，由于利润对中国上市公司在发行新股、配股、保牌和避免特别处理等方面具有特殊的意义，上市公司在 IPO、再融资和避免摘牌或特别处理过程中广泛存在着围绕利润的虚假信息披露行为。汪宜霞和夏新平（2004）研究了中国 1997 年 7 月至 1998 年 12 月间上市的 146 家 A 股上市公司招股说明书的信息含量和新股长期市场表现之间的关系，研究结果表明，招股说明书中相关的历史会计信息存在过度包装成分，而其盈利预测信息则过于乐观，投资者依据该信息所做的投资决策在长期内并不能实现其价值最大化的目标。傅蕴英等（2004）以 1999 年到 2001 年间进行了配股的 106 家上市公司作为研究样本，证明了那些预计在来年实施配股的公司尤其是经营业绩差的配股公司的确进行了较大程度盈余管理。王亚平等（2005）的实证研究表明中国上市公司从 1995 年至 2005 年间都存在为避免报告亏损而进行的盈余管理。

此外，有些上市公司的信息披露还存在着一定程度的误导性陈述，其表现为：上市公司披露了应予公开的事实，但该信息的表述语言半真半假，或会造成理解上的模糊歧义，或故意使用不准确、似是而非、不知所云、晦涩难懂的语言来误导投资者；或者没有全部表述事实过程，以致误导投资者认为已公开的陈述是该事实的全部。

4. 信息披露对象的公平性

公平披露是指当上市公司及其相关信息披露义务人发布未公开重大信息

时，必须向所有投资者公开披露，以使所有投资者均可同时获悉同样的信息。

随着股权分置改革的顺利完成，证券市场逐渐进入全流通时代，部分上市公司通过选择性信息披露吸引机构投资者购买其证券，而不是公平地向市场所有投资者披露，以至于造成大量的小道消息和内幕信息广泛传播。这使得市场的大部分投资者与少数知情投资者站在了不同的起跑线上，加剧了投资者之间的信息不对称。而信息的不对称性则严重损害了证券市场的公平性，不利于中小投资者权益保护。

此外，不可否认的是，在当前中国证券市场上，一方面，随着价值投资理念的盛行，卖方分析师的重要性不断提高，研究业务正逐渐与国际接轨，其研究报告的价值也正日益得到市场的认同。另一方面，由于当前中国证券市场上诚信理念普遍缺失，发行人和分析师对公平信息披露的意识不强，加之选择性信息披露本身具有的隐秘性，使得上市公司经常会将一些重大未公开的信息私下里向部分分析师透露，这些信息经由各种媒介传播直接影响到投资者的投资决策，甚至引起股价异常波动。选择性信息披露的存在，使得市场上重大而非公开信息成为一种有价值的互换商品，成为维系上市公司管理者与个别分析师利益的桥梁。这种关系显然损害了分析师判断的客观性与独立性，使得人际关系而不是分析、判断能力成为分析师成功的关键。

6.3　信息披露制度改革

近年来，随着上市公司数量的迅速增加和市场活跃度的不断提升，投资者对上市公司信息披露的要求逐步提高，上市公司信息披露质量整体上持续改善。但与此同时，信息披露在及时性、完整性、真实性、准确性和公平性等方面仍然存在诸多问题。在此背景下，信息披露制度转型应运而生。信息披露监管理念的变化主要包括两个方面，一是信息披露监管模式由事先审核向事中、事后监管转型，二是更加强调信息披露质量。在新的信息披露监管理念下，信息披露制度进行了改革，主要举措包括推进信息披露直通车、开展"刨根问底"式监管、强化分行业监管和分类监管。

6.3.1　稳步推进信息披露直通车

在很长一段时间内，交易所对上市公司信息披露采取"保姆式"监管方式，对定期报告和临时报告的审查主要通过事前审核进行，在一定程度上造成了信息披露职责不明、信息披露质量不佳、信息披露动力不足、信息披露有效性较弱等问题。

以信息披露直通车为抓手，信息披露制度开始由事前监管向事中、事后监管转型。"直通车"是指上市公司自行登记和上传信息披露文件，并将其直接提交至交易所网站及其他指定媒体予以发布的信息披露方式。直通车有两个方面的功能：一是实现了公告登记和传送方式的电子化；二是实现了上市公司自行登记公告并直接披露，交易所对直通车公告实行事后监管，而不再进行事前形式审核。

2011 年 9 月，深交所开始试行信息披露直通车制度。2014 年 1 月，深交所全面推行了信息披露直通车制度。2013 年 7 月 1 日，上交所正式推出信息披露直通车制度。2014 年，上交所、深交所上市公司信息披露直通车覆盖公司比例分别达到 100％和 98％，直通披露公告占全部公告的比例分别为 81.1％和 80.8％。2015 年 4 月，上交所扩大了直通车公告范围，将 14 个一级公告类别中，共 58 个二级类别的事前审核公告调整为事后审核公告。截至 2015 年，除个别风险公司被取消信息披露直通车资格，或交易所需作除权除息等技术操作外，上市公司已全部实现电子化、直通式的自主信息披露。

直通车制度是上市公司信息披露方式和监管方式的重大改变。首先，直通车制度有利于推动市场主体归位尽责。直通车的实施，强化了上市公司作为信息披露义务人的主体地位，可以促进上市公司深化市场化运作理念，充分发挥其信息披露的自主性和自觉性；也贯彻了"放松管制、加强监管"的理念，大幅减少事前形式的审核，集中并整合现有监管资源，将监管模式从"保姆式"监管转向以问题为导向的监管，将工作重点转向对违规行为的事后监管，更好地保护投资者的合法权益。其次，直通车制度有利于提升信息披露效率、市场运行效率和监管效能。随着信息技术的发展和信息传播载体的变革，各市场主体对信息获取的快捷性和及时性的要求也越来越高。以电子化及事后监管为基础的直通披露，可以更好地满足快捷性和及时性的要求，并为最终实现实时披露创造了条件，从而大大提升了资本市场的整体运行效率。最后，直通车制度有利于进一步促进市场的法治化、公开化和透明化。在直通车制度下，审核人员在每日下午收市后，与投资者在同一时间知晓上市公司直通披露的股价敏感信息和其他一般信息，随后进行相应的事后审核。因此，直通车制度的实施使各市场主体更加清晰明确地了解有关规则，使上市公司信息披露的时间、流程、内容完全公开，从而确保信息披露及其监管在阳光下运行，有利于各市场主体进行监督。

6.3.2　不断强化刨根问底式监管

近年来，上市公司在进行信息披露时存在诸多不当披露行为，例如选择性披露信息或存在遗漏，尤其是信息披露可能涉及热点题材，但公告内容可能存在重大误导。针对此，监管部门在日常监管中对上市公司的不当披露行为展开了刨根问底式监管，旨在增强信息披露针对性，发挥其在揭示风险、抑制炒作中的应有作用。

刨根问底式监管采用综合监管手段。一是基本手段，主要包括监管问询、核查停牌和媒体解读；二是常规辅助手段，主要包括股价联动监管、约见谈话、要求召开投资者说明会、监管协作和纪律处分等；三是创新监管手段，主要包括监管工作函公开、交易所发布以及强化中介机构监管。

与传统监管模式相比，刨根问底式监管更具及时性和有效性。传统模式下主要采用"轻触式"监管，要求形式合规、要件齐备，监管态度谨慎中立，但对有效性的关注不足。而刨根问底模式则属于"侵入式"监管，监管不拘泥于合规性，而是立足于投资者角度，更关注监管的及时性和有效性。

2016 年，上交所累计发出各类问询函、工作函 1 139 份，督促公司补充、更正公告 1 386 份，对未能及时回函的公司主动采取停牌措施 257 次，启动内幕交易核查 518 单。对各类违规行为予以公开谴责 10 份、通报批评 47 份、监管关注 98 份，提供违规线索 86 条。深交所在 2016 年年报事后审查工作中，共发出年报问询函 990 余份，向上市公司提出问题 6 800 余个，向近 100 家公司发出监管函。

刨根问底式监管的典型案例为亿晶光电。亿晶光电主营光伏业务，实际控制人荀建华持股 39.56%。2017 年 1 月 10 日，荀建华签订了一揽子股权转让协议，将其持有的公司 2.35 亿股股份（占 20.00%）转让予勤诚达投资，转让对价 30 亿元。转让分两期实施，第一期标的股份 8 929 万股（占 7.59%），转让款 15 亿元；第二期标的股份 1.46 亿股（占 12.41%），转让款 15 亿元。此外，双方约定在第一期转让股份过户的 5 日内将包括荀建华在内的 3 个董事席位和 1 个监事席位让渡给受让方。但是，公司及相关方仅在 1 月 12 日公告了第一期 7.59% 的股份转让事项，对于控制权转让协议中的包括第二期股份转让和控制权转让等其他重大信息，均未予以披露。经上交所四次问询，荀建华及勤诚达投资终于在 5 月 26 日披露了完整的一揽子控制权转让事项。亿晶光电案例是上市公司"挤牙膏式"信息披露的典型案例，交易所综合运用组合拳式的监管手段，通过连番多次问询、核查交易、公开监管工作函、重大事项专报、提请核查、上报稽查线索、立案调查和公开谴责等监管手段，实现了上市公司信息的完整、准确披露。

表 6.5　亿晶光电案例的事件过程

阶　　段	时　　间	事　　　　项
	2016.12.28	公司停牌筹划股权转让
第一次问询	2017.01.12	公司公告荀建华将其 7.59% 的股份转让给勤诚达投资；监管发现，相比停牌前股价，本次转让溢价超过 1 倍
		上交所向公司发出一次问询函，就转让意图、目的、定价依据及合理性以及是否有后续相关计划提出问询
	2017.01.13	公司发布回复公告，称出让方转让股权是因履行重组业绩补偿承诺，受让方受让股权是看好光伏行业，当日股票复牌
		当日，提请核查交易
第二次问询	2017.05.03	公司公告上述股份过户完毕，媒体对其高溢价转让是否意图转让控制权提出质疑
		上交所发出二次问询函，就公司业绩下滑情况下转让股权，是否存在控制权转让以及后续相关计划，受让方资金来源等再次问询，并上报重大事项专报
	2017.05.04	公司发布公告，再次就相关事项进行否认，但披露不排除对董监高适时提出调整建议

阶　段	时　间	事　　项
第三次问询	2017.05.06	公司发布公告，荀建华将其 12.41% 股权质押给勤诚达投资；监管发现，本次质押没有就主债权事项进行约定，也没有质押期限
		上交所发出三次问询函，就前期股权转让与本次质押是否属于一揽子协议进行问询，并要求明确后续是否有更换或调整董事的计划
	2017.05.10	公司公告董事长兼总裁荀建华辞职
	2017.05.12	公司公告其他 2 名董事和 1 名监事辞职
	2017.05.17	公司发布回复公告，补充披露主债权 13 亿元，期限 36 个月，双方尚未就董监事调整事项协商约定
第四次问询	2017.05.18	约见双方监管谈话，勤诚达投资承认双方已于 1 月 10 日签署了一揽子协议
	2017.05.22	上交所向证监局发出联合监管函，提请核查
	2017.05.26	公司被迫发布一揽子协议公告，提示公司控制权将发生变更
	2017.05.27	上交所发出四次问询函，就相关方未及时披露的原因，是否存在违规行为，以及是否存在履约风险进行问询
	2017.06.02	公司发布回复公告，否认存在违规行为，未及时披露的原因是双方就相关事项存在分歧
	2017.06.05	上交所上报重大事项专报
发出监管工作函	2017.06.20	因市场高度关注，且存在错误解读，上交所发出监管工作函，要求 6 月 21 日公开披露，明确指出双方存在重大违规，要求公开致歉，充分提示股权转让能否继续推进的风险
	2017.06.21	上交所向证监会上报专项报告，提交重大违规稽查线索
	2017.06.22	证监会立案调查，上交所发出公开谴责意向书
	2017.06.28	公司发布致歉公告，承认违规行为，并充分提示相关不确定风险

另一典型案例为山水文化。2016 年 1 月 29 日至 2 月 16 日，山水文化股价在 9 个交易日涨幅超过 100%，且多次达到异常波动标准。经上交所进行二级市场核查，发现公司前 10 名股东发生变动，有 6 名股东涉嫌一致行动买入公司股票，合计持股已达到 22.34%，超过第一大股东的持股比例。其中股东钟安生持股已达到 5.45%，但未按相关规则要求在持股达到 5% 时停止买入并履行信息披露义务。上交所督促公司自 2016 年 2 月 19 日起停牌核查有关情况，两次向公司发出监管问询函，要求公司结合上交所发现的违规

线索，核查钟安升等 6 名股东之间是否存在一致行动关系、公司日常经营情况是否发生重大变化等，并进行补充披露。同时，结合媒体报道的有关线索，向钟安升等 6 名股东发出监管工作函，要求其进一步说明是否存在一致行动关系、相关媒体报道是否属实，并请律师发表专业意见。其间，上交所将违规线索报山西证监局，提请关注并进行现场核查，同时向证监会做重大事项专报。在上交所的刨根问底式问询下，6 名股东之间的一致行动人关系逐渐明晰。根据山水文化 3 月 11 日发布的公告，2 月 27 日钟安升等五人就已经签署了《一致行动协议》。

6.3.3 持续优化分行业监管

分行业监管是指监管部门以上市公司所处行业为监管维度，按照公司所在行业是否相同或相近安排监管人员。2011 年，深交所开始试行行业监管，随后全面实行行业监管模式，并建立了分别基于新兴行业和市场关注度较高的传统行业的两套行业信息披露指引。自 2014 年开始，证监会上市公司监管部根据监管转型的总体部署和投资者的实际需求，提出了调整辖区监管模式，逐步实施分行业信息披露监管的整体构想。各地证监局也根据自身的实际情况，提出了分行业监管的具体措施，并已在日常信息披露监管中有所运用。2015 年 1 月，上交所正式将上市公司信息披露监管模式由按辖区监管（即按照上市公司所在的不同区域，对应安排监管人员，履行相应的监管职责）转为分行业监管。2015 年，上交所已全面实施上市公司分行业监管，深交所覆盖面达 55％，上市公司分行业信息披露指引范围扩展至 23 个分行业。

之所以要转变监管模式，主要是为了适应全系统上市公司监管转型新形势，满足交易所直通车业务推出后信息披露监管新要求；根本目的是为了提高上市公司信息披露监管能力和水平，增强监管的针对性和有效性。分行业监管的实施，有助于交易所更好地履行自律监管职责，更好地应对监管转型格局下信息披露监管的新要求，更好地贯彻事中事后监管理念，也能更好地适应信息披露直通车实施后新的监管形势。

上市公司信息披露分行业监管的基本方法主要包括三个方面。一是通过制定体现行业特点的信息披露指引，提高信息披露的有效性。改革前的信息披露规则大多面向全体上市公司，并不能全面反映有助于企业价值评估的重要个性化因素，且不同行业影响投资价值的因素也不尽相同。通过分行业信息披露监管的实施，将那些真正体现上市公司投资价值的信息，以行业信息披露指引的方式加以总结和固化，并成为上市公司的通行做法，是实现信息披露监管从以监管自身需求为中心向以投资者需求为中心转变的重要推手。

二是通过同行业相关指标的对比，及时发现上市公司的异常问题。分行业信息披露监管在提高交易所发现问题的能力和敏感性方面，具有先天的优势。同一行业，生产、采购、销售和研发等经营活动往往表现出相类似的特征。如家电行业由于竞争激烈或者销售渠道的原因，存在大量的应收账款；而一些能源或者钢铁行业由于供求关系紧张，多采用现金交易等。正因如此，将同一行业的不同上市公司，横向比较其资产负债表、利润及利润分配表、现金流量表的主要项目，从普遍性中捕捉问题，能够更为直观地发现异常情形。此外，在企业因规模差异等原因存在不可比的情况下，对同行业企业进行对比分析，也可以更为准确地看出企业的资产配置是否合理、利润是否可靠、现金流是否真实。

三是通过对行业发展趋势的研判，预判上市公司可能存在的风险情况。上市公司自身的发展状况，与其所处行业的整体发展情况休戚相关。因此，通过对行业发展趋势的整体性研判，可以更为准确地把握个别上市公司未来发展中存在的风险与隐患。例如，一家企业处在衰退阶段的行业，如果其逆整个行业的固定资产变化趋势而动，扩大生产规模，增加固定资产投资，那么，就会存在较大风险。

上海证券交易所在年报审核中开展分行业信息披露监管并发现问题的典型案例是刚泰控股。2014 年，刚泰控股实现营业收入 47.42 亿元，同比增长 236.78％；实现归属于上市公司股东净利润 2.51 亿元，同比增长 180.93％。但上交所注意到，公司属于黄金行业，但在此前两年国际金价大幅下跌的背景下，公司业绩却取得了高增长。因此，上交所对刚泰控股发出年报审核意见函，要求公司从投资者角度，补充披露公司经营模式及行业风险、新业务新领域及发展战略、公司经营周期情况以及财务信息。例如，针对公司营业收入季节变化情况，即 2014 年 58％的营业收入集中在第四季度，该季度单季净利润占全年净利润 66％，公司回复称根据黄金饰品行业的行业规律，第四季度是传统的婚庆旺季，跨中秋、国庆、双十一、元旦等消费旺盛的节假日，因此金饰需求强劲。此外，公司 2013 年下半年才进入黄金饰品行业，2014 年处于业务高速增长期，前三季度重点是客户开发工作，业绩集中在第四季度体现。

6.3.4　不断完善分类监管

分类监管是指监管部门对监管对象进行评价、分类，并基于分类结果对不同类别的公司进行差异化监管。分类监管有助于对信息披露的监管做到有的放矢，提升监管效率。对于业绩稳定、经营状况良好的优质公司，可对其适当放松信息披露监管；对问题公司、不合格公司的信息披露则保持密切关注、紧密跟踪。

继深交所制定相关标准评价上市公司的信息披露行为后，2013 年 10 月 7 日，上交所发布《上市公司信息披露工作评价办法（试行）》，根据上市公司信息披露工作的评价情况，将上市公司分为 A、B、C、D 四大监管类别，分别为信息披露优秀类、良好类、合格类及不合格类公司。上交所根据上市公司信息披露工作评价结果对上市公司进行监管分类，并实施分类监管。在涉及上市公司再融资、并购重组等市场准入情形时，在所承担的相关职责范围内，依据评价和监管分类结果出具监管意见。此后，上交所分别于 2015 年和 2017 年对该《办法》进行了修订。

6.4　信息披露违规行为的监管

通过不断建章建制，中国上市公司信息披露制度取得了长足进步，信息透明度已日益增强。但在实践中，上市公司信息披露仍在一定程度上存在"重量不重质"的倾向。近年来，上市公司公开披露信息的传统渠道——三大证券报的"信息披露"专版，受上市公司各种披露公告的增加而迅速"扩容"。从表面上看，信息披露的数量增加了，篇幅扩充了，内容全面了；但是，这种动辄上万字的披露公告或定期报告，更多的是对有关法律法规或公司规章制度的拷贝，除了让投资者目不暇接，并未清晰地传递出更多的有效信息。相反，随着信息披露数量的大幅度增加，受查处的上市公司信息披露违规行为也同步日益增加。

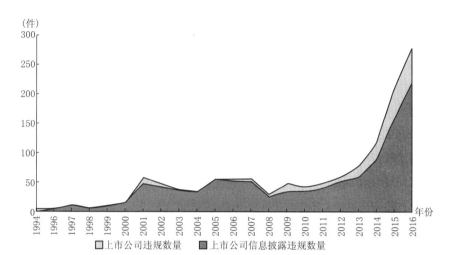

图 6.1　上市公司信息披露违规数量统计

资料来源：Wind 数据库。

　　在有统计数据的 1994—2016 年间，沪深两市上市公司共计发生 1 289 起违规事件（以上市公司因信息披露违规受证监会及上海、深圳证券交易所等监管机构处罚为准，下同），其中，涉及信息披露的违规事件达到 1 056 起，占到上市公司违规总量的 81.9%。

　　在现阶段，对于上市公司信息披露违规的处罚手段还是以行政处罚为主。1994—2016 年间，在 1 056 例上市公司信息披露违规处罚事件中，公开谴责与公开批评共 714 例，占比 67.61%；公开处罚 305 例，占比 28.88%；出具警示函和内部通报批评分别为 29 件和 8 件，占比分别为 2.75% 和 0.76%。

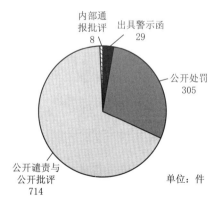

图 6.2　1994—2016 年上市公司信息披露违规处罚的类型

资料来源：Wind 数据库。

目前，上海证券交易所和深圳证券交易所不具备任何法定的或授权的行政监管能力和行政处罚权。证券交易所面对屡屡出现的信息披露违规事件和相关责任人，只有处分权而没有处罚权。即使作为证券市场主要监管机构的证监会，对于严重违规的上市公司管理层，除了罚款和市场禁入外，也鲜有更为有效和更具力度的惩罚手段。在 555 家发生信息披露违规的上市公司中，有 128 家公司的违规次数达到 2 次，有 124 家公司的违规次数在 3 次以上。多次发生信息披露违规的公司（2 次及以上）数量在全部违规上市公司中的比例高达 45.4％。这从一个侧面说明，现有行政处罚尚未起到有效威慑的效果。

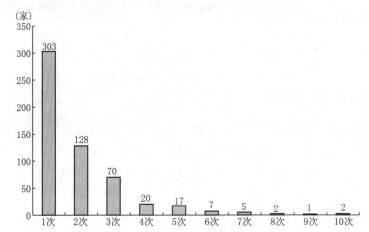

图 6.3　1994—2016 年上市公司信息披露违规处罚的分布（按处罚次数）

资料来源：Wind 数据库。

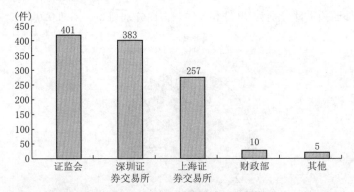

图 6.4　1994—2016 年上市公司信息披露违规处罚的分布（按处理人）

注：其他包括中国人民银行、保监会、香港联合交易所、地方工商行政管理局以及地方安全生产监督管理局。

资料来源：Wind 数据库。

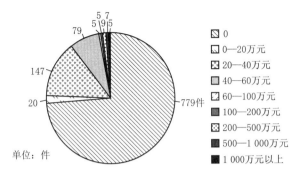

图 6.5 1994—2016 年上市公司信息披露违规罚款额分布

资料来源：Wind 数据库。

　　来自监管当局的谴责、警告或者极为有限的经济处罚，相对于违规带来的巨额收益，是微不足道的。1994—2016 年，在 1 056 件上市公司信息披露违规处罚案例中，未进行经济处罚的有 779 件，有经济处罚的，经济处罚金额集中在 20—60 万元。再加之中国证券市场信用体系不健全，还没有建立起对上市公司及其管理层的处罚记录档案，这既降低了上市公司违规披露的声誉损失，也使得部分上市公司对公司声誉没有足够的重视。针对这一情况，证券交易所已经开始着手相应的改革。以前，证券交易所在对上市公司的谴责公告中，基本不提具体董事的名字；经过改革，证券交易所目前在实施公开谴责时，不仅激励董事特别是独立董事积极发表意见，而且增加了公开认定违规责任人不适合担任上市公司高管的处分内容。

　　尽管在《证券法》中也对发生信息披露违规行为的上市公司及其责任人规定了相应的法律责任，但主要的惩戒手段还是带有行政处罚特征的罚款，而民事赔偿和刑事处罚的规定仍缺乏实施细则和有效机制。因此，造成法律规定与法律实施普遍倚重行政责任，而轻视民事责任和刑事责任。

　　事实上，民事责任是一种成本很小的监控措施，可以动员广大投资者来参与监控，从而有效地提高监管的效率，及时纠正违法违规行为。对于民事责任的规定，在《证券法》中已有体现，但诸如"对交易中违规交易者应负的民事责任不得免除"，"违反本法规定，应当承担民事赔偿责任和缴纳罚款、罚金，其财产不足以同时支付时，先承担民事赔偿责任"等规定语句，都流于笼统，缺乏进一步的说明。而在证券市场建立之前就已存在的《民法通则》，更未对证券违法行为作出规定。所以，中国相关证券立法中对于民事责任缺乏明确规定，这也是未能通过针对信息披露违法行为的民事诉讼来有效制约违法者的重要原因。

6.5 迈向公平与透明的市场

中国股票市场自 1990 年底正式恢复以来，上市公司的各种信息披露标准，在形式上从无到有，从少到多，从粗糙到精细，从简略到丰富，从局部到完整，出现了巨大的改进。中国上市公司适用的会计准则已与国际会计标准全面接轨。同时，上市公司披露的信息，在信息流的下述三个方面，即信息的准确性、信息的广度和深度、投资者和中介机构对信息的运用方面，出现了明显的进步。然而，与发达的成熟市场相比，与市场有效运作的内在要求相比，这些进步远没有到位。

达到高标准的信息披露，实质远比形式重要。

一个强大的证券市场，依赖于有效的信息披露机制。上市公司业务和财务状况、公司管理、公司治理、公司风险、公司前景等信息的完善披露，可以降低信息不对称程度，减少信息不对称给投资者带来的风险；可以帮助投资者有效地筛选、甄别以及监督发行人，提高监督效率和履约效率，减少外部股东的监督费用、代理成本和履约成本，暴露和阻遏上市公司内部人的不当行为和欺诈风险，增加公司利益侵害者的私人成本，从而为投资者提供更好的财产权保护；可以强化上市公司的外部监督和市场竞争压力，推动上市公司不断改善公司治理和公司管理，完善上市公司的问责机制，提升上市公司的价值创造能力与竞争优势，促进上市公司不断进步；可以降低信息费用和信息不完全程度，便于投资者更好地对上市公司风险和投资价值作出判断和评估，使外部投资者成为拥有足够信息的证券交易者，避免盲目投资，盲目跟风，提高股票价格的信息含量，推动资本市场更加健康、高效地发展；可以提高市场效率和公信力，打造阳光资本市场，促进资本市场的公平、公正与清廉，维持市场信心和稳定性，促进企业外部股权融资渠道的发展，促进社会投资和资本市场繁荣。

因此，为了真正建立一个公正、高效、有序、净化、健康、透明、成熟、完善的资本市场，为了全面提升资本市场的长期吸引力和国际竞争力，为了发展成为资本市场强国，就必须进一步实质性地推进中国资本市场的透明度革命和信息披露制度建设，确保信息披露质量。

这种透明度革命和信息披露制度建设的三大支柱是：

第一，形成健康、适宜的信息披露文化。这种信息披露文化的核心要素包括诚信、合规、效率、公正博弈、具有较高的专业标准和道德标准。

第二，构建完善的信息披露规则。这里，一是必须按照市场公正、有效、透明的要求进一步完善信息披露标准；二是需要形成更完善的信息披露保障机制，包括建立健全对信息披露实施主体的激励与约束机制，对信息披露不当行为具有足够威慑力和惩罚力度的执法与监管机制。

第三，形成一套完整的最佳做法。在上市公司内部的信息披露实践中，应形成一套包括良好的信息披露质量控制程序、问责机制、实施机制和风险管理机制等最适宜的做法。

第7章 市场异常波动

市场异常波动是指资产价格在短时期内的剧烈变化。因此,理论上,对股市而言,市场异常波动既可能是股价的急剧上涨,也可能是股价的急剧下跌。但实践中,股价的下跌往往比上涨更为剧烈,因此,我们在本章所指的市场异常波动主要指股价在短期内的急剧下降。由于暴跌之前往往伴有暴涨的出现,因此我们也对异常波动前的暴涨予以分析。

7.1 市场异常波动的认识——基于国际经验

市场异常波动一般由之前的投机性泡沫导致。所谓投机性泡沫,罗伯特·席勒将其定义为这样一种情形:价格上涨的消息刺激了投资者的热情,并且这种热情通过心理的相互传染在人与人之间扩散,在此过程中,被夸大的故事使得股票价格增长显得合理,有关价格增长的消息又不断被放大,撩拨了一波又一波的投资者扎堆到市场中。这些投资者尽管可能对资产的真实价格有所怀疑,但出于对其他投资者发迹的羡慕,抑或因为"赌徒"的兴奋感,而不自觉地卷入市场中。除此之外,金融创新及交易制度的变化也可能引发异常波动,对非储备货币国家而言,本币的升值预期造成的流动性过剩也可能引发投机性泡沫与之后的异常波动。

7.1.1　投机性泡沫与市场异常波动

1. 密西西比泡沫与南海泡沫[1]

18 世纪初,欧洲国家长期战乱导致各国债务猛增,为维持政府的财政,有关王室采取了借债、出售资产、出售专卖权、甚至卖官鬻爵等措施。随着银行体系的发展,政府也逐渐尝试通过新的金融政策来维持财政的可持续性。英国、法国先后成立英格兰银行与法兰西皇家银行,通过购买王室部分债券、发行纸币来获得铸币税收入等措施减轻债务负担。法国在约翰·劳的策划下,更是激进地试图通过纸币发行、特许公司股价上涨的机制来一举减少存量债务,这便是历史上著名的"密西西比计划"。"密西西比计划"的大致构思如下:赋予法兰西皇家银行发行纸币的特权,并逐步建立纸币的信用;建立垄断密西西比河流域贸易的特许经营公司并不断增加公司的特权,以刺激该公司股价的上涨;允许政府债券持有者用面值购买该公司股票(当时债务价值已远远低于面值),以减少政府对公众的债务,甚至允许公众可以用保证金、分期付款的形式购买股票而后以股票抵押获得银行贷款偿还债务并继续购买股票;股价的上涨使皇家银行可以发行更多的纸币,并同股价形成互相促进的关系。这使 1720 年流通中的纸币超过全国硬币总和 1 倍多,密西西比公司的股价也从 1717 年的 500 里弗尔迅速上涨到 2 万里弗尔。但纸币的滥发最终摧毁了尚未建立起来的信用,未建立在基本面基础上的股价上涨终究也难逃泡沫破灭的命运。"密西西比计划"最终演变成"密西西比泡沫",并遭遇了无可避免的失败,不仅密西西比股价暴跌,而且对法国的财政金融体系及整个社会经济造成沉重打击。

英国也经历了类似的南海泡沫,并出现了大量的欺诈性的股份制公司。南海泡沫崩盘后南海公司股价暴跌 85%,大量股份制公司破产,但由于英格兰银行并未大规模滥发纸币来支持股价上涨,南海泡沫对英国的冲击相对较小。

密西西比泡沫崩盘后,法国王室并未进行深刻反思,但君主立宪制的英

---

[1]　关于密西西比泡沫与南海泡沫,参阅查尔斯·麦基:《大癫狂:非同寻常的大众幻想与群众性癫狂》,电子工业出版社 2013 年版;爱德华·钱塞勒:《金融投机史》,机械工业出版社 2015 年版。

国政府则在南海泡沫崩盘后采取了一系列危机治理和补救的措施。英国议会 1720 年 6 月通过了意在"预防将来再发生恶劣的股票投机事件,从而恢复和强化公共信用"、别称《南海泡沫法案》的《1719 年皇家交易所及伦敦保险公司法案》,大量"泡沫公司"被强行关闭,后来议会下院更成立了秘密委员会调查南海公司的欺诈、贪污、内幕交易、非法投机和政府大臣受贿等,相关大臣获罪入狱,南海公司董事的非法获利被没收,并用于对投资者的补偿。秘密委员会在国会历史上首次引入民间第三方会计师审计并核实南海公司的舞弊和财务造假行为,成为今天上市公司财务审计的标准做法。南海泡沫事件使政府的诚信和执政的托利党的声誉破产,推动政党轮替,成功收拾残局的辉格党其后 50 年一直主导英国政坛。

2. 美国 20 世纪 20 年代股市泡沫、90 年代互联网泡沫破灭与次贷危机后的股市崩盘

在第二次工业革命的推动下,一战之后美国经济强劲发展,上市公司尤其是新兴的无线电、汽车、钢铁、石油公司有光明的前景,这时股市的上涨是有较为合理的基本面支撑的。但 1927 年,英国、法国、德国力劝美联储降低贴现率,从而使美国股市演变为资金推动型的牛市并逐渐失控。"新时代"的经济思想则为股市的持续上涨提供了理论基础,甚至著名经济学家费雪都宣称"看起来,股价已进入一个永久的高点跑平台"。

在银根宽松的情况下,商业银行可以以较低的贴现率向美联储申请贷款,而后将其贷给券商,券商再通过保证金贷款向投资者提供资金,从而助推股市的上涨。20 世纪 20 年代初,保证金贷款规模约在 10—15 亿美元之间,到 1927 年这一规模达到 34.8 亿美元,1928 年底进一步增加到 60 亿美元。[1]随着股市的持续上涨与保证金贷款的不断增加,拆借利率上升到 12% 之高,促使全球资金汇集到华尔街,一些企业也将营运资金甚至生产资金拆借给金融机构。1929 年,即便美联储开始提高贴现率并通过公开市场操作紧缩银根,仍未能阻止股市的继续上涨。在保证金贷款不断增加的同时,通过公司和个人的非银行贷款资金也迅速增加,一些公司甚至进行证券

---

[1] 参见约翰·肯尼斯·加尔布雷斯:《1929 年大崩盘》,上海财经大学出版社 2006 年版,第 14 页。

融资而后将其贷放到股市。截至 1929 年初，非银贷款的规模甚至超过银行对券商的贷款，使券商贷款余额在 1929 年夏超过 179 亿美元，相当于上市公司总市值的 18%。资金的大量涌入使股价、成交量、换手率都不断创出新高。在股市的繁荣中，投资信托公司得到大发展，并设计结构化的产品为信托公司的普通股投资者加杠杆。即投资信托公司发行债券、优先股、普通股来筹集资金，再将融得的资金投入普通股股票组合，从而使普通股投资者杠杆成倍增加。更严重的是，一家信托公司普通股可被另一家信托公司持有，使得另一家信托公司股东的杠杆指数级增加。高杠杆在助涨股市的同时，也蕴含了极大的风险。一旦股市下跌，投资者将不得不追加保证金或出售股票，从而陷入"流动性螺旋"。

1929 年秋后，美国经济陷入萧条，加之美联储货币政策亦逐步紧缩，最终导致高杠杆下的股市泡沫破灭，并迅速崩盘。10 月 23 日，股市大跌。10 月 24 日上午，股市陷入恐慌性暴跌。投资者急需追加保证金，券商为保护自己开始抛售投资者股票，从而引发更大幅度的股价下跌与更多的保证金要求。24 日午后，JP 摩根组织银行家出资"救市"，并一度使股价有所上涨。但 10 月 28 日后，股市继续放量暴跌，10 月 29 日，股市一开盘就面临巨大抛压，而买盘稀少，银行家组织的护盘行动也宣布结束，导致股价直线下跌，仅这两天道指就下跌超过 20%。投资信托公司的普通股更是变得一文不值。

面对股市的崩盘，美国政府也出台了一些措施救市：时任美国总统的胡佛召集商业领袖开会，强烈要求他们维持工资水平以维持总需求；财政部出台减税政策，美联储也降低贴现率，纽联储则以较低利率发放贷款，并将保证金标准降至 25%；一些上市公司则宣布提高分红或发放额外股息。这些措施使市从大崩盘后的谷底反弹近 50%。但受制于金本位，美联储不当提高贴现率，导致了大量银行破产，使经济陷入"大萧条"，股市也重新下行。罗斯福当选总统后，开始反思"股灾"的教训。参议院开始调查股市中的投机炒作与内幕交易行为。1933 年，《格拉斯-斯蒂格尔法》出台，规定投资银行与商业银行业务必须分开，商业银行的资本信用创造能力不再随股市的涨跌而波动，从而在商业银行与股市之间建立防火墙。1934 年《证券交易法》明令禁止信托投资基金、内幕交易与操纵市场行为。政府还成立了证券交易委员会来监管资本市场。为进一步限制杠杆，美联储也有权限制保证金贷款比例。

20世纪80、90年代后，美国经济结束"滞胀"，利率大幅回落，同时互联网革命爆发，推动了经济的发展，美股尤其是科技股也加速上涨。随着股价的上涨，投资者重新开始加杠杆行为。尽管美联储有50%的保证金贷款额度限制，投资者还是通过拖延偿还抵押贷款、信用卡套现、住房抵押贷款等方式获得入市资金。股市的繁荣，使得"新经济"思想取代20年代的"新时代""新范式"思想而成为牛市的理论基础。2000年初，标准普尔500市盈率高达47倍，已经超过1929年，蕴含着巨大泡沫。2000年3月，纳斯达克市场见顶，科技股泡沫破灭，标普500指数下跌接近50%，纳斯达克指数在短时期内暴跌78%，很多网络股的跌幅更是超过90%。

由于此次泡沫中《格拉斯-斯蒂格尔法案》建立的商业银行与投资银行的防火墙机制仍然存在，故泡沫的破灭并未对商业银行体系造成重大冲击。而且，泡沫破灭后，美联储迅速行动，承诺提供充足的流动性，并迅速降低联邦基金利率，使股市对经济的冲击也有限。

但美联储长期宽松的货币政策却进一步刺激了房地产泡沫与次级贷款。随着房地产市场见顶，次贷危机于2007年爆发。由于投资银行以高杠杆形式持有次级债券，商业银行也持有大量次级债券并与投行有千丝万缕的联系。这导致大型投资银行纷纷破产倒闭，金融机构股价暴跌，加之次贷危机逐渐演变为经济危机，从而使美国股市也暴跌。为此，财政部向金融机构注资；美联储也发挥"最后贷款人"功能，并将其扩展到整个金融市场，且迅速实行宽松的货币政策；政府还对受金融危机影响严重的股票实行临时限制卖空令。立法机构还通过《多得-弗兰克华尔街改革与消费者保护法案》制定"沃尔克规则"，限制商业银行的自营交易业务，旨在恢复投资银行与商业银行的分业经营制度。

7.1.2　市场交易机制与股市异常波动

1. 1987年"股灾"

20世纪80年代里根的经济政策及沃尔克反通胀的货币政策使美国经济摆脱了"滞胀"的困境，利率下行，经济增长加快，从而使美股在1982年后迎来大牛市。金融自由化加快了金融创新，ETF、股指期货、股指期权都得以发展。有了股指期货的对冲作用，投资组合保险的交易策略得以引入投资组合管理中，使投资组合保险人能够通过做空股指期货来对冲市场下跌风险。此外，指数套利机制也可以根据股指期货与指数之间的波动进行套利，且这些套利机制大多是程序化交易。还有一些专门的交易型投资者在试图对股市的整体性方向进行交易时，便可利用股指期货的高杠杆效应来博取更高的利润。在市场平稳运行期间，投资组合保险起到了对冲风险的作用，指数套利机制也更好地促进了市场的有效性。但当市场不稳定时这些机制同样可能成为加大市场波动的原因，并在极端情形下引发市场的异常波动。

进入 1987 年后，股市市盈率"达到了挑战基本面合理性的水平"。10 月 13 日，美国商品贸易逆差超过预期，加大了美元贬值的压力，并进一步引发长期国债利率的上行。较高的市盈率、美元贬值与长期利率的上行降低了股市回报的吸引力。此外，众议院筹款委员会表示要申请取消与企业并购融资相关的税收优惠，引发了市场对并购类股票的抛售。这些利空因素导致 10 月 14 日美股开始下跌。但美股尚谈不上严重的资产泡沫，股市杠杆因《格拉斯—斯蒂格尔法》也不高，常理而言，并不会引发接下来的"股灾"。而"股灾"恰恰发生了，其原因便在于金融创新下新的金融品种与交易机制，使股票市场、股指期货、股指期权市场融为一体，并因各种交易机制发生联动。

在上述利空因素下，组合保险机构开始大量卖空股指期货，使股指期货贴水。套利交易者迅速跟进，在现货市场上大量抛售股票，从而将期货市场的压力传导至现货市场。一些激进的交易型投资者更是同时在期货与现货市场上进行卖空，进一步加大了市场的下跌压力。10 月 19 日，组合保险机构猛烈抛售股指期货，使其出现了创纪录的贴水。这引发了套利交易者与交易型交易者在股市上的抛售，一些组合保险机构也开始大量抛售股票来修正股票/现金比例。天量的抛售导致交易的拥挤与流动性的枯竭，使套利交易者不再愿意通过 DOT（自动化交易系统）卖出股票，并退出了股指期货市场的做多，使股指期货市场陷入流动性危机，这又导致股票与股指期货的市场联系中断，使组合保险机构更多的在现货市场抛售股票。10 月 19 日，道指下跌 22.6%，创美股单日跌幅之最；标普 500 指数合约更是下跌 29%，其前所未有的下跌幅度、史无前例的交易量及金融体系的后续紊乱，都使 10 月的这次暴跌成为名副其实的"股灾"。虽然美联储在 10 月 20 日宣布提供流动性支持，股指期货在经历短暂上行后又因组合保险机构的抛售及套利交易者的退出而大幅下行，并迅速传导至股市，共同基金为应对赎回压力也不计成本地抛售股票并做空股指期货。期货与股市买盘的寥寥无几导致做市商也撤出做市活动，市场定价机制接近崩溃，使市场进入自由落体状态。更严重的是，市场对整个清算与信用体系产生怀疑，使整个金融体系陷入恐慌之中。

"股灾"之后，《布雷迪报告》对引发市场异常波动的原因进行了反思，并得出结论："在传统经济视角看来相互独立的股票、股指期货和股票期权市场实际构成了同一个市场"，"通常情况下，这三个市场由一系列因素连接起来，形成联动。正是由于这种连接的中断导致了 1987 年 10 月美国股市的崩盘"，"此外，清算也进一步加深了三个市场的联动，尽管尚未实行跨市场组合保证金制度，但是一个市场中出售资产所得的收入可以为在另一个市场中购买资产提供资金"，"如果投资者担心某个市场中的清算所不能如期履行偿还义务，这种担忧会逐渐扩散至整个金融体系，1987 年 10 月所出现的情况便是如此"。针对上述问题，《布雷迪报告》提出建立跨市场的监管机构、跨市场的信息系统、跨市场的统一清算机制、完善保证金要求并建立熔断机制等。尤其值得注意的是报告建立熔断机制的建议。"熔断机制涉及不同市场部门的交易暂停"，"对于熔断机制的需求反映了跨市场流动性具有天然的限制，也就是说市场吸收大量单边交易量的固有容量限制"。事后，芝加哥商品交易所和纽约证券交易所规定：一旦价格变化超过一定限度，交易就将受限或强行停止。纽交所的 80a 规则也规定：当道琼斯指数变化超过 2％时，即对股指和股市期货之间的套利实行"交易限制"。而且，熔断机制也得以建立：如果标普 500 股指期货的跌幅达到 10％、20％及 30％时，期货交易分别暂停 1 小时、2 小时及在全天剩余时间停止交易。2013 年 4 月，美国证券交易委员会修改了熔断规则，规定当标普 500 指数跌幅达 7％、13％时，交易各暂停 15 分钟，跌幅达 20％时，则全天交易停止。

2. 2010 年 5 月 6 日"闪电崩盘"

2010 年 5 月 6 日 14:41 后，一家大型基金公司出售了一笔异乎寻常的标普 500 股指空单，导致股指期货迅速下跌。这些空单最初由高频交易者接盘，但随着股指的继续下跌，他们发现市场越来越不活跃、不稳定，于是出现了短暂的停顿，这导致股指期货市场流动性的枯竭，并引发现货市场股价大跌。成千上万股票的交易价格在短短几分钟内暴跌 60％，有些蓝筹股股价甚至跌至 1 美分。之所以会这样，是因为股价急剧下跌时，一些自动化交易程序会撤出市场，导致现货市场流动性的丧失，一些远离市场行情的无成交意向报价得以成交。虽然"闪电崩盘"几分钟后，股指期货与股价都基本恢复正常水平，美国政府还是据此反思了交易机制，并推出针对个股的熔断机制，规定当某只证券价格变动幅度超过 10％时，交易将暂停 5 分钟。2013 年 4 月，SEC 改变了 10％的价格变化触发机制，转而针对个股波动实行"价格波动的上限与下限"规则，规定每股交易价格在 3 美元（杠杆式 ETF 除外）以上的股票价格限制仍然保持在 10％，但将第一个与最后一个 15 分钟内股价的限制扩大到 20％。

7.1.3　非储备货币国家的股市异常波动

1. 日本股市泡沫及其崩盘

二战之后，日本经济经历了近 40 年的高速增长，成为资本主义国家第二大经济体，并通过经常账户顺差积累了当时全球最多的外汇储备，使日元兑美元升值压力不断增加。1985 年《广场协议》签订，正式开启了日元长期的单边升值之路。在日元升值预期下，大量国际资本流入日本，使日本流动性充裕。而为避免日元升值对日本经济的影响，日本央行又接连实行降低利率的货币政策，进一步造成流动性过剩的局面。相对较好的经济基本面、低利率与过剩的流动性使日本股市在 1985 年后走牛。土地价格也大幅上涨。1987 年 2 月，卢浮宫会议同意美元相对日元继续贬值，日本央行在会后也进一步降低利率，从而强化了日元的升值预期与日本的流动性过剩局面，并使日本股票与房地产价格暴涨，日本经济也走向泡沫化之路。在股市的繁荣中，约三分之一的投资者通过保证金账户交易，一些投资者甚至用股票获得抵押贷款再购买更多的股票。而且，一些企业还大规模地从金融机构借贷而后将其放贷给其他投资者。更严重的是，在日本的交叉持股制度下，政府允许商业银行将持股作为资本，从而将股价与信用创造联系起来，这是在重蹈密西西比泡沫的覆辙：商业银行通过房地产贷款提高了房地产价格，进而改善了上市公司的资产负债表与股价，这使得商业银行资本提高，从而使其进一步增加房地产信贷，由此形成信贷、房价与股价的正反馈机制，进而造成日益严重的虚假繁荣与非理性泡沫。1989 年末，日经指数逼近 4 万点，整体市盈率高达 80 倍，日本房地产总市值超过 2 000 万亿日元，相当于全美房地产市值的 4 倍。但 1989 年底，新任日本央行行长开始实行紧缩的货币政策，这使信贷驱动下的资产泡沫最终不可避免地走向破灭，并在去杠杆作用下遭遇断崖式的下跌。

　　股市崩盘后，日本政府试图采取以下手段救市：降低股票保证金，经纪商买入护盘，寿险公司被要求停止卖出股票；很多会计手段也被用来禁止机构投资者卖出股票；延长禁止新股发行的禁令；公共退休基金和邮政储蓄账户资金被引入股市。但在股市见顶后不久，日本房地产泡沫也破灭，原先银行、房地产、股市的正反馈机制迅速逆转，并造成日本的"资产负债表衰退"，导致物价、股价的持续下跌。

　　2. 中国台湾股市泡沫及其崩盘

　　1986 年后，中国台湾也经历了台币升值、流动性过剩下的股市泡沫。股市于 1986 年 10 月 17 日超过 1 000 点后，便在"炒股癫狂症"与高杠杆下疯狂上涨。台湾政客为选举利益考虑，也在默许甚至纵容股市的疯涨，这使投资者相信台湾股市是"永不终结的牛市"，并加大股市的杠杆。除合法的券商保证金贷款外，大量的地下贷款进入股市，进一步放大了股市杠杆。而这些地下贷款又与正规商业银行有密切联系，从而增加了金融风险。[1]1990 年 2 月 10 日，股指达到最高点 12 682 点，股市整体市盈率高达 100 倍，成交量也高居世界之首，但之后便在去杠杆、去泡沫作用下开始了断崖式下跌，在不到 8 个月的时间内跌去万点以上。

　　在股市崩盘时，台湾当局积极"救市"，或许避免了股市危机向银行系统传染可能引发的系统性金融风险：放松境外投资者资金进入台湾股市，允许新的投资管理公司成立，批准新基金产品的发行，允许养老金以更高比例购买股票，允许成立合法的保证金贷款交易机构。当局还成立了一个 12 亿

---

　　[1]　参见江平：《台湾股市大泡沫》，中信出版社 2009 年版。

美元的"经济复兴行动小组"，向流动性紧张的公司发放贷款，避免股市危机转变为全面的流动性危机。

　　3. 中国香港股市异常波动

　　美国 1987 年 10 月"股灾"同样对香港地区股市造成巨大冲击。10 月 19 日，恒生指数暴跌 11.1％。香港联合交易所决定停市 4 天，这损害了香港作为国际金融中心的声誉，且未能阻止开盘后港股的继续暴跌。为总结此次股灾的教训，当局组织的《戴维森报告》对香港的股票、期货市场的交易、清算制度进行了全面反思，并建议成立统一的证券和期货监管主体，将联交所、期交所、清算所合并。这些建议在随后几年，都得以贯彻落实，并促进了香港证券市场的健康发展。

　　亚洲金融危机爆发后，一些国际投机集团在攻破东南亚多个国家的固定汇率后，决定攻击香港地区的联系汇率制度，在做空港币的同时做空股指期货，并卖出恒指蓝筹股。对此，香港特区政府在争取到中央政府支持后，果断入市干预，各个部门紧密配合，协调行动。香港金管局动用外汇基金在外汇市场购买港币，并购买恒指蓝筹股，做多当月股指期货并做空下月股指期货。同时，香港证监会、联交所限制做空力量，期交所也提高做空保证金。港府还鼓励上市公司增持股票，放宽大股东增持股票限制。上述举措成功地击退了投机力量的进攻。

7.1.4　股市异常波动的原因、 应对及反思

1. 股市异常波动的原因

　　暴跌的根源在于暴涨，脱离基本面的高估值是"股灾"发生的根本原因。从密西西比泡沫、南海泡沫到 1929 年股市大崩盘、20 世纪 90 年代初日本股市崩盘、1990 年台湾股灾、2000 年互联网泡沫，股市都严重脱离基本面。即便 1987 年 10 月的"股灾"，股市市盈率相对不高，但也达到"挑战经济基本面的水平"。

　　造成股市上涨的原因有很多，如新技术革命下预期经济前景的乐观、市场无风险利率的下降、投资者风险偏好的提高等，但造成股市脱离基本面暴涨的主要原因则在于大量资金的推动。大量资金的来源，无非有以下几个途径：银行（包括央行与商业银行）的信用创造、商业银行中储蓄存款的转

移、海外资金的流入。央行宽松的货币政策环境，商业银行充裕的流动性，本币升值预期下大量国际资本的流入，都会造成市场流动性过剩的局面，从而刺激股市的"非理性繁荣"。在股价上涨的过程中，投资者的非理性亢奋、媒体的"这次不一样"故事的宣传、政府的纵容，都可能使股市陷入"群体性疯狂"，从而加速企业与家庭存款向股市的转移并导致股价的暴涨。股价的上涨，又容易使投资者采取更为激进的加杠杆策略，于是除正规的保证金贷款外，各种配资行为与加杠杆产品纷纷涌现，从而进一步使股市走向"疯牛"。这其中，由于银行是唯一具有通过信用凭空创造货币的机构，如果银行信用创造同股价上涨联系起来，则使全社会的杠杆得以提高，必然导致更为严重的股价暴涨及暴涨后的暴跌，这正是密西西比泡沫与日本泡沫经济造成致命危害的原因之所在。对非储备货币国家而言，需要警惕本币升值预期下大量国际资本流入、流动性过剩导致的股市泡沫，这需要政府更好地处理好金融自由化与金融监管之间的关系。

除此之外，市场交易机制也可能引发市场异常波动，其典型代表便是1987年10月的美国"股灾"。股市、股指期货、股指期权是一个统一的市场，极端情况下某个市场的流动性枯竭会迅速传导至另一个市场，这在程序化交易下会尤其明显。故设立针对股指的"熔断机制"等做法是有合理性的。

2. 股市异常波动期间的"救市"政策

高杠杆下的股市下跌非常容易引发流动性危机，即股市的较大幅下跌导致投资者追加保证金要求，而在市场整体性下跌的情形下，市场信心丧失使投资者难以获得流动性，这导致投资者主动抛售股票或被强制平仓。卖盘的大增导致股价更加急剧地下跌与更多的强制抛售，从而很快使市场陷入流动性危机，并可能迅速传染至其他金融机构与金融市场，从而引发系统性危机。故当股市异常波动可能引发流动性危机时，政府有必要采取措施"救市"。但"救市"救的是可能的流动性危机与系统性金融危机，而不是人为地维持高估值，故政府"救市"的时机与力度需要权衡。大致而言，救市往往经过以下几个步骤：

第一，政府官员出面"安抚"市场。但高估值下的资产泡沫破灭会不可避免向其合理估值回归，故言论"安抚"常难以奏效却又不得不用，因为这是在向市场传递信号、恢复市场信心。

第二，央行发挥"最后贷款人"功能，作为流动性的最终来源，向陷入流动性困境的机构提供贷款。传统上，央行"最后贷款人"功能仅针对商业银行，但次贷危机爆发后，美联储将"最后贷款人"功能扩展至整个金融机构与金融市场，如对金融机构提供紧急救助的定期拍卖便利、定期证券借贷工具、一级交易商借贷便利，对金融市场提供救助的商业票据融资便利、货币市场投资者融资便利、定期资产支持证券贷款便利等。如果系统性金融机构面临危机，政府也会对其采取救助措施。如果央行意识到股市下跌可能引发物价下跌、失业率上升，则央行也会降低利率。但对新兴市场国家而言，宽松的货币政策可能会加大货币贬值与资本外逃的压力。

第三，政府临时调整交易机制对做空力量进行限制。非常时期，非常对策。面对已给整个金融体系造成威胁的股市异常波动，临时调整交易机制是各国或地区普遍采取的应对措施。一是限制各类做空交易。股市异常大幅下跌时，限制做空交易是很多国家和地区采取的主要救市举措。2008 年次贷危机期间，美国证监会曾两次禁止针对金融股的卖空交易。1997 年亚洲金融危机爆发后，香港特区政府限制放空港元，并严格限制裸卖空交易。2008 年台湾股灾期间，监管机构曾暂时全面禁止上市股票借券卖出，以及融券放空交易。二是限制跌幅、取消卖单。为了防止恐慌情绪蔓延导致的集中抛售，交易所有时会采取限制跌幅或取消卖单等临时性限制措施，阻止市场恐慌性抛售，给投资者一段"冷静时间"。比如 1997 年亚洲金融危机、2008 年全球金融危机期间，中国台湾地区监管机构均临时将股价跌幅下限由 7％减半为 3.5％，实行不对称涨跌幅制度，以缓减股票的单日跌势，同时，基金公司也一度被要求取消卖单。此外，政府还可能对保证金要求适度放宽，以避免更大规模的抛售与强制平仓。

第四，如果上述措施仍未明显见效，在股市经历较大下跌后流动性危机仍未缓解甚至更加严重，则政府将组织"真金白银"入市干预。包括政府相关机构直接筹集资金入市，也包括鼓励上市公司回购股票等，但主要的还是政府资金积极入市干预。

3. 股市异常波动后的反思

缓解股市流动性危机后，政府也会反思造成异常波动的制度性原因，大致有以下几方面：

一是灾后总结反思。市场恢复正常，并不代表救市画上句号，很多国家和地区都会在危机结束之后成立专门的小组或委员会，对股灾进行反思，提交反思报告，并对证券市场发展提出改革建议。1987 年美国股灾发生后，政府成立了专门的委员会对股灾进行反思，并提交了著名的《布雷迪报告》。1998 年股灾结束以后，中国香港特区政府发表了《证券及期货市场改革的政策性文件》，提出证券及期货市场改革计划。

二是基本规则与法制体系改革。由于杠杆在股市暴涨暴跌中发挥了重要作用，故政府常限制杠杆尤其是场外杠杆，并建立或完善商业银行与证券市场的防火墙制度。1929 年美国股灾过后，国会通过了《格拉斯-斯蒂格尔法》实现商业银行与投资银行的分业经营制度；次贷危机后，国会通过《多得-弗兰克华尔街改革与消费者保护法案》制定了"沃尔克规则"，限制商业银行进行自营交易业务，旨在恢复投资银行与商业银行的分业经营制度。股市暴涨期间，往往还伴随着财务造假、股价操纵行为，故异常波动后政府都严厉打击内幕交易、操纵股价行为。如互联网泡沫结束后，2002 年 7 月 30 日，小布什正式签署《萨班斯—奥克斯利法》，对美国上市的企业实施了更为严厉的监管措施。1998 年中国香港股灾后，《证券及期货条例》于 2002 年 3 月 13 日由立法会通过，形成一部统一的证券期货法典。中国台湾地区则在 1998 年亚洲金融危机后，由"金监会"颁布了《金融交易监管管理办法》，进一步完善了跨市场信息监管制度。

三是监管体系改革。1987 年股灾结束后，美国成立了总统金融市场工作组（PWG），建立金融监管沟通渠道。次贷危机后，奥巴马政府公布了《金融监管改革新基础——重建金融监管》，随后众议院通过了金融监管改革法案，奥巴马总统还签署了《金融监管改革法》，从金融机构监管等方面全面革新了美国金融监管系统。亚洲金融危机后，中国香港地区将股票交易所、期货交易所和结算公司合并成立香港交易所，形成了较为立体、全面的风险管理体系。1998 年亚洲金融危机后，中国台湾地区对金融监管架构进行改革，将金融业务从财政部门的监管中分离出来，结合监管与检查处分权，实现金融监管一体化。

四是交易机制等的改革。美国在 1987 年股灾后对杠杆监管进行了改革，在期货和现货市场，经纪商可以在相关准则上设立更严格的标准。同时建立了组合保证金制度，并引入了熔断机制。中国台湾地区于 1990 年修改了相关规定，引入境外和机构投资者，以优化市场投资者结构。

此外，从互联网泡沫到次贷危机，理论界与国际组织也开始反思货币政策与金融稳定之间的关系。20 世纪 80 年代之后，主要发达国家建立起以泰勒规则为主的货币政策框架，货币政策以调控短期利率来实现物价稳定与充分就业的目标。但事实上，互联网泡沫破灭后的美联储的长期宽松货币政策可能刺激了美国的房地产泡沫。因此，货币政策是否需要关注金融稳定这一目标需要进一步思考。2008 年金融危机之后，各国也加强了宏观审慎监管以保障金融稳定，货币政策与宏观审慎政策之间的关系也需要进一步探讨。

7.2　中国股市异常波动的历史

随着市场经济的推进，中国股票市场也逐渐发展起来。在股市发展初期，因为市场规模狭小和规则缺失而导致暴涨暴跌，对此我们不予分析。除此之外，还有几次异常波动。其中，比较典型的有 1999 年 "5.19 行情" 后的下跌，2005 年至 2007 年大牛市后崩盘，以及 2014 年 6 月至 2015 年 6 月股市大幅上涨后的急剧下跌。

1. 1992 年至 1994 年的异常波动

1992 年邓小平南方谈话后，中国改革开放进入新高潮，经济开始加速发展。受此鼓舞，中国股市也开始迅速上涨，上证指数在短短 3 个月时间内，就从 1992 年 11 月 17 日的 386 点上涨到了 1993 年 2 月 15 日的 1 536.82 点，并在 1993 年 2 月 16 日一度达到 1 558.95 的高点。但 1993 年 2 月 16 日后，政府开始加速新股发行。而且，1993 年之后，固定资产投资急剧增长，通货膨胀率也直线上升，政府开始实行紧缩的货币政策。随着新股发行的加快与市场利率的提高，股市也开始进入 "熊市"。其中，从 1993 年 2 月 16 日到 1993 年 3 月 31 日，股市就从 1 558.95 的高点跌到 925.91 点，跌幅达 40%。在经历一波反弹后，股市又开始 "阴跌"，直到 1994 年 7 月 29 日的 333.92 点。

图 7.1 1992 年末至 1994 年末的上证综指

资料来源：Wind 资讯。

2. 1999 年至 2001 年的异常波动

1996 年至 1997 年，中国股市出现了连续两年的大牛市，股价急剧上升。但随着政府以一系列行政措施强力打压，并加大市场扩容，且 1997 年亚洲金融危机爆发，股市再次走熊。随着经济的下行与股市的下跌，国有企业经营困难，商业银行的不良贷款率提高，一些证券公司违规吸收社会资金、挪用客户保证金、违规从事同业拆借活动的问题也暴露出来。为化解金融风险，增强经济活力，政府采取了一系列的托市政策。1999 年 5 月 16 日，国务院批准了搞活市场的六项政策，包括改革股票发行体制、逐步解决证券公司合法融资问题、扩大证券投资基金试点规模、允许部分具备条件的证券公司发行证券融资、搞活 B 股市场、允许 B 股 H 股公司进行回购股票试点等，由此导致 5 月 19 日股市的急速上涨。之后，政府官员及官方媒体也发表肯定股市上涨的言论，进一步助推股市。5 月 19 日，沪深均上涨 4％以上，并于之后持续放量上行，一直到 6 月 30 日，这就是著名的 "5.19 行情"。其中，上证综指从 5 月 18 日的 1 059.87 点上涨到 6 月 30 日的盘中高点 1 756.18 点，涨幅高达 65％。稍作整理后，政府又允许国有企业、国有资产控股企业入市，并批准保险公司购买证券投资基金间接入市，从而在资金面上进一步利好股市，使股市在 2001 年上涨到 2 245 点。但 2001 年中国正遭遇亚洲金融危机冲击后的通货紧缩局面，股市的不断上涨使股票市盈率不断提高，以致

2001年6月末，上证市盈率高达65倍、深证市盈率高达75倍，其间还伴随了诸如银广夏、东方电子这样的财务造假事件及基金黑幕事件。

总体而言，"5.19行情"是在通货紧缩压力、金融风险增加的背景下，政府以自身信用鼓励市场资金入市的一波行情。随着市盈率的不断提高，股市已有泡沫化迹象。而且，2001年6月12日国务院正式发布《减持国有股筹集社会保障资金管理暂行办法》，规定"国有股减持原则上采用市场化定价方法"。而长期以来，我国流通股与非流通股存在巨大价差，国有股若以流通股市场化定价减持将迫使流通股股价估值下移。于是，6月14日，上证综指在盘中见顶2 245.43点后开始急剧下跌。到10月22日，上证综指收盘价1 520.67点，下跌幅度超过30%。10月22日后，《减持国有股筹集社会保障资金管理暂行办法》被叫停。但由于流通股与非流通股的矛盾使股票二级市场估值水平存在巨大的不确定性，这种不确定性始终是悬在市场上的"达摩克利斯之剑"，股市也就进入漫漫熊市并"跌跌不休"。

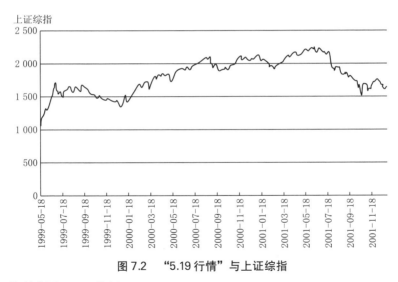

图 7.2　"5.19行情"与上证综指

资料来源：Wind资讯。

3. 2005 年至 2008 年的异常波动

2001年，中国加入世贸组织，使中国对外开放进入新的阶段。随着中国迅速以其比较优势融入全球分工体系，中国经济也逐渐摆脱通货紧缩压力进入新的周期。在经济强劲增长的同时，股市却仍在不断下跌，上证综指甚至在 2005 年 6 月 6 日跌破 1 000 点。股市跌破 1 000 点，表面上看市盈率已经较低，具备投资价值，但由于股权分置问题得不到解决，流通股估值就始终面临压力。2005 年，政府加快股权分置改革，解决了全流通问题，为股市的健康发展扫除了一道障碍，且通过非流通股持有者对流通股持有者的补偿挤出了流通股股价的泡沫，使股市具备价值投资潜力。正如证监会在股权分置改革完成后对其作出的评价："股权分置改革是中国资本市场完善市场基础制度和运行机制的重要制度变革，也是前所未有的重大创新。其意义不仅在于解决了历史问题，还在于为资本市场和其他各项改革和制度创新积累了经验、创造了条件。"[1] 而且，在"双顺差"的形势下，中国外汇储备不断增加，使人民银行资产负债表急剧扩张，商业银行超额准备金率也维持在较高水平。"双顺差"与外汇储备的急剧增加在使中国流动性充裕的同时，也带来人民币升值预期。在人民币有升值预期的背景下，外资所获的每股人民币分红预期将获得更多的外币红利，故 H 股、红筹股首先上涨，并逐渐带动 A 股股价上涨。2005 年 7 月，人民币汇率改革启动，在人民币升值预期的背景下，更是有大量的流动性进入中国，造成 2005 年至 2007 年流动性过剩的局面，中国 10 年期国债收益率甚至低于美国的 10 年期国债收益率。经济强劲增长为股市的好转打下了基本面基础，股权分置改革解决了股市的主要结构性矛盾，人民币升值预期及流动性过剩的局面为股市的走牛提供了汇率、利率与资金面的支撑。于是 2005 年末后，中国经历了一波超级大牛市。

2001 年后，全球经济也强劲复苏，这使得中国的周期性行业股价在 2005 年至 2007 年的牛市中获得非常好的表现，钢铁、煤炭、石油、有色股价不断攀升。在人民币升值的背景下，银行及房地产行业均赚得盆满钵满，也促使股价不断上升。经济的高速增长使商业银行信贷增加，在现代信用经济下，高信贷又不断转化为银行存款。在股市上涨的刺激下，大量家庭储蓄存款也直接进入股市或者通过购买证券投资基金的方式间接进入股市，从而为股市的继续繁荣提供增量资金。2002 年后，在大力发展机构投资者的推动下，证券投资基金迅速崛起，并开始改变股市生态。在此轮牛市中，

---

[1] 参见尚福林等：《中国资本市场发展报告》，中国金融出版社 2008 年版，第 53 页。

证券投资基金更是广受投资者欢迎，从 2006 年底到 2007 年底，基金个人账户从 572.47 万户增加到了 2 799.84 万户，基金份额从 6 220.79 亿份增加到了 22 331.61 份，在经济高速增长、流动性过剩、股价快速上涨的情况下，基金经理为迅速建仓，便首选大盘蓝筹股，从而推动蓝筹股股价进一步上涨，这就形成了"老百姓疯狂买基金—基金买蓝筹股推动股价上涨—基金净值迅速增长—老百姓更加疯狂买基金"的循环。除证券投资基金外，从 2006 年底到 2007 年底，A 股个人账户从 7 466.75 万户迅速增加到 11 214.76 万户。这些都使股市上涨逐渐从基于基本面的牛市演变为资金推动型的"疯牛"，并日益加剧股市甚至整个金融系统的脆弱性。财政部不得不于 2007 年 5 月 29 日深夜出台将股票交易印花税从 1‰提高到 3‰的政策，导致上证综指从 5 月 29 日的 4 334.92 点暴跌至 6 月 4 日的 3 670.4 点，其中仅 5 月 30 日就下跌约 280 点。但股市经此下跌后，又开始急剧上涨，并于 2007 年 10 月 16 日达到盘中 6 124 的高点。2007 年 10 月末，上证总体的市盈率高达 50 倍，市净率接近 5 倍，均远远高于其他经济体。

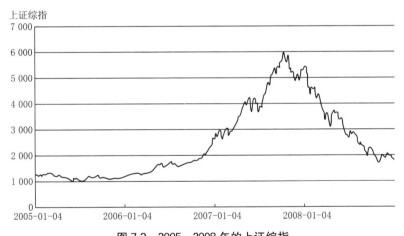

图 7.3　2005—2008 年的上证综指

资料来源：Wind 资讯。

但 2007 年下半年，次贷危机爆发并迅速演变为全球金融危机，使全球的流动性过剩转瞬间变为流动性短缺甚至流动性危机的局面，对全球金融市场造成沉重打击。金融危机的爆发也宣告了过去全球经济失衡下的高增长格局不再，全球经济进入下行周期，这使周期性行业的利润急剧下降。金融危机影响国内流动性状况，全球经济衰退也对中国的周期性行业造成打击，这些都不可避免地对大盘蓝筹股股价造成压力。2007年，股权分置改革后"大小非"逐渐解禁，其上市流通增加了市场压力。与此同时，2007年后，中国通胀压力加大，央行开始实行适度从紧的货币政策，进一步收缩了市场流动性。存款的下降也意味着边际增量资金难以为继。这使得国内外基本面、资金面都朝着不利于股价上涨的方向发展，并最终导致泡沫的破灭。投资者对证券投资基金的赎回也迫使基金公司抛售股票，从而导致股市崩盘。上证综指自2007年10月16日达到6 124的高点后开始急剧下跌并演变为恐慌性杀跌，直到2008年11月的1 664.92点，跌幅高达72.81%。

4. 2014年至2015年的异常波动

2013年，中国政府提出"一带一路"重大倡议，引领世界开放进程。中共十八届三中全会上提出要继续全面深化改革，使改革进程迈出新的重要步伐。《中共中央关于全面深化改革若干问题的决定》也提出要"健全多层次资本市场体系，推进股票发行注册制改革，多渠道推动股权融资，发展并规范债券市场，提高直接融资比重"。为促进经济的发展，中央政府也提出要加强创新。这些都提振了市场对于改革开放、经济转型的信心，改善了投资者对上市公司在新常态下业绩增长的预期。同时，在经过2013年的"钱荒"事件后，面对经济下行压力，央行实行稳健但实质偏宽松的货币政策，这导致市场无风险利率下降。

这些因素导致2014年7月后股市开始整体走牛。其中，创业板因有较多的高科技企业，成为龙头板块；中国中车兼具国企改革、"一带一路"、高端制造业概念而备受投资者追捧，成为主板龙头股，并带动相关板块的上市公司股价上涨。上证综指则从7月21日的2 054.78点开始连续突破整数关口，于2014年11月25日突破2 500点，又迅速于2014年12月8日突破3 000点。进入2015年，股价呈加速上涨之势，上证综指于2015年4月8日突破4 000点大关，又很快于2015年6月5日突破5 000点大关。创业板指数2013年便开始快速上涨，从年初的705.34点涨到年末的1 304.44点。2014年7月上证综指开始快速上涨后，创业板却表现平平。但进入2015年后，创业板以近乎45度角的走势急剧上涨，从年初的1 464点一路上涨到6月4日的盘中高点4 037.96点。

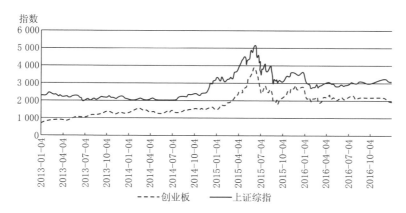

图 7.4 2013—2016 年上证综指与创业板指数走势

资料来源：Wind 资讯。

　　但在经济仍处于下行趋势的情况下，虽然无风险利率下行，股市出现如此惊人的涨幅，仍然大大脱离了经济基本面应有的合理估值。截至 2015 年 5 月，沪深 300、中小板、创业板整体市盈率分别达到 16.83 倍、84.75 倍、140.94 倍；市净率分别为 2.22 倍、7.11 倍、11.78 倍。中小板、创业板市盈率不仅在全球股市中处于极高水平，也高于 2007 年市盈率的高点。中小板市净率接近 2007 年的最高点，创业板市净率更是远高于历史高点。沪深 300 市盈率、市净率虽分别只有 16.83 倍、2.22 倍，表面看来处于合理水平，也远低于 2007 年的市盈率，但 2014—2015 年的牛市中市场权重股银行、石油、煤炭、有色金属均未能大幅上涨，是它们在经济下行时的低市盈率拉低了市场的整体市盈率与市净率，而其他行业市盈率与市净率普遍偏高。沪深两市的日均股票成交金额也从 2014 年 7 月的约 2 000 亿元急剧飙升至 2015 年 5 月的约 2 万亿元，相比两市当时约 50 万亿的流通市值而言，换手率惊人。由此，到 2015 年 5 月，股市尤其是中小板、创业板已经蕴含了巨大泡沫，崩盘随时可能发生。

　　2015 年 6 月 5 日，创业板在盘中一度达到 4 037.96 的高点，但最后却下跌了 1.46%；6 月 8 日，创业板大跌 4.67%。与此同行，主板龙头股中国中车也出现异常。6 月 8 日，中国中车复牌后涨停；但 6 月 9 日，中车涨停后迅速奔向跌停，并以接近跌停价收盘，当日成交量 1 628 万股，成交额 496.93 亿元，换手率 7.1%，均创中车历史之最；6 月 10 日，中车跳空低开，一路奔

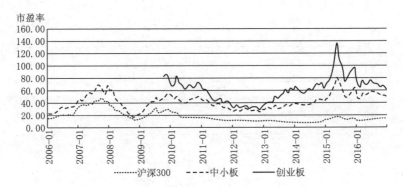

图 7.5　沪深 300、中小板、创业板指数整体市盈率

资料来源：Wind 资讯。

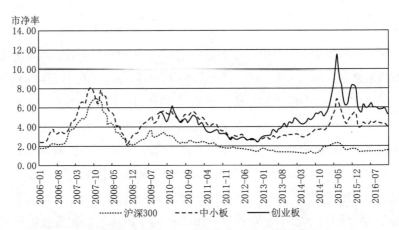

图 7.6　沪深 300、中小板与创业板市净率

资料来源：Wind 资讯。

向跌停，最终收跌 9.73％；6 月 11—13 日继续下跌；6 月 14 日跌停。股指期货还要先于现货市场做出调整：中证 500 股指期货主力合约自上市起便以贴水为主，沪深 300 主力合约从 6 月 5 日起转为持续性贴水，中证 50 股指期货合约于 6 月 9 日也开始转为贴水。中国中车、创业板及股指期货的变化似都在暗示后市行情不妙。6 月 15 日，股市正式开始当时的投资者终生难以忘记的惨烈的断崖式下跌。从 6 月 15 日到 7 月 9 日，在短短 18 个交易日内，上证综指从 5 178 点跌至 3 374.54 点，跌幅约 35％；创业板指数更是跌至 2 304 点，比此轮牛市高点 4 037.96 点下跌约 43％。个股，尤其是中小板与创业板股票，更是连续跌停，有些上市公司股价甚至面临跌至大股东质押价的风险，纷纷选择停牌。其间，中国股市陷入"千股跌停、千股停牌"的奇观。股指期货主力合约大幅贴水，甚至出现同时跌停的惨景，中证 500 股指期货合约更是多次跌停。股市与股指期货市场均陷入严重的流动性危机。下跌之惨烈，远超 2008 年股市的崩盘。

7.3　市场异常波动的原因

7.3.1　市场异常波动的共同根源

暴跌的根源在于暴涨，脱离经济基本面的资产价格泡沫化是泡沫破灭后市场异常波动的根本原因。这一点，古今中外，概莫能外。1999—2001 年的"5.19 行情"是在亚洲金融危机爆发和国内出现通货紧缩压力下的一次暴涨，2014 年 7 月至 2015 年 6 月的股市暴涨也是在经济面临较大下行压力时的急剧上涨，这两次股市行情都严重脱离了经济基本面。2005—2007 年的超级大牛市虽然发生在中国经济强劲增长的时期，加之股权分置改革又使流通股股指趋于正常，初期的上涨显得非常合理，但股指一路迅速突破 4 000 点、5 000 点并冲向 6 000 点，其市盈率已经非常高，故也逐渐成为资产泡沫。凡是泡沫，必然破灭，且破灭后的价格下跌都是断崖式的。

资产泡沫的形成需要大量资金的推动，故较为宽松的流动性环境又是市场异常波动的共同原因。亚洲金融危机爆发后，中国政府实行了宽松的货币政策环境。2005 年，在"双顺差"的格局下，中国外汇储备大增，进而基础货币大量增加，人民币升值的预期进一步加剧了国际资本的流入，导致国内形成流动性过剩的局面，从而刺激了股价的不断上涨。2014 年后，经济下行压力加大，人民银行同样实行了实质上偏宽松的货币政策，下调市场基准利率并通过再贷款、存款准备金下调等手段向市场提供了充足的流动性。充裕的流动性导致市场无风险利率下行，为股价上涨提供支撑，还可能导致市场风险偏好的提升，从而进一步刺激股价上涨。在股价加速上涨的情况下，由于中国股市投机氛围较为浓厚、储蓄较高且散户投资者众多，极易导致投资者非理性亢奋情绪的形成，进而居民储蓄存款大量进入股市，导致投机性泡沫。

　　此外，相比成熟经济体的股市而言，中国股市更表现出了容易暴涨暴跌的特点。这根植于中国股市的两个痼疾：其一，扭曲的估值结构。在成熟经济体，由于蓝筹股经济模式及业绩相对中小股更为确定，且流动性较好，故蓝筹股市盈率一般高于中小股市盈率；大盘蓝筹股市盈率约在 15 倍，而小市值股票市盈率大都在 10 倍以下。而中国中小股市盈率远高于蓝筹股市盈率，蓝筹股股指基本与国际接轨，但中小板、创业板市盈率大都远高于 20 倍。其中的原因，又根源于股票发行审核之下政府对新股上市数量与节奏的控制，且在二级市场股价大幅下跌的同时，政府往往放缓甚至暂停 IPO，这就人为造成中小股的相对稀缺并使其具有"壳资源"价值，使欲上市而未能上市的企业寄希望于借壳上市。而一旦重组，借壳上市之后，原先的垃圾股股价就会成倍增加。其二，不合理的投资者结构与投资者行为。由于"壳资源"价值的存在，中小股上市公司有极强的"市值管理"动机，热衷于搞"忽悠式""跟风式"重组，热衷于讲故事、炒概念。这就导致散户因幻想一夜暴富而热衷于对此类股票进行投机，机构大户也有动机与上市公司股东勾结进行股价操纵行为。而且，不正常的估值体系使很多股票不适合长线投资、价值投资，从而导致市场投机氛围浓厚，这进一步扭曲了投资者结构与投资者行为，使投资者倾向于进行趋势性投机。当市场上升趋势形成时，大量投资者携大量资金入市，强化股市的上升势头；反之，当市场下跌趋势形成时，投资者则选择回避，使交易日益冷清。这必然导致市场容易暴涨暴跌且"牛短熊长"。

　　但综观市场这几次著名的异常波动，因经济形势、金融形势不同，又各有其特点。"5.19 行情"体现了明显的政府干预特点，从政府激活股市的政策，到政府主流媒体对股市上涨的肯定，都提高了市场的风险偏好，推动了股价的大幅上涨。而 2005—2007 年股市大幅上涨，政府干预的色彩并不明显。股权分置改革只是解决了历史问题，通过补偿流通股股东的方法使股价估值趋于合理，从而为股价的上涨提供了制度基础。但此轮牛市的上涨最初是有经济基本面与人民币汇率升值预期支撑的。导致股价脱离基本面的上涨，表面是流动性过剩，更深层次的激发因素之一则是以散户短线资金为主要资金来源的证券投资基金的发展。证券投资基金的发展使居民储蓄存款能够便利地进入股市，而基金的大量募集使基金经理大量配置大盘蓝筹股。大盘蓝筹股中，流通股占较小部分，而股指却以大盘蓝筹股市值计算，这造成的一个结果便是基金对蓝筹股的购买能够更快地推动股指的上扬。而 2008年前后，次贷危机爆发，人民银行也开始了货币紧缩政策，市场增量资金难以为继，这使基金经理预期经济有下行压力，故开始抛售大盘蓝筹股，导致股价下跌与股指加速下行。这又使基金的净值下降，以散户为主的基金投资者加快基金份额的赎回，再导致基金经理进一步抛售股票，从而形成恶性循环。2014—2015 年股市异常波动比上述几次都更加惨烈，出现了严重的流动性危机，故我们对其进行更为详细的分析。

7.3.2　2015 年股市异常波动的特殊原因

2015 年股市的异常波动有其特殊的经济、金融原因：

其一，2008 年全球金融危机爆发后，中国经济也逐渐进入"新常态"。继金融危机导致中国出口增长率下降后，中国的人口老龄化也悄然而至。这些都可能放缓中国的工业化、城镇化进程，从而降低实体经济的投资回报率。在实体经济回报率下降的同时，资本过剩的现象出现，过剩资本溢出到金融领域后，极易激发资产价格泡沫。

其二，我国金融市场出现重大变化：2009 年创业板推出，进一步完善了多层次资本市场。2010 年，融资融券推出。2010 年 4 月 16 日，沪深 300股指期货合约上市交易，2015 年 4 月 16 日，上证 50 和中证 500 股指期货合约上市。标志着中国股市正式引入杠杆机制、做空工具。2012 年后，证监会、银监会、保监会先后出台政策支持资产管理行业的发展。人民银行也加快了利率市场化进程，放宽存贷款利率下限，并鼓励理财产品、同业业务的发展。这使得金融产品更为丰富，增加了居民储蓄存款的投资渠道。同时，如果金融监管滞后，也会出现大量资金违规进入金融市场，加剧金融风险。

其三，在一些媒体的推波助澜下，对国家政策进行错误的解读。近年来，中国非金融部门尤其是非金融企业部门杠杆率较高，一些媒体便大肆渲染政府欲通过"人造牛市"的方法推进股票发行注册制，增加企业股权融资，并将其上升到国运的高度，结果提高了市场风险偏好，诱使大量资金进入股市。

其四，大量资金进入股市的同时，众多投资者又在疯狂地加杠杆，而一些杠杆又在监管部门的监管视野之外，从而导致了股市"疯牛"的形成及2015年后因股市下跌及去杠杆造成的"踩踏"，形成了惨烈的下跌及严重的流动性危机。

在上述因素的综合作用下，2014年7月至2015年6月，中国首次经历"杠杆牛市"。此轮"杠杆牛市"除经济基本面不好导致牛市根基不牢固之外，还存在两个严重隐患：

第一，失衡的多空机制。自融资融券业务推出以来，券商融资规模迅速增加。2014年7月以后，随着股价的上涨而急剧增加，到2015年6月更是超过了2万亿元人民币。融券余额虽然在2014年7月后也迅速增加，但到2015年6月也不过区区80亿元人民币，与2万亿元的融资余额相比微不足道。这说明，融资融券这一多空机制是失衡的，更多的是融资业务在单方发挥作用。这导致的一个后果便是助涨助跌：在股价上涨时，融资规模也增加，并进一步推动股价上涨；当股价下跌时，投资者面临追缴保证金及强制平仓的风险，便需要卖出证券，从而进一步导致股价的下跌。另一个做空的工具是股指期货，当股指期货作为投资者尤其是机构投资者的对冲工具时，本身是中性的。实际上，由于2012年之后，经济下行压力再次加大，也不可避免地对大盘蓝筹股股价造成向下的压力。但从2013年开始，创业板股票却开始快速上涨，创业板指数2013年涨幅高达85%，中小板指数涨幅也接近20%，而同期的沪深300指数则下跌7.7%。这种创业板强于中小板、中小板强于主板的现象一直持续到2014年6月。这在一定程度上与机构的对冲操作不无关系：在经济下行压力加大时，做空沪深300股指期货，同时买入创业板、中小板股票。创业板的强势在2014年末有所回调，但2015年继续强势回归，也在一定程度上与2015年中证500股指期货的推出不无关系：因为有了中证500股指期货的对冲作用，机构投资者便可以继续大规模买入并持有创业板、中小板股票，同时做空中证500股指期货。这使得创业板继续上涨，而中证500股指期货主力合约自上市后便以贴水为主。而由于融券难以发挥较大作用，套利投资者便难以采用做多股指期货、融券做空创业板的策略。

第二，不透明的杠杆机制。除融资这一合法的场内杠杆外，由于金融创

新及资产管理业务的跨越式发展，银行、券商、信托、基金之间的界限模糊
化，各种形式的其他杠杆也被发明出来进行股票配资，主要包括证券公司股
票收益互换、单账户结构化信托、伞型结构化信托、互联网及民间配资、分
级基金等。股票收益互换是融资机构与券商签订的股票收益互换协议，约定
在未来某一期限内针对持股的收益表现与固定利率进行现金流互换。单账户
结构化信托主要是由融资方认购信托公司集合资金，分为优先级与劣后级，
实际上是以优先级资金为劣后级资金提供杠杆。伞型结构化信托配资业务将
信托计划开立的一个证券账户通过专门资产管理系统分成众多子单元，每个
子单元由各个融资者操作。互联网及民间配资则是民间金融通过为股民加杠
杆的方式入市。分级基金是一种杠杆式的理财产品，其实质是 B 类份额持有
人为 A 类份额持有人提供资金杠杆。

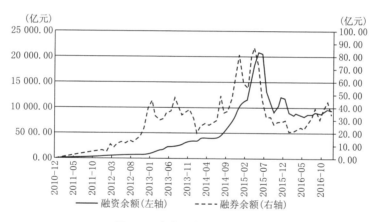

图 7.7　券商融资与融券余额

资料来源：Wind 资讯。

这些配资业务杠杆往往高于券商融资业务杠杆，且突破了融资对股票标
的的限制，将其拓展至中小股、垃圾股。更严重的是，这些杠杆不透明，在
监管视野之外，据估计其规模少则 1—2 万亿元，多则 2—3 万亿元，加上 2
万亿元的融资余额，则在股市高点全部杠杆资金平均约为 4 万亿元，占全部
流通股市值的 8%，已经达到相当高的比例，大大增加了股市的风险。配资
业务的资金主要来源于商业银行理财产品，理财产品通过享有更高的固定收
益来为投资者提高杠杆率。但也有部分是商业银行直接通过信用创造的方式

提供的，如券商发行债券获得融资资金，若债券由商业银行购买，则是商业银行直接以信用方式入市。

配资业务发展到如此规模，主要有以下几个原因：其一，金融创新打通了银行资金进入股市的通道。其二，混业经营趋势下分业监管的滞后。其三，互联网技术尤其是恒生 HOMS 系统的开发，为配资的风控强制平仓提供了电子化的技术手段。由此，大量的银行理财产品资金通过配资方式进入股市。

股市杠杆过高，加剧了市场风险，证监会又在上证综指达到 5 000 点叫停场外配资端介入，使原本就已估值过高的股市开始下跌。6 月 15 日股市开始下跌后，短短一周时间跌幅就超过 10%，使 10 倍及 10 倍以上杠杆资金进入强制平仓，而后 8 倍杠杆被强制平仓。而券商或优先级资金为保证资金的安全，纷纷直接在跌停板上抛售，导致越来越多的个股跌停，使市场进入"流动性螺旋"。进入 6 月底，上证综指下跌 20%，很多个股跌幅接近 50%，使超过 1 倍的杠杆资金全部进入强制平仓程序。由于 2—4 倍杠杆的账户数量巨大，其强制平仓引发巨大的抛售，从而使市场陷入"千股跌停"的流动性危机局面。而机构扎堆创业板的现象使创业板更是惨不忍睹，自以为可以发挥对冲作用的股指期货在股市较大幅下跌时必定面临严重的流动性紧张局面，甚至出现连续跌停的局面。这迫使机构大规模抛售创业板现货，进一步加剧了市场的流动性危机。为应对赎回压力，机构投资者不得不继而抛售估值相对合理、流动性相对较好的蓝筹股股票，从而使蓝筹股股价也大幅下跌。若股票继续下跌，将危及大股东股票质押贷款，危及银行理财资金安全，将股市风险迅速传染至商业银行与外汇，从而引发系统性金融风险。

7.4 市场异常波动的政府政策应对

1994 年，面对股市的持续下跌，国内各大传媒刊登的新华社通稿《中国证监会与国务院有关部门就稳定和发展股市作出决策》中，提出了三大救市政策：第一，年内暂停新股发行和上市；第二，严格控制上市公司配股规模；第三，采取措施扩大入市资金范围。在三大救市政策的刺激下，股市止跌回升，并涨到 1994 年 9 月 13 日的盘中高点 1 052.94 点。但暂停新股发行的措施，干扰了股市的正常运行，也使上市公司"壳资源"价值抬升，不利于股市的长期健康发展。

2001 年股市急剧下跌后，政府紧急叫停国有股减持方案，并大力发展机构投资者，尤其是证券投资基金入市，但并未改变股市进入"漫漫熊途"，直到 2005 年股权分置改革。

2008 年，面对股市的急剧下跌，政府也出台了一系列政策"救市"。第一，下调股票交易印花税。2008 年 4 月 24 日，政府将印花税从 3‰下调至 1‰，并于 2008 年 9 月 18 日改为对出售股票方单边征收。第二，中央汇金公司增持工商银行、建设银行、中国银行股票。第三，国资委支持央企增持其所控股的上市公司股票，支持央企控股上市公司回购股票。第四，限制"大小非"减持并暂停 IPO。但这些"救市"举措并不能迅速阻止股指的继续下跌。事实上，只要不出现系统性金融危机，人为"托市"的政策无疑会阻碍市场均衡的回归和市场正常功能的发挥。暂停 IPO 不仅不利于企业的融资，也增加了小盘股、垃圾股的"壳价值"，扭曲了市场供求关系和估值行为。

2015 年杠杆牛市崩盘所导致的流动性危机是空前的，面对市场的流动性危机，政府开始采取措施"救市"。6 月 25 日，央行重启逆回购，向市场提供流动性；6 月 27 日，央行宣布降准、降息。但央行这些提供市场流动性的举措并未化解股市的流动性危机。6 月 29 日，《基本养老保险基金投资管理办法》征求意见稿出台。证监会发布允许券商自主决定平仓线。但这些都未能为市场提供增量资金，大批个股仍然连续跌停。之后，一些"护盘"资金入市，试图通过提升大盘蓝筹股稳定股指。但由于创业板泡沫更为严重，也遭到更为剧烈的抛售，故创业板、中小板股票仍然大规模跌停。7 月 3 日，证监会宣布中证金融公司资本金从 240 亿元增至 1 000 亿元，这意味着政府将更大规模地积极"入市"购买股票。7 月 4 日后，各部门组织联合救市行动。中金所采取措施防范和打击蓄意做空行为，并对股指期货合约差异化收费。中国证券业协会 21 家会员券商决定采取四大举措稳定市场：以 2015 年 6 月净资产的 15%出资合计不低于 1 200 亿元的资金，投资蓝筹 ETF；上证综指 4 500 点之下，券商自营盘不减持，并择机增持；上市券商积极回购本公司股票，并推进大股东增持本公司股票；完善逆周期调节机制，及时调整保证金比例、担保证券折算率、融券业务等相关指标。25 家公募基金公司承诺积极申购本公司偏股型基金。汇金公司也承诺继续增持 ETF。国务院则决定暂停新股发行上市。7 月 5 日，证监会宣布"为维护股票市场稳定，中国证监会决定，充分发挥中国证券金融股份有限公司的作用，多渠道筹集资金，扩大业务规模，增强维护市场稳定的能力。中国人民银行将协助通过多种形式给予中国证券金融股份有限公司流动性支持"。中金所对中证 500 股指期货合约部分账户限制开仓。7 月 6 日，中金所对中证 500 股指期货投资者日内单日开仓交易量限制为 1 200 手。同时，7 月 6 日，"国家队"救市资金到位，开始入市干预，但高开低走，虽尾盘权重股护盘，但中小板、创业板股票仍"千股跌停"。7 月 7 日，"国家队"仍试图通过拉权重股救市，但高估值且遭严重抛售的中小市值股票仍然全线跌停。午盘后，一些跌停的中小市值股票开始出现买单，"国家队"开始转移阵地对中小盘股进行"试盘"。8 日，救市政策明确升级。证监会公告称："为恢复市场正常交易，证金公司将在继续维护蓝筹股稳定的同时，加大对中小市值股票的购买力度，缓解市场流动性紧张状况。"保监会宣布提高保险资金购买蓝筹股的比例。中金所宣布自 7 月 8 日（星期三）结算时起，中证 500 股指期货各合约的卖出持仓交易保证金，由目前合约价值的 10% 提高到 20%（套期保值持仓除外）；自 2015 年 7 月 9 日（星期四）结算时起，中证 500 股指期货各合约的卖出持仓交易保证金进一步提高到合约价值的 30%（套期保值持仓除外）。国资委要求国有金融企业和其他央企不得减持。但仍然"千股跌停"。7 月 9 日，"救市"政策力度进一步加大。人民银行宣称："央行已根据中国证券金融有限公司的需求向其提供了充足的再贷款。同时，还将根据证金公司的需求，继续通过多种形式向其提供再贷款。"银监会也向金融机构提出：第一，允许银行业金融机构对已到期的股票质押贷款与客户重新合理确定期限，质押率低于合约规定的，允许双方自行商定押品调整；第二，支持银行业金融机构主动与委托理财和信托投资客户协商，合理调整证券投资的风险预警线和平仓线；第三，鼓励银行业金融机构与中国证券金融股份有限公司开展同业合作，提供同业融资；第四，支持银行业金融机构对回购本企业股票的上市公司提供质押融资，加强对实体经济的金融服务，促进实体经济持续健康发展。公安部也会同监管部门排查恶意卖空股指与股票的线索。上述政策合力终于收到成效，当日股市与期货市场全线反弹，很多股票从跌停直接拉至涨停，绝大多数股票最终以涨停报收。自 7 月 9 日起绝大多数个股连续涨停三天，上证综指从 3 373 点反弹至 4 100 多点，创业板也反弹至 3 000 多点。但救市期间增加流动性、下调利率的政策被认为增加了人民币贬值压力，一些媒体又传言救市资金正在筹划退出，导致 2015 年 8 月 18 日股市再次大跌，上证综指暴跌 6.15%，创业板暴跌 6.08%，重现"千股跌停"的局面。6 月 20 日至 8 月 26 日，股市断崖式下跌，连续"千股跌停"，股指期货主力合约也大幅下跌甚至跌停。上证综指一度跌至 2 850 点，创业板一度跌至 1 843 点。8 月 25 日，中金所提高股指期货手续费，并大幅提高非套期保值合约的保证金比例，8 月 26 日晚，央行再次宣布降准、降息。股市企稳反弹。之后，由于股市已基本去杠杆，市场某些交易日虽还有较大下跌，尤其是创业板、中小板估值仍偏高，仍有去泡沫的压力，但基本保持平稳运行，未再现市场流动性危机。

总结来看，前几次股市异常波动期间，市场并未发生流动性危机，但政府仍然采取了诸如暂停 IPO、限制机构投资者减持这类干预市场正常运行的政策。这些政策相当于人为"托市"，阻碍了市场正常功能的发挥，不仅抑制了实体经济的融资需求，还提高了二级市场"壳资源"的价值。2015 年股市异常波动期间，政府各部门联合救市，并通过中国证券金融公司直接大规模入市干预，这些政策化解了股市的流动性危机，避免了系统性金融危机的爆发。股市平稳运行之后，监管机构提高了借壳上市的标准，打击操纵股价、内幕交易的行为，并坚持 IPO 常态化发行，都为股市的健康发展打下了更为坚实的基础。2017 年的全国金融工作会议更是强调要加强金融监管，更为防范金融风险、加强金融服务实体经济能力提供了保障。对股票市场而言，暴跌的唯一原因就是暴涨，因此，为避免股市异常波动再次发生，最需要做的就是防止市场脱离基本面的暴涨。

为此，第一，应当系统性反思股市暴涨暴跌的原因。可借鉴美国《布雷迪报告》和中国香港《戴维森报告》的做法，构建对股灾进行专业分析和反思的机制，成立专门工作小组，不以追究责任为目的，而以推动未来证券市场的改革和健康发展为目标，从宏观、中观以及微观等层面深刻反思市场亟待完善和解决的问题，通过进一步深化改革、健全法制、完善监管，更好地实现稳定市场、修复市场和发展市场的目标。

以此次 A 股调整过程中出现的"千股跌停、千股停牌、千股涨停"现象为例，需要深入评估完善 A 股交易机制。比如，股票现货与期货市场交收机制（现货 T＋1、期货 T＋0）不一致是否损害了中小投资者的权益，股价涨跌停限制是否应该取消或是扩大涨跌限幅等。监管层应全面评估现行交易机制，并结合当前市场运行的新情况与新特征，研究如何进一步完善交易机制，以提升市场运行效率，更好地保护投资者特别是中小投资者的合法权益。

第二，应研究并构建金融行业协同一致的大监管体制。回顾全球历史上几次主要的救市过程，可以发现，各国和地区在应对危机时，并非依靠某一部门的力量，而是站在更加宏观的层面统筹协调救市政策，形成多部门联合的协调机制与组织。此次 A 股市场震荡，充分暴露出以"一行三会"为代表的金融监管机构的监管协调不一致。在市场调整初期，主要监管机构各自行动，没有形成协同效应。在国内金融混业经营趋势日益深化的背景下，分业监管框架面临严峻挑战。因此，可通过金融稳定发展委员会，协调各金融子市场相对独立的监管力量，达成不同类型监管者在政策与行动方面的总体一致性，封堵监管漏洞与监管真空，提升监管力度与效能。

第三，需完善股市逆周期调节手段。从境外市场救市措施可以看出，采用救市基金、股票回购等逆周期的调节工具，有助于解决市场流动性危机，稳定市场非理性波动。一方面，运用救市基金可以向市场注入大量流动性，有效解决市场流动性枯竭问题；另一方面，上市公司回购股票也可以极大地提振投资者信心，起到稳定股价的作用。此外，短期限制性的交易措施，如禁止卖空、限制跌幅等，虽然暂时降低了市场集中抛售行为，但却无法改变市场恐慌情绪，对市场调整的作用较为有限。针对类似于此次 A 股异常波动的救市策略，可借鉴境外市场救市基金和股票回购的运作模式：一是明确救市基金仅提供流动性。明确救市基金不是单纯为了拉抬指数，而是通过向市场注入流动性，解决市场流动性危机，从而提振市场信心，恢复市场人气。二是建立救市基金平稳退出机制。在市场恢复平稳状态后，可考虑救市基金有计划退出市场。借鉴中国香港的经验，成立指数基金将所购股票通过基金形式对外减持；或参考中国台湾国安基金操作，在指数上涨阶段逐步售出所购股票。三是平衡股票回购与股权集中问题。尽管在市场大跌期间可临时放松股票回购限制，但仍需要对回购数量和资金有所限制，避免大跌结束后出现股权过于集中、大小股东利益冲突等问题。

第四，应建立系统性风险预警机制。回顾中国 A 股市场近期的异常波动，凸显了在风险识别、判断、预警方面的意识缺位、能力不足，同时也缺乏技术和方法对风险程度和潜在影响度进行相对精确的衡量。未来，应借鉴国际经验，提高实时数据的快捷挖掘分析能力，建立系统性风险监测、预警与防控机制，及时向市场提示潜在的风险因素。一是构建跨市场风险预警模型。提取有效的市场运行指标，对市场运行进行实时监控，在触及风险阈值时发出预警信号。风险预警模型应跨沪深、跨前后台、跨期现市场，并应与银行、信托等市场联动。二是建立市场风险提示机制。基于交易所监管职责和投资者保护立场，根据市场动态，旗帜鲜明地向市场发布风险提示，警示市场风险，对冲非理性情绪。三是提高金融数据挖掘能力。加强各类账户和信息系统的管理，加大数据整合与共享，运用大数据、云计算、金融行为分析等新技术与新理论，增强运用实证数据快速还原、解析市场的水平，提升对市场的把握能力。四是完善创新风险评估机制。利用情境分析、压力测试等风险管理方法，建立健全各类产品、业务与机制创新的全过程风险评估机制，对于创新产品可能给市场带来的综合效应进行压力测试。

同时，还需要反思以下三对关系：

第一，政府与市场的关系。政府不能用国家信用为股市背书，主流媒体也不能误读国家战略。对股市而言，政府要做的是发挥监管者职能，让市场功能更好地发挥作用。目前，中国股市存在的扭曲的估值结构、不合理的投资者结构与投资者行为、不对称的多空机制、不透明的杠杆机制等问题，都需要政府在相应的制度建设和机制创新方面积极有为。对扭曲的估值结构而言，应该在坚持 IPO 常态化发行的同时，严厉打击"忽悠式""跟风式"重组，坚持"借壳上市"等同于 IPO 标准，并严格执行退市程序，时机成熟时，再推进股票发行注册制改革。估值结构的合理化，能够更好地促进理性投资、价值投资，从而使投资者结构和投资者行为合理化。对于不对称的多空机制，政府应考虑对券商融资实行动态化标准，将其与股价涨幅挂钩建立逆向的调节机制,如股价在一年内上涨一倍以上,则大幅提高保证金比例。此外,还应提高融券的灵活性,探索大股东限售期股票或拟减持的股票借给券商进行融券业务的合法性、可行性问题。对于不透明的杠杆机制,则应加强监管协调,实行"穿透式监管",禁止场外配资业务。

第二,银行与股市的关系。银行具有信用创造能力,应严格禁止银行资金以信用创造的方式进入股市。同时,银行具有系统重要性,银行一旦出现问题,必将导致严重的金融危机,故应该在银行与包括股市在内的证券市场之间建立防火墙,禁止商业银行自营股票业务或通过银行理财产品进行场外配资业务。对于商业银行对券商融资业务的贷款或通过银行理财产品提供的资金,在规模上也应有精细化的控制。

第三,货币政策与金融稳定的关系。传统的货币政策,往往主要关注物价稳定与充分就业目标。但国内外的实践表明这并不能保证金融稳定,而金融危机的爆发一定会影响物价稳定与充分就业目标的实现。此外,尤其值得注意的是,潜在经济增速下行往往是供给侧的问题,而货币政策作为总需求管理工具,难以应对,宽松的货币政策反而会加剧资产泡沫问题。金融危机后,各国开始实行宏观审慎政策,但货币政策是否需要关注金融稳定、货币政策与宏观审慎政策的协调配合问题仍需要进一步研究。

第 8 章 进步与成就

经过近 30 年的发展，中国资本市场取得了巨大的成就。中国资本市场从 20 世纪 80 年代末 90 年代初在计划经济环境下萌芽诞生，经历了多次的起伏与波折，已经成为中国金融体系的一个主要组成部分。资本市场的发展过程，本身也是各类能力禀赋动态发展的过程。这体现为法律制度日趋完善、市场体系日益健全、市场主体日渐壮大、市场规模显著增长、市场功能逐步完善以及双向开放稳步扩大。从制度建设的视角来看，这些进步与成就意味着中国资本市场能力禀赋已经与市场发展初期迥然不同，未来发展已经站到了一个更高的起点。

8.1 法律制度日趋健全

资本市场是一个在法律秩序基础之上依照经济规律运作的市场，基于公平、公正与公开原则的法规文本和市场规则，是保证市场参与主体合法权益，确立市场运作秩序，维护市场健康、持续发展必不可少的因素。

8.1.1 法律制度的构造与挑战

中国资本市场的发端得益于改革开放政策，在其发展之初，由于以法律制度与法律秩序为基础的社会组织能力和市场调节能力都相对缺失，资本市场处于一种自我演进、缺乏规范和监管的状态，各地区各自为政，呈现无序而混乱的局面。以股票发行为例，尽管 1984 年 7 月中国人民银行上海市分行发布《关于发行股票的暂行管理办法》（该办法于 1987 年修订为《上海市股票管理暂行办法》），1986 年 10 月深圳市政府发布《深圳经济特区国营企业股份化试点的暂行规定》，1987 年 11 月又发布《证券柜台交易暂行规定》，但这些法规文本与市场规则仅是针对本地区的试点情况，依赖于地方或部门行政机构，带有很强的实验色彩，区域分割严重，未能弥补全国统一监管的法律法规缺位，也缺乏全局性、整体性、系统性的制度安排。在此背景下，市场混乱局面并未得到有效抑制。

市场无序发展造成的混乱，客观上产生了制定全国统一的法律法规及成立全国统一的市场监管机构的要求。1992 年 10 月，国务院证券管理委员会和中国证券监督管理委员会[1]（以下简称"中国证监会"）成立，标志着中国资本市场监管开始逐步从地方政府主导的、分散的能力建设向中央政府主导的、统一的能力建设过渡。

中国证监会成立后，作为全国统一的证券监管机构，着手大力推动资本市场的法规建设，纠正此前条块分割背景下资本市场法规建设各自为政的格局。但是，在新兴加转轨的经济条件下，与计划经济时代结束和中国资本市场从无到有相伴随的，是支持资本市场健全运作的市场机制和法制规则等社会组织能力禀赋的相对缺失和发育滞后，出现自我约束、竞争约束、行业自律、司法约束和监管约束的巨大空白。因此，行政控制作为容易获得的能力禀赋便捷地成为一种替代和填补这些所缺失约束机制的重要战略选择。在这种背景下开始推进建设的中国资本市场法律制度最初带有非常强烈的行政控制色彩，相关法规条文以方便实施行政管制的禁止性语言为主。

1993 年 4 月颁布的《股票发行与交易管理暂行条例》，对股票发行、交易及上市公司收购等活动予以规范；1993 年 6 月颁布的《公开发行股票公司信息披露实施细则》规定了上市公司信息披露的内容和标准；1993 年 8 月发布的《禁止证券欺诈行为暂行办法》和 1996 年 10 月颁布的《关于严禁操纵

---

[1] 两个机构后来合并成为中国证监会。

资本市场行为的通知》对禁止性的交易行为作了较为详细的规定，以打击违法交易活动。

1994 年实施的《公司法》与 1999 年实施的《证券法》，更是填补了在国家基本法律层面缺乏对资本市场规范内容的法律空白，对推动企业改制，规范资本市场各方当事人的行为，保护投资者合法权益，促进资本市场健康发展，维护社会经济秩序，均发挥了积极而重要的作用。此后，基本上形成了包含四个层次的资本市场法律法规体系，即基本法律、行政法规、部门规章和自律规则。第一层次的基本法律，主要是《公司法》《证券法》《会计法》《证券投资基金法》和相关条款进行修订的《刑法》等需全国人大或人大常委会通过的国家基本法律；第二层次的行政法规，主要包括《股票发行与交易管理暂行条例》等；第三层次的部门规章，主要是指证监会制定的适用于上市公司的制度规范和财政部制定的会计制度规范，包括《首次公开发行股票上市管理办法》《公开发行股票公司信息披露实施细则》《公开发行股票公司信息披露的内容与格式准则》《上市公司治理准则》等；第四层次的自律性规则，主要指沪深证券交易所制定的《上市规则》《交易规则》等。

上述法规制度的发布实施使资本市场的发展开始走上规范化轨道，为相关制度的进一步完善奠定了基础。但是，由于历史的局限性，规范资本市场运作的法规文本与市场规则仍存在诸多需要改进的问题。

第一，行政控制思维定式与市场发展内在要求的冲突。中国资本市场的发展和各种相关法规制度的设计，是在政府的主导下推进的。这些法规条文具有浓厚的计划经济特征，使得政府和监管机构的行政控制和行政审批无处不在，随着时间的推移，这些硬性的制度安排开始逐渐跟不上资本市场的发展步伐，政府的意志与资本市场的内在发展要求不一致，法规制度安排滞后于市场发展，甚至阻碍市场发展。

第二，急功近利的解决问题方式与系统建设的矛盾。中国资本市场是在计划经济传统下以"摸着石头过河"的方式渐进启动的，国内没有现成的经验或制度可以借鉴，从企业的改制、股份构成的设计、股票的发行、股票的转让和交易到市场监管，市场法规制度建设是在不断试错过程中一步步地推进的，甚至表现为先缺后补，从而造成法规制度建设视野短期化，导致规则的系统性、前瞻性、逻辑一致性不够，一些法律规则只是有关各方妥协的权宜之计或过渡性安排，有些法规甚至演变成为资本市场发展和创新的制度"瓶颈"，增加了市场的运营成本，阻碍了市场的正常发展。

第三，禁止性规定与处罚效果的反差。受计划经济与问题导向思维的制约，中国资本市场的法规制度十分强调对市场参与者行为的限制和各种禁止性规定，但对于如何处罚违规行为却缺乏有效的执法机制和处罚措施，而且有限的处罚往往不能落实到具体的责任人，或者过轻的处罚与造成的损失严重不对称，反倒成为对违规者的一种纵容和鼓励。在立法方面，有关证券违法行为处罚的规定，总体上看，比较分散、零乱。《刑法》规定了对证券犯罪的刑事责任，《证券法》规定了对证券违法行为的行政处罚，其他一些行政法规和部门规章除规定了不少行政处罚外，还规定了行政处分（纪律处分）和行政管理措施。这些规定的内容，在不同的时间、针对不同的问题出台，缺乏系统性和一致性。在执法方面，处罚的力度和效果也不尽如人意。一是查处的范围不全面、不彻底。二是处罚的力度不够，刑事责任、行政处罚、行政处分在实际执行中都显得比较软，再加上追究民事赔偿责任比较困难，致使违法犯罪的风险和私人成本太小。三是执法的尺度不统一、不连贯。所有这些使得法律规则及其实施对资本市场上的违法违规活动不能形成足够的威慑力，导致各种违规行为禁而不止，甚至很猖獗和十分普遍，以致"法不责众"，对建立中国资本市场的法律秩序具有明显的消极作用。

第四，行政控制与市场发展的失衡。1999 年的《证券法》是在亚洲金融风暴背景下，作为防范资本市场风险的制度安排匆忙推出的，其通篇强调行政限制和禁止性规定，本质上是一部管制性的证券法，重管制而轻发展的特征十分明显。根据这部《证券法》的行政性禁止规定，中国证券市场的运作，包括证券的上市、交易以及证券衍生品的开发等，都完全集中于政府的行政控制之下。尽管，从文字规则上看，这部法律非常强调风险控制，在某些方面的规定也十分严厉，譬如证券犯罪规定、券商融资规定、禁止银行资金违规进入股市规定、国有大中型企业禁止炒股规定等；但是，这种因噎废食地旨在简单禁止市场主体行为，而非改善市场监管的立法思路，在因市场组织能力禀赋不足与制度欠缺而倚重行政能力的背景下，只会更为强化证券市场发展以行政为主导的趋势。结果，导致市场运作行政化，陷入管制即监管的认识误区，以行政审批的管制力与刚性制约了市场创新的主动性和灵活性，使得行政化的市场管制仍然停留在计划经济体制的惯性轨道上，无法对市场鲜活的动态需求作出快速的、积极的反应与调整，造成市场监管体系的无效率。长此以往，中国资本市场参与者的主动性下降、创新能力退化，这也是我们与周边国家和地区的新兴市场相比，在市场创新方面严重落后的重要原因。

8.1.2 法律制度的不断完善

为解决上述问题，全国人大常委会对《公司法》《证券法》和《证券投资基金法》进行了多次修订。有关部门也相应地对相关法律、行政规章和规范性文件进行了梳理和修订，使之向着更符合市场规律的方向迈进。

1999 年以来，《公司法》已经历三次修订，其中 2006 年 1 月 1 日起和 2014 年 3 月 1 日起分别施行的两次修订对《公司法》作出了较大修改。2006 年的修订，主要修改了公司设立制度，完善了公司治理结构，健全了股东合法权益和社会公共利益的保护机制，强化了实际控制人、董事、高管和监事的法律义务与责任，改进了公司融资制度和公司财务会计制度，完善了公司合并、分立和清算制度，在保护债权人合法权益的基础上，为公司重组提供便利等。2014 年的修订，进一步完善了公司的设立制度，降低了公司设立注册资本的最低限额，简化了公司设立的程序，放宽了注册资本登记条件，简化了登记事项和登记文件，例如，公司登记时不需要提交验资报告。此次修法为推进注册资本登记制度改革提供了法制基础和保障，有助于鼓励个人创业和个体经济发展，也有助于促进我国信用体系的逐步建立。

1999 年以来，《证券法》已经历两次修订，其中 2006 年 1 月 1 日起正式施行的修订，对《证券法》作出了较大修改，主要扩大了法律的调整范围：将证券衍生品的发行、交易纳入调整范围；在坚持分业监管的前提下，放宽了对证券业和银行业、信托业、保险业相互融合的限制；完善了证券发行、交易和登记结算制度，为建立多层次资本市场体系留下了空间；完善了上市公司的监管制度；提高了发行审核透明度；建立了证券发行上市保荐制度；增加了上市公司控股股东或实际控制人、上市公司董事、监事、高级管理人员诚信义务的规定和法律责任；加强了对证券公司的监管，以防范和化解资本市场风险，健全了证券公司的内控制度，以保证客户资产安全；明确了证券公司高级管理人员任职资格管理制度，增加了对证券公司主要股东的资格要求，补充和完善了对证券公司的监管措施；通过建立证券投资者保护基金制度和明确对投资者损害赔偿的民事责任制度等，加强了对投资者特别是中小投资者权益保护；完善了证券监督管理制度，如增加执法手段，扩大监管权力，明确相应责任；强化了证券违法行为的法律责任，打击违法犯罪行为，明确规定了证券发行与交易中的赔偿责任，追究控股股东或实际控制人的民事责任和行政责任，增加了证券公司的责任规定，加大了上市公司、证券公司有关高级管理人员和直接责任人员的责任，规定了资本市场禁入制度。

2014 年新一轮《证券法》修订被列入立法工作。2015 年 4 月，《证券法》修订草案正式提交全国人大常委会审议。此后，中国股市发生异常波动，《证券法》修订工作暂时被搁置。2017 年 4 月，在充分考虑中国证券市场实际情况，认真总结 2015 年股市异常波动经验教训的基础上，重新修改后的《证券法》修订草案提请全国人大常委会二审。本次提交二审的《证券法》修订草案，在解决资本市场存在的问题、促进资本市场规范方面，制定了许多新的规定。考虑到注册制改革相关准备工作仍在进行中，该修订草案二审稿对现行《证券法》第二章"证券发行"的规定暂未作修改，但增加了规定：国务院应当按照全国人大常委会相关授权逐步推进股票发行制度改革，以便做好修订草案与注册制改革授权决定衔接，体现改革方向和要求。针对证券市场违法违规行为的新特点，在认真总结 2015 年股市异常波动的经验教训基础上，该修订草案二审稿增加了证监会应当依法监测并防范、处置证券市场系统性风险的原则规定；进一步发挥证券交易所的一线自律管理职能；对涉嫌违法人员实施边控等措施；加大对欺诈发行等违法行为的处罚力度，完善处罚规则，提高罚款数额。对于近年资本市场上的举牌收购热潮，该修订草案二审稿强化了持股达到 5％的投资者的信息披露义务，进一步规范上市公司收购行为，同时规范了上市公司持股 5％以上的股东、实际控制人、董事、监事、高级管理人员等的减持行为，明确和细化了减持条款。该修订草案二审稿将现行《证券法》"证券交易"一章中的"持续信息披露"一节扩充为专章规定，并予以修改完善：扩大信息披露义务人的范围，增加信息披露的内容，明确信息披露的方式；强化公司董事、监事、高级管理人员在信息披露中的责任；明确信息披露的一般原则要求，强调信息披露应当真实、准确、完整，简明清晰，通俗易懂；应当同时披露、平等披

中国股票市场只有面向大中型企业的主板市场，层次单一，难以满足大量中小型企业特别是创新型企业的融资需求。2007 年初，中国证监会牵头成立资本市场改革发展工作小组，由该小组起草并报国务院同意的《推进多层次资本市场总体方案》，明确了推进多层次资本市场建设的原则、多层次资本市场的总体框架。2013 年，中共十八届三中全会《关于全面深化改革若干重大问题的决定》提出，健全多层次资本市场体系，是发挥市场配置资源决定性作用的必然要求，是促进我国经济转型升级的一项战略任务，也是维护社会公平正义、促进社会和谐、增进人民福祉的重要手段。2014 年，国务院发布《关于进一步促进资本市场健康发展的若干意见》，对资本市场未来五到十年的发展作出顶层设计，确立了多层次资本市场的总体发展框架，指明了推进股票发行注册制改革的原则和方向，首次从国家战略层面对培育私募市场、发展期货及衍生品市场、推动证券期货行业创新发展、扩大资本市场双向开放等作出部署。经过十多年的探索，中国多层次资本市场体系初具规模，股票交易所市场日益壮大，全国中小企业股份转让系统（"新三板"）服务范围已扩展至全国，各地区域性股权交易市场和柜台交易市场积极探索前行。同时，债券市场、期货及衍生品市场蓬勃发展，产品日益丰富，规模不断扩大。多层次资本市场建设不仅有力支持了经济社会发展，而且为建立现代企业制度、构建现代金融体系、推动多种所有制经济共同发展作出了重要贡献。

8.2.1　主板市场在改革中逐步壮大

1. 股票市场"晴雨表"功能逐渐显现

自 20 世纪 90 年代初中国股市建立以来，伴随着经济从计划经济体制向社会主义市场经济体制转轨，中国证券市场的建立与发展也呈现其特殊性。这集中表现为，在中国特殊国情下诞生、成长的股票市场存在着市场化程度不高等一系列问题。随着经济的发展，股票市场中产权不明确、股权分置等重大制度性障碍难以得到很快突破，严重抑制了股票市场的发展，使股市惯常的宏观经济"晴雨表"功能不能得到充分体现。中国经济的周期性变化，多数情况下是在政府宏观调控政策下总供给与总需求平衡的结果。而中国股票市场在发展过程中亦有其自身的轨迹，但并没有完全反映宏观经济变化的状况，有时甚至与宏观经济基本面相背离。

　　1997 年，中国经济刚刚实现"软着陆"，却逢亚洲金融危机，出口受阻，国内有效需求不足，导致 1997、1998 和 1999 这三年经济持续下滑，经济增长率分别为 8.8％、7.8％和 7.1％。相对于宏观经济出现的调整状况，中国股市却出现较大幅度的上涨，呈现明显背离宏观经济基本面的特点。经过一段时期的宏观调控，2001 年以后，实体经济仍然保持稳定快速的增长态势，经济增长率在 8％左右。但是受美国股市泡沫崩溃影响，以及基金黑幕等事件频频曝光，投资者的信心遭受严重打击，沪深股指开始双双大幅下跌，且逐年下降，二级市场的重心逐波下移，个股暴跌不断，与宏观经济走向再次背离。2004 年中国经济增长率高达 9.5％，但上证综合指数却下跌了 15.15％，沪、深两市的流通市值缩水高达近 1 500 亿元。2005 年伊始，在宏观经济继续走好的形势下，股市却继续暴跌不断。1 月 31 日的"黑色星期一"，上证指数大跌，跌幅超过 5％以上的个股近 400 家。股市连续大幅下挫重创了投资者的信心，其间虽有印花税下调等政策利好导致市场短暂回调，但是，股市整体走势乏力。2005 年下半年之后，在股权分置改革的推动之下，股市出现了新起色，但是总体还在低位运行。

　　总的来说，在 2006 年以前，中国宏观经济波动和股票市场波动呈现各自不同的运行轨迹，宏观经济较股票市场具有更强的持续性和稳定性，股票市场则没有表现为国民经济的"晴雨表"。数据表明，中国股市与宏观经济运行之间的关系较弱，很多情况下竟几乎表现为负相关关系，即经济高增长、股指反而下跌，经济低增长、股指反而上升。

　　要实现股票市场发展与经济基本面、股市波动与宏观经济运行状况相关联，更好的办法是提供更多、更大的投资机会，积极推动优质新股在 A 股市场上市发行，从基本面上提升市场的整体价值，从而积极引导资源的优化配置。只有当 A 股市场承载了绝大部分代表国民经济的航母、骨干企业和新的增长极，能够较为全面地复制中国经济的结构，A 股市场才可能反映中国经济发展的全貌，也才有可能成为国民经济的"晴雨表"，投资者也才有可能确立具有明确判断依据的估值体系，中国证券市场才能确立价值投资的基础，最终使投资者可能在长期的投资过程中获取与中国经济增长相匹配的稳定投资回报。由此不难看出，大力支持优质企业，尤其是能够代表中国经济发展特征的企业上市是 A 股市场克服自身发展短处的主要手段，也是确立中国资本市场稳定发展基石的必由之路。

2006 年 5 月在股权分置改革取得阶段性成功，"新老划断"正式启动后，恢复的融资活动首先向大型优质国有企业倾斜。这无疑是管理层为中国证券市场的发展作出的最及时、最有利的决策。通过增加优质投资品种的供给可以吸引更多的理性投资者进入 A 股市场；通过理性投资者入市积极性的提高，不断拓展 A 股市场的资金来源，能够使 A 股市场有能力满足更多的融资要求，吸引更多的优质大型企业回归 A 股市场，从而达到中国证券市场良性发展的目的。

全流通背景下的 IPO 给市场带来了新的气息，其间以中国银行为首的主板蓝筹股 IPO 尤为引人注目，不仅融资规模创出 A 股有史以来的新纪录，发行模式实现 A＋H 同步的创新，更重要的是，主板蓝筹股的行业龙头特征开始显现。主板蓝筹股的扩容不但成为构筑多层次资本市场的发展基石，同时还成为中国证券市场市场化制度进一步完善的助推器。蓝筹股的不断发行上市，在推动中国证券市场快速、健康地发展，让股市优化资源配置功能得到充分发挥的同时，也使得股市"晴雨表"的功能渐趋显现。

2. 主板市场在改革中进一步壮大

2008 年以来，主板市场继续推动大型优质企业发行上市，逐步改善上市公司结构。让一些代表国民经济增长的优质大型企业发行上市，既可扩大直接融资的规模和比重，又可优化上市公司结构，提升行业代表性，增强资本市场与国民经济的整体关联度。同时，在完善新股发行上市制度、支持上市公司并购重组、健全上市公司投资回报制度、积极稳妥推进退市制度改革、丰富融资工具、完善交易机制等方面，监管层持续推动市场化、法治化改革，主板市场进一步发展壮大。其中，新股发行上市制度的改革历程已在第 5 章集中介绍。

并购重组制度改革方面，首先是构建完善的政策法规体系，并保持与时俱进，适应并购重组实践变化。2008 年，证监会发布《上市公司重大资产重组管理办法》及其配套工作指引，强化市场机制，鼓励并购重组创新，为上市公司并购建立了良好的制度与监管环境，促进了上市公司行业整合和产业升级。作为配套制度安排，2008 年证监会还发布了《上市公司并购重组财务顾问管理办法》，加大了对并购重组的规范和对财务顾问的监管力度，推动建立以上市主体约束为主的市场化监管体制。2010年，国务院发布《关于促进企业兼并重组的意见》。证监会围绕推进资本市场企业并购重组市场化改革主线，以优先支持符合国家产业政策，有利行业整合、结构优化的并购重组活动为导向，在深入研究、整体论证基础上，形成了推进完善资本市场并购重组的十项工作安排。2014年，中国证监会修订实施《上市公司重大资产重组管理办法》和《上市公司收购管理办法》，取消不构成借壳上市的重大资产重组审批等审批事项，约90%的上市公司并购重组事项已无须中国证监会审批；建立发行股份购买资产调价机制，增加定价规则的弹性；明确对借壳上市执行与IPO审核等同要求，不允许在创业板借壳上市；丰富并购重组支付工具，为优先股、定向发行可转换债券、定向权证作为并购重组支付方式预留制度空间；完善并购重组配套融资政策，将配套融资比重的上限由交易金额的25%提升为交易标的作价的100%；完善并购重组税收政策，降低企业兼并所得税特殊税务处理适用标准，允许兼并重组个人所得税实行递延纳税。

其次是不断改革并购重组审核的体制机制，坚持市场化改革方向，促进并购重组更好地发挥优化上市公司资源配置的作用。2007年9月，证监会成立上市公司并购重组审核委员会，专门负责对上市公司并购重组申请事项进行审核，从而进一步规范了审核制度，增强了审核工作的透明度，提高了审核效率。2013年实施上市公司并购重组审核分道制，发布了借壳上市条件与IPO标准等同的通知。并购重组审核分道制是指中国证监会在审核上市公司并购重组行政许可申请时，由证券交易所和派出机构、证券业协会、财务顾问分别对上市公司合规情况、中介机构执业能力、产业政策及交易类型分别进行评价，之后根据各项评价的汇总结果，有条件地简化审核流程。其中，对符合标准的并购重组申请实行豁免审核或快速审核。实施外国投资者战略投资与并购重组并联审批。同时，配套修订了收购、重组报告书信息披露格式准则，充分体现了以投资者需求为导向的总体原则，切实提高了信息披露质量，促进市场主体归位尽责。此外，为响应国家房地产调控政策导向，又及时调整了房地产行业并购重组政策。鼓励大股东增持股份，明确了持有30%以上股份的大股东每年自由增持股份的锁定期及信息披露时点，促进上市公司和投资者之间资本的双向流动，完善资本市场内生稳定机制。

　　健全上市公司投资者回报制度方面，主要是强化上市公司持续回报的激励约束机制。上市公司现金分红是实现投资者投资回报的重要形式，对于培育资本市场长期投资理念，增强资本市场吸引力和活力具有十分重要的作用。监管层不断健全上市公司持续回报股东机制，从完善制度入手，加强引导，鼓励上市公司建立持续、清晰、透明的现金分红政策和决策机制，加大对未按承诺比例分红、长期不履行分红义务公司的监管约束，推动上市公司不断完善投资者回报机制。优化现金分红与再融资挂钩制度，对再融资上市公司不满足现金分红条件或未按照公司章程要求进行现金分红的，规定不得再进行再融资。要求申请首次公开发行的公司和申请再融资的上市公司就该次发行对即期回报的影响进行分析，建立摊薄即期回报补偿机制。为鼓励长期投资，抑制短线炒作，促进资本市场长期健康发展，2012 年，实施上市公司股息红利按持有期限差别化征收个人所得税政策，对个人从公开发行和转让市场取得的上市公司股票，持股期限在 1 个月以上至 1 年（含 1 年）的，其股息红利所得额暂减按 50％计入应纳税所得额；持股期限超过 1 年的，暂减按 25％计入应纳税所得额。同时，加大新闻宣传和舆论引导力度，强化上市公司回报股东意识。

　　积极稳妥推进退市制度改革方面，主要是启动新一轮退市制度改革，逐步实现市场化、常态化退市。2012 年，证监会发布《关于改进和完善上市公司退市制度的意见》，两家交易所发布修订后的《股票上市规则》，为逐步实现退市工作市场化、常态化奠定规则基础。2013 年启动以"建立健全自主退市制度"和"完善重大违法公司强制退市实施制度"为重点的新一轮退市制度改革。2014 年出台《关于改革完善并严格实施上市公司退市制度的若干意见》，首次明确上市公司因收购、回购、吸收合并等活动引发的主动退市情形，并作出有别于强制退市的专门安排；细化重大违法公司退市制度；对现有交易类、财务类退市指标作了全面梳理，允许证券交易所对部分指标予以细化或动态调整，针对不同板块的特点作出差异化安排。同时，证券交易所对强制退市股票设置"退市整理期"；统一安排强制退市公司股票在全国股转系统设立的专门层次挂牌交易；明确退市后满足上市条件的公司可以申请重新上市。2015 年 * ST 二重自主决策主动退市，2016 年 * ST 博元因涉嫌重大信息披露违法违规被强制退市。退市制度改革的系列措施，解决了一些上市公司长期"停而不退"的难题，保护了投资者的合法权益，促进了资本市场的健康稳定发展。

丰富融资工具方面，主要是开展优先股试点。证监会于 2014 年发布《优先股试点管理办法》，规定了优先股股东权利的行使、上市公司发行优先股、非上市公众公司非公开发行优先股、交易转让及登记结算等事项。此外，为配合优先股管理办法的出台，在借鉴境外市场优先股信息披露规则的基础上，参照现行上市公司发行普通股和公司债券信息披露准则体例，制定了上市公司发行优先股相关信息披露准则。发布非上市公众公司定向发行优先股相关信息披露准则，明确了试点期间非上市公众公司发行优先股的发行主体、转让场所、监管路径和要求，豁免核准股东人数不超过 200 人的公司发行优先股。此外，配套修订《上市公司章程指引》等规范性文件。

完善交易机制方面，主要是推出融资融券交易。推出融资融券交易是我国资本市场推进基础性制度建设的一项重要举措，对完善证券交易机制，形成合理规范的资金、证券融通渠道具有十分重要的意义。2010 年 3 月 31 日，沪深交易所向 6 家试点券商发出通知，自当日起接受融资融券交易申报，标志着经过四年精心准备的融资融券交易正式进入市场操作阶段。试点初期，沪深交易所审慎确定了融资融券试点初期标的证券和可充抵保证金证券范围；起草发布了《融资融券交易试点会员业务指南》，具体指导证券公司开展业务；同时，联合结算公司组织完成了对相关证券公司技术系统的恢复性测试、仿真交易以及业务启动前的验证测试等，为保障试点启动后融资融券交易安全运行做好了充分准备。从有效控制风险的角度出发，证监会要求证券公司严格执行客户适当性管理制度，同时要求对涉及的账户管理、委托申报、交易监控等关键环节进行认真检查，强化内部风险控制，确保业务试点的规范运作。在总结试点经验的基础上，证监会修订发布《证券公司融资融券业务管理办法》和《证券公司融资融券业务内部控制指引》，实现融资融券业务由试点转入常规。2011 年 10 月，中国证券金融股份有限公司成立。2012 年，转融通业务试点启动。转融通业务的推出有利于解决证券公司开展融资融券业务时所面临的资金和证券来源不足的问题。

　　上述一系列改革措施，推动了主板市场稳步发展壮大。根据沪深交易所统计数据，2016 年末，中国境内上市公司（A、B 股）市价总值为 507 686 亿元，成为美国之外的全球第二大证券市场，其中主板市场（含中小板市场）上市公司市价总值为 455 431.5 亿元，市值占比为 89.7％，主板市场构成了中国境内资本市场的主体。中国 2016 年 GDP 为 744 127 亿元，以此计算，2016 年，中国的证券化率（股市市值与 GDP 之比）为 68.2％。2016 年末，境内上市公司数量由上年末的 2 827 家增加到 3 052 家，其中主板上市公司数量由 2 335 家增加到 2 482 家。当年企业通过证券市场发行、配售股票共筹集资金 2.03 万亿元，其中主板筹资额为 1.8 万亿元，占比为 89％。

　　可以说，至此中国已拥有了一个与经济大国实力相匹配的股票市场。这一股票市场在短短 20 多年间成长为全球第二大股票市场，正是由于主板市场在不断改革中迅速发展壮大。

8.2.2　创业板市场诞生并稳步成长

　　推出创业板是中国多层次资本市场体系建设和制度创新的一项基础工作，也是中国资本市场应对国际金融危机、服务实体经济发展的一项重要举措。早在 2000 年，国务院就原则同意在主板之外设立二板市场，并将其定名为创业板市场。经过长期的酝酿和精心准备，中国证监会在创业板制度设计、发行审核、投资者适当性管理、市场监管等方面作出了一系列符合市场实际的制度安排。2009 年 3 月，证监会正式颁布《首次公开发行并在创业板上市管理暂行办法》。创业板公司招股说明书和上市申请文件、《创业板上市规则》等规章、规范性文件和自律规则也陆续颁布。2009 年 10 月，创业板市场正式启动，成为中国应对国际金融危机的一大亮点和全球资本市场的一大亮点。

　　创业板定位于服务未达到主板上市标准，但符合创业板发行条件的成长型、科技型及创新型企业，重点支持具有自主创新能力的创业企业发展，并且在制度设计上，遵循以下原则：合理确定创业板市场的准入门槛；创业板市场上市公司要体现成长性、创新性和行业多样性；创业板市场制度设计要适应创业企业的特点。考虑到创业企业规模小、风险大、创新特点强，证监会专门设置了创业板发行审核委员会，其委员与主板发审委委员不互相兼任。[1]同时参照主板经验，在创业板也实行发行上市保荐制度，突出保荐人的作用，加大市场约束。为保护投资者合法权益，引导投资者理性参与创业板证券投资，证监会颁布了《创业板市场投资适当性管理暂行规定》，督促自律机构和证券经营机构落实投资者适当性管理的各项要求，强化投资者教育和风险揭示。

2010 年，为顺应国家转变经济发展方式、发展战略性新兴产业的要求，证监会明确了创业板市场阶段性发展重点和导向，指导保荐机构现阶段重点推荐新能源、新材料等符合国家战略性新兴产业导向领域的企业，及其他领域中具有自主创新能力、成长性强的企业。为建立监管部门与科技界更紧密的沟通协作机制，还成立了创业板专家咨询委员会，聘任来自科技界和知识产权领域的专家担任委员，充分发挥专家咨询作用，落实市场定位。

针对创业板有关业绩持续增长的要求缺乏灵活性和包容性，并且设置了相对较高的财务准入指标，有碍于满足更多成长型、创新型中小企业融资需求的情况，2014 年，证监会修订实施《首次公开发行股票并在创业板上市暂行管理办法》，进一步明确了创业板的市场定位，通过强化监管措施，优化发行条件，适当放宽财务准入指标，拓展创业板市场服务覆盖面，推动创业板市场成为支持创新型、成长型中小企业发展的资本市场平台。同年，又发布《创业板上市公司证券发行管理暂行办法》，以建立符合创业板特点的再融资制度，并推出"小额、快速、灵活"的定向增发机制，进一步满足创业板上市公司的持续融资需求。

在创业板监管制度方面，持续加强创业板市场交易监控，完善临时停牌制度，及时警示异常交易账户，维护市场平稳运行。建立信息披露、监管报告及上访投诉处理等监管机制。针对创业板公司特点，证监会先后发布创业板上市公司年度报告、季度报告和半年度报告内容与格式的规范性文件，提高创业板公司信息披露的透明度，对业绩分化、增速变动等重点问题作深入研究。指导派出机构对创业板上市公司开展全面现场检查，并对保荐机构持续督导工作情况进行延伸检查，将上市公司治理、信息披露、募集资金运

---

[1] 2017 年 7 月，证监会发布修订后的《发行审核委员会办法》，主板发审委和创业板发审委合并。

用、业绩变动、并购重组、风险因素等作为监管重点。要求相关派出机构和交易所联合举办创业板新上市公司实际控制人、董事长、总经理等人员培训会，督促创业板公司规范运作。

根据深交所统计数据，截至 2016 年底，创业板上市公司数量为 570 家，比上年末增加 78 家。总股本 2 630.6 亿股，流通股本 1 700.4 亿股，总市值 5.2 万亿元，流通市值 3.05 万亿元，平均市盈率为 73.2 倍。2016 全年，创业板上市公司 IPO 和再融资筹集资金共计 2 241.2 亿元，同比上年增加 42.8％。创业板在促进我国经济转型升级，发展战略性新兴产业和培育新经济方面，发挥了重要作用。创业板上市公司中涌现出一大批代表新产业、新业态，拥有强大创新能力，呈现高成长性的优秀企业。

8.2.3　"新三板"市场快速扩容

国内全国性场外交易场所源于中国证券业协会于 2001 年设立的代办股份转让系统。经过逐步探索，2006 年，该系统将中关村园区非上市股份有限公司纳入报价转让试点。2012 年，经国务院批准，非上市公司股份转让试点扩大到天津滨海、上海张江和武汉东湖等三个国家级高新技术开发区，设立全国中小企业股份转让系统（又称"新三板"），为试点园区的非上市股份公司提供股份报价转让等服务。2013 年 1 月，全国中小企业股份转让系统正式揭牌运营，为推进全国性场外市场建设迈出了重要步骤，使多层次资本市场建设取得实质性进展。为更好地发挥资本市场对经济结构调整和转型升级的支持作用，进一步拓展民间投融资渠道，缓解中小微企业融资难问题，2013 年 6 月，国务院决定将全国中小企业股份转让系统试点范围扩大至全国，并于 12 月出台《关于全国中小企业股份转让系统有关问题的决定》。该《决定》对全国股份转让系统的定位、市场体系建设、行政许可制度改革、投资者管理、投资者权益保护及监管协作等六个方面进行了原则性规定，明确了全国股份转让系统和挂牌公司监管的法律效力，奠定了市场法治基础。2014 年，全国股转公司发布实施《全国中小企业股份转让系统股票转让细则（试行）》，为丰富和完善全国股转系统交易机制提供了制度保障。2014 年 5 月，全国股转系统证券交易及登记结算系统正式投入运行，兼容协议、做市、竞价三种交易方式，支持普通股、优先股、公司债券及金融衍生工具的发行和交易。2014 年 8 月，在全国股转系统正式实施做市转让方式，实现交易方式多元化。做市商制度实施后，做市股票流动性有所提升，股权分散度有所提高，市场价格形成机制明显改善。2015 年 11 月，《关于进一步推进全国中小企业股份转让系统发展的若干意见》发布，进一步提高全国股转系统企业挂牌、股票发行和并购重组的审查效率，增强市场融资功能。2016 年《全国中小企业股份转让系统挂牌公司分层管理办法（试行）》正式发布，6 月 27 日起，全国股转公司正式对挂牌公司实施分层管理，挂牌公司可申请进入创新层和基础层，对创新层和基础层挂牌公司实施不同的监管要求。

在推进全国性场外市场建设的同时，非上市公众公司的监管也在进一步加强。2012 年 9 月，《非上市公众公司监督管理办法》发布，并于 2013 年 1 月 1 日起施行。该办法确定了非上市公众公司监管范围、公司治理、信息披露、登记托管、公开转让、定向转让、定向发行、监督管理等各项制度安排。相关的监管指引则明确了信息披露和申报文件的要求，突出简便、快捷、低成本的披露原则。证监会还制定了非上市公众公司章程必备条款，发布《非上市公众公司重大资产重组管理办法》及信息披露配套规则，突出股东自治原则和市场约束机制，进一步放松管制，激活市场主体创新活力。除发行股份购买资产外，收购重组均不设置行政许可；对发行股份购买资产后股东累积不超过 200 人的重大资产重组豁免核准；简化程序，不设重组委；缩短审核期限至 20 个工作日。并大幅简化了收购的报告书类型和申报文件。建立健全非上市公众公司事中事后监管机制，完善信息共享机制，实施现场检查。

自 2013 年正式运营以来，全国中小企业股份转让系统已实现快速扩容。2013 年底挂牌公司家数为 356 家，总股本和总市值分别为 97.2 亿股和 553 亿元，至 2016 年底，挂牌公司家数已增长至 10 163 家，增长 27.5 倍，总股本和总市值分别达到 5 851.6 亿股和 4 万亿元。参与交易的投资者账户数从 2013 年的 8 524 个，增长至 2016 年底的约 30 万个，其中个人投资者占比为 98.7%。2013 年股票转让成交金额仅 8.14 亿元，而 2016 年该成交金额高达 1 912.3 亿元。无论从挂牌公司数量和规模，还是从投资者数量和市场活跃度来看，"新三板"市场诞生以来，短短四年经历了爆发式增长。目前，"新三板"市场运作日趋成熟，内部分层稳步实施，多家挂牌公司成功登陆交易所，成为上市公司。可以说，"新三板"市场已经构成了我国多层次资本市场的稳定基础，成为交易所市场的源头活水。

8.2.4 场外市场规范发展

1. 区域性股权交易市场

区域性股权交易市场是由地方政府管理的非公开发行证券的场所，是资本市场服务中小微企业的新型组织形式和业态，是多层次资本市场体系的基础性组成部分。区域性股权交易市场规范发展，能够更好地为企业特别是中小微企业提供股权交易和融资服务，帮助其获得银行信贷资金，引入专业投资机构，提升其公司治理与规范运作水平，同时，对繁荣地方实体经济，防范金融风险，维护市场秩序和社会稳定具有积极意义。2011 年，按照《国务院关于清理整顿各类交易场所切实防范金融风险的决定》要求，中国证监会牵头协调有关部委，建立清理整顿各类交易场所部际联席会议制度，统筹协调有关部门和省级人民政府进行清理整顿工作，开展各类交易场所摸底调查工作，督促各省级人民政府制定清理整顿各类交易场所工作方案。截至2013 年底，除个别省市外，全国各省市清理整顿均通过检查验收，共关闭各类交易场所 200 余家，规范了市场秩序，防范化解了风险，维护了经济社会稳定，各类交易场所有序发展的环境得到改善，一批运作规范的交易场所得以更好地发挥服务实体经济的作用。2012 年，证监会发布《关于规范证券公司参与区域性股权交易市场的指导意见（试行）》，明确了股权交易市场是为市场所在地省级行政区域内的企业，特别是中小微企业提供股权、债券的转让和融资服务的私募市场，由省级人民政府负责监管。鼓励证券公司通过投资入股、提供会员服务等方式参与地方股权交易市场的建设和发展。

2008 年以来，全国各省陆续批准设立了一些区域性股权交易市场。截至 2016 年底，除云南省还未设立外，全国已设立了 40 家区域性股权市场，挂牌企业 1.74 万家，展示企业 5.94 万家，为企业实现融资 2 871 亿元。其中，深圳、上海、武汉、甘肃等地的股权交易中心挂牌企业数均突破 5 000家，其他大多数省市的股权交易中心企业挂牌数量则集中在 1 000—2 000家。根据国务院规定，目前国内股权交易中心均采用协议转让的方式进行证券交易。

2. 证券公司柜台交易市场

2012 年 12 月，中国证券业协会发布《证券公司柜台交易业务规范》，正式启动柜台市场试点工作。证券公司柜台交易市场定位于私募市场，是集证券公司交易、托管结算、支付、融资和投资等基础功能为一体的综合平台，注重投资者适当性管理，并借鉴发达市场经验，遵循"证监会指导、协会自律管理、市场监测中心监测"的基本思路，强化证券公司自主经营、自担风险的特征。2014 年，证券业协会发布《机构间私募产品报价与服务系统管理办法（试行）》，为报价系统的规范发展奠定了制度基础。该系统已实现私募产品报价、签约、发行与转让、登记结算、信息展示等功能。

截至 2016 年底，投资者在柜台市场共开立账户 1 270 万个，较 2015 年底净增一倍多，其中个人投资者账户 1 269 万个，机构投资者账户 1.2 万个。共 23 家试点公司报告开立客户专用资金存管账户 24 个，账户余额为 1.35 亿元。可转让产品 1 085 只，其中收益凭证占比达到 48.9%。全年共有 613 只产品累计发生 2 880 次转让交易，转让金额累计达 337.72 亿元，其中资管计划和收益凭证占绝对主体地位，转让次数分别为 2 554 次和 288 次，转让金额累计分别为 324.5 亿元和 11 亿元。

3. 私募基金市场

在推动各类私募基金规范发展方面，根据新修订的《证券投资基金法》，证监会积极配合制定非公开募集证券投资基金相关管理办法和配套规则。2014 年，发布《私募投资基金监督管理暂行办法》，明确了私募基金的基本业务规范和监管标准，将大部分现有的私募基金管理人纳入监管，以规范私募基金业务活动，保护投资者合法权益，促进私募基金行业规范化、阳光化发展。按照"适度监管、底线监管、重在行业自律、促进行业发展"的基本原则，初步构建起适应私募基金特点的监管体制框架。授权并指导基金业协会持续做好登记备案工作，实施分类公示制度，完善自律管理体系和私募基金专业委员会建设，建立私募基金数据统计和报送制度。以风险为导向组织对部分私募基金开展现场检查，规范其运作行为。指导派出机构协助地方政府，依法严厉打击以私募基金为名的各类非法集资活动。此外，允许符合规定条件的私募证券投资基金、私募股权基金、风险投资基金管理机构开展公募基金管理业务，扩大私募基金管理机构的业务范围，提升私募基金管理机构的影响力和私募基金行业的整体实力。鼓励符合条件的私募基金进入银行间债券市场。

　　截至 2016 年底，中国证券投资基金业协会的已登记私募基金管理人有 17 433 家，相对 2015 年底的 25 005 家，减少了 30%。已备案私募基金 46 505 只，认缴规模 10.24 万亿元，实缴规模 7.89 万亿元，分别较 2015 年底增长 93%、102%、95%。私募基金从业人员 27.8 万人，比 2015 年底减少约 10 万人。截至 2016 年底，按正在运行的私募基金产品实缴规模划分，管理规模在 20—50 亿元的私募基金管理人有 439 家，管理规模在 50—100 亿元的有 157 家，管理规模大于 100 亿元的有 133 家。

8.2.5　公司债市场跨越式增长

　　我国企业融资结构中一直以间接融资为主，直接融资居于次要地位。直接融资中，又以股权融资为主，通过发行债券进行融资的比重很低，通过发行公司债券融资的比重更低。大力发展资本市场，提高直接融资比重，改善融资结构和降低整个金融体系的风险，离不开债券市场，尤其是公司债券市场的发展。证监会在稳步发展股权融资的同时，积极发展交易所的债券市场，充分发挥公司债券在扩大直接融资中的作用，促进股票市场和债券市场协调发展。

　　公司债市场制度改革不断提速。证监会于 2007 年 8 月发布《公司债券发行试点办法》。该办法规定试点公司限于境内交易所上市公司及发行境外上市股的境内公司。该办法还规定了一系列市场化的制度安排：审核制度采用核准制；引进股票发行中比较成熟的发审委制度；实行保荐制度；建立信用评级管理制度；不强制要求提供担保；公司债券发行价格由发行人与保荐人通过市场询价确定；引入债券受托管理人制度；允许上市公司一次核准、分次发行等。2009 年，沪深交易所发布修订后的《公司债券上市规则》，实施公司债券分类管理制度，进一步理顺公司债券发行、上市、流通或交易及分别结算等有关法律关系，在发行上市源头上预设风险防范机制，与合格投资者的理念保持一致。2015 年，新修订的《公司债券发行与交易管理办法》及配套规则发布，公司债券市场按照简政放权、放管结合的原则实施市场化改革。将公司债券发行主体扩大至所有公司制法人。新增全国股转系统、机构间私募产品报价与服务系统和证券公司柜台市场为债券交易场所。专门规定债券公开发行与交易、非公开发行与转让，全面建立非公开发行制度。实施公司债券公开发行分类管理并完善投资者适当性管理安排。取消公开发行的保荐制和发审委制，完善公司债券公开发行审核工作机制。强化信息披露、承销、评级、募集资金使用等重点环节的监督，完善债券受托管理人和债券持有人会议制度，加强债券持有人权益保护。

公司债市场产品种类不断丰富，交易机制进一步完善，风险防控进一步加强。发展可转换债券等股债结合产品，2008年推出可交换公司债券。2011年，启动创业板上市公司非公开发行债券工作，多渠道破解中小企业融资难题，完善创业板投融资产品结构。2012年，启动中小企业私募债试点工作，允许非上市中小微企业非公开发行公司债券，落实国务院"拓宽小型微型企业融资渠道"，"支持小型微型企业上市融资"的要求。2014年以来，大力发展资产证券化业务，取消资产证券化产品行政许可，实行自律组织事后备案加基础资产负面清单管理制度。基础资产类型覆盖银行小额消费贷款、融资租赁、小额贷款、不动产等。同时，启动证券公司短期公司债、并购重组债、可续期债、全民所有制企业发行公司债券等试点工作。推出绿色债、创新创业债、熊猫债等创新产品，支持国家重大发展战略。完善债券交易机制，引入货币经纪公司参与交易所债券市场。推出债券质押式协议回购等业务，提高债券市场流动性。制定发布《公司债券违约风险监测与处置规程（试行）》，建立健全债券市场风险防控体系、风险监测指标体系、风险债券台账和报告制度。完善回购风险管理机制。

深化债券市场互联互通。为防止信贷资金进入股市，有关部门要求商业银行自1997年起退出交易所债券市场。为促进交易所债券市场的发展，证监会以上市商业银行为试点，重新允许商业银行进入交易所债券市场。2010年，上市商业银行参与交易所债券市场进入实质性操作阶段，中国证监会和人民银行、银监会联合发布《关于上市商业银行在证券交易所参与债券交易试点有关问题的通知》，并由交易所和登记结算公司组织实施，从而推动形成企业多渠道筹集资金的市场基础。2010年9月30日起，上市商业银行可重新进入交易所债券市场进行现货交易，银行间市场与交易所市场互联互通迈出一大步。2012年，经国务院批准，公司信用类债券部际协调机制设立完成，推进了公司信用类债券制度和规范的统一，相关部门之间在市场准入、信息披露、投资者适当性安排、跨市场监管和风险防范等多方面形成广泛共识。2013 年，启动国债预发行试点工作，推动首批政策性金融债券在交易所市场发行上市，鼓励符合条件的商业银行在交易所市场发行含减记条款的公司债券。

市场规模方面，截至 2016 年底，交易所市场债券托管面值 7.3 万亿元（不含资产证券化产品），同比增长 84%，其中公司债面值 4.26 万亿元（不含中小企业私募债）。交易所债券现货托管市值 7.23 万亿元。交易所债券市场现货交易品种 6 995 只（不含资产证券化产品），同比增长 52.8%，其中公司债 2 807 只（不含中小企业私募债），比上年增加 1 800 只。融资方面，2016 年交易所债券市场筹资额为 2.93 万亿元（含公司债、可转债、可分离债、可交换债），其中公司债筹资额为 2.88 万亿元，较 2015 年增长 34.4%。交易方面，2016 年交易所债券市场现货及回购成交总金额为 233.26 万亿元，同比增长 77%，其中回购成交金额占比高达 98.5%。

8.2.6　期货衍生品市场日益繁荣

在期货市场法制建设方面，2007 年《期货交易管理条例》施行后，发布了《期货交易所管理办法》等 8 个配套规章和规范性文件，形成了较为完备的期货法规制度体系。出台了多个规范交易所自律监管的工作指引，涉及期货交易、交割、监察、规则修改、品种创新、市场异常交易行为和波动等方面。近年来，在有关各方共同努力下，《期货法》的立法准备工作加快推进。

在商品期货发展方面，积极推进商品期货市场品种创新，形成覆盖农产品、金属、能源和化工等宜农民生产品或战略性资源的商品期货品种体系，完善商品期货价格形成机制。启动"保险＋期货""保险＋期货＋银行""粮食银行""基差报价"和"库存管理"等创新试点，拓展服务"三农"和实体企业的渠道和机制。以豆粕期货、白糖期货作为试点品种，稳步推进农产品期权上市准备工作。研发有色金属指数等新交易品种、工具。研究论证上市碳排放权期货可行性。

在金融期货发展方面，推出股指期货是深化资本市场基础性制度建设的重大战略举措。中国证监会从 2006 年初开始中国金融期货交易所的筹备和股指期货上市的相关准备工作。2006 年 9 月中国金融期货交易所成立。2007

年 4 月,《期货交易管理条例》正式施行,为发展金融期货创造了法律空间。2010 年 1 月,国务院原则同意推出股指期货交易。此后,证监会组织开展各项上市准备工作,发布股指期货合约、各项规则和投资者适当性制度;落实期现货跨市场监管协调机制,防范市场风险;发布证券公司和基金公司参与股指期货的指引;组织开户工作,严格落实投资者适当性制度;深入开展投资者教育和舆论引导工作。2010 年 3 月,中国证监会批准中金所上市沪深 300 股票指数期货合约,4 月 16 日起,该期货合约上市交易。2013 年 9 月,5 年期国债期货于中金所成功挂牌上市。国债期货的平稳推出有利于建立市场化的定价基准,推进利率市场化改革;也有利于风险管理工具的多样化,为金融机构提供更多的避险工具和资产配置方式。2015 年,10 年期国债期货上市交易,对健全国债收益率曲线、推进利率市场化改革具有积极意义。开展上证 50 和中证 500 股指期货品种交易。推进外汇期货、利率期货等新品种研发。发布《股票期权交易试点管理办法》,启动上证 50ETF 期权交易试点。

在限制投机和充分发挥期货市场风险管理和服务实体经济方面,建立期货品种评估体系,组织交易所对上市品种开展功能评估,为完善规则提供依据。针对一些交易规则不适应目前市场发展的现状,交易所对交易所章程、交易规则及合约进行修订,促进风险防范和功能发挥;适时改革期货市场手续费、保证金、套保、套利、限仓等监管制度,完善期货交易所主要业务活动监管工作指引,推动出台特殊单位客户、QFII、保险资金和境外交易者、境外经纪机构参与期货交易的相关规定。为从源头上促进期货市场发挥功能和提高市场运行质量,各交易所在准备上市新品种时,坚持从规则体系上限制过度投机、鼓励便利套期保值、贴近实体产业的理念,强化交易所风控手段,使企业套期保值更为透明便捷。推进交割制度创新,2011 年,铜、铝期货保税交割试点完成第一次实物交割,铅、燃料油、黄金和天然橡胶期货试点套期保值制度改革,按照贴近实体经济、服务现货企业的原则,修改完善小麦、棕榈油、PVC 等期货品种的交割规则。

在加强期货市场监管方面,证监会坚持打击市场操纵,并防范和化解风险,确保期货市场稳定运行,促进市场功能发挥。建立市场监控工作机制,对市场运行情况、运行特点进行研判,制定有针对性的监管措施。完善市场风险预警、监测工作,指导期货保证金监控中心健全市场风险压力测试机制。全面实施期货保证金安全存管监控制度，设立期货投资者保障基金。充实期货保证金监控中心职能，进一步强化其对期货交易和客户保证金的实时、动态监控，推进建设期货市场运行监测监控系统。严格落实期货开户实名制和市场准入制度，建立期货市场统一开户制度，由期货保证金监控中心对期货市场客户资料进行管理和维护，为每个客户设置一个统一开户编码，建立并维护完整的期货市场客户数据资料库，为分析市场交易行为、监测监控市场风险和防范市场操纵奠定坚实基础。一系列的法规和制度建设夯实了期货市场发展和监管的基础。

截至 2016 年底，中国期货市场品种总数达到 52 个，其中商品期货 46 个，金融期货和期权 6 个。2016 年期货市场（除上证 50ETF 期权）共成交 41.38 亿手，较 2015 年增长 15.6%。成交金额 195.6 万亿元，较 2015 年大幅下降 64.7%。其中金融期货累计成交 1 833.6 万手，成交金额 18.22 万亿元，分别占期货市场的 0.44% 和 9.3%。商品期货成交量已连续 7 年位居世界第一。上证 50ETF 期权方面，2016 年，上证 50ETF 期权总成交 7 906.9 万张，日均成交 32.4 万张；年末持仓 131.5 万张，日均持仓 94.9 万张；累计成交面值 17 651.3 亿元，日均成交面值 72.3 亿元；累计权利金成交 431.9 亿元，日均权利金成交 1.8 亿元；全年新挂牌 330 个合约，上市以来累计挂牌合约 840 个。投资者开户数超过 20 万户。

8.3　市场规模日渐增长

伴随着中国经济突飞猛进的发展，近 30 年来中国资本市场也经历了脱胎换骨的变化，在中国经济成长为全球第二大经济体后，中国资本市场也发展成为全球最重要的资本市场之一。按股票市值排名，A 股市场已是全球第二大资本市场，也是全球第一大新兴资本市场。站在高速增长的中国经济的肩膀上，中国 A 股市场也是全球成长速度最快的资本市场之一。

从市值规模来看，中国股票市场 2016 年底的总市值达到 50.77 万亿元，较 2007 年底的总市值增加 10.4 万亿，增长 25.8%。根据 WFE2017 年 8 月底的最新统计数据，全球主要交易所上市公司总市值排名中，沪、深交易所分别位于第 4 位和第 8 位。两市上市公司总市值合计为 8.6 万亿美元，超过日本交易所集团，是仅次于美国的全球第二大资本市场。实际上，按市值排名，中国股市已连续三年位居全球第二，相当于 4 个印度股市的规模。

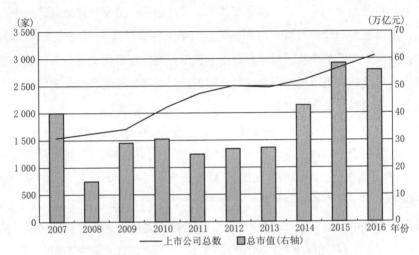

图 8.1　中国股票市场上市公司数量与总市值（2007—2016 年）

资料来源：Wind 资讯。

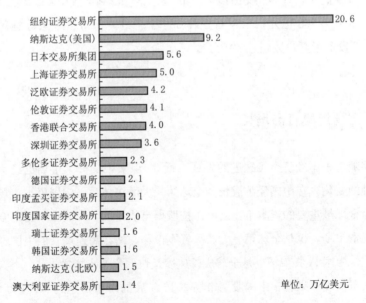

图 8.2　全球主要交易所上市公司总市值（2017 年 8 月）

资料来源：WFE。

　　从筹资规模来看，2016 年全年中国股市筹资总额为 1.87 万亿元，其中 IPO 筹资额 1 500 亿元。2016 年全年筹资总额较 2007 年全年筹资总额增长 146%。根据 WFE 的最新数据，全球主要交易所 2017 年 1 月至 8 月 IPO 筹资额排名中，沪、深交易所分别位于第 2 位和第 3 位。2017 年 1—8 月沪、深两市 IPO 筹资额合计为 230.5 亿美元，超过纽交所和纳斯达克 IPO 筹资额合计的 220 亿美元，居全球股票市场之首。

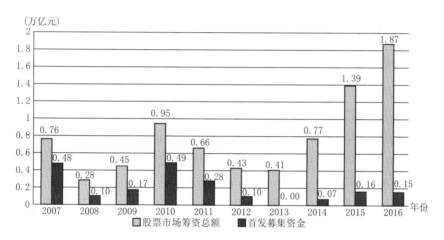

图 8.3　中国股票市场融资总额与 IPO 首发筹资额（2007—2016 年）

资料来源：Wind 资讯。

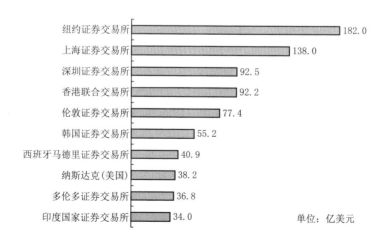

图 8.4　全球主要交易所 IPO 筹资额（2017 年 1—8 月）

资料来源：WFE。

从成交额来看，2016 年中国股市成交额为 126.6 万亿元，2015 年更是高达 253.6 万亿元。2016 年中国股市成交额较 2007 年增长了 175%。根据 WFE 的最新统计数据，2017 年 1 月至 8 月，沪深交易所累计成交额在全球主要交易所中排名第 6 位和第 4 位。沪深两所合计累计成交额为 10.9 万亿美元，仅次于美国市场纽约交易所和纳斯达克合计的 32.3 万亿美元，是全球成交活跃程度第二的股票市场。

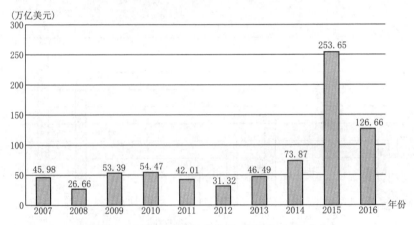

图 8.5　中国股票市场成交额（2007—2016 年）

资料来源：Wind 资讯。

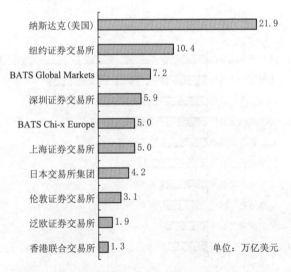

图 8.6　全球主要交易所成交额（2017 年 1—8 月）

资料来源：WFE。

8.4　市场主体不断壮大

资本市场是资金融通的集散地，是社会资本优化配置的平台。上市公司、投资者和市场中介机构，分别作为融资方、投资方和中介方，参与资本市场运作。正是因为这些市场主体有序参与，资本市场才能稳定运行，也正是因为这些市场主体的成长壮大，才导致资本市场的发展壮大。

8.4.1　上市公司

上市公司是各类企业中最优秀的群体，它们为社会创造财富，为股东创造回报，不仅是国民经济的发动机，也是资本市场的基石。2016 年底中国股票市场上市公司数量达到 3052 家，较 2007 年增加一倍。上市公司的数量和质量稳步提高，一流上市企业不断脱颖而出，成为推动中国资本市场迈向成熟的最重要力量。

多年来，上市公司不仅数量大幅增加，而且经营业绩整体实现较快增长，盈利质量稳步提高。以 2016 年年报数据为例，扣除金融类企业，2016 年沪市实体类公司实现营业收入 18.91 万亿元，同比上升 5.72%；实现净利润 0.72 万亿元，同比上升 12.98%，实现了收入与盈利的双增长。深市上市公司实现营业总收入 8.21 万亿元，同比增长 15.10%。整体而言，2014—2016 年间，深市上市公司营收规模保持稳步增长态势。以具有可比数据的公司为样本，三年间主板、中小板、创业板公司平均营业总收入分别增长 20.78%、55.97% 和 109.10%，对应的年复合增长率分别为 6.50%、15.97% 和 27.87%。2016 年，深市上市公司归属母公司的股东净利润合计 5 819.36 亿元，同比增长 26.39%，其中主板、中小板和创业板分别增长 20.12%、30.32% 和 36.39%。2016 年深市共有 1 842 家公司实现盈利，占比 94.08%；617 家公司净利润增长超过 50%，比 2015 年增加 131 家。在业绩大幅增加的同时，盈利质量也有明显改善。2016 年深市上市公司净资产收益率为 9.41%，非金融上市公司毛利率为 22.58%，较 2015 年有所提升。

借力资本市场，中国上市公司中涌现出一批具有雄厚实力，比肩国际一流企业，在全球行业具有领先地位的优秀企业。越来越多的中国上市企业进入了世界500强，数量从2012年的79家增加到了2017年的115家，而且未来还将有更多中国面孔出现。相比之下，美国进入财富500强的公司数量2012年为132家，2017年仍为132家，不增不减。日本进入财富500强公司数量近几年则连连下滑，从2012年的68家减少至2017年的51家。越来越多的A股公司或者其母公司新进入财富500强榜单。比如2017年新进榜的10家中国公司中，苏宁云商就是A股公司，恒力集团、阳光金控、厦门建发集团、国贸控股集团和新疆广汇等公司为A股上市公司的母公司。位居各行业全球市值前列的中国企业也逐渐增加。其中，工建农中四大行市值均进入全球银行业市值前十，工商银行仅次于摩根大通位居第二。保险行业有两家公司进入前十，分别为中国平安和中国人寿，位居保险行业市值第二和第三。能源行业，中国石油位居全球第三，中国石化位居全球第九。汽车行业，上汽集团位居全球第六。

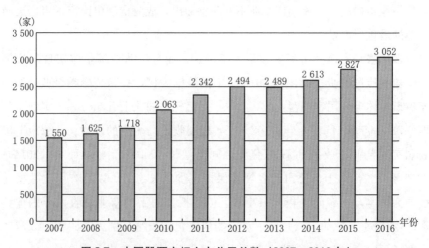

图8.7　中国股票市场上市公司总数（2007—2016年）

资料来源：Wind 资讯。

8.4.2　投资者

1. 个人投资者

中国资本市场的一个主要特征就是个人投资者众多。个人投资者账户数多，持仓市值占比较高，交易活跃，是中国资本市场最主要的力量之一。保

护个人投资者，特别是中小投资者的合法权益成为我国证券期货监管机构履
行监管职责的着力点。第一，构建保护中小投资者合法权益的政策体系和体
制机制。2013 年，证监会起草、国务院办公厅发布《关于进一步加强资本
市场中小投资者合法权益保护工作的意见》（以下简称《意见》）。《意见》
立足中小投资者权益，围绕便利投资者行权提出举措，界定了现阶段中小投
资者的基本权利事项及其派生的请求权利事项，构建了全面的中小投资者权
益保护制度安排，填补了长期缺乏专项投资者保护规定的空白。《意见》涵
盖九个方面内容，构建了从投资者进入、参与到事后维权的完整保护体系。
2017 年证监会发布实施《证券期货市场投资者适当性管理办法》，构建了统
一的投资者适当性制度。2005 年设立证券投资者保护基金，完善投保基金
公司治理结构，优化证券投资者保护基金的筹集程序，增加投保基金公司的
融资方式。2014 年设立中证中小投资者服务中心有限责任公司，由该公司
作为公益性的专门机构，为投资者维权提供法律支持。完善中小股东投票表
决的信息披露机制，明确中小投资者表决单独计票和及时披露的要求；完善
征集投票权规定，明确征集投票权的披露要求，规定上市公司不得对征集投
票权提出最低持股比例限制；要求上市公司采取网络投票制度。

　　第二，持续开展投资者教育与服务活动。证监会开展多项投资者教育活
动，如"证券'3·15'维权在行动"，推进投资者教育纳入国民教育体系
等，组织制作大量投资者教育宣传材料，免费发放给投资者或在权威媒体投
放。组织协调证券公司开展投资者教育工作，制作优秀的投资者教育产品，
扩大投资者教育渠道，引导投资者理性投资。证监会、交易所等机构建立与
投资者直接沟通交流的机制和平台。开通"12386"投资者服务热线，证监
会设立投资者服务办公室，负责组织投资者服务热线系统的投诉处理、咨询
和意见回复工作，汇总分析投资者诉求信息，定期发布报告，成为监管部门
面对投资者的主窗口和重大政策舆情反映的主渠道。建设中国投资者网站，
推广建设投资者教育基地。证监会还启动投资者关注热点问题的月度调查工
作，利用相关单位覆盖全国 50 个城市、5 000 余名投资者的个人证券投资者
调查固定样本库，开展投资者调查，及时掌握投资者的所思所想。此外，还
多次组织召开投资者座谈会，面对面倾听投资者呼声和建议，建立与投资者
的直接沟通交流机制。深交所"互动易"、上交所"e 互动"等互动平台，也

成为统一的投资者互动服务体系的重要组成部分。

第三，重点推进中小投资者维权和利益补偿制度建设。建立摊薄即期回报补偿机制，要求上市公司制定切实可行的填补回报措施。设立投资者赔偿基金，将罚没款用于补偿投资者。建设全国证券期货纠纷调解中心，积极推动调解、和解、仲裁等多元化纠纷解决机制和实践探索，大力支持自律组织和市场机构开展多元化纠纷解决服务。中国证券业协会本着公益原则开展证券纠纷调解工作，不向投资者收取任何费用，以降低投资者的维权成本，为投资者提供高效解决纠纷的途径，已取得显著成效。建立违法责任主体先行赔付制度和多元化赔偿机制。在处置证券期货相关违法违规案件过程中，除依法严格追究违法责任主体的行政责任外，建立违法责任主体先行赔付制度，督促违法责任主体承担相应的民事赔偿责任，为进一步探索建立上市公司投资者利益补偿机制积累有益经验。以"万福生科"案为例，平安证券作为"万福生科"的上市保荐人，承认在保荐过程中存在未能勤勉尽责的过错，出资人民币 3 亿元设立专项补偿基金，承担对投资者的补偿责任，补偿效果和社会反响良好。

长期以来，参与 A 股市场的个人投资者持续增长，2005 年底个人投资者账户数为 6 994.1 万个，至 2014 年底，该账户数已增加至 1.8 亿个，增长了 158％。2014 年，中国结算推出一码通，A 股市场投资者开立的所有证券账户都纳入一码通总账户下统一管理。由于每一个投资者对应一个一码通账户，因此，中国结算不再结算账户数，而是依据一码通账户数统计证券市场投资者数量。2014 年底，A 股市场个人投资者数量为 7 271 万人，2015 年和 2016 年分别新增 2 611.2 万人和 1 896.27 万人，至 2016 年末已达 11 778.42 万人。从账户数或投资者人数占比来看，历年个人投资者账户数或人数占比均超过 99.5％。

个人投资者的持仓市值占比较高，个人投资者是 A 股市场各类投资者中持仓市值最大的两类投资者群体之一。2009 年至 2016 年，A 股流通市值由约 15 万亿元增长至约 39 万亿元，同时个人投资者持有 A 股流通市值的比重也由 2011 年最低的 33.5％，提高至 2015 年和 2016 年的 40％以上，特别是 2015 年个人投资者持有 A 股流通市值比重在股市异常波动前最高曾达到 43.7％，是持有流通股市值最大的投资者群体。

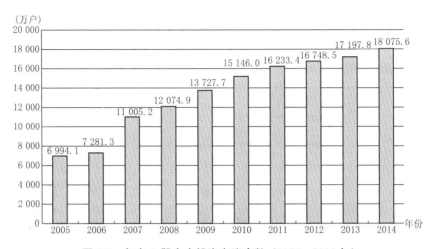

图 8.8　年末 A 股个人投资者账户数（2005—2014 年）

资料来源：2014 年中国证券登记结算统计年鉴。

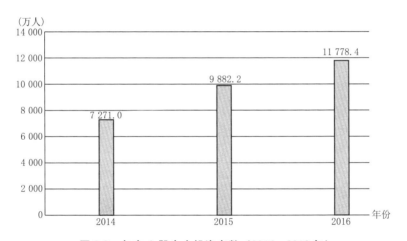

图 8.9　年末 A 股个人投资者数（2014—2016 年）

资料来源：2015 年、2016 年中国证券登记结算统计年鉴。

　　个人投资者的交易活跃，为市场提供了流动性，贡献了市场成交额的大部分。根据上海证券市场统计数据，2016 年沪市二级市场总交易额约 98.8万亿元，其中个人投资者账户的交易额占比高达 85.6％，对市场影响显著。从历年变化趋势来看，沪市个人投资者的交易额占比始终保持在 80％上下波动，特别是 2012 年开始呈现出明显的稳定增长趋势，至 2016 年交易额占比累计上升 4.1％。

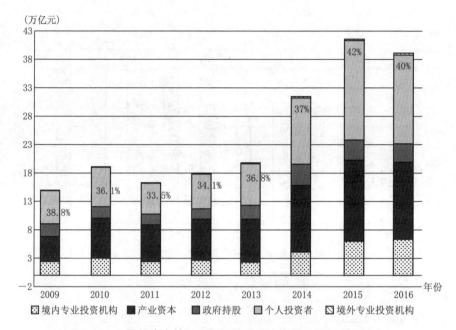

图 8.10　A 股投资者持股市值规模及结构变化（2009—2016 年）

资料来源：《中国证券投资者结构全景分析报告 2016》，申万宏源研究。

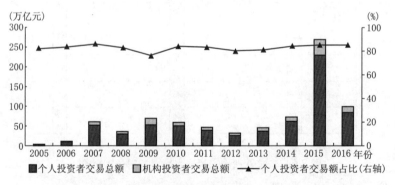

图 8.11　沪市 A 股个人投资者交易额变化（2005—2016 年）

资料来源：《2016 年度沪市个人投资者结构与行为报告》，上交所资本市场研究所金融创新实验室。

2. 机构投资者

从 2000 年起，中国证监会即提出要"超常规发展机构投资者"，并将其作为改善资本市场投资者结构的重要举措。在大力发展证券投资基金的同时，逐步扩大社保基金、保险资金、企业年金等投资股票市场的比例和规模，鼓励和引导以养老金为代表的长期机构投资者进入资本市场。经过大力发展，中国证券市场已基本形成以证券投资基金为主，包括 QFII、保险资金、社保基金、企业年金、证券公司等在内的多元机构投资者竞争发展的格局。

在丰富基金产品方面，监管层稳步扩大公募基金管理规模，同时大力支持固定收益类货币市场基金、债券基金、创新封闭式基金的发行，使得公募基金中高风险股票类基金和低风险产品平衡发展。建立和完善以市场为导向的基金产品分类审核制度，基金管理公司结合市场情况和自身能力同时申报多类产品和多只基金，发挥市场配置资源的基础性作用，公示审核进度，强化市场主体责任，提高审核效率。落实创新基金的绿色通道审核制度，完善支持产品创新的具体措施，明确创新产品的认定机制和程序，为创新产品设定 6 个月的保护期。2013 年 1 月起，取消公募基金产品审核通道制，完全由市场机构自行决定产品发行类别、数量和时机。2010 年发布《关于保本基金的指导意见》，为保本基金规范发展奠定坚实基础。2011 年开辟指数类股票基金审核通道，支持指数基金发展。鼓励 ETF 基金创新，推出跨市场ETF、跨境 ETF、短期理财基金、场内货币市场基金，研究论证交易所市场房地产投资信托基金（REITs）。2014 年，推出首只投资未上市公司股权的公募基金。

在基金市场制度建设方面，出台基金评价和销售费用管理制度，引导市场长期投资。2009 年，中国证监会发布《证券投资基金评价业务管理暂行办法》，引入多元化的基金评价方法，进一步倡导长期投资，减少市场投机。颁布《开放式证券投资基金销售费用管理规定》，规范销售费用管理，进而规范投资和销售行为，使销售机构的注意力从单纯关注新基金的发行转移到基金的持续营销和存量增长上，鼓励投资者长期持有基金。2010 年，第三方支付机构逐步介入基金管理公司网上销售结算业务，全面降低网上直销业务的支付结算成本。

促进资产管理行业发展方面，"一行三会"等监管机构加强沟通和配合支持，就资产管理行业发展相关问题达成共识，共同促进金融市场协调健康发展，包括支持证券公司、基金管理公司、期货公司创新理财业务，为银行产品、保险资金、社保基金、企业年金等参与资本市场创造条件；允许保险机构委托基金管理公司、证券公司管理保险资金；扩大保险资金投资运用范围；加大力度引入合格境外机构投资者等。积极研究长期资金的投资运营问题，推动地方基本养老金、住房公积金委托全国社保基金开展投资运营。

经过多年的培育，A股市场机构投资者队伍迅速壮大，机构投资者日渐多元化，在专业投资机构的丰富程度上我国与境外市场已经基本相当，证金公司、汇金公司、社保基金、养老金、保险机构、公募基金、私募基金等逐渐成为A股市场举足轻重的力量。截至2017年6月末，仅仅统计上市公司前十大流通股东中机构持股市值，就已达5.5万亿元，持股市值相比过去几年增长明显。

从公募基金的发展来看，虽然2013年以来私募基金、保险机构的快速发展，在很大程度上改变了机构投资者中公募基金"一枝独秀"的格局，但公募基金仍然是市场上规模位居前列的机构投资者。2009年公募基金及其子公司持有A股流通市值的比重为12.6%，至2016年下滑至4.9%；但另一方面，公募基金及其子公司持有A股流通市值的规模并未降低，2009年和2016年底分别为1.89万亿元和1.92万亿元。公募基金及其子公司持有A股流通市值比重大幅降低，主要是由于私募基金、保险公司和其他专业投资机构持股市值大幅增加。2009年，公募基金及其子公司持有A股流通市值的

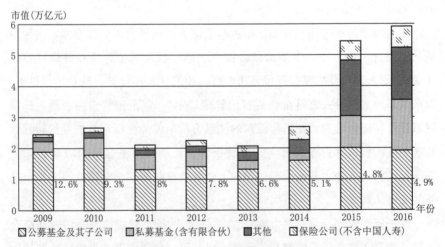

图8.12　境内专业投资机构持有A股市值规模及结构变化（2009—2016年）

注：图中百分比数值为公募基金及其子公司持股市值占A股总市值比重。
资料来源：《中国证券投资者结构全景分析报告2016》，申万宏源研究。

规模占所有境内专业投资机构持股市值规模的比重高达 77.3%，而 2016 年该比重仅为 33%，公募基金及其子公司在所有专业机构投资者群体中的地位，由占据绝对主导地位、"一枝独秀"，转变为只占据三分之一比重，与私募基金、保险公司等处于同一行列。这表明机构投资者的类型日渐多元化，它们之间的竞争也日渐激烈。

8.4.3　市场中介机构

1. 证券公司

中国证监会以强化合规管理和风险控制为抓手，以鼓励证券公司创新发展为突破口，采取综合性改革措施，推动证券公司行业规范发展。第一，完善以净资本为核心的动态风险监控系统和合规管理机制，提升证券公司风险防控能力和合规管理水平。2006 年，证监会发布《证券公司风险控制指标管理办法》，建立以净资本为核心的风险监管制度。该制度建立了证券公司业务范围与净资本充足水平动态挂钩、业务规模与风险资本准备动态挂钩、风险资本准备与净资本水平动态挂钩的机制。2008 年进一步修订该管理办法，调整净资本计算规则，对长期资产进行全额扣除，进一步夯实了证券公司的资本水平计算基础，提高了有关业务风险资本准备的计算比例，适当扩大计算范围，以适应市场发展和行业状况变化，有利于进一步完善证券公司风险的监控与防范，促使证券公司在风险可测、可控、可承受前提下进行业务创新，促进证券行业的规范发展。证券业协会制定发布《证券公司风险控制指标动态监控系统指引（试行）》，督促证券公司完善风险控制指标动态监控系统。加强证券公司新业务的风险监管，建立风险控制指标动态调整机制，将新业务的情况纳入风险控制指标体系，动态调整对相关业务或产品的风险控制指标计算标准及监管要求，引入宏观审慎监管制度和逆周期调节机制。在跟踪分析成熟市场及其他行业压力测试机制的基础上，证券业协会研究制定《证券公司压力测试指引（试行）》，推动全行业进一步完善压力测试工作。证监会还组织派出机构对证券公司压力测试机制、风险控制指标动态监控系统建设和运行情况进行专项现场检查。证券业协会制定并发布《证券公司信息隔离墙制度指引》，督促证券公司强化重点领域和关键环节的合规管理，建立和完善信息隔离墙制度，健全内幕信息知情人登记制度。督促证券公司健全内部信息管理制度，加强对证券公司报送和披露信息的统计分析，提高证券公司信息报送与信息披露行为的规范化程度。2011年，修订《证券公司治理准则（试行）》和《证券公司内部控制指引》，将实践中的有效经验上升为规则。

第二，全面建立以风险管理能力为基础的分类监管机制。为合理配置监管资源，提高监管效率，促进证券公司持续规范发展，2009年5月，证监会发布实施《证券公司分类监管规定》。根据该规定，证监会以证券公司风险管理能力为基础，结合公司市场竞争力和持续合规状况对证券公司进行分类评价，并向全行业通报分类评价过程、结果和重大事项处理依据。证券公司分类监管的思路、办法和效果在业内得到较高认同，也受到其他行业的关注。完善区别对待、扶优限劣的分类监管制度，支持符合条件的证券公司上市，增强资本实力，扩大市场影响力。鼓励证券公司以集团化和专业化经营模式做优做强。

第三，支持证券公司创新发展。证监会发布《证券公司业务（产品）创新指引（试行）》，明确创新的准入机制、风险防范机制、激励机制和监管机制。拓宽证券公司融资渠道，支持符合条件的证券公司通过发行上市、市场化并购整合、在全国股转系统挂牌、增资扩股、留存利润等方式多渠道补充资本。试点发行证券公司短期融资券、短期公司债和永续次级债，允许证券公司以私募方式发行一年期以内债券，无须事前核准。鼓励和支持民间资本入股证券期货经营机构。积极支持证券公司组织创新，放开分支机构设立的主体资格、地域范围和数量限制，支持证券公司依法自主设立分支机构和确定分支机构业务范围。产品创新方面，证券公司试点推出股票质押回购、约定购回、行权融资、限制性股票融资、新股申购融资、信用担保账户证券出借等融资类业务创新；开展大宗商品和外汇业务；发展场外衍生品业务。

第四，支持证券公司创新理财服务。证监会修订发布《证券公司客户资产管理业务管理办法》及配套实施细则，调整证券公司理财产品的审批政策和监管要求，大力支持证券公司、期货公司创新理财业务。证券公司资产管理产品类型日益丰富，业务规模快速增长，期货公司资产管理业务试点顺利启动。同时，加大监管力度，规范理财行为，防范创新理财业务带来的风险。允许证券公司及其资管子公司取得公募基金业务牌照，允许保险资产管理机构以内设业务部门形式申请公募基金管理业务资格。

其他改革措施包括：推进证券投资咨询基础制度建设，明确证券投资咨询业务的基本形式，为证券公司、证券投资咨询机构从事证券投资顾问和发布证券研究报告业务提供制度规范，引导证券公司提升证券研究实力。实施证券经纪人制度，加强经纪业务营销活动的监管，规范营销人员执业行为，提升客户服务水平；推动证券公司完善客户分类和产品、服务分级管理制度，提高客户适当性管理水平；持续做好"交易运行安全事故评估分析系统"和"机构监管信访处理监测分析系统"建设，确保证券公司安全稳定运营；鼓励证券公司设立专业子公司和直投子公司，开展参股其他金融机构试点；鼓励证券公司根据市场需要和自身管理能力优化发展模式，支持证券公司扩大业务范围、增加营业网点、发行新产品、扩充资本金；开展柜台交易、非现场开户等业务。经证监会协调有关部门和机构，多家证券公司获得非金融企业债务融资工具承销商等业务资格，参与保险资金委托投资管理，加入支付结算体系及查询征信系统。

2006 年以来，在监管层改革创新政策推动下，证券公司行业持续快速发展，行业实力和市场影响力得到显著提高。2006 年至 2016 年，证券公司数量由 102 家增长至 129 家；证券公司行业总资产由 6 200 亿元增长至 5.79 万亿元，增长了 8.3 倍；行业净资产由 1 072 亿元增长至 1.64 万亿元，增长了 14.3 倍。

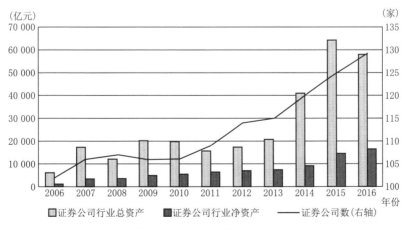

图 8.13　证券公司行业发展情况（2006—2016 年）

资料来源：中国证券业协会。

2. 基金管理公司

在大力发展证券投资基金的战略指导下，证监会采取多项改革措施支持基金管理公司做大做强，提升基金管理水平。首先，不断优化基金行业准入要求。证监会积极推进公募基金管理业务资格审核制度改革，加快形成多元、开放、包容的公募基金管理机构队伍。2013 年，5 家城市商业银行设立了基金管理公司；保险机构和证券公司等资产管理机构同样被获准设立基金管理公司。核准私募创业投资管理机构作为全资股东设立基金管理公司，允许私募股权投资基金管理机构作为主要股东发起设立基金管理公司，核准专业人士间接参股成立基金管理公司。基金托管业务牌照的机构范围进一步拓宽。基金销售渠道多元化发展，目前已涵盖商业银行、证券公司、期货公司、保险机构、证券投资咨询机构、独立基金销售机构等。

其次，支持基金管理公司业务拓展和产品创新，拓宽基金管理公司的业务范围，引导基金管理公司进行差异化竞争，推动基金业均衡发展。2009 年，证监会发布规定，允许基金管理公司开展特定多个客户资产管理业务，改善基金行业"零售业务为主、机构理财滞后"的资产管理结构。允许基金管理公司设立专业子公司和将部分业务外包，促进基金公司多元化发展。修订特定客户资产管理业务相关规定，扩大专项资产管理计划的投资范围。中国证券投资基金业协会负责对创新产品进行评审，基金公司产品创新成效显著，黄金 ETF、债券 ETF、浮动管理费率、定期支付、绝对收益等创新型基金产品及新型基金收费方式陆续推出。分级、杠杆 ETF 等复杂创新产品也审慎推出。同时，针对复杂基金产品建立了合格投资者制度。

再者，加强对基金管理公司的监管。2008 年，证监会发布《证券投资基金管理公司公平交易制度指导意见》，建立证券投资基金管理公司公平交易制度，保证同一公司管理的不同投资组合得到公平对待，保护投资者合法权益。提高基金管理公司风险准备金比例，计提比例从不低于基金管理费收入的 5％提高到不低于 10％。2009 年，制定《基金管理公司现场检查规程》，增强现场检查的针对性和有效性，增加对基金管理公司和销售机构联合检查的次数，加大处罚和责任追究力度，严厉打击"老鼠仓"、非公平交易和利益输送行为，提高行业公信力。

近年来，在大力发展机构投资者的政策推动下，基金管理行业发展迈上

新台阶。基金管理公司数量由 2011 年的 69 家，快速增长至 2016 年的 109
家，在此期间，基金管理公司总资产由 496 亿元，增长至 1 346 亿元，增长
了 1.7 倍。从基金管理公司旗下资产管理业务发展情况来看，从 2012 年到
2016 年，短短五年间，基金管理公司基金经理人数由 822 人增长至 1 421
人，旗下资产管理规模由 3.6 万亿元，增长至 15.5 万亿元，增长了 3.3 倍。

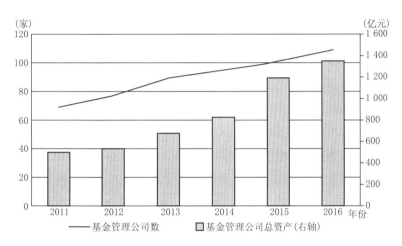

图 8.14　基金管理公司行业发展情况（2011—2016 年）

资料来源：中国证券投资基金业协会。

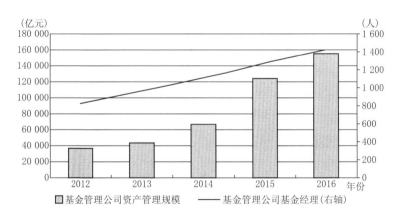

图 8.15　基金管理公司资产管理业务发展情况（2012—2016 年）

资料来源：中国证券投资基金业协会。

3. 期货公司

在加强对期货公司的监管方面，监管层实行期货公司风险监管指标管理

和分类监管。通过非现场监管强化净资本监控，通过现场监管抓重点环节。制定《期货营业部管理规定》，明确营业部监管标准。修订分类评价操作细则，重点加入市场竞争力、培育和发展机构投资者状况等指标，多次实施对全国期货公司的分类评价工作，提升期货公司合规运作水平和服务国民经济的能力。实行期货公司信息公示制度。2009年，中国证监会发布《期货公司信息公示管理规定》，要求期货公司通过证监会建立的期货公司信息公示平台，将期货公司及其分支机构的基本情况、高级管理人员及从业人员信息、公司股东信息、诚信记录等信息以及中国证监会规定的其他信息，向社会公开，发挥社会监督功能，提高期货市场透明度，保护投资者合法权益。

在支持期货公司创新发展方面，监管层以发展金融期货市场为契机，通过一系列制度措施，逐步对期货公司的结构进行调整。引导资质优良的金融机构和国有大中型企业成为期货公司的股东；允许自然人持股期货公司，优化非自然人股东的资格条件；对于金融期货各类业务，设定不同的资格条件，促进期货公司业务的多样化和专业化。支持期货公司在境内外上市和在全国股转系统挂牌，拓宽融资渠道，鼓励期货公司发行次级债补充净资本。推出期货公司投资咨询业务，标志着期货公司告别单一的期货经纪业务模式，开始面向客户提供专业化期货投资咨询服务。这一业务创新立足于服务国民经济需要，以实体企业、产业客户和机构投资者为主要服务对象。期货公司开展资产管理业务以及设立子公司开展以风险管理服务为主的业务，这

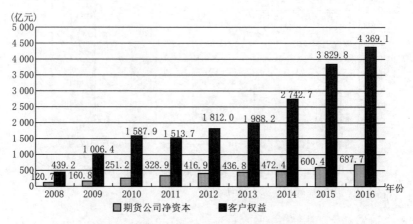

图 8.16 期货公司净资本情况（2008—2016 年）

资料来源：中国期货业协会。

类子公司在仓单服务、合作套保、定价服务、基差交易和做市等业务上进行积极有益的探索,服务实体经济发展初见成效。

期货公司坚持把风险防控和服务实体经济客户放在首要位置,稳健经营,实现行业持续平稳发展。2008 年至 2016 年,期货公司行业净资本由 120.7 亿元增长至 687.7 亿元,增长了 4.7 倍。全国期货公司客户权益总额则由 2008 年底的 439.2 亿元增长至 2016 年底的 4 369.1 亿元,增长了 8.9 倍。截至 2016 年底,期货公司及资产管理子公司发行的资产管理产品规模为 2 792 亿元,较上年末增长 1.6 倍。

4. 其他重要中介机构

证券资格会计师事务所是资本市场的重要中介机构,发挥着会计信息“看门人”的作用,其执业质量的高低直接影响着资本市场会计信息披露的质量,关系投资者利益保护和市场稳定发展。证监会坚持依法全面从严监管,强化对证券资格会计师事务所的资格管理、年报审计监管、现场检查、稽查执法,加大对违法违规行为的处理处罚力度,切实督促证券资格会计师事务所健全内部管理和质量控制体系,提升执业质量。

目前,国内证券资格会计师事务所共 40 家,集中了全国规模最大、服务能力最强的会计师事务所,服务着 3 300 多家上市公司、1.1 万多家“新三板”公司等客户。在监管机构、行业协会、会计师事务所的共同努力下,证券资格会计师事务所取得了长足发展和进步:一是业务、人员、机构规模持续扩大。2016 年度业务收入达到 440 亿元,其中,证券业务收入年均增长率达 27.58%;业务收入超过 10 亿元的会计师事务所达到 13 家;注册会计师人数达到 2.6 万人,年均增长率达 5.3%;在全国 30 个省、直辖市设立了 665 家分所。二是质量控制体系逐步完善并贯穿审计业务的各个环节,重大质量控制缺陷明显下降,执业风险得到有效控制,以质量为核心的发展意识逐步确立。三是内部管理水平有效提升,会计师事务所和合伙人的风险责任意识增强,一体化管理水平逐步提升,信息化系统成为会计师事务所推行一体化管理的重要载体。四是服务资本市场的能力不断增强,专业服务领域和服务对象有所扩展,专业胜任能力和职业道德水准有所提高,在执业过程中能坚持原则,保持独立、客观的职业操守,敢于对客户不合法、不合规的要求说“不”。五是国际化发展稳步推进。会计师事务所通过在境外设立分所和加盟国际知名会计网络等方式，为境内企业提供境外投融资、跨境税务筹划、海外工程造价、跨国整合咨询等全方位、多领域的服务，推进国家"一带一路"倡议的实施。

证券资格会计师事务所取得的长足进步，有效提升了其作为资本市场会计信息"看门人"的作用，上市公司年度财务报表涉及重大会计处理违规、会计信息披露不充分、会计差错更正等事项的数量呈现逐年下降趋势，资本市场会计信息披露质量得到明显提高。

8.5　市场功能逐步完善

现代金融体系中，资本市场占居基础性地位。资本市场通过生产要素证券化，可以有效实现将居民储蓄转化为生产性资本，对接投、融资两端，并使资本、资产获得流动性，便利在产业之间转移和重组，从而发挥促进资本形成、优化资源配置的作用。资本市场既提供了便捷的投融资渠道，便于资金聚集和流动，又是高效的资源配置平台，能够优化生产要素配置。此外，随着衍生产品的发展，期货市场充分发挥风险管理功能，为经济主体提供风险管理工具，帮助其规避市场价格波动带来的损失，实现了服务实体经济的功能。

8.5.1　投融资功能

多层次资本市场发挥投融资功能，一是为居民提供了多样化的投资渠道和投资工具，为居民将收益较低的储蓄转化为收益较高的投资提供便利，也使得居民能够分享经济增长的成果和企业发展的效益。二是为拟上市企业提供风险共担、利益共享机制，引导资本流向优质上市资源，加快科技成果的孵化和产业化，发展壮大优势产业、优势公司和各类新经济主体。三是提供高效便捷的多元化融资工具，助力去杠杆、降成本：发挥资本市场 IPO 和再融资功能，通过提高直接融资，特别是股权融资比重，可以降低企业杠杆水平；发展公司债券市场，利用债权融资成本较低的特点，可以帮助企业有效降低成本。

中国资本市场的快速发展，大大拓宽了民间储蓄转化为社会投资的渠道，在社会融资增量规模中，直接融资比重显著提升。2016 年底，全国直接融资比重为 23.8%，相比 2010 年底的 12%，提高了近 12 个百分点。2006 年至 2016 年，沪深股票市场累计融资 8.71 万亿元，其中 IPO 公司家数 1 719 家，IPO 融资额 2.16 万亿元，再融资额 6.62 万亿元。这些上市公司利用资本市场的融资支持，积极挖掘发展潜力、推动业务扩张和转型升级，大多数的公司都实现了更快更好的发展，成长为细分行业的龙头企业或新兴行业的杰出企业。以 2010 年在沪市上市的永辉超市为例，2015 年公司市场占有率已经提升至 1.4%，超越家乐福等，位居全国第四位。其营业收入、净利润在上市后均保持持续增长，2010—2016 年营业收入复合增长率为 28.6%，净利润复合增长率为 23.2%，显著高于行业平均水平。在上市后，该公司还积极开展股权融资，市值规模迅速提升。公司上市以来完成股权再融资约 130.6 亿元。2010 年 12 月 15 日永辉超市上市首日市值为 248 亿元，至 2016 年底增长至 470 亿元，市值增长幅度达 89.5%，至 2017 年 6 月底市值进一步增长至 677.6 亿元。

资本市场在满足上市公司融资需求的同时，也为投资者带来了相应的投资回报，使投资者得以分享上市公司的经营成果。中国上市公司的分红比例与分红水平不断提高，上市公司投资回报水平持续提升，投资者获得越来越丰厚的回报。以上海股票市场为例，涌现出一批持续稳定高比例分红公司。2011—2015 年间，累计超过 3 470 家次公司提出分红方案，累计分配现金红利 3.28 万亿元。2016 年，沪市共有 870 余家公司提出现金分红方案，占沪市上市公司的 69.4%，合计拟分配现金红利 6 800 亿元。

8.5.2　资源配置功能

资本市场发挥资源配置功能，一是提供优胜劣汰的并购重组平台。并购重组是企业走出经营困境、实现结构调整和产业升级的重要方式。通过并购重组、扶优限劣，加速去产能，将资源集中到优质上市企业，提高产业集中度，增强竞争力。二是形成进退有序的企业筛选机制。资本市场以市场化方式筛选企业，透明度高，约束力强，可以有效降低改革成本。通过完善退市制度，推进"僵尸公司"或"壳公司"市场出清；通过改革发行上市制度，支持新产业、新业态、新商业模式企业上市融资，健康发展。2010—2016年，共有 332 家沪市上市公司完成重大资产重组，累计交易金额约 1.15 万亿元。同时，上市公司退市制度改革初见成效，一批持续亏损和发生重大违法违规事件的公司被强制退市。截至 2017 年 8 月底，从 A 股市场退市的公司共有 95 家，其中主动退市 41 家，强制退市 54 家。

并购重组产生的规模效应，除了带来上市公司资产质量和利润水平的提升外，还在资源优化配置、产业整合升级、提升国际竞争力、推动国企改革等方面发挥了积极作用。一是并购重组促进了产业整合，带动了行业集中度和企业效益进一步提升。二是产业整合带来的协同效应，优化了资源配置结构，为提升市场主体核心竞争力奠定了良好的基础。三是并购重组推动了产业升级，不仅有利于扩大资产规模、提升盈利水平，还有利于获取先进技术、淘汰落后产能和保护环境，促进了经济发展方式的转变。四是跨境并购助力企业"走出去"，谋求境外业务发展，增强核心竞争力。五是通过并购重组的方式实施国企改革，使得国企特别是央企做大做强，国有企业活力进一步增强。

2009 年以来，A 股并购重组活动此起彼伏，形成中国资本市场第一次并购重组浪潮。以 2009 年以来已经完成的重大资产重组事件为对象的研究表明，并购重组对 A 股上市公司发展壮大发挥了重要的助推作用。一是帮助企业迅速扩大规模。总体上，重大资产重组完成当年，无论是营业收入还是净利润，都较实施重组前有显著提升，其中，营业收入平均增长 92％，净利润平均增长 162％；完成后三年内，营业收入和净利润每年均保持正增长，至第三年，分别较实施前增长 4 倍和 6.5 倍。二是帮助企业改善短期业绩。总体上，重大资产重组前一年，公司平均 ROE 为 6.4％，重组当年 ROE 迅速提升至 10.07％，此后三年大致维持在 8％，第四年快速下降至 6.6％，回到重组前水平。三是与未并购重组公司横向比较，并购重组能够显著改善企业短期的相对业绩。样本对照分析表明，重组公司在重组前一年的 ROE 显著低于未重组公司，前者平均为 6.78％，后者为 8.61％；重组完成后，前者 ROE 相比后者平均高 2 个百分点；直到第四年，前者 ROE 同比平均下降 1.8 个百分点，两者 ROE 相当。

8.5.3 风险管理功能

资本市场既是资源优化配置的平台，也是风险转移和分散的场所。期货等衍生品市场能够提供成熟的风险管理工具，帮助市场主体有效防范风险。

中国已发展形成了品种丰富的商品期货市场，农产品、原材料等相关行业主体利用期货进行套期保值，规避了产品的价格波动风险。2010 年股指期货上市以来，市场运行安全规范平稳，功能逐步发挥，期现联动加强，成功嵌入资本市场，进一步加速了股市的自我完善进程。一方面，股指期货提供避险工具，使得机构敢于稳定持股而选择期货替代完成投资管理，这有助于缓解追涨杀跌的羊群效应影响，股市波动出现显著降低，另一方面，股指期货加速了创新，催生了许多新策略、新交易、新产品和新机会，促进了市场交易技术、竞争技巧和博弈层次的提升。证券公司、基金专户等特殊机构投资者、一般法人客户，以及自然人客户开始利用股指期货市场进行套期保值交易和风险管理。例如，期货套保促进了融券交易、定向增发、ETF 做市等业务发展，而使 ETF 市场变得更为活跃，交易及申赎量大增，投资者结构更多元。

股票期权是继股指期货后，资本市场推出的又一重要风险管理工具。2015 年股票期权的推出，为股票持有者提供了独有的市场化风险转移（保险）工具。随着期权市场规模稳步扩大，期权风险管理功能得到有效发挥。不同风险偏好的投资者可运用期权构建灵活的交易策略来满足不同的投资和风险管理需求。2016 年，市场保险交易行为占比为 14.61％，年末市场受保市值（基于保险目的的交易合约面值）为 85.99 亿元，较年初增长 153％，单日受保市值最高达到 106.55 亿元，日均受保市值达到 58.17 亿元，较 2015 年增长 243％。

8.6 双向开放稳步扩大

双向开放是促进中国资本市场发展的重要动力。中国始终坚持循序渐进、互利共赢的开放原则，在确保市场稳定运行和维护国家金融安全的前提下，积极主动、适时适度地推进对外开放，促进证券市场持续健康平稳发展。

8.6.1 证券期货行业双向开放

自从 2001 年正式加入 WTO 以来，中国已兑现有关证券服务业开放的全部承诺，如批准设立中外合资证券公司、中外合资基金公司、中外合资期货管理公司，沪深交易所吸收境外机构为特别会员，境外证券交易所或证券经营类机构设立驻华代表处或驻华代表机构。同时，完善外资持有证券公司股权的监管制度，加强对合资证券公司的指导。2012 年，将原有外国投资者在合资证券公司中不超过 33% 的持股比例提高到 49%，并允许合资证券公司在持续经营满两年以上且符合有关条件的情况下，申请扩大业务范围。基金管理公司和期货管理公司的外资参股比例也放宽至 49%。2017 年 11 月中美元首会晤后，中方又决定将单个或多个外国投资者直接或间接投资证券公司、基金管理公司、期货公司的投资比例限制放宽至 51%。

除此之外，中国还主动实施对外开放政策。2002 年实施合格境外机构投资者（QFII）制度，逐步增加 QFII 的数量和投资额度。这是在人民币资本项目尚未实现完全自由兑换的情况下，部分开放资本市场的过渡性安排，总体运行平稳，对于增加资本市场长期资金供给、引导价值投资理念发挥了积极作用。2011 年启动人民币合格境外机构投资者（RQFII）投资境内资本市场试点，进一步推进境内资本市场对外开放，推动证券公司、基金公司发展跨境业务，拓宽境外人民币投资渠道。2012 年境内证券期货交易所还赴境外举行长期投资机构 QFII 制度推介活动，向境外养老基金、主权基金介绍我国资本市场和 QFII 发展情况，吸引境外长期资金进入。至 2015 年，RQFII 试点已扩大至 16 个国家和地区，总额度增加至 1.21 万亿元人民币。QFII 和 RQFII 相关法规也经过修订：扩大参与试点的金融机构范围；取消股债资产配置限制；明确投资范围；增加股指期货等投资产品；简化申请文件要求；简化境外机构投资者准入及资金汇出、汇入手续，建立起了更加灵活的额度管理制度，便利境外长期资金投资。2017 年 6 月，A 股成功纳入 MSCI 新兴市场指数，这标志着 A 股日益成为全球资本配置的重要目标市场。2007 年实施合格境内机构投资者（QDII）制度，符合条件的境内基金管理公司和证券公司等证券经营机构经批准可以在境内募集资金，以资产组合方式进行境外证券投资，达到了拓宽境内居民投资渠道、提高证券经营机构国际化水平的政策目标。稳步推进中资证券、基金和期货等机构设立海外分支机构。

8.6.2　境内外企业和市场双向开放

2006 年颁布实施《外国投资者对上市公司战略投资管理办法》，允许外国投资者对上市公司进行战略投资。根据 2001 年颁布实施的《关于上市公司涉及外商投资有关问题的若干意见》，允许合格的外资企业在境内证券市场发行股票并上市。支持符合条件的境内企业根据国家发展战略及自身发展需要，在境内或到境外上市，开展跨境投资和并购重组，利用境内外两个市场、两种资源参与国际经济合作，不断提高国际竞争力。2012 年，取消境内企业境外上市中关于企业规模、盈利及筹资额等方面的条件限制，明确和简化了境外上市的申请和审核程序，提高了审核效率，为境内企业特别是中小企业到境外市场直接上市融资创造了更为便利的条件。启动境内企业在港发行优先股、人民币债券等金融创新产品，推进 B 股转 H 股试点工作。启动境外企业发行人民币债券的试点。

资本市场支持上海自贸试验区建设的政策。2013 年 9 月，中国（上海）自由贸易试验区正式挂牌。中国证监会随即宣布了资本市场支持促进自贸试验区建设的五项措施，批准上期所在自贸试验区设立国际能源交易中心，开展原油期货交易，同时建设国际化交易结算平台，积极引入境外交易者和经纪机构。在证监会支持下，多家证券期货经营机构在上海自贸试验区内注册设立专业子公司和分支机构。2015 年 10 月，有关部门联合发布推进上海自贸试验区金融开放创新试点、加快上海国际金融中心建设方案。允许和扩大符合条件的机构和个人在境内外证券期货市场投资；进一步扩大人民币跨境使用，支持自贸试验区内企业的境外母公司或子公司在境内发行人民币债券；不断扩大金融服务业对外开放，鼓励在自贸试验区设立证券期货经营机构并创新发展等。

8.6.3　面向港澳台地区双向开放

由于特殊的关系，中国内地对香港和澳门在证券期货服务业方面的开放程度更大。根据《内地与香港关于建立更紧密经贸关系的安排（CEPA）》以及历次补充协议，中国内地在证券期货业方面对港澳的开放措施包括允许港澳从业人员内地从业，允许内地符合条件的证券、期货和基金公司在港设立分支机构，经营有关业务；允许港资金融机构在上海、广东、深圳各设立一家两地合资的全牌照证券公司，其中港资、澳资合并持股比例最高可达51%，内地股东不限证券公司；在内地若干改革试验区同样实行前述政策，但港资、澳资合并持股比例不超过49%；深化内地与港澳地区金融服务及产品开发合作，允许以RQFII方式投资境内证券市场，实现内地与香港基金产品互认。在广东地区，证券期货领域面向港澳已实现准入前国民待遇加负面清单合作模式。根据《海峡两岸经济合作框架协议（ECFA）》，中国证监会在内地资本市场与台湾地区资本市场双向开放方面也作出若干承诺。

沪港通的开通是内地证券市场双向开放的里程碑。2014年4月，中国证监会与中国香港证监会发布联合公告，原则批准上交所、香港联交所、中国结算、香港结算开展沪港通试点。2014年11月17日，沪港通正式开通，开创了操作便利、风险可控的跨境证券投资新模式，是境内资本市场双向开放的重大制度创新。开通以来，沪港通已平稳运行四年，交易结算、额度控制、换汇等各个环节运作正常，沪港通下的制度安排、运作机制及技术系统经受了市场的检验，实现了预期目标。在沪港通开通前后，中国证监会全面构建沪港通规则体系，作为市场参与者开展沪港通相关业务活动的重要依据，还与香港证监会共同建立了跨境监管和执法合作机制，以维护沪港通开通后的市场秩序，同时做好投资者教育和保护工作。正是在沪港通的成功示范下，2016年12月5日，深港通也成功开通。

8.6.4 资本市场服务"一带一路"倡议

资金融通是"一带一路"建设的重要支撑。深化金融合作，推进投融资体系建设、推动债券市场开放和发展、支持跨境发行人民币债券等是资金融通的重要内容。2016年8月，习近平主席明确提出，"要切实推进金融创新，创新国际化的融资模式，深化金融领域合作，打造多层次金融平台，建立服务'一带一路'建设长期、稳定、可持续、风险可控的金融保障体系。2017年7月，全国金融工作会议指出"要推进'一带一路'建设金融创新，搞好相关制度设计"。"一带一路"建设对资本市场提出了新要求，服务"一带一路"建设是资本市场的责任，也是资本市场发展的重大机遇。

资本市场服务"一带一路"倡议已迈出坚实步伐。一是拓宽直接融资渠道，提高服务"一带一路"倡议的能力。鼓励优秀企业在 A 股市场发行上市和再融资，保障"一带一路"重点项目资金需求；充分利用境内、境外两个市场，支持境内企业在境外市场筹集资金投资"一带一路"建设（包括发行 H 股、D 股等）。2016 年以来，积极参与"一带一路"建设的中国铁建、中国中车两家公司在境外合计融资达 11 亿美元。二是创新债券品种，积极推动企业发行"一带一路"项目债，启动境外公司在沪深交易所发行人民币债券（俗称"熊猫公司债"）的试点。截至 2016 年 12 月底，已有 14 家境外公司累计发行熊猫公司债 46 单，发行金额总计 836 亿元。

交易所是资本市场的组织者，交易所国际化是资本市场双向开放的重要内容。在落实资本市场服务"一带一路"倡议的各项工作中，交易所肩负着重要职责，迈出了坚实步伐。一是积极开展与"一带一路"沿线国家和地区资本市场的交流，上交所先后与沿线国家交易所等机构合办"中国—俄罗斯""中国—中亚""中国—爱尔兰"资本市场合作论坛，搭建交流平台，探讨合作机遇。二是与沿线重点国家交易所开展深度合作。2015 年 5 月，上交所、中金所与德意志交易所集团合作，在欧洲建立了离岸人民币证券产品交易平台，并合资成立了中欧国际交易所，11 月中欧国际交易所开始运行。建设中欧国际交易所是推进中国资本市场双向开放、扩大人民币跨境使用的重要探索，是境内交易所实施国际化发展战略的重要探索，也是支持"一带一路"建设的重要举措。2017 年 5 月，上交所与俄罗斯莫斯科交易所签署战略合作协议。三是向沿线重点国家资本市场输出资本、技术和服务，既帮助对方市场完善功能，又拓展了我国资本市场机构的业务领域，提升了我国资本市场机构"走出去"的能力。2017 年 1 月中金所、上交所与深交所共同收购巴基斯坦证券交易所 40% 的股权，通过这种模式积极参与"一带一路"沿线国家资本市场的框架设计、制度安排、交易系统和法律法规建设，加强交易所、登记结算机构间的双边业务和股权合作。2017 年 5 月上交所与哈萨克斯坦有关方面达成入股阿斯塔纳国际交易所的协议，支持该交易所成为面向中亚及更广泛的"一带一路"沿线国家的区域性交易市场，盘活区域内资金和项目资源。四是积极探索建设"一带一路"直接融资渠道。2017 年上交所支持俄罗斯铝业联合公司成功发行首单"一带一路"熊猫债券，拓宽沿线国家优质企业融资渠道，打造"一带一路"债券融资机制。

8.6.5 证券监管机构积极开展国际合作

中国证监会作为境内证券期货行业监管机构，坚持加强国际监管和执法合作，积极参与国际证监会组织（IOSCO）各项工作，积极开展跨境执法协助，与多个国家和地区签署了多边和双边监管合作谅解备忘录，参与金融市场基础设施原则相关工作，配合有关部门参与国际组织的合作与交流。

金融部门评估规划（FSAP）是由国际货币基金组织和世界银行于 1999 年联合推出的评估框架，旨在加强对成员国和地区金融脆弱性的评估与检测，减少金融危机发生的可能性，同时推动各国金融改革和发展。目前，FSAP 已成为国际社会广泛接受的金融稳定评估框架。中国政府于 2009 年 8 月正式启动首次金融部门评估规划，由人民银行牵头协调落实，中国证监会积极配合，认真开展各项相关工作。评估完成后，国际货币基金组织与世界银行撰写了一系列评估报告。评估报告对中国证券业，以及证券和期货结算领域执行国际标准与准则的情况进行了全面评述，充分反映了中国证券期货系统实施 IOSCO 目标与原则的情况，并对中国资本市场监管的有效性给予了充分肯定。

总体而言，资本市场双向开放引入了长期资金、先进管理经验和技术，促进了市场竞争和金融创新，提高了中国证券业的服务效率和水平，在促进中国资本市场优化资源配置、服务实体经济和社会发展方面发挥了积极作用。中国资本市场和证券业对外开放政策及其实施进程与中国资本市场发展阶段、监管能力基本适应。中国稳健渐进的证券业对外开放政策经受了国际金融危机的考验，维护了资本市场平稳运行和国家金融安全。

第 9 章　挑战与展望

　　尽管取得了巨大发展成就，尽管已经成为一个资本大国，但中国与资本强国之间还有较大距离。在经历了 2006—2007 年和 2014—2015 年两轮大发展之后，中国资本市场依然面临以下挑战：上市公司治理、投资者机构、市场运行机制等方面积累的深层次问题和结构性矛盾依然存在，这对监管层提出了厘清监管逻辑和落实监管职责的更高要求；市场主体归位尽责不到位，各方的违规行为扰乱市场秩序、削弱市场运行效率，因此对违法违规行为仍要保持依法全面从严监管的高压态势；机构投资者发展迅速，但其散户化的交易行为削弱了其稳定市场的作用；政策市继续困扰市场，市场化、法治化的资本市场改革仍需深入推进；资本市场双向开放已取得重大突破，同时面临难得机遇，资本市场国际化征程还需加快步伐。只有解决了这些问题与挑战，中国资本市场才能真正成为一个成熟的市场，中国也才能从资本大国发展成为全球资本强国。

9.1　监管逻辑与监管职责

9.1.1　加强资本市场监管的出发点

　　监管执法是资本市场健康运行的重要前提。现代金融理论指出，市场失灵是实施金融监管的重要原因。在市场失灵条件下，各种不公平不公正的交易行为会损害金融消费者的利益。由于外部性等原因，金融消费者难以依靠法律维权来规范市场交易行为，所以通过监管机构依法实施监管来维护市场秩序、保护消费者权益，就显得非常重要和必要。与银行业相比，资本市场的资源配置机制更市场化、更高效，但另一方面也更脆弱、更离不开法治基础和监管执法。如果没有有效规则，或规则得不到遵守，逐利的资本就会冲破诚信的底线。轻则导致市场萎缩和停滞，重则滋生和传导风险，危及经济运行和社会稳定。这就决定了要发展资本市场，就离不开法治，更离不开监管机构的依法监管。18世纪初，英国和法国先后发生股市"泡沫危机"，引发了全国性的政治动荡，主要原因就是早期市场依靠自发自律调节，操纵、欺诈行为容易泛滥、失控。美国1929年爆发股灾，根本原因也是在此前100多年的历史中，既没有统一的证券市场成文法，也没有维护市场秩序的公共机构。危机促使罗斯福政府痛定思痛，制定了一系列证券法律，设立了美国证监会，加强对资本市场的监管。

中国的资本市场诞生于改革开放的时代大潮之中，经过近30年的发展，已成为全球最大的新兴市场，在经济金融体系中的作用越来越重要，对全球金融市场的影响也越来越大。但是资本市场发展至今，新兴加转轨的阶段性特征仍十分明显，理念、机制、利益结构几经波折，矛盾、问题和困境此起彼伏。上市公司治理、投资者结构和市场运行机制等方面的深层次问题和结构性矛盾，决定了加强监管是现阶段我国资本市场最主要的任务。中国资本市场发展的以下阶段性特征是加强资本市场监管的出发点。

一是上市公司内部治理机制频频失效，大股东"掏空行为"和"野蛮减持"屡见不鲜，要求证券监管机构对大股东和管理层的侵占行为进行有效的约束、披露和监督，降低这些行为发生的可能性及危害性。

中国资本市场上市公司尽管建立了股东大会、董事会及监事会的现代治理架构，以及相对完备的公司治理规则体系，但公司治理结构和实际做法往往形似而神不至。根据亚洲公司治理协会的评估结果，中国公司治理水平自2010年开始持续下滑，其中"公司治理规则和实践分项评分"已经下降至自2003年开始调查以来的最低水平。而中国上市公司普遍具有"一股独大"的股权结构，大股东几乎具有无所不管的控制权、执行权和监督权。在股权高度集中、公司治理失效的情况下，大股东更有可能以其他中小股东的利益为代价来追求自身利益，通过追求自利目标而不是公司价值最大化目标来实现自身利益最大化。在股权分置改革之前，大股东往往通过关联交易来侵害中小股东利益，如高价收购大股东资产、为大股东及其附属企业提供信用担保、直接占用上市公司资金等，学界和媒体称之为"掏空"公司。股权分置改革实施后，股份实现了全流通，由于大部分公司的股价长期处于高估状态，大股东更多地通过金融交易来"掏空"市场。例如，炮制各种概念或进行财务造假以迎合市场投机炒作偏好，实现所持股份的精准减持或清仓式减持，自 2015 年至 2017 年 5 月，重要股东（含持股 5% 以上股东、董监高及其亲属）减持金额高达 9 837 亿元。通过定向发行股票收购资产的形式实现一、二级市场之间的估值套利，近年来收购上市公司股票的估值水平和被收购资产估值水平间的差距有 6 倍之多，蕴含了巨大的套利空间。大股东利用大众的蒙昧和狂热进行"合法掠夺"有违社会的公平正义原则，使股市异化为财富再分配的"名利场"，中小投资者成为被掠夺者。

面对公司治理陷于失效、大股东对中小投资者"合法掠夺"愈演愈烈的现状，证券监管机构相继出台了重组新规和减持新规，以加强对忽悠式、跟风式重组行为的监管，控制清仓式减持、精准减持、过桥式减持行为，形成了保护中小投资者合法权益的长期性制度安排。证券交易所也严格对重组上市行为的信息披露问询，"刨根问底"，着力提升上市公司信息披露质量。

二是投资者结构以中小投资者为主，具有资金优势和信息优势的少数投资者通过掠夺性交易行为肆意侵害中小投资者权益。这不仅扰乱市场交易秩序和扭曲市场经济功能，还破坏市场公平公正原则，甚至会影响市场稳定、诱发金融风险，因而要加强对异常交易行为的监管。

从投资者结构来看，中国股市仍是一个以个人投资者为主的市场。截至 2016 年底，个人投资者开户数达到 1.12 亿户，日活跃交易的个人账户数在市场活跃时超过 2 000 万户，持仓市值在 50 万元以下的中小投资者占比高达 95%，而个人投资者在二级市场总交易额中的占比更是高达 85% 以上。中国正处于经济、社会的转型期，加之中国传统文化重形象思维轻逻辑思维的特点，个人投资者在行为偏差方面尤为突出。近年来学术界的许多研究结果均发现，中国个人投资者具有非常显著的过度自信、过度交易、自我归因、羊群行为等投资行为偏差。从市场运行机制来看，中国股市的运行机制具备简单、直接而又高效的特点，满足了数以千万计投资者的参与需求。由于缺乏针对不同投资者和不同交易品种的多样化的交易机制，大额投资者和中小投资者的委托均在一个系统中撮合成交，加之涨跌幅限制具有的"磁吸"效应和助涨助跌特性，加大了前者的市场影响力。从市场内在的买卖平衡力量来看，由于非市场化定价机制造成融资融券业务发展不平衡，融券业务发展极为滞后。同时，"T+1"交易制度的规定使股票的日内供应受到限制，这两个因素容易导致市场自身的买卖力量产生失衡，市场内生地具有"做多"的冲动。

在一个竞争性的市场上，每个人的交易都不会影响股票价格，都是价格的接受者。但在以大量散户为主的股市中，在不完备的交易制度下，大资金交易者可以在短期内对股价产生重大影响，甚至成为价格的确定者。大资金交易者往往利用某些短期无法证伪的"利好"因素，在极短时间内大量、密集、连续买入相关股票，使股价在盘中出现急剧的大幅上涨，甚至触发涨停，通过制造这种"信息惊喜"吸引其他大额交易者和具有行为偏差的中小投资者参与。加之涨跌幅限制的影响，大资金的投机性攻击可以形成股价变化的惯性效应，吸引更多的中小投资者参与，导致市场出现"集体非理性"，并使股价在短期内大幅偏离其基础价值。此时大资金交易者再将股票卖出获利。大资金投资者通过大量买卖对价格施加影响，并从另一类投资者处获取利润的行为，被称为掠夺性交易。

中小投资者在与大资金交易者的博弈中天然处于劣势地位，由掠夺性交易引发的盲目炒新、狂热炒小、博傻炒概念等现象盛行，对于多数跟进炒作的散户，无异于刀口舔血，往往蒙受惨重损失。股票市场成为弱肉强食的"霍布斯丛林"，成为不法资金的"提款机"，市场的生态和投资文化不断恶化。以掠夺性为主的异常交易还降低了市场定价的准确性以及流动性两项影响市场效率的关键指标，股票市场的经济功能严重受损。同时，异常交易行为在短期内使股价大幅偏离其基础价值，严重透支公司、行业甚至整个市场未来的发展和盈利增长等因素，使中国股市始终处于"牛短熊长"的状态之中。在极端情况下，甚至导致整个市场出现自我增强式的暴涨暴跌，影响到金融体系的稳定运行，2015年股市风波的经验和教训殷鉴不远。

可见，不管是从维护市场交易秩序和经济功能的发挥，还是从保护中小投资者权益、坚持市场的公平和公正原则，抑或是从确保市场稳定运行、防范金融风险的角度出发，均需要加强对市场异常交易行为的监管。

9.1.2　资本市场监管的职责

国际证监会组织（IOSCO）在《证券监管的目标和原则》报告中指出，证券监管的三项目标分别为：保护投资者权益；保证市场公平、高效和透明；减少系统性风险。这三项目标也是资本市场监管的三大职责。此外，为保障上述各项监管职责的落实，证券监管机构还要大力加强稽查执法工作。

"法和金融"学派的观点认为，对投资者权益的保护在微观层面上关系到企业的资本成本、投资收益率、治理水平以及股票定价，进而在宏观层面关联到股票市场的规模及功能发展，最终影响到一国的资本配置效率和经济增长水平。有鉴于此，各国（地区）证券监管均以保护投资者，特别是中小投资者权益为首要目标。我国投资者群体中个体中小投资者占主导地位，保护中小投资者合法权益成为我国证券监管机构履行监管职责的着力点。一是构建保护中小投资者合法权益的政策体系和体制机制。二是持续开展投资者教育与服务活动。三是重点推进中小投资者维权和损失补偿制度建设。

公平、高效和透明，是资本市场稳定健康发展、发挥经济功能的基本前提。我国证券监管机构结合实际情况，借鉴成熟市场的经验，以信息披露、市场监管为中心，开展了一系列工作，以切实维护资本市场公平公正，不断提升市场运行效率和透明度。一是逐步健全完善信息披露的法规体系。目前，中国已基本建立起了多层次的上市公司信息披露框架，从法律规范到操作实施，从内容的披露、形式到手段都较好地满足了公开透明建设的要求。二是有效改进了市场监管的执法体制，初步形成了证监会派出机构与证券交易所各司其职、合理分工、密切协调的市场监管体系。三是严厉打击违法违规行为，不断加强对不当信息披露和其他违法违规交易行为的惩罚力度，保持对内幕交易、虚假信息披露、异常交易等违法违规行为的高压态势，坚决查处和曝光社会影响力大的典型案件。四是健全投资者保护的长效机制，不断探索各类股东，特别是中小投资者公平获取信息的有效途径和方式，积极弘扬诚信、合规、高效的信息披露理念，不断提高市场的透明度和公信力。

在促进市场主体依法依规参与市场、提高透明度的同时，监管机构自身也按照依法行政、阳光行政的要求，不断完善依法行政制度的建设，增强证监会自身建设的公平、高效和透明度。

防范资本市场系统性风险是证券市场监管者的重要职责。资本市场系统性风险是指市场、机构和产品等方面积聚、爆发、传导和放大的，能对资本市场造成全局性重大影响，并导致资本市场投融资、价格发现、资源配置等功能受到严重破坏的风险。中国证券监管机构从四个方面来防控资本市场系统性风险。一是推动资本市场系统性风险监测预警指标体系建设。在参考国际证监会组织（IOSCO）系统性风险分析框架基础上，积极推动建立符合我国资本市场实际的系统性风险监测预警指标体系，这是资本市场系统性风险防控工作的基础。二是有序开展资本市场系统重要性金融机构识别研究。三是完善系统性风险防控工作的监管协调机制。四是重点加强期货及衍生品市场的监管协作和风险防范。深入排查跨市场风险隐患，防范期现货市场风险传递和市场操纵，及时发现并处置异常交易风险，强化对程序化交易等新型交易行为的监管。

证券市场稽查执法是证券监管机构的法定职责，是维护资本市场公开公平公正的市场秩序、保护中小投资者合法权益、促进资本市场健康稳定发展的重要保障。中国证券监管机构从以下方面加强稽查执法工作。一是健全稽查执法规则体系。修订发布《证券市场禁入规定》，完善市场禁入措施，特别是终身市场禁入措施的适用条件和范围。出台《关于委托上海、深圳证券交易所实施案件调查试点工作的指导意见》，进一步细化交易所执法的程序和权限。二是完善稽查执法的体制机制。强化线索渠道建设，建立证券期货违法违规行为举报中心，开通网络和电话举报，实行举报奖励制度，开发稽查舆情系统并联网运行。加强日常监管部门的线索移送工作，完善筛查异常交易数据模型，强化稽查主导的现场核查模式，有效提升线索发现和分析能力。明确沪深专员办的稽查执法职能和沪深交易所受托执法职能，增强稽查执法和专项检查力量。探索行政执法与刑事司法"同步研究、联合调查"新模式。推进行政和解工作。出台《行政和解试点实施办法》，明确行政和解的申请和受理、和解协商、达成和解协议及协议的执行等程序。集中展开专项执法行动，2015 年集中开展了对市值管理、股市造谣、私募基金、内幕交易、虚假陈述等特定违法违规行为的专项执法行动。

9.1.3 证券市场监管需要处理好的几对关系

1. 处理好政府和市场关系

这属于监管哲学问题。调控证券市场的方式通常分为行政监管和市场调节两类，其中，行政监管通过政府的"有形之手"，市场调节借助市场的"无形之手"。在调控市场过程中，政府与市场的关系就像一个钟摆，总是在政府多一点和市场多一点之间摆动，调控的难点是在市场不同的发展阶段如何实现有效平衡，发挥最大合力。市场处于成熟阶段，市场化和法制化可以强调得多一些，反之行政化和监管约束应当更受重视。市场处于大规模改革创新发展时期，对市场化需求更强烈一些，可以主要依靠市场自治；市场需要化解风险、保持平稳时期，行政化监管应当发挥主导作用。即便在成熟市场，也概莫例外。2008 年全球金融危机后，英美等发达市场国家纷纷反思过分依赖市场自治和事后处罚的"自由放任"式金融监管，监管理念发生颠覆式转变，从事后"轻触式"监管转向事前事中"实质式"监管，政府和市场关系这个钟摆，开始偏向监管机构这一边。当前，在中国资本市场，政府和市场关系这个钟摆也应该朝市场监管和行政化这个方向多摆动一些，这是2015 年股市异常波动后稳定市场、整治市场多年顽疾和近年累积乱象的需要，也是与中国资本市场特定的发展阶段相适应的。在中国股票市场中，炒概念、追涨停、"割韭菜"等不合理的逐利模式长期存在，严重损害市场公平和效率，化解市场风险、维护市场稳健运行、保护投资者合法权益成为一项长期艰巨的任务。因此，单一依靠事后监管追责，容易放任损害结果扩大，无法保证监管效果，需要拒绝监管上的"父爱主义"，加强事前事中"实质性"监管，加大监管资源配置和监管能力建设，使监管"长牙齿"，确保监管有威慑、见行动、获实效。

2. 处理好治标和治本关系

这属于监管路径问题。证券市场监管需处理好整治市场顽疾与完善市场生态之间的关系，前者是治标，后者是治本。2015 年股市异常波动以来，监管机构加强了对"忽悠式""跟风式""盲目跨界式"重组的监管，遏制投机炒"壳"之风，集中开展打击 IPO 欺诈发行、虚假信息披露、中介机构违法、操纵市场等专项执法行动，有效推动了市场重新回归理性运行格局。这种以整治市场乱象和顽疾为目的的回应式监管是稳定市场的"速效药"，疗效大、见效快。当前股市诸多矛盾交织在一起，利益主体盘根错节，随着监管工作的深入推进，许多治标式监管已直指市场的沉疴痼疾，触动了部分市场主体的核心利益。因此，为了重塑健康良好的市场环境，监管机构不仅需要短期治标的行动，更需坚定长期治本的决心，制定系统性建设市场的方案。目前，监管机构正在深入推进新股发行制度及配套的退市制度改革，规范上市公司并购重组和定向增发，持续强化二级市场的异常交易监管。由于这些监管工作试图改变市场多年来形成的投机炒作文化，纠正少数优势主体不合理的盈利模式，打破强势主体根深蒂固的利益格局，在实施过程中难度高、阻力大、见效慢。因此，在具体监管实践中，市场监管应平衡好治标与治本、短期与长期的关系，治标是实现治本的有效方式，治本是治标的终极目标，需要立足于市场整体生态环境的监管之本，明确监管目标，坚持问题导向，把握不同阶段市场的主要矛盾，循序渐进地从治标上实现突破，以多个治标式监管的量变，逐渐达到治本式监管的质变。

3. 处理好分工和协同关系

这属于监管协调问题。分工与协同包括两个层次的内容。第一层次是在证券市场监管的内部结构中，处理好行政监管和自律监管的关系。从成熟市场的经验来看，证券交易所、行业协会这些自律监管组织是证券市场的一线监管力量，是行政监管的重要合作者，在市场监管中发挥着重要的补充作用。市场参与者、会员从事市场操纵、异常交易等不法行为，自律监管组织有权依法依规，按照必要的程序进行调查并给予纪律处分。协调好行政监管和自律监管的关系：一是要在证券立法中，进一步将自律监管组织的一线监管权确立和巩固下来，赋予自律监管组织必要的监管能动性和监管权威性；二是要注意区分自律监管和行政监管运行机制上和方式上的差异，在目标一致的基础上，发挥好自律监管的优势，实现优势互补，防止功能混同。

第二层次是在大的金融监管框架下，处理好银行保险监管机构和证券监管机构之间的分工合作关系。金融监管框架是采用"伞形结构""双峰制"还是"集中制"，理论研究中还存在很大争议，境外市场的监管实践也千差万别。但无论金融监管框架怎么调整，健全和加强监管机构之间常态化的信息交流、制度化的协商议事、协同化的危机管理是境外金融监管协调机制的通行做法。当前，在金融混业经营分业监管的体制下，在各类金融市场交互影响日趋加深、市场联动日益增强的背景下，我国金融监管形势错综复杂，稳市场、防风险、促改革的任务艰巨繁重。各个金融监管机构在制定、部署和实施重大监管决策前，应当充分沟通、有效协商、达成共识，更加注重金融监管政策的整体协调性，把控好节奏和力度，协同推进金融监管和金融调控。既要防止单个金融市场单兵突进式监管，触发跨市场的风险外溢、波动传导，又要避免多个金融市场监管政策"碰头"叠加，引发各类金融市场风险重叠、波动共振。

4. 处理好市场质疑和监管一致性关系

这属于监管定力问题。2016 年以来，证券监管机构大力推进依法全面从严监管，规范了市场秩序，净化了市场生态，为市场长期健康稳定发展营造了良好环境。证券监管的目的是维护市场秩序，防控金融风险，保护投资者合法权益。我国股票市场以散户为主，市场环境复杂，投资土壤独特，参与主体利益诉求多元且显著分化。当前以完善市场生态为核心的监管，可以说是一场革命性监管，任何一项监管政策都可能改变一些利益主体多年来的盈利模式，正在并将继续触动强势利益主体的既得利益。出现质疑监管、反对监管的声音，在所难免。甚至有部分既得利益者主动争夺舆论话语权，将股市短期下跌直接归过于监管，试图影响监管政策取向，希望监管力度放松、监管政策调整，甚至希望回到弱肉强食的"霍布斯丛林时代"。就此，需要监管机构在监管中进一步保持清醒和定力，正确看待市场短期波动和监管强化之间的关系，增加对市场正常波动的容忍度。监管强化带来市场短期波动，这是改革的阵痛和代价，不可避免。

当前是加快市场监管和改革的绝佳"窗口期"，一是股市经过一年多时间的调整、修复和去杠杆化、泡沫化，整体估值水平已经相对合理；二是经过一年多的依法全面从严监管，监管机构特别是一线监管机构的专业监管人员已经积累了较为丰富的监管经验，监管能力得到提升；三是社会各界对强化资本市场监管、重塑资本市场生态环境，已经形成了普遍共识。因此，监管机构需要继续保持监管定力，加强监管的顶层设计，制定监管的中长期规划，打持久战，确保监管的连续性和一致性，形成合理稳定的政策预期，不断完善市场生态环境，驰而不息，久久为功。如果证券监管因外界舆论质疑或是部分既得利益者反对，出现政策摇摆甚至走回头路，错过当前和今后一段时期难得的改革攻坚窗口和历史节点，可能再次走入死循环，甚至陷入可怕的"塔西佗陷阱"，监管的公权力失去公信力，无论发表什么监管言论，无论采取什么监管举措，市场和社会都会给予负面评价。

9.2　参与主体职责与违规监管

证券市场的稳定运行，其功能的有效发挥，是市场主体在法律法规范围内积极参与并发挥自身作用的结果，是它们共同运作市场并维护公平有效透明市场环境的结果。但现阶段市场参与主体归位尽责不到位，违规行为频繁发生。它们的违规行为扰乱市场秩序、削弱市场运行效率，所以证券监管机构对市场参与主体的违法违规行为保持依法全面从严监管的高压态势。市场投资环境正在不断得到净化。

9.2.1　上市公司违规行为监管

上市公司是资本市场的基石，它的生产经营活动为社会创造财富，也为投资者带来回报。它的最重要职责之一是充分、及时、准确地进行信息披露，保证市场上所有投资者都能够公平地获取上市公司信息，以便投资者根据这些信息作出有关上市公司股票的投资决策。任何违反上述原则的信息披露行为都会破坏资本市场公平、有效、透明的运行环境，属于违规行为，都应受到严格监管。近年来，中国证券监管机构根据各种新问题、新情况，有针对性地不断建立和完善各种制度安排和实施机制，强化对上市公司违规行为的监管：

一是通过建立信息披露与股价异动监管联动机制、风险导向的年报现场检查机制，及时快速查处信息披露违法违规行为。全面实施上市公司内幕信息知情人登记制度。当发现股价异动的情形，立即协作派出机构、交易所，要求检查内幕信息知情人登记情况、核实二级市场股价买卖行为，视检查结论作出进一步处理。特别对涉嫌信息披露违法违规或内幕交易的重大个案，作出有力的处置。＊ST 博元等多家上市公司因信息披露违法违规被终止上市。上市公司披露年报后，沪深交易所对上市公司年度报告进行审查，对发现的疑点进行问询或商请派出机构核查。派出机构结合年报披露，针对经营情况发生重大变动或年报披露存在重大疑点的上市公司进行现场检查，进而采取不同程度的监管措施。

二是对 IPO 公司财务信息披露中的违法违规行为加强监管。开展 IPO 在审企业财务专项检查工作，要求保荐机构、会计师事务所对首次公开发行公司报告期财务会计信息开展全面自查，并提交自查报告，证监会再对自查报告进行审阅、抽查。对于发行人的财务造假、利润操纵等重大违法违规行为，坚决予以查处，并对负有责任的相关中介机构和人员予以惩处。查处的典型案例包括"万福生科""新大地""欣泰电气"等欺诈上市、财务造假、虚假信息披露等大案要案。

三是加强对会计准则执行和财务信息披露的监管。会计信息是资本市场的基础性信息，高质量的会计信息能够提升资本市场的资源配置效率，增强投资者信心。近年来证监会不断完善财务信息披露规范体系，推动内部控制建设，提高资本市场财务信息披露质量。结合资本市场实际，推动主板上市公司分类分批推进实施内部控制规范体系。编制《上市公司执行企业会计准则监管问题解答》，统一资本市场会计监管标准。

四是严格防范关联交易。要求上市公司在履行关联交易的决策程序时严格执行关联方回避制度，履行相应的信息披露义务，保证关联交易的公允性和交易行为的透明度。2012 年，证监会进一步健全机制，充分发挥独立董事在关联交易决策和信息披露程序中的作用，加大对利用关联交易侵占上市公司利益、强迫上市公司接受非公允关联交易等行为的监管力度，对因非公允关联交易造成上市公司利益损失的，依法追究上市公司有关人员的责任。

除信息披露违法违规行为监管外，证监会还开展针对上市公司承诺及履行的专项治理活动，严厉打击失信行为。为加强相关方承诺及履行行为的监管，营造诚信的市场环境，保护中小投资者的合法权益，证监会于 2013 年颁布了上市公司监管指引第 4 号，要求凡不符合监管指引要求的承诺及超期未履行的承诺，记入诚信档案，在一定期限内予以规范或解决，并要求全部上市公司向市场公告其承诺及履行情况。证监会重点关注市场关注度高、监管记录不佳的公司，并视情况赴现场检查部分公司承诺履行情况，督导相关公司尽快履约。此外，在上市公司日常监管评级时，考虑承诺相关方承诺履行情况的影响，并在修订上市公司信息披露规则的过程中进一步细化承诺披露标准，坚持以投资者需求为导向，使信息披露更好地为投资者服务。

9.2.2　投资者违规行为监管

投资者的违规行为主要是指少数投资者利用内幕信息、资金优势实施的内幕交易或操纵市场行为，以及少数证券投资基金机构的工作人员违反信托责任，利用未公开信息在自己或亲友的私人账户上交易股票，即"老鼠仓"，损害基金持有人利益。这些行为是典型的证券市场违法违规行为，一直是证券监管机构严厉打击的对象。近年来，大资金交易者盘中拉升或打压股价，制造股价大幅上涨或下跌的假象，吸引中小投资者跟风买入或卖出，他们再利用股价波动进行掠夺性交易的现象十分突出，监管机构也正逐步加强对这类异常交易行为的监管。

1. 内幕交易违规行为监管

内幕交易是指因地位或职务上的便利而能掌握内幕信息的人，直接或间接地利用该内幕信息进行证券买卖，获取不正当的经济利益；或泄露该内幕信息，使他人非法获利的行为。与国外情况相比，中国证券市场中的内幕交易行为有以下几个方面的特点：内幕交易行为具有普遍性与隐蔽性，内幕交易在证券市场上普遍存在，但绝大多数内幕人员在从事内幕交易时并不使用自己的账号，这使得对内幕交易的查处和取证非常困难；内幕交易主体具有多样性，从事内幕交易的既有个人，也有许多机构；内幕交易与其他违法行为具有关联性，市场操纵、内幕交易、发布虚假信息等各种形式的证券违法违规行为共同存在，形成了复杂的证券犯罪形态；内幕交易常与上市公司重组有关联，在上市公司重组过程中内幕交易普遍存在，甚至有不少公司的重组行为根本就是为了操纵上市公司内幕信息和操纵股价。

20世纪90年代以来，在全球公司治理模式更加注重保护中小投资者权益的背景下，通过立法禁止内幕交易已成为全球性的趋势。中国禁止内幕交易的立法是随着证券市场的不断发展逐步完善的，目前已经形成了一个由行业自律性规定、行政法规和规章、《刑法》和《证券法》组成的，相对完整的禁止内幕交易法律法规体系。1997 年 10 月生效的《刑法》纳入了证券欺诈条款，第一次以基本法的形式规定证券内幕交易为刑事犯罪行为，并规定了其刑事责任，为打击内幕交易提供了强有力的法律工具。1999 年 7 月 1 日生效的《证券法》，对内幕交易的定义、内幕人员的界定、内幕信息的内容，以及内幕交易的类型都作出了详细具体的规定。

内幕交易严重破坏市场公平交易秩序，严重损害投资者合法权益，是证券市场的严重欺诈行为，始终是证监会稽查执法打击重点，也是社会和市场各方共同防控的重点。通过组织日常的专项执法行动，建立信息、股价、成交量三位一体的综合监控系统，稽查执法系统全面提升了监管效能，对内幕交易违规行为形成了震慑效果。以 2016 年为例，证监会稽查执法系统查处了平潭发展异常交易案、新时代证券罗向阳内幕交易案等典型的内幕交易案件。2017 年 1—8 月，证券稽查执法系统启动初步调查及立案调查的案件共计 444 起，其中内幕交易初查和立案案件共 204 起，占比达 46%，内幕交易仍是监管机构查办的最主要案件类型。此外，证券监管机构还规范了上市公司信息披露机制和流程，以加强对中介机构内幕信息管理，建立了严格的内幕人员持股报告制度，以构建严格的内幕交易预防制度。

2. 市场操纵违规行为监管

市场操纵是指个人或机构人为地操纵证券价格，以引诱他人参与证券交易，为自身牟取私利的行为。市场操纵的主体可能涉及机构投资者，包括证券公司、信托投资公司、基金管理公司、上市公司内部人以及关联方等。在试行《操纵行为认定办法》前，我国证券市场中的市场操纵事件较为频繁，较为典型的案例是中科创业操纵证券交易价格案。操纵价格的方式是同一控制人筹集大规模资金，利用上千个账户，采取以不转移实际控制权为目的的自买自卖，严重影响中科创业的交易价格与交易量，操纵股票交易价格。近年来，随着多层次市场日益发展，各类交易工具日益丰富，传统操纵手法与新产品（股指期货、ETF 等）、新业务（融券）、新技术（程序化交易等）、跨市场（股票、ETF 与期货市场等）等新情况相结合，各类新型市场操纵手段不断浮现，"新三板"市场成为案件多发高发的特定市场，国债期货和商品期货市场也发生市场操纵案，沪港通机制下境内境外联合跨境操纵违法行为也露出端倪。

2006 年实施的新《证券法》第 77 条采取列举形式对市场操纵行为进行界定，即"禁止任何人以下列手段操纵证券市场：（一）单独或通过合谋，集中资金优势、持股优势或者利用信息优势联合或者连续买卖，操纵证券交易价格或者证券交易量；（二）与他人串通，以事先约定的时间、价格和方式相互进行证券交易，影响证券交易价格或者证券交易量；（三）在自己实际控制的账户之间进行证券交易，影响证券交易价格或者证券交易量；（四）以其他手段操纵证券市场"。2007 年中国证监会试行的《证券市场操纵行为认定办法》进一步细化了相关认定标准，结合市场实践将"以其他手段操纵证券市场"的规定细化为"蛊惑交易、抢先交易、虚假申报、特定价格以及特定时段交易"等五类市场操纵行为。

操纵市场行为会严重地破坏资本市场"公开、公平、公正"的原则，误导和欺诈市场投资者，损害投资者合法权益，破坏投资者对资本市场的信任基础，严重影响市场秩序，因而一直以来证监会都将其视为严厉查处的重点违法行为，对于符合立案标准的立即立案稽查，严厉打击，确保市场秩序健康平稳。证监会稽查执法机构以交易所在日常工作中发现的异常交易违法违规案件线索为基础，针对操纵案件所呈现出的规律特点和发展趋势，已多次开展专项打击行动。以 2016 年为例，查处的典型案例包括唐某博沪港通跨境操纵第一案、"宏达新材"利用信息优势操纵市场第一案、刷新罚没金额最高纪录的"特力 A"和"得利斯"案、全国首例操纵商品期货合约价格"甲醇 1501 合约"操纵案、朱炜明"抢帽子"操纵案、大宗交易接盘后操纵股价卖出的任良成案等等。

3. 利用未公开信息交易违规行为监管

金融机构从业人员利用因职务便利获取的内幕信息以外的其他未公开信息，违反规定在自己或亲友的私人账户上进行相关的证券交易，泄露未公开信息或者明示暗示他人从事相关交易，这类俗称"老鼠仓"的行为是一种严重的违法犯罪。继 2009 年 2 月 28 日《刑法修正案（七）》将"老鼠仓"规定为刑事犯罪后，2012 年 12 月 28 日修订的《证券投资基金法》明令禁止基金从业人员"老鼠仓"，2013 年 4 月 2 日制订实施的《证券投资基金托管业务管理办法》（证监会第 92 号令）等配套规章明令禁止基金托管部门等从业人员"老鼠仓"，2014 年 8 月 21 日实施的《私募投资基金监督管理暂行办法》（证监会第 105 号令）明令禁止私募基金从业人员"老鼠仓"。

"老鼠仓"行为背离受托责任，侵害委托人的利益，破坏财富管理原则，损害资管行业信誉，历来是证券监管机构稽查执法的重点领域。在稽查执法工作中，证监会按照依法、全面、从严监管的要求，着力强化了以下几个方面的工作。一是充分依托运用大数据监控技术。通过对历史交易数据跟踪拟合、回溯重演，市场监察部门精准锁定了一批跟随资管产品先买先卖、同进同出的可疑账户的异常交易线索。二是主动拓宽执法行动的覆盖领域。在密切监控公募基金产品趋同交易的同时，对私募产品、券商资管、专户理财、信托计划、保险投资等各类账户伴生的趋同交易组织案件调查。三是联合公安机关开展打击和防范"老鼠仓"交易专项行动。通过从快、从严查处典型案件并公开宣传，有力地遏止了"老鼠仓"的多发蔓延态势。"老鼠仓"犯罪成为继内幕交易之后移送刑事追责比例最高的一类案件。四是加强对经营机构资管业务的合规检查。组织开展基金从业人员"老鼠仓"专项整治活动，对重点机构专项检查；对相关机构在信息管控、人员选聘、通信管理等方面存在的内控缺失采取行政监管措施，督促基金公司全面提高合规风控水平，最大程度挤压违法犯罪行为滋生蔓延的空间。

近年来，随着法律法规不断完善、监控系统全面升级、执法力度不断加大，金融资管机构一批长期隐蔽的"老鼠仓"交易陆续曝光，相关从业人员受到法律严惩，案件多发态势得到有效遏制。2014 年以来证监会共启动 99 起"老鼠仓"违法线索核查，向公安机关移送涉嫌犯罪案件 83 起，涉案交易金额约 800 亿元。截至 2017 年 5 月底，司法机关已经对 25 名金融资管从业人员作出了有罪刑事判决，证监会已经对 15 名证券从业人员采取证券市场禁入措施。在此过程中，证监会与审计、公安、司法机关密切配合，严肃查处了博时基金原基金经理马乐、中邮创业基金原基金经理厉建超、易方达基金原副总经理陈志民、中国人寿原投资总监曾宏等一批典型案件中的违规人员，对于规范资管机构合规内控、规范从业人员诚实守信，起到了较好的威慑和警示作用。

4. 掠夺性异常交易行为监管

大资金投资者通过大量买卖对价格施加影响，并从另一类投资者处获取利润的行为称为掠夺性交易。中国证券市场投资者因结构不成熟、交易机制不完备，而催生出了这类独特的异常交易行为。由于市场异常交易可能以不同的模式和形态出现在不同的市场和交易场所中，因此各国证券法律均未对异常交易和股价操纵行为确切地进行定义，其目的在于保持法律的弹性，以能够更广泛地覆盖异常交易行为，防止有机可乘的漏洞。不管是从维护市场交易秩序和发挥经济功能，还是从保护中小投资者利益、坚持市场的公平和公正原则，抑或是从确保市场稳定运行、防范金融风险的角度出发，均需要加强对异常交易行为的监管。

掠夺性交易具有一些突出的行为特征：一是大量消耗市场流动性。大资金交易者大部分倾向于利用多笔主动性买入拉升股价，会对市场流动性形成严重冲击和损耗，降低市场的运行效率。二是在短期内致使股价发生大幅波动。大资金交易者的连续大量买入会降低股票短期内的供需弹性，使股价产生大幅波动。三是以封涨停板的极端方式人为影响股价趋势。四是持股期限普遍较短。掠夺性交易的本质在于利用资金优势影响股价的短期走势，并掠夺随后参与的"跟风"交易者，因此持股期限普遍较短，一般仅持有 1—5 天即会卖出，显示快进快出的行为特征。根据各国证券法律的立法原则、判例标准和国内市场异常交易行为的具体特征，可从交易动机、价格影响和持股期限三个维度来界定异常交易行为。尽管各国证券法律并未给出异常交易乃至市场操纵行为的详尽定义，但这些法律条文隐含着如下的假设，即投资者不应通过控制或人为影响证券价格的形式来误导其他投资者。

中国证券市场处在新兴加转轨时期，由于受社会文化、投资习惯、行为偏差和交易机制等多重因素的影响，由异常交易带来的违规交易形态和问题不断涌现。这不但导致市场巨幅波动，而且使中小投资者蒙受损失，破坏了市场生态和投资文化。监管机构按照"依法监管、从严监管、全面监管"的要求，针对证券市场异常交易行为的特点，充分发挥交易所一线监管优势，加大自律监管措施的实施力度，提升自律监管有效性。交易所不断探索和构建系统性的异常交易行为监管机制：一是通过增强市场监察队伍力量、完善实时监控模块、改造预警自动化系统，大幅提升发现和查处异常交易行为的力度，强化交易所一线监管职能。二是细化和明确异常交易行为的认定标准，落实依法从严全面监管要求。三是对明显规避监管意图的违规行为，实施"看穿式"监管。四是主动研判新型异常交易行为，将监管介入时点提前。五是立足防范系统性风险，加强对系统重要性金融机构交易行为的监管。六是督促会员切实承担对异常交易行为的管理责任，细化会员"事前认识客户、事中监控交易、事后报告异常"的客户交易行为管理职责，引导市场合规交易理念，为会员管理客户提供制度支持，完善"以监管会员为中心"的自律监管体系。七是加大监督检查力度，建立评价机制，督促会员切实履职尽责。八是积极开展交易合规管理培训，重点面向会员，兼顾基金、保险等专业机构，旨在向市场传达监管重点和要求，介绍交易所监管逻辑和标准。

为加强异常交易行为监管，交易所从直接监管投资者交易行为转变为监管投资者和监管会员并重，推动和督促会员承担起客户管理的各项责任，指导会员建立完善有效的客户交易行为监控体系，使其成为识别、发现、劝阻、制止异常交易行为的重要关口。在新的监管模式下，交易所和会员各司其职、各尽其责，共同维护市场秩序、发现违法线索、防范交易风险。以上交所为例，2017 年上半年，共处理异常交易行为 227 起，较 2016 年全年增加 92%。同时，加强对大中型专业机构投资者的监管，共涉及基金公司 109家次、保险公司 14 家次。

除针对各类异常交易行为加强监管和执法查处外，监管机构还进一步改进市场基础设施建设，以便为监管执法提供更有效的技术条件，提高监管执法效能。一是整合证券账户。为支持多层次资本市场建设，建立同一投资者不同账户之间的关联，提高运行效率，降低市场成本，强化市场监管，2013年中国结算启动账户整合工作：为每个投资者增设一码通证券账户作为投资者持有证券的总账，同时将现有证券账户作为投资者参与不同市场或同一市场不同证券产品的明细账。二是建设中央监管信息平台。2014 年，中国证监会发布《中央监管信息平台管理办法（试行）》和《中央监管信息平台总体建设方案》，按照监管转型要求，全面启动资本市场中央监管信息平台建设。该平台的目标是实现资本市场监管数据信息的"统一、全面、共享"，支持业务监管和宏观监管。

9.2.3　中介机构违规行为监管

中介机构为投资者和上市公司提供各种投融资中介服务，是资本市场的重要参与方，也是投资者和上市公司联系的纽带。资本市场中介机构勤勉尽责、审慎经营，对推动资本市场健康发展有不可或缺的作用。证券市场的投融资活动高度依赖真实、准确、完整、及时的信息披露，特别是公司财务会计信息和作为资产定价依据的评估信息，是否符合信息披露规范要求，直接关系投资者的投资判断和决策。无论是作为上市公司信息披露重要责任人的券商，还是会计信息和评估信息提供者的会计和评估机构，如果未能按规定履行勤勉尽责义务，丧失证券市场"看门人"的应有作用，甚至协助上市公司进行信息披露造假，都会受到监管机构的严厉处罚。例如，在欣泰电气欺诈上市案中，兴业证券作为保荐机构涉嫌未按规定履行法定职责而被证监会立案调查，出资 5.5 亿元设立先行赔付专项基金，其保荐业务同时被暂停。西南证券和中德证券也因类似违规行为被证监会立案调查，暂停相关保荐业务推荐和受理。2016 年全年，有 8 家证券公司、3 家会计师事务所、2 家资产评估公司、1 家律师事务所被证监会处罚。证券期货经营机构还开展代理客户买卖业务、自营业务、资本中介业务，基金管理公司开展资产管理业务，这些中介机构都直接或间接地参与市场交易，对二级市场平稳运行和发挥定价、风险管理等功能具有重要作用，对系统性风险的防范也承担举足轻重的职责。监管机构对这些中介机构的违规交易或经营行为也进行严格监管，确保其审慎经营，促进其对资本市场健康平稳运行发挥积极作用。例如，2015 年 9 月，证监会对华泰证券、海通证券、广发证券、方正证券涉嫌未按规定审查、了解客户真实身份违法违规案，以及浙商期货涉嫌违反期货法律法规案作出行政处罚。2017 年 5 月，中信证券、海通证券和国信证券因为在 2015 年两融业务开展过程中，存在违规为司度（上海）贸易有限公司提供融资融券服务、开立信用证券账户的行为，受到证监会顶格处罚，其中中信证券被罚 3 亿元。

为加强对资本市场中介机构违规行为的监管，监管机构根据各类中介机构的业务特点，分别建章立制、督促落实各项监管措施。一是加强证券行业全面风险管理和流动性风险管理，引导证券公司加强风险管理制度、组织架构、系统和人才队伍建设，促进行业提升风险管理能力。2011 年 5 月，证监会正式实施保荐项目问核制度，并将其先行适用于首发项目。建立和实施问核制度，丰富了保荐业务监管手段，促进了保荐机构与保荐代表人工作质量的提高，审核过程中对保荐机构执业质量的监管得以加强。加强底线监管，明确资产管理、资金存管、融资融券等业务底线要求，核查证券公司信息技术、账户管理情况，清理整顿场外配资等非法证券业务活动。强化对证券公司的合规管理，引导证券公司加快建设首席风险官、风险管理专业人员等合规风控人才队伍。加大对证券公司的现场检查力度，常年开展对证券公司各项业务的专项现场检查。组织派出机构对辖区内证券公司进行日常现场检查。针对检查中发现的突出问题，指导派出机构对证券公司依法采取监管措施，且按规定在分类评价中予以扣分处理。

二是强化对基金机构的非现场监管和现场检查。修订出台《公开募集证券投资基金运作管理办法》，进一步树立以信息披露为中心的公募基金监管理念，突出有效信息的披露；持续提升公募基金电子化信息披露水平；重点加强对货币市场基金流动性风险、信用风险和利率风险的防范与监管。对基金公司开展全面现场检查或专项现场检查，加强对基金投资运作的非现场监管，及时处理基金投资运作违规与操作失误事件，重点核查基金从业人员利用非公开信息交易股票、基金管理公司子公司产品兑付等事项。针对现场检查和非现场监管中发现的问题，区分情节轻重，对相关基金公司、托管行和相应工作人员采取行政监管措施，并由公司自有资金或风险准备金赔偿基金持有人损失。

三是建立期货公司风险监管指标体系，持续开展期货公司现场检查，强化风险管理和合规运作水平。因为期货公司代理客户从事期货交易，吸收客户资金，风险突发性较强，所以期货公司需要持续符合风险监管指标标准，确保具有抵御风险的能力。2013 年 2 月发布《期货公司风险监管指标管理办法》及《关于期货公司风险资本准备计算标准的规定》，并于 2013 年 7 月 1 日起正式实施。根据规定，期货公司应当持续符合以下风险监管指标标准：净资本不得低于人民币 1 500 万元；净资本与公司风险资本准备的比例不得低于 100%；净资本与净资产的比例不得低于 40%；流动资产与流动负债的比例不得低于 100%；负债与净资产的比例不得高于 150%；规定的最低限额的结算准备金要求。查处各类违规使用账户行为，督促证券期货经营机构履行开户实名制审核义务。持续开展对期货公司的现场检查工作，督促期货公司进一步强化风险管理，提高合规运作水平。稳妥推进风险公司处置，针对个别期货公司净资本不达标情况，在妥善处置客户资产的前提下，注销其期货业务许可证。督促期货公司加强外部接入信息系统管理，清理整顿违法违规从事期货配资账户及其他违法从事期货业务的活动。2013 年证监会建设完成并上线运行期货公司监管综合信息系统（FISS），改进和加强对期货公司的非现场检查和风险监测监控。重点加强对期货公司资产管理、风险管理子公司、连续交易及证券投资基金销售等创新业务的监管工作。

四是高度重视对审计、评估机构的监管。对 IPO 公司财务信息披露违法违规行为加强监管，明确会计师事务所和保荐机构在首次公开发行股票公司财务信息披露工作中的相关责任，完善和落实责任追究机制。对于发行人的财务造假、利润操纵等重大违法违规行为，坚决予以查处，并对负有责任的相关中介机构和人员予以惩处。持续加强对审计与评估机构的日常监管，推进会计监管信息系统建设，加大对年度报备和重大事项报备信息的审查力度。强化年报审计监管，统一证监会系统年报审计监管标准，规范有关工作流程，并实施差异化审计监管策略。不断增强检查的针对性，加大对审计与评估机构内部治理、质量控制和具体项目执业质量的检查，加强与财政部、中国注册会计师协会等相关部门的监管协调，督促各证券资格会计师事务所和资产评估机构提高执业水平。建立会计师事务所专业联系机制。为加强引导和规范会计师事务所在资本市场执业，2013 年证监会建立并不断完善与证券期货相关业务资格会计师事务所的专业联系机制。在联系过程中形成共识的问题，涉及准则制定层面的及时向财政部反馈，涉及准则执行层面的进一步统一资本市场会计监管标准，并及时向所有证券期货相关业务资格会计师事务所通报。

9.3　投资机构化与交易散户化

9.3.1　机构投资者的出现和发展

世界各国证券市场的发展经历都表明，随着市场的成熟和发展，机构投资者也不断发展壮大，并逐步成为证券市场最主要的投资群体。

从 1991 年开始，中国出现了一批投资于证券、期货、房地产等市场的基金（统称为"老基金"），它们依托地方政府和银行分支机构，向公众募集资金，到 1996 年底共有 78 只，均为封闭式，大部分为契约型，总规模约66 亿元，投资范围涵盖证券、房地产和资金拆借，其中房地产占据相当大的比重，流动性较低。其中有些老基金在交易所挂牌交易，往往也成为投机炒作的对象，在证券市场造成了一定的混乱。1997 年 11 月，《证券投资基金管理暂行办法》颁布，规范证券投资基金发展的同时开始对"老基金"进行清理，中国基金业真正起步。2000 年，中国证监会提出"超常规发展机构投资者"，并将其作为改善资本市场投资者结构的重要举措。其时，中国资本市场的投机气氛非常严重。2000 年底，中国资本市场爆发了"基金黑幕"事件[1]，使基金业遭受了全面挫折。

2002 年，中国证监会主导的基金审核制度渐进式市场化改革启动，监管部门简化审批程序，引入专家评审制度，使基金产品的审批过程渐趋制度化、透明化、专业化和规范化。2003 年以后，有关审核制度进一步松动，政府进一步放权，逐步探索与国际通行的注册制接轨。

从 2002 年初到 2005 年底，在市场整体下跌的环境下，市场化改革极大地释放了行业的潜能，中国基金业的规模实现了从 800 亿元到 5 000 多亿元的增长，基金持股市值占流通股的比重从 5％增长到近 20％。[2]2006 年以来，市场经历了多轮上涨和下跌周期，在市场的周期性波动中，证券投资基金显示出了专业理财的巨大优势，获得了快速增长。2007 年底，证券投资基金数量为 363 只，资产净值合计 3.28 万亿元。其中，34 只封闭式基金资产净值合计 0.23 万亿元，占全部基金资产净值的 7.09％；329 只开放式基金资产净值合计 3.04 万亿元，占全部基金资产净值的 92.91％。到 2017 年 6 月底，证券投资基金数量为 4 419 只，资产净值合计 10.07 万亿元，较 2007 年

---

[1] 基金黑幕事件：2000 年 10 月《财经》杂志以"基金黑幕"为题对当年中国基金行为作出了全面解析，并披露了国内基金业的种种问题，包括自己买卖自己账户上的股票，以制造虚假成交量来吸引顾客的对倒行为；同一家管理公司的两只基金，通过事先约定的价格、数量和时间，在市场上进行交易的倒仓行为；采取"对倒""倒仓"等手法将股价做高，以提高的基金净值来制造"高价幻觉"，从而吸引投资者的净值游戏行为等。
[2] 美国投资公司协会（ICI）的数据表明，1955—1979 年，美国共同基金的资产净值从80 亿美元增长到 800 亿美元，用了 24 年；而美国共同基金的持股市值占总市值的比重从 4％增长到 24％，也用了 25 年。

底增长2倍。其中397只封闭式基金资产净值合计0.72万亿元，占比为7.1%；4 022只开放式基金资产净值合计9.36万亿元，占比为92.9%。在十多年的发展过程中，行业整体运作的规范化、透明化程度得到加强，社会公信力逐步建立。

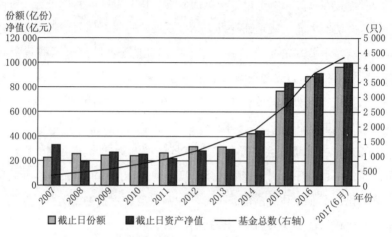

图9.1 证券投资基金市场规模变化（2007—2017年）

资料来源：Wind资讯。2017年数据截至2017年6月。

随着资本市场的发展，保险、社保基金、QFII以及企业年金等机构投资者也逐步进入资本市场，改善了资本市场的投资者结构，对市场稳定起到了重要作用。同时，初步改善了中国资本市场中各类机构投资者发展不平衡的局面。目前，中国初步形成了以证券投资基金为主，合格境外机构投资者、保险基金、社保基金、企业年金等其他机构投资者相结合的多元化发展格局。截至2016年末，各类专业机构投资者持股市值占流通市值的比重为15.5%，为促进资本市场的规范、健康和稳定发展发挥了重要作用。

9.3.2 机构投资者的投资行为

长期以来，以散户为主的投资者结构一直被认为是中国股市波动剧烈的主要原因，为此，中国证监会提出了"超常规发展机构投资者"的思路。在这种政策导向下，机构投资者获得了迅猛发展，并已初步显示出在增强股市筹资功能、推动金融体制改革方面的积极作用。

另一方面，由于中国股市本身固有的制度缺陷以及基金发展过程的不规范性等因素，证券投资基金的运作与预期的功能定位产生了一定程度的偏差，特别是投资基金稳定市场的功能引起了管理层和市场各方的广泛关注和讨论。[1]

1. 机构投资者的持股特征

从需求角度来看，机构投资者的持股特征和个人投资者具有较大差异。首先，大部分机构投资者都具有典型的委托—代理关系，而委托代理关系的基本精神是代理人对委托人的诚信义务，因此各国都制定了相关法规来约束机构投资者的行为，以使其尽到诚信义务。一般而言，如果诚信责任对机构投资者的持股特征有所影响，那么机构持股比重将同公司成立时间、现金股利收益率、是否为样本指数成分股等因素呈正相关，而与股价波动性呈负相关。其次，由于机构投资者交易金额巨大，并且对单个股票的投资比例不得超过总股本的一定百分比[2]，因而比较青睐市值大、流动性高的股票。再次，不同类型的股票具有不同的历史收益形态，大量的实证研究表明，规模小、或权益/市值比率高、或前一年具有良好表现的股票均具有较高的收益。由于机构投资者对历史收益记录掌握较多的信息并具有较高的分析能力，因此机构投资者可能对具有上述特征的股票产生较高需求。

为分析国内投资基金的持股特征，我们选取 2000 年至 2007 年 12 月内公布了季度投资组合公告的基金为研究对象，运用季度横截面数据分析基金净值前十名股票的特征。为了保证数据的有效性，我们将基金通过一级市场配售获得的新股予以剔除，仅分析基金在二级市场上买入的股票。研究结果表明：首先，基金持股比重与该股票的流动性状况密切相关。回归值显示基

[1] 2000 年 6 月 22 日，在全国人大关于《投资基金法》起草的工作会议上，全国人大常委会副委员长成思危抨击了基金运作中存在的违法违规行为。2000 年 8 月 14 日，王国刚发表题为"四问证券投资基金"的专题报告，对投资基金稳定市场的功能提出了质疑。2000 年 10 月，《财经》月刊以"基金黑幕"为题，全面分析了基金存在的种种问题，并指出"至少在 1999 年 8 月至 2000 年 4 月底的样本期间内，基金稳定市场的作用并不显著"。此后，关于投资基金是否具有稳定市场功能的争论进入白热化。

[2] 根据《公开募集证券投资基金运作管理办法》，对单只基金的持股比例及单一管理人持总股本的比例进行了限制：一只基金持有一家公司发行的证券，其市值不可超过基金资产净值的 10%；同一基金管理人管理的全部基金持有一家公司发行的证券，不可超过该证券的 10%。

金持股比重与流通股本大小成反比关系，而与股价和换手率成正比关系。其次，基金持股比重与股利收益率及波动性之间并没有显著的关系，可见诚信责任和谨慎心理并不是投资基金选择股票的主要因素。最后，从历史收益的角度来看，市盈率和市净率显著地影响基金持股比重，两者呈正相关性，而上一季度的涨跌幅与基金持股比重之间存在一定程度的负相关性，表明投资基金倾向于根据业绩和过去的市场表现来选择股票。朱伟骅和廖士光（2012）考察了2004—2008年基金持股集中度和平均持仓时间的变化趋势。从基金行业的整体态势来看，在牛市中基金持股集中度下降，反映了基金管理者的投资态度更为积极，为实现收益最大化不惜承受更大风险，积极持有更具成长性而相对股价波动性较高的股票。这意味着基金投资的谨慎性不足。在牛市中基金持股的平均持仓时间也相对较短，这表明基金主要追求短期收益。

2. 机构投资者的羊群行为

关于"羊群行为"成因的一些研究表明，机构投资者的羊群行为可能源于非理性的心理因素，并导致暂时性的价格泡沫（Dreman，1979）。此外，代理问题也会引发机构投资者的"羊群行为"（Lakonishok，Shleifer and Vishny，1994）。最后，机构投资者也有可能需要购买特定种类的股票，或者回避低流动性和高交易成本的股票。

根据施东辉（2001）等人的研究结论，从整体来看，国内投资基金间存在显著的羊群行为，并且其程度要比美国股市的机构投资者严重得多。祁斌等（2006）发现，我国证券投资基金之间具有较明显的羊群行为，且同时使用正负反馈策略，不过仍以正反馈交易策略为主。朱伟骅和廖士光（2012）从共同基金动态行业资产配置的角度对中国机构投资者中的反馈交易策略和羊群效应进行检验，发现基金行业动态资产配置中存在显著的负反馈羊群行为。

从具体情况来看，基金的"羊群行为程度"随公司流通股本增加而增加，这一结果可能是因为流通股本较大的股票便于多个基金同时进行买卖，而当多个基金同时买卖流通股本较小的股票时，却容易使基金面临不利的价格波动。此外，还可以看到，符合国家产业政策、具有良好发展前景和较高盈利水平的热点产业是基金热衷的行业，具有较高的"羊群行为程度"。最后，投资基金的"羊群行为程度"与上季度市场表现有密切关系，上季度表现越好的股票，投资基金越倾向于进行相同方向的买卖。可见，历史价格走势在基金交易决策过程中具有重要影响。

造成投资基金羊群行为的原因是多方面的，除了其本身的专业素质外，更主要的是国内股市本身存在着严重的制度缺陷和结构失调，从而使投资基金运作和外部市场环境之间产生了尖锐的矛盾，进而导致基金经理独立与理性的思考能力蜕化为从众行为，基金的投资风格和投资个性[1]湮没在羊群行为之中。

首先，基金运作模式与上市公司行为特征的矛盾。从运作角度来看，不同类型的基金风格实际上是按照所投资企业的风格来划分的，并且为了充分发挥多元化组合投资的优势，基金至少应分散投资到 20 个股票之上。但从中国上市公司的行为特征来看，转轨时期的国有企业引入市场融资方式并没有消除"软约束机制"，相反，相当部分公司的融资行为是以股权融资的"软约束"代替银行信贷的"软约束"，改制后上市公司较普遍地产生了"国有企业复归"的现象，以致上市越早的企业平均盈利水平越低，甚至最终蜕化为"壳"资源。这种情况使中国股市上缺乏足够的蓝筹股和绩优成长股，可供选择的投资品种较为有限；另一方面，大量的资产重组也使企业的经营状态和产业特征处于不稳定的状态。在这种市场环境下，基金无法形成和坚持既定的投资风格，而只能追逐市场热点，从而使多个基金同时买卖相同的股票。

其次，基金的理性投资理念与市场普遍存在的短线投机观念之间的矛盾。作为一个新兴市场，中国股市存在着高投机性、高换手率，以及市场和个股频繁剧烈波动的特点，多数投资者心态浮躁，市场上充斥着短线投机观念。基金的理性投资理念遭到了"适者生存"法则的严重挑战，一部分基金经理放弃了原来所奉行的成长型或价值型投资理念，在某种程度上蜕化为"追逐热点、短线运作"的投资方式。

最后，基金性质和中小投资者投资理念之间的矛盾。基金是一种代人理

---

[1] 根据设立时的投资目标和投资风格的差异，现有的投资基金可以分为指数型、成长型、进取型、平衡型和重组上市公司型这五种类型。

财的集合投资方式,但中国广大的基金投资者缺乏长期投资的理念,将基金看作是短期内能为自己带来丰厚利润的工具,是一种"准股票",一旦基金表现落后于市场或同行,或者净资产值有所下降,就会遭到投资者责备和质询。在这种巨大的压力下,某些基金为了不使本基金净资产值落后,不得不改变原先确定的长期投资理念,在运作上呈现从众和跟风趋向。

9.3.3　机构投资者与市场波动性

投资者的机构化现象是各国证券市场的普遍发展规律,但机构投资者的交易行为究竟对股价产生何种影响却一直是个有争议的问题。一种观点认为:相对于个人投资者,机构投资者拥有更多的信息收集和处理能力,同时具有专业的分析及投资能力,因此机构投资者参与市场可使得市场更稳定并更有效率,股价更接近真实价值,而股市的波动性也得以降低。另一种观点则认为:机构投资者在股票市场上的交易行为加剧了股价的波动性,如纽约证券交易所在 1967 年 5 月第 175 次年会上曾宣称机构投资者是"有毒之物",并促成美国国会于 1968 年授权证券交易委员会(SEC)对机构投资者进行广泛的调查。虽然 SEC 于 1971 年发表的报告对机构投资者做出了温和的评论,但却引起更广泛的讨论及立法活动。

何佳、何基报和王霞等(2007)对机构投资者是否具有稳定股市的功能进行了实证分析。其研究结论分为两个部分:

首先,从机构投资者对大盘指数波动的影响来分析各类型机构投资者对整个市场波动的影响。结果显示:机构投资者是否能稳定股价是随着市场的变化而变化的。在 2003—2004 年,机构投资者采取了与深市 A 股指数变化相反的操作,一定程度上起到稳定市场的作用。而在 2005 年则采取与 A 股指数变化相同的策略,这种行为则具有加大波动的功能。即使在相同的市场结构和环境下,不同类型的机构投资者对市场波动的影响也不一样。基金、其他机构的交易行为与证券公司和社保基金均存在差异,而证券公司和社保基金之间的行为基本上是相反的。这些行为的差异导致了它们对市场波动的影响是不一样的。基金在 2003—2004 年的行为具有阻碍市场持续下跌的作用,而在 2005 年的行为具有助涨助跌的作用。证券公司的行为加剧了价格的快速下跌,而社保基金的不断加大买入客观上对市场的持续低迷起到了缓冲作用。

其次，研究证券投资基金为代表的机构投资者是否一定能够减少股价波动。研究结果表明：

（1）基金持股比例的增加并不总是显著地带来下一季度收益波动的减少。如果持股比例与季度收益波动呈现负相关意味着基金具有稳定股价波动的功能，那么在 2003—2005 年的 12 个季度中，基金只在少数几个季度减少了股价波动，而在大部分时间没有起到减少股价波动的作用。从年份来看，基金在 2003 年减少了股价波动，而在 2004 年则增加了股价波动。因此，基金并不总是能够减少股价波动。

（2）基金对股价波动的影响是随着市场结构（包括投资者结构）和环境的变化而变化的，在 2003、2004、2005 年的情况均有所不同。就是在同一年份，即使价格向同一方向运动，基金的行为也有时增加股价波动，有时减少股价波动，不能一概而论。

（3）当股票价值大于基准价值或理论价值且继续大幅度上涨时，基金将减少净买入或者增加净卖出，其中在 2003 年和 2005 年表现为抛售股票，在 2004 年当偏离达一定程度后增加卖出。这种通过增加市场供给的方式降低了价格的过度波动。因此，从日内波动的角度来看，基金确实抑制了价格日内上涨带来的过度波动。但从长期看，由于 2003—2005 年间，中国股市处于低迷和下降通道中，基金的这种行为事实上起到了使股价持续处于低迷状态的作用。

（4）当股价向下远离基准价值或理论价值且继续下跌时，基金在不同的年份对价格波动的影响不一样。而且在价格波动小于临界值时，基金对价格波动的影响方向与大于临界值时相反。当价格低于基准价值或理论价值且继续向下波动时，若波动幅度在一定范围内，在 2003 年，基金通过增加净卖出增加了波动，而在 2005 年则通过买入减少了波动；当波动超过一定幅度时，在 2003 年的市场中，基金通过增加净买入减少了波动，而在 2004 年和 2005 年，基金则通过增加抛售加大了股价波动。

（5）基金在价格下跌过程中随市场的不同起到了两种相反的作用，在一些情况下（2004、2005 年），基金在价格向下大幅波动时增加净卖出，在另一些情况下（2003 年），基金则通过增加净买入来减少波动。在价格向基本价值回归的过程中，基金的作用也随市场的变化而出现两种可能。

祁斌等（2006）的实证研究支持机构投资者具有稳定市场功能的观点。姚颐和刘志远（2008）研究了机构投资者对市场的作用，认为基金的交易行为降低了市场当日的震荡，但是长期看，加剧了市场萧条期的持续下跌和繁荣期的不断攀升，强化了市场的动量效应。而蔡庆丰和宋友勇（2010）对股权分置改革后基金的超常规发展的影响进行了实证研究，发现中国基金业的跨越式发展并没有促进市场的稳定和理性，反而加剧了机构重仓股的波动。

上述这些结论表明，机构投资者与稳定股市没有必然的联系，股价波动的大小与市场中复杂的投资者结构、市场环境和制度等有关系，即使在相当理性的市场上，随着市场结构的变化，既出现股价波动随机构投资者比例增加而增加的情况，也出现股价波动随机构投资者比例增加而减少的情况。那种企图通过控制机构投资者比重来达到控制股价波动的想法是不现实的。

9.3.4 机构投资者与市场有效性

惯性与反转现象的存在与否，可以作为股票价格运动有效性的衡量方法之一。如果不存在惯性与反转现象，则说明股票价格运动符合有效市场假设；反之，如果存在惯性或者反转现象，则说明股票的价格运动不完全有效。

祁斌等（2006）将股票分为机构投资者持股比例较高的集合和机构投资者持股比例较低的集合，然后分别考察两个集合惯性现象和反转现象发生的情况，以此来考察机构投资者的持有对股票收益特征的影响。

研究结论显示，不同投资者主导的股票子集表现出截然不同的特征：机构投资者持股比例比较低的股票存在着比较明显的反转现象，说明个人投资者更倾向于反应过度；而机构投资者持股比例比较高的股票存在着比较明显的惯性现象，通过检验持有期之后的收益率表现，排除了由炒作产生的惯性，说明机构投资者更倾向于反应不足。因此无论是个人投资者，还是机构投资者，在交易行为上都不是完全理性的。

9.3.5 机构投资者与公司治理

在成熟的资本市场，机构投资者对其所投资企业往往能施加重要影响。

当一个或少数几个大股东持有公司股份达一定比例，他们就有动力去搜集信息并监督经理人员，从而避免了中小股东中普遍存在的"搭便车"现象。机构投资者是上市公司的大股东，往往能够通过拥有足够的投票权对经理人员施加压力，甚至可以通过代理权竞争和接管来罢免经理人员，有效解决代理问题。

早期的中国机构投资者力量比较薄弱，个人投资者是中国股票市场投资的主体部分，机构投资者基本上是被动的投资者，很少执行以公司治理为导向的积极投资，对所投资企业经营绩效表达不满的方式主要是"用脚投票"。随着机构投资者的发展壮大，他们也开始积极参与公司治理，这主要是由于机构投资者自身的较大投资规模，当其因所投资公司绩效不佳而大量卖出股票时，股价必然下降，从而使机构投资者的损失加大。从 2002 年开始，中国证券市场上的部分机构投资者不再仅仅"用脚投票"，而是开始通过征集代理投票权和提出股东议案等形式积极地参与公司治理，监督作用开始显现。姚颐和刘志远（2009）通过研究上市公司再融资中流通股东的分类表决制，对中国机构投资者的监督能力进行分析，发现基金的表决具有理性特征，表明以基金为首的机构投资者的壮大有利于上市公司治理结构的完善。

但总体看来，由于法律和制度等方面障碍的存在，目前中国机构投资者在上市公司治理中还没有充分发挥作用。这些障碍主要有：

首先，中国证券市场股权高度集中，导致以证券投资基金为主的机构投资者所持有的股份不足以对公司形成控制。同时，中国对投资基金的持股还有两个"10％"的规定，即："一个基金持有一家上市公司的股票，不得超过该基金资产净值的 10％"，"同一基金管理人管理的全部基金持有一家公司发行的证券，不得超过该证券的 10％"。如果以成熟证券市场标准，基金持有一家公司 10％ 的股票，足以对公司形成控制。但中国上市公司股权结构的显著特征是股权高度集中，特别是其中国家股的比例过大。基金在绝大多数上市公司中的持股比例不具有控制力，这严重地影响了其参与公司治理的能力。

其次，尽管随着市场的进一步规范化，投机和违规行为已经受到很大抑制，但目前概念化、题材化的短期投资理念仍主导着国内机构投资者的投资行为。原因在于上市公司的股权结构不合理导致治理结构不完善，股东会、董事会、监事会没有发挥其应有的作用，这一局面非机构投资者单方面可以改变，机构投资者参与这些上市公司治理的成本远大于收益。

再者，大多数机构投资者的国有产权性质使其经营者具有事实上负盈不负亏的特征，主要由国有证券公司和国有信托公司发起设立的基金管理公司也没有建立相关约束机制来防范基金管理者的道德风险。这些机构投资者同样具有国有控股上市公司普遍存在的委托人缺位、"内部人控制"和法人治理机制不健全等问题，其参与公司治理的动力和效率明显不足。

9.3.6　机构投资者有待进一步发展

传统的观点认为：只有存在一个活跃而有效的资本市场，机构投资者才能进行安全和有益的投资，并迅速成长壮大，也就是说，资本市场的完善必须先于机构投资者的发展。

上述论点在 20 世纪 80 年代以前或许是正确的，但随着金融证券化趋势的飞速发展，机构投资者和资本市场发展的互动效应日渐显著，人们逐渐认识到，机构投资者与证券市场是相辅相成的关系，两者相互影响，相互制约。各国资本市场的发展实践也表明，机构投资者迅猛发展的时期，也是各国资本市场迅速壮大和走向成熟的时期。

从互动效应来看，一方面，机构投资者凭借雄厚的资金实力和先进的投资技术进行各类金融投资活动，对整个资本市场的竞争、运行效率和规模扩张产生巨大的影响。如机构投资者具有的储蓄转化功能促进了资本市场形成健全的供求机制；对规避风险的内在需求促进了金融产品和交易策略的创新；对公司管理层的监督又强化了公司治理机制和信息披露的透明性。另一方面，资本市场的效率提高和规模扩张又为机构投资者的运作提供了良好的外部环境，使其在资产配置、风险管理方面获得更大的自由度，从而促使其迅速成长壮大。以拉丁美洲最早发展养老金制度和改革保险系统的智利为例，国民储蓄率由 1986 年的 10％提高到 1996 年的 26％，养老基金已成为最大的机构投资者，极大地刺激了智利资本市场的发展。

从国内机构投资者的发展现状来看，仍存在诸多不足，需要进一步补齐短板。

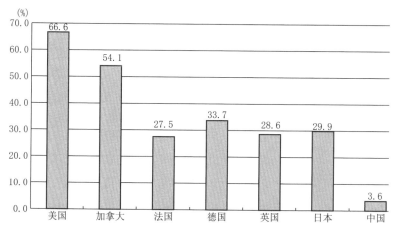

图 9.2 股票型和混合型共同基金规模（与 GDP 比率）国际比较

资料来源：国际投资基金协会（IIFA），世界银行，2016 年底数据。

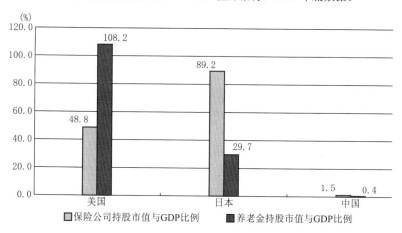

☐保险公司持股市值与GDP比例　■养老金持股市值与GDP比例

图 9.3 股票型和混合型共同基金规模（与 GDP 比率）国际比较

资料来源：美国、日本保险公司和养老金持股市值数据来源于日本央行《日本、美国和欧元区资金流量概览》，为 2017 年第一季度末数据。中国保险公司和养老金持股市值数据来源于 Wind 资讯，为 2016 年末数据。GDP 数据来源于 Wind 资讯，为 2016 年末数据。其中中国保险公司和养老金持股市值仅包含重仓股，因而可能低估了实际持股市值，但不改变持股市值偏小的结论。

一是机构投资者整体规模偏小。近几年，中国股票市场上机构投资者获得了很大发展，初步形成了以共同基金为主体的多元化机构投资者队伍，机构投资者在市场上的作用不断增强。但从国际比较来看，目前中国大型机构投资者（基金、保险、养老金）的发展水平和规模（以占 GDP 的比例衡量）

仍然较小。以股票型和混合型共同基金为例，比较各国这两类共同基金的资产净值与该国 GDP 的比率，2016 年美国该比率高达 66.6％，其他主要发达市场国家该比率也都在 25％以上，而中国这两类基金的资产净值与中国 GDP 之比仅为 3.6％。而保险公司和养老金的持股市值与 GDP 的比率，美国和日本最低也有 29％，而中国该比率分别仅有 1.5％和 0.4％。这表明中国机构投资者规模偏小，亟待更多的长期稳定资金参与到资本市场中去。

二是保险、社保、企业年金等机构参与不足。与证券投资基金相比，其他机构投资者受各种因素影响，入市资金量少，市场影响仍然较小。第一，与成熟市场相比，养老金制度发展滞后，是制约中国资本市场机构投资者发展的一个重要因素。根据 OECD 统计，2001 年美国、澳大利亚、加拿大、荷兰等国的养老金资产规模均远远超过保险公司、共同基金和其他机构投资者。养老金目前已经成为全球资本市场上规模最大的机构投资者。一些发达国家如美国，通过制定税收优惠等政策引导企业和个人建立养老金，并鼓励其投资资本市场，既是促进资本市场发展的一个重要措施，又能实现养老金资产的保值增值。目前，中国养老保障制度改革尚在推进过程中，社会保险制度发展滞后于经济社会发展的需要。第二，保险资金实际投资资本市场的资金规模仍然偏小，不仅与保险资金的庞大规模不相称，也会影响其行业未来的健康发展。上述机构投资者的发展不足和对资本市场的参与程度不足使得资本市场缺乏长期、稳定的资金供给。

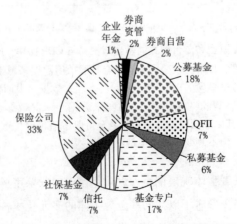

图 9.4　沪市 A 股市场机构投资者的市场份额

资料来源：2016 年度沪市投资者结构与行为报告。

9.4 中央行政控制与资本市场改革

9.4.1 政策调控对市场影响依旧

在中国股票市场近 30 年的发展过程中，由于先天的能力禀赋相对较弱，政府的行政力量渗透到股票市场的较多方面。因此，整个市场在一定程度上呈现出"政策市"的特征。对于中国的政策市而言，可以从两方面加以理解，一方面是指中国股票市场的运行主要受到国家宏观政策的影响，这是一种关于政策市的中性认识，并不涉及政策市的好坏或是非的价值判断；另一方面指政策过多地干预股票市场正常运行，导致股票市场出现频繁波动，这是一种关于政策市的批评性认识，涉及价值判断问题。

从某种程度上分析，政府对证券市场的干预范围已经超出市场失灵的范畴，政府的有形之手在一定程度上已经成为"闲不住的手"，甚至以牺牲整个市场效率为代价对市场进行调控。项韶明和王方华（2004）认为政府对政治因素、政策目标和行政干预的考虑，要远远多于对价格机制的维护，股权分割和大量股份的不流通，为政府不断干预市场并控制股权提供了正当的依据，而冲突的政策目标、行政干预和股市内部人控制，是政策驱动的主要诱因。政府作为调控经济运行的核心力量，具有干预股市的强烈责任感与冲动，并且有意无意地将注意力集中在股指上，既不愿让其下跌过深，以免造成投资者信心丧失，影响公司股票的发行和社会稳定，也不愿让其上涨过快过高，以免造成经济秩序的混乱与市场风险的累积。正如刘鸿儒在任证监会主席期间说过的名言那样："股票市场价格猛涨，上边担心有意见；股价猛跌，下边有意见；不涨不跌，所有人都有意见。"

对于中国的政策市现象，由于某些政策留有相关制定者的烙印，因此，甚至有学者根据监管机构领导的更迭，将中国股市的发展历史划分成五个阶段，即初创时代（1990—1992）、刘鸿儒时代（1992—1995）、周道炯时代（1995—1997）、周正庆时代（1997—2000）、周小川时代（2000—2002）与尚福林时代（2002 年起）（卢宗辉，2006）。

　　在政策市中，政策变化对市场的影响成为学术界与实务界关注的焦点。已有的研究结果表明，政府对股市的调控效果并不理想，通常会引发或加剧市场的波动。吕继宏、赵振全（2000）与许均华、李启亚（2001）的研究发现，股市政策较大程度地影响了股市波动，短期性的政策事件对股市运行的影响较大。史代敏（2002）运用干预模型分析政策影响股市波动的特征，发现政策干预与调控成为市场波动的一个主要影响因素。胡金焱（2002）认为，中国股票市场政策干预过于频繁，政策的干预已经成为一种稳定的干预机制。彭文平、肖继辉（2002）的研究表明，股市政策存在内生的动态不一致性，政府运用股市政策只会引起和加剧市场波动。宋玉臣、赵振全（2006）研究得出的结论是，虽然政府政策的方向是正确的，但是政府行为会引起股票市场的短期异常波动。胡荣才、龙飞凤（2010）的研究表明2007年以来政策性事件造成的市场异常波动的比率显著下降，股票市场对政策事件的反应趋弱。从政策特性来看，利好性政策事件导致下跌势头转弱或从熊市转为牛市，利空性政策事件导致股市上涨势头转弱或从牛市转为熊市。王曦、叶茂（2011）的研究表明，"摸着石头过河"的政策方式必然引起"政策市"，不利于发挥资本市场的基本功能，应逐步采用连贯和平稳的制度改革和政策制定方式，以消除系统性的政策不确定性造成的预期变动和股市强烈振荡。王明涛等（2012）研究发现，政策因素更容易在牛市行情中对股价波动产生影响，且更容易引起股市向下波动。

9.4.2　历年政策出台对中国股市的影响

　　中国证券市场经过近 30 年的发展，随着股权分置改革的基本完成，整个市场环境不断得到净化。但是，政府对市场的影响力依旧存在，并且这种影响力仍然相对较大，中央政府依然延续着对股市的行政控制，这可以从市场对政策的反应程度上得到印证。根据政府在证券市场发展过程中出台的一系列政策，我们可以分年度描绘出各种政策出台后市场的具体反应。此处，我们着重分析 1992—2016 年这段时期上证综指对各种政策的反应程度。

　　1. 1992 年

　　《股份制企业试点办法》发布：5 月 15 日，国家体改委、国家计委、财政部、中国人民银行、国务院生产办公室发布《关于印发〈股份制企业试点办法〉的通知》，上证综指当日上涨 4%。

证监委及证监会成立：10 月 25 日，国务院证券委员会及其执行机构中国证券监督管理委员会成立，10 月 26 日，上证综指下跌 9%。

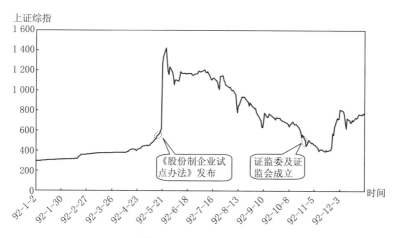

图 9.5 政策出台对中国股市的影响 (1992)

2. 1993 年

利率上调：5 月 15 日，经国务院批准，人民银行决定提高人民币存、贷款利率，各档次定期存款年利率平均提高 2.18 个百分点，各项贷款利率平均提高 0.82 个百分点，5 月 17 日，上证综指下跌 2%。

国务院证券委发布《禁止证券欺诈行为暂行办法》：8 月 15 日，经国务

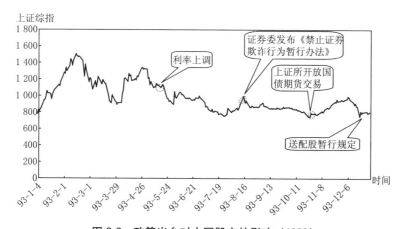

图 9.6 政策出台对中国股市的影响 (1993)

院批准，证券委发布《禁止证券欺诈行为暂行办法》，8月16日，上证综指上涨8%。

上证所开放国债期货交易：10月25日，上证所向社会公众开放国债期货交易，上证综指当日下跌4%。

送配股暂行规定：12月18日，证监会发布《关于上市公司送配股的暂行规定》，规定当年配股数量不得超过上一年股本总额的30%。12月21日，上证综指上涨7%。

3. 1994年

"四不"政策：3月14日，证监会主席刘鸿儒在上证所第四次会员大会上宣布"四不"救市政策：55亿新股上半年不上市；当年不征收股票转让所得税；公股、个人股年内不并轨；上市公司不得乱配股。当日，上证综指上涨幅度接近10%。

《公司法》实行：7月1日，《中华人民共和国公司法》正式实施，上证综指当日下跌超过2%。

证监会推出三大利好政策：7月30日，证监会出台"三大救市政策"：年内暂停各种新股的发行与上市、有选择地对资信较好的证券机构进行融资、逐步吸引外国基金投入A股市场。8月1日，上证综指大涨33%。

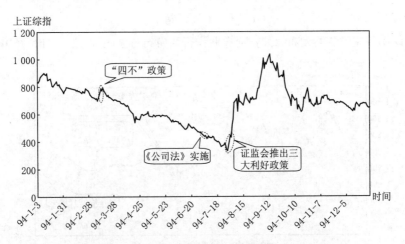

图9.7　政策出台对中国股市的影响（1994）

4. 1995年

327国债期货事件：2月23日，上海国债市场出现异常的剧烈震荡，

327 品种成交金额占期货市场成交总额近 80%。对此，上证所发布紧急通知称，当日 16:20 以后的国债期货 327 品种的交易存在严重蓄意违规行为，该部分成交不纳入当日结算价、成交量和持仓量的计算范围。2 月 24 日，上证综指下跌超过 5%。

暂停国债期货：5 月 17 日，证监会发出《关于暂停国债期货交易试点的紧急通知》，规定各国债期货交易场所一律不准会员开新仓，由交易场所组织会员协议平仓。5 月 18 日，上证综指涨幅高达 31%。

贷款利率上调：7 月 1 日，人民银行决定从即日起，将再贷款、流动资金贷款和固定资产贷款年利率分别提高 0.24、1.08 和 0.54 个百分点。7 月 3 日，上证综指跌幅接近 3%。

证监会提高玉米期货交易保证金：7 月 14 日，针对玉米期货过度投机现象，证监会发出通知，暂时将各交易所的玉米期货交易保证金提高 20% 以上，并禁止用浮动盈利开新仓。7 月 17 日，上证综指涨幅接近 7%。

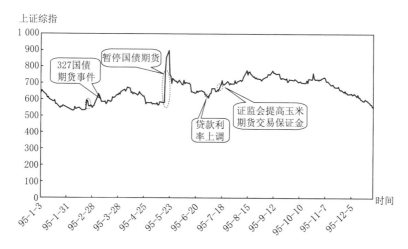

图 9.8　政策出台对中国股市的影响（1995）

5. 1996 年

加强监管：从 10 月起，证券管理高层接连发布后来被称为"十二道金牌"的规定，大致有《关于规范上市公司行为若干问题的通知》《证券交易所管理办法》《关于坚决制止股票发行中透支行为的通知》等。10 月 30 日，上证综指下跌 6%。

《人民日报》社论：12月16日，《人民日报》发表题为"正确认识当前股票市场"的特约评论员文章，指出对于目前证券市场的严重过度投机和可能造成的风险，要予以高度警惕，要本着加强监管、增加供给、正确引导、保持稳定的原则，做好八项工作。上证综指当日下跌接近10%。

沪深交易所负责人讲话：12月18日，沪深交易所总经理在北京接受记者采访，表示要坚持八字方针、促进证券市场稳步规范发展。上证综指当日上涨7%。

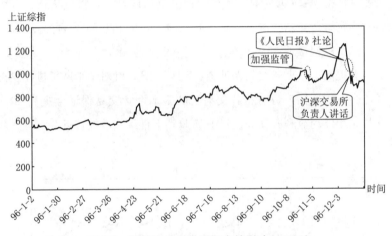

图9.9　政策出台对中国股市的影响（1996）

6. 1997 年

调高印花税：5月10日，国务院将证券交易印花税率从3‰上调至5‰。5月12日，上证综指上涨超过2%。

严禁国企炒股：5月22日，国务院证券委、人民银行、国家经贸委规定，严禁国有企业上市公司炒作股票，规定要求：上市公司不得动用银行信贷资金买卖股票，不得用股票发行募集资金炒作股票，也不得提供资金给其他机构炒作股票。当日，上证综指跌幅接近9%。

依法查处一批违规机构：6月13日，国务院证券委会同人民银行、国家审计署、证监会等有关部门在经过深入调查取证后，依法对深圳发展银行、工商银行上海分行、广深铁路股份有限公司等一批违法违规机构及其负责人作出严肃处理。当日，上证综指上涨3%。

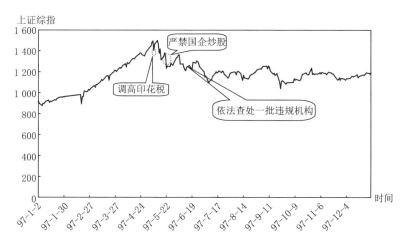

图 9.10　政策出台对中国股市的影响（1997）

7. 1998 年

下调印花税：6 月 12 日，为促进证券市场的健康发展，经国务院批准，国家税务总局决定降低证券（股票）交易印花税，印花税率由 5‰降至 4‰。当日，上证综指上涨幅度接近 3%。

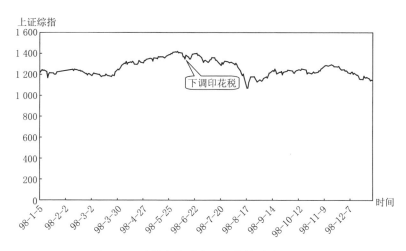

图 9.11　政策出台对中国股市的影响（1998）

8. 1999 年

《人民日报》社论：6 月 15 日，《人民日报》发表特约评论员文章指出，近期股市反映了宏观经济发展的实际状况和市场运行的内在要求，是正常的恢复性上升。证券市场具备了长期稳定发展的基础，对推动国有企业改革和现代化建设至关重要。当日，上证综指跌幅接近 3%。

温家宝讲话：6 月 28 日，时任国务院副总理温家宝在全国证券期货监管工作会议上发表重要讲话时强调，充分认识证券市场的作用，努力做好规范和发展工作。会议宣布证监会派出机构于 7 月 1 日起正式挂牌，标志着中国集中统一的证券监管体制已经形成。上证综指当日上涨 6%。

《证券法》实施：7 月 1 日，《中华人民共和国证券法》正式实施，标志着集中统一的监管体制建立，也标志着中国证券市场法制化建设步入新阶段。当日，上证综指下跌接近 8%。

三类企业入市：9 月 8 日，证监会发布《关于法人配售股票有关问题的通知》，该通知指出，国有企业、国有控股企业与上市公司可投资二级市场的股票，但买卖同一只股票的间隔时间不得少于 6 个月。9 月 9 日，上证综指涨幅接近 7%。

公布保险资金通过证券投资基金进入股市：10 月 25 日，国务院批准保险公司购买证券投资基金间接进入证券市场。当日，上证综指跌幅接近 2%。

国有股减持政策公布：10 月 27 日，有关减持国有股的相关政策公布，国有股减持将通过配售方式实现，年内选择两家企业进行试点，配售金额合计在 5 亿元左右。当日，上证综指涨幅接近 4%。

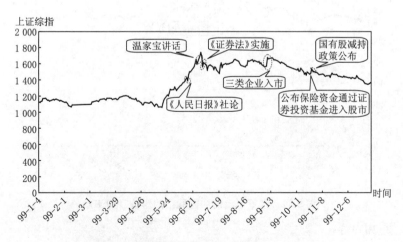

图 9.12　政策出台对中国股市的影响（1999）

9. 2000 年

新基金交易印花税仍缓征：2 月 15 日，财政部、国家税务总局决定：新基金交易印花税仍缓征。2 月 14 日，上证综指上涨 9%，15 日，上证综指下跌 0.2%。

　　时任国务院总理朱镕基就证券市场问题答记者问：3 月 15 日，朱镕基在全国"两会"记者招待会上指出：中国股票市场非常重要。3 月 16 日，上证综指下跌 4%。

　　证监会发言人就加强市场监管发表谈话：11 月 24 日，证监会新闻发言人就加强市场监管、打击操纵市场行为、保护投资者利益等问题发表了谈话。当日，上证综指下跌超过 3%。

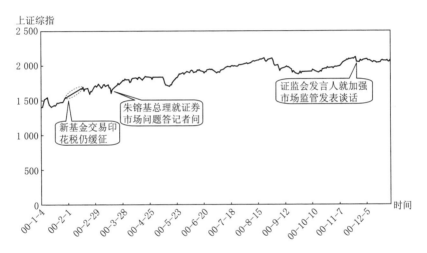

图 9.13　政策出台对中国股市的影响（2000）

10. 2001 年

　　允许境内居民以合法持有的外汇开立 B 股账户：2 月 19 日，经国务院批准，证监会决定，允许境内居民以合法持有的外汇开立 B 股账户，交易 B 股股票。上证综指当日上涨 1%。从 2 月 28 日至 3 月 6 日，B 股全线无量涨停。

　　证监会发布对 10 家基金管理公司的检查报告：3 月 23 日，中国证监会发布对 10 家基金管理公司的检查报告。当日，上证综指下跌接近 2%。

　　新股发售首开"减持"先河：7 月 24 日，广西北生等四家公司在招股说明书中表示，将有 10% 的国有股存量发行，其定价即为新股发行价。上证综指当日跌幅达到 2%。

　　人民银行查处违规资金流入股市：7 月 27 日，为加强信贷资金管理，防范新的信贷风险，人民银行严肃查处了沈阳部分商业银行分支机构违规承兑贴现导致资金流入股市的行为和有关责任人。当日，上证综指下跌1%左右，在随后的一个交易日，跌幅超过5%。

财政部发出通知严查上市公司造假行为：8月25日，财政部发出通知，要求严查上市公司会计信息造假，欺骗投资者的行为。8月27日，上证综指下跌3%左右。

证监会停止执行国有股减持暂行办法：10月23日，证监会宣布，考虑到国有股减持的具体操作办法尚需进一步研究，证监会经报告国务院，决定在具体操作办法出台前，停止执行国有股减持暂行办法。当日，上证综指大涨，涨幅接近10%。

股票交易印花税下调至2‰：11月16日，财政部经批准决定从当日起下调证券（股票）交易印花税，A、B股股权转让双方分别按2‰税率缴纳。上证综指当日涨幅接近2%。

《社保基金管理暂行办法》公布实施：12月18日，财政部、民政部公布实施《全国社会保障基金投资管理暂行办法》，办法规定了申请办理社保基金投资管理业务应具备的资格。上证综指当日涨幅为1%左右。

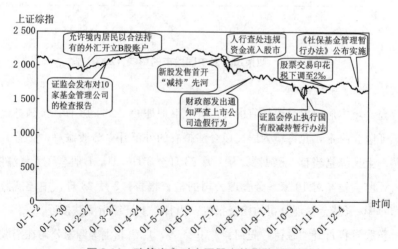

图9.14 政策出台对中国股市的影响（2001）

11. 2002年

《上市公司治理准则》实施：1月10日，证监会、国家经贸委联合发布实施《上市公司治理准则》。随后的两个交易日上证综指累计跌幅超过 5%。

证监会发布国有股减持方案阶段性成果：1 月 27 日，证监会规划发展委员会在网上公布《国有股减持方案阶段性成果》，披露了 1 月 21 日召开的国有股减持专家评议会上，形成的国有股减持的框架性和原则性方案——折让配售方案。1 月 28 日，上证综指下跌幅度超过 6%。

证监会出台可转债发行细则：1 月 29 日，证监会下发《关于做好上市公司可转换公司债券发行工作的通知》，进一步明确上市公司发行可转债的条件和程序。随后的两个交易日上证综指累计涨幅接近 7%。

国务院停止国有股减持：6 月 24 日，国务院决定，除企业海外发行上市外，对国内上市公司停止执行《减持国有股筹集社会保障资金管理暂行办法》中关于利用证券市场减持国有股的规定，并不再出台具体实施办法。上证综指当日呈现大幅上涨，涨幅超过 9%。

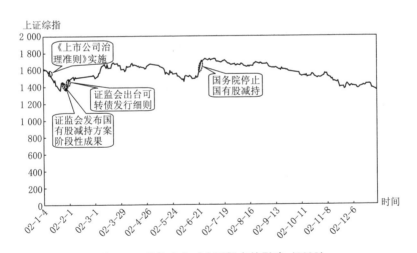

图 9.15 政策出台对中国股市的影响（2002）

12. 2003 年

9 家商业银行成为 QFII 托管人：1 月 14 日，人民银行发布公告：已批准中国工商银行等 9 家商业银行从事 QFII 境内证券投资托管业务。上证综指当日涨幅接近 6%。

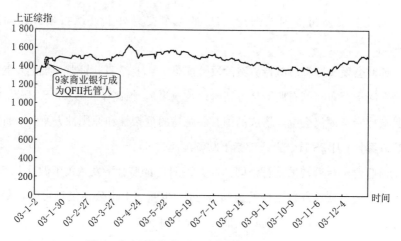

图 9.16　政策出台对中国股市的影响（2003）

13. 2004 年

"国九条"出台：2月1日，国务院发布《国务院关于推进资本市场改革开放和稳定发展的若干意见》，鼓励合规资金入市，支持保险资金以多种方式直接投资资本市场，逐步提高社会保障基金、企业补充养老基金、商业保险资金等投入资本市场的资金比例。2月2日，上证综指上涨2%左右。

《证券投资基金信息披露管理办法》正式施行：7月1日，《证券投资基金信息披露管理办法》正式施行，从六个方面详细规定了基金的信息披露。上证综指当日涨幅接近3%。

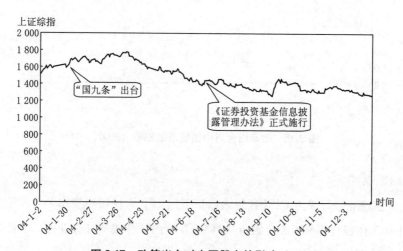

图 9.17　政策出台对中国股市的影响（2004）

14. 2005 年

印花税下调至 1‰：1 月 23 日，财政部宣布从 2005 年 1 月 24 日起印花税由 2‰ 下调至 1‰。1 月 24 日，上证综指上涨幅度接近 2%。

投资者保护基金启动：2 月 21 日，证监会、财政部联合发布《中国证券监督管理委员会、财政部关于在股票、可转债等证券发行中申购冻结资金利息处理问题的通知》，规定公开发行股票、可转债等证券时所有申购冻结资金的利息须全部缴存到上海、深圳证券交易所开立的存储专户，作为证券投资者保护基金的来源之一。当日，上证综指涨幅超过 2%。

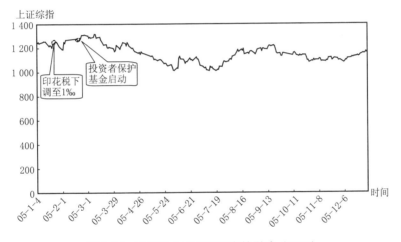

图 9.18　政策出台对中国股市的影响（2005）

15. 2006 年

沪、深交易所发布新交易规则：5 月 15 日，经证监会批准，沪、深交易所发布修订后的《上海证券交易所交易规则》和《深圳证券交易所交易规则》。上证综指当日涨幅接近 4%。

外管局增加两家 QFII 额度：5 月 23 日，国家外汇管理局发布公告称，已于 5 月 17 日增加两家 QFII 共 3.25 亿美元额度。上证综指当日跌幅超过 3%。

尚福林解答市场热点问题：9 月 14 日，中国证监会主席尚福林在第三届国际金融论坛年会间隙接受媒体提问时，对市场所关注的几大热点进行了阐述。9 月 15 日，上证综指涨幅接近 2%。

股指期货细则征求意见：10 月 23 日，中国金融期货交易所公布《沪深 300 指数期货合约》（征求意见稿）、《交易细则》（征求意见稿）、《结算细则》（征求意见稿）和《风险控制管理办法》（征求意见稿），向全社会征求意见。上证综指当日跌幅接近 2%。

中央经济工作会议举行：12 月 5 日至 12 月 7 日，中共中央、国务院召开的中央经济工作会议在北京举行。12 月 8 日，上证综指跌幅接近 3%。

企业所得税法草案审议明确新税率为 25%：12 月 24 日，将内资企业、外资企业所得税法"两法合并"的企业所得税法草案正式提交第十届全国人大常委会第二十五次会议进行首次审议，草案将内外资企业所得税税率统一为 25%。12 月 25 日，上证综指上涨幅度接近 4%。

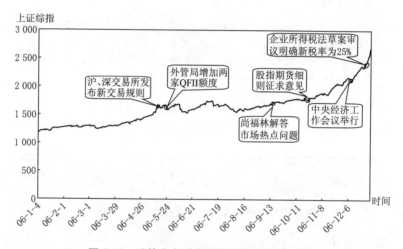

图 9.19　政策出台对中国股市的影响（2006）

16. 2007 年

《上市公司信息披露管理办法》公布施行：2 月 1 日，《上市公司信息披露管理办法》公布施行，该《办法》加大了上市公司大股东、管理层在信息披露方面的责任，同时首次明确上市公司应建立信息披露内部管理制度。2 月 2 日，上证综指跌幅超过 4%。

证监会出台三项法规范股指期货交易：4 月 22 日，《期货公司金融期货结算业务试行办法》《证券公司为期货公司提供中间介绍业务试行办法》和《期货公司风险监管指标管理试行办法》正式发布实施。4 月 23 日，上证综指涨幅接近 4%。

印花税上调至 3‰：财政部 5 月 29 日深夜发布消息，经国务院批准，自 2007 年 5 月 30 日起，调整证券（股票）交易印花税税率，由现行 1‰调整为 3‰。5 月 30 日，上证综指下跌接近 7%。

外管局批准境内个人直接对外证券试点：8 月 20 日，国家外汇管理局批准境内个人直接对外证券投资业务试点，居民个人可在试点地区通过相关渠道，以自有外汇或人民币购汇直接对外证券投资。当日，上证综指上涨幅度超过 5%。

2 000 亿特别国债发行：9 月 10 日，财政部发出通知，十届全国人大常委会第 28 次会议批准发行的 15 500 亿元特别国债中，2 000 亿元特别国债将通过全国银行间债券市场向社会公开发行。9 月 11 日，上证综指跌幅接近 5%。

央行上调存款准备金率 0.5%：11 月 10 日，人民银行决定从 2007 年 11 月 26 日起，上调存款类金融机构人民币存款准备金率 0.5 个百分点。11 月 12 日，上证综指跌幅超过 2%。

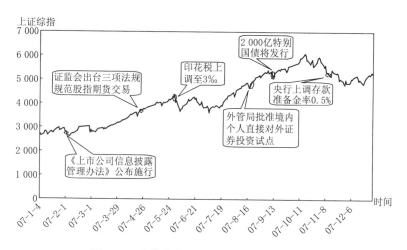

图 9.20　政策出台对中国股市的影响（2007）

17. 2008 年

出台大小非减持的限制性规定：4 月 20 日，在大小非减持成为众矢之的之际，《上市公司解除限售存量股份转让指导意见》出台，中国证监会规定大小非减持超过总股本 1%的，须通过大宗交易系统转让，大小非减持情况在中登公司网站定期披露。4月21日，上证综指上涨0.72%。

印花税下调至1‰：4月24日，经国务院批准，财政部、国家税务总局决定从2008年4月24日起，调整证券（股票）交易印花税税率，由现行的3‰调整为1‰。当日上证综指涨幅超过9%。

印花税由双边征收改为单边征收：9月19日，A股连续大幅下挫，下跌至1800点附近。经国务院批准，财政部、国家税务总局决定从2008年9月19日起，调整证券（股票）交易印花税征收方式，印花税只对卖方单边征收，对买方不再征收。当日上证综指涨幅超过9%。

有关部门出台利好措施：9月19日，国资委表示支持中央企业增持和回购股份。中央汇金公司决定在二级市场自主购入工、中、建三行股票。当日上证综指涨幅超过9%。

启动融资融券业务试点工作：10月5日，证监会宣布将正式启动证券公司融资融券业务试点工作。10月6日上证综指跌幅超过5%。

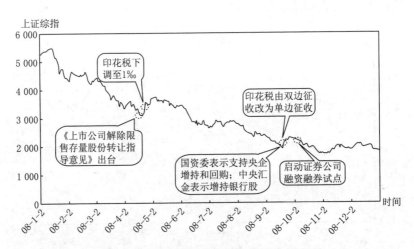

图9.21 政策出台对中国股市的影响（2008）

18. 2009年

10%国有股划转社保基金：6月19日，财政部、国资委、证监会和全国社保基金理事会宣布，将10%的国有股划转社保基金会。当日上证综指上涨约0.9%。

IPO重启：7月10日，桂林三金、万马电缆在深交所挂牌交易，标志着中国 A 股市场的 IPO 自 2008 年底暂停 7 个月后重启。当日上证综指下跌约 0.3%。

　　汇金继续增持国有大行：10 月 11 日工、中、建行分别公告，汇金公司于近日通过上交所交易系统买入增持三行 A 股股份，汇金公司并拟在未来 12 个月内继续增持。10 月 12 日上证综指下跌约 0.6%。

　　创业板启动：10 月 30 日，创业板正式揭开帷幕，首批 28 只股票同日挂牌，刷新了中国股市多股齐发的历史纪录。当日上证综指上涨约 1.2%。

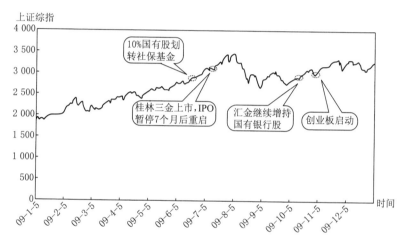

图 9.22　政策出台对中国股市的影响 (2009)

19. 2010 年

　　上调存款准备金率：1 月 12 日，中国人民银行宣布，从 1 月 18 日起，上调存款类金融机构人民币存款准备金率 0.5 个百分点。这是 2008 年 6 月以来央行首次上调存款准备金率。1 月 13 日，上证综指跌幅超过 3%。

　　融资融券试点启动：3 月 31 日，融资融券交易试点首日，券商受理客户交易逾百笔，融资融券交易总额约 659 万元。当日上证综指跌幅约为 0.6%。

　　股指期货上市：4 月 16 日，沪深 300 股指期货在中国金融期货交易所成功上市。当日上证综指跌幅超过 1%，4 月 19 日上证综指跌幅约 4.8%。

　　农业银行 IPO：7 月 15 日农业银行正式登陆 A 股，在 A 股和 H 股启动"绿鞋机制"后，农行以 221 亿美元募资规模，成为全球最大的 IPO。当日上证综指跌幅近 2%。

　　加息：10 月 19 日晚，中国人民银行宣布，自 2010 年 10 月 20 日起上调

金融机构人民币存贷款基准利率。这是央行时隔近 3 年后的首度加息。当日
上证综指基本以平盘收盘，涨幅约为 0.07%。

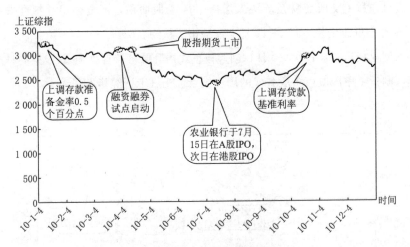

图 9.23　政策出台对中国股市的影响（2010）

20. 2011 年

RQFII 试点机构获批：12 月 16 日证监会有关部门负责人宣布，《基金管
理公司、证券公司人民币合格境外机构投资者（RQFII）境内证券投资试点
办法》日前发布，随后多家境内外机构获得证监会核准批复，成为 RQFII 试
点机构。12 月 19 日上证综指跌幅约为 0.3%。

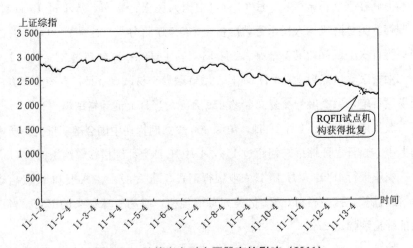

图 9.24　政策出台对中国股市的影响（2011）

21. 2012 年

新一轮新股发行体制改革启动：4 月 28 日证监会发布《关于进一步深化新股发行体制改革的指导意见》并自公布之日起施行。5 月 2 日，上证综指涨幅约为 1.8%。

A 股交易相关收费标准下调：4 月 30 日根据沪深证券交易所和中国证券登记结算公司相关通知，A 股交易相关收费标准将降低，总体降幅为 25%，调整后的收费标准于 6 月 1 日实施。5 月 2 日，上证综指涨幅约为 1.8%。

退市制度方案出台：6 月 28 日下午沪深交易所分别发布退市制度方案，并就征求意见及修改情况作说明。6 月 29 日，上证综指上涨约 1.3%。

"新三板"扩容：8 月 3 日经国务院批准，"新三板"试点扩大至上海张江高新技术产业开发区、武汉东湖高新技术产业开发区、天津滨海高新区。8 月 6 日上证综指涨幅约为 1%。

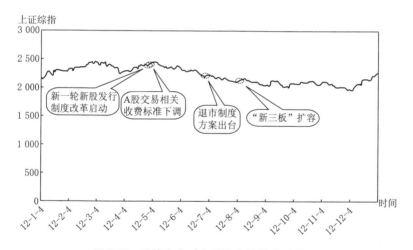

图 9.25　政策出台对中国股市的影响（2012）

22. 2013 年

《证券投资基金法》修订和实施：6 月 1 日新修订的《证券投资基金法》开始实施。6 月 3 日上证综指基本以平盘收盘，跌幅为 0.06%。

光大证券"乌龙指"事件：8 月 16 日光大证券"乌龙指"事件导致 A 股盘中出现异动。当日上证综指收盘跌幅约 0.6%。

注册制筹备工作启动：30 日证监会发布《关于进一步推进新股发行体

制改革的意见》，这是逐步推进股票发行从核准制向注册制过渡的重要步骤。9 月 2 日，上证综指基本以平盘收盘，涨幅为 0.003%。

投资者保护"国九条"发布：12 月 27 日《国务院办公厅关于进一步加强资本市场中小投资者合法权益保护工作的意见》（投资者保护"国九条"）对外发布。12 月 30 日上证综指跌幅为 0.18%。

"新三板"向全国推开：12 月 31 日全国中小企业股份转让系统正式面向全国受理企业挂牌申请。当日上证综指上涨约 0.9%。

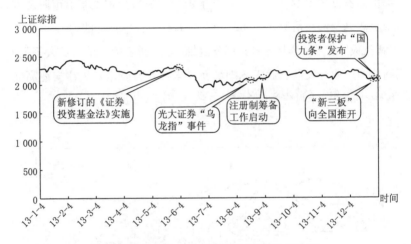

图 9.26　政策出台对中国股市的影响（2013）

23. 2014 年

优先股试点启动：3 月 21 日下午，证监会发布《优先股试点管理办法》，启动优先股试点。3 月 24 日上证综指上涨约 0.9%。

"沪港通"宣布试点：4 月 10 日内地及香港证监会发布联合公告，宣布决定原则批准上交所、港交所、中登公司、香港中央结算有限公司开展沪港股票市场交易互联互通机制试点（"沪港通"）。当日上证综指上涨约 1.4%。

*ST 长油退市：4 月 21 日 *ST 长油进入退市整理期交易，成为 2012 年退市制度改革以来上交所第一家"被动"退市的上市公司；同时，该公司也是第一家因财务指标不满足条件而退市的大型央企上市公司。当日上证综指下跌约 1.5%。

新"国九条"出台：5 月 9 日国务院印发《关于进一步促进资本市场健

康发展的若干意见》，对新时期资本市场改革、开放、发展及监管等方面作出统筹规划和总体部署。5 月 12 日，上证综指上涨约 2%。

进一步健全上市公司退市制度：10 月 15 日证监会发布《关于改革完善并严格实施上市公司退市制度的若干意见》，健全上市公司主动退市制度，明确实施重大违法公司强制退市制度，完善与退市相关的配套制度安排，加强退市公司投资者合法权益保护。10 月 16 日，上证综指下跌约 0.7%。

"沪港通"开通：11 月 17 日"沪港通"正式开通。当日上证综指下跌约 0.2%。

非对称降息：11 月 22 日，中国人民银行采取非对称方式下调金融机构人民币存贷款基准利率。11 月 24 日，上证综指上涨约 1.9%。

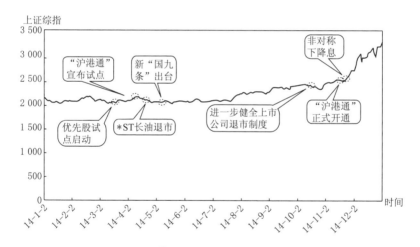

图 9.27　政策出台对中国股市的影响（2014）

24. 2015 年

多次降准降息：2 月 5 日降准 0.5 个百分点，次日上证综指下跌约 2%；3 月 1 日降息 0.25 个百分点，次日上证综指上涨约 0.8%；4 月 20 日降准 1 个百分点，次日上证综指上涨约 1.8%；5 月 11 日降息 0.25 个百分点，次日上证综指上涨约 1.6%；6 月 28 日降息 0.25 个百分点，定向降准 0.5 个百分点，次日上证综指下跌超 3%；8 月 26 日降息 0.25 个百分点，降准 0.25 个百分点，次日上证综指上涨超过 5%；10 月 24 日降准 0.5 个百分点，降息 0.25

个百分点，10 月 26 日上证综指上涨 0.5%。

股票期权上市：2 月 9 日上证 50ETF 期权合约上市交易，当日上证综指上涨约 0.6%。

股指期货新品种上市：4 月 16 日经证监会批准，上证 50 与中证 500 两只股指期货新品种在中金所挂牌上市。当日上证综指上涨约 2.7%。

股市异常波动，多项救市措施出台：

6 月 26 日，沪综指跌破 4 200 点，创业板指创历史最大单日跌幅。两市超 2 000 只股票跌停。沪深 300、中证 500 股指期货合约全线跌停。

6 月 29 日财政部发布《基本养老保险基金投资管理办法（草案）》，向社会公开征求意见。次日上证指数上涨约 5.5%。

7 月 1 日证监会发布《证券公司融资融券业务管理办法》，沪、深交易所同步发布《融资融券交易实施细则》，次日上证指数下跌约 3.5%。

7 月 4 日证券业协会发布消息，21 家证券公司召开会议，决定出资不低于 1 200 亿元，用于投资蓝筹股 ETF，并承诺上证综指 4 500 点以下，在 7 月 3 日余额基础上，自营股票不减持，并择机增持。7 月 6 日，上证指数上涨约 2.4%。

7 月 5 日证监会发布公告，决定充分发挥中国证券金融股份有限公司的作用，多渠道筹集资金，扩大业务规模，增强维护市场稳定的能力。中国人民银行将协助给予中国证券金融股份有限公司流动性支持。7 月 6 日，上证指数上涨约 2.4%。

7 月 8 日中央汇金投资有限责任公司发布公告，坚决维护证券市场稳定，在股市异常波动期间，承诺不减持所持有的上市公司股票，并要求控股机构不减持所持有的控股上市公司股票，支持控股机构择机增持。同日，证监会发布关于上市公司大股东及董监高人员增持本公司股票相关事项的通知。证监会、公安部执法人员当日对涉嫌恶意做空大盘蓝筹的十余家机构和个人开展核查取证工作。次日上证指数上涨约 5.8%。

8 月 3 日沪、深交易所发布通知，对融资融券交易实施细则进行修改，明确规定投资者在融券卖出后，需从次一交易日起方可通过买券还券或直接还券的方式偿还相关融券负债。次日上证指数上涨约 3.7%。

8 月 23 日《基本养老保险基金投资管理办法》公布，养老基金投资股票、股票基金、混合基金、股票型养老金产品的比例，合计不得高于养老基金资产净值的 30%；投资国家重大项目和重点企业股权的比例，合计不得高于养老基金资产净值的 20%；参与股指期货、国债期货交易，只能以套期保值为目的。次日上证指数跌幅近 8.5%。

8 月 25 日，A 股市场主要指数低开低走，跌幅均超 7%。上证综指盘中下破 3 200 点，收盘下跌 8.49% 报 3 209.91 点，创 2007 年 3 月以来最大单日跌幅。

8 月 26 日，为抑制市场过度投机，防范和控制市场风险，促进股指期货市场规范平稳运行，中国金融期货交易所连续发布一系列股指期货管控措施。次日上证指数上涨约 5.3%。

9 月 7 日财政部、国家税务总局和证监会发布通知，自 8 日起，个人从公开发行和转让市场取得的上市公司股票，持股期限超过 1 年的，股息红利所得暂免征收个人所得税。次日上证指数上涨约 2.9%。

9 月 17 日证监会发布通知，要求各证监局应当督促证券公司仔细甄别、确认涉嫌场外配资的相关账户。次日上证指数上涨约 0.4%。

10 月 9 日证监会公布《证券期货市场程序化交易管理办法（征求意见稿）》，拟建立程序化交易监管制度。次日上证指数上涨约 3.3%。

11 月 6 日，证监会提出，将取消现行的新股申购预先缴款制度；公开发行 2 000 万股以下的小盘股发行一律直接向网上投资者定价发行；建立摊薄即期回报补偿机制。11 月 9 日，上证指数上涨约 1.6%。

12 月 4 日经中国证监会同意，上交所、深交所、中金所发布指数熔断相关规定，并将于 2016 年 1 月 1 日起实施。次日上证指数上涨约 0.3%。

12 月 18 日宝能集团官方声明称，尊重规则，相信市场的力量。同日午盘后，万科发布公告称，正在筹划股份发行用于重大资产重组收购资产，公司股票自下午一点起开始停牌。截至当日收盘，万科 A 股股价涨至 24.43 元，创七年多以来新高。

12 月 27 日全国人大常委会表决通过《关于授权国务院在实施股票发行注册制改革中调整适用〈中华人民共和国证券法〉有关规定的决定》。此决定的实施期限为两年，决定自次年 3 月 1 日施行。次日上证指数下跌约 2.6%。

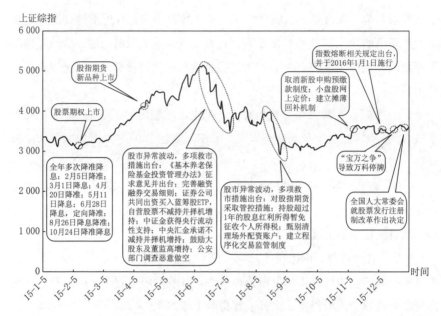

图 9.28　政策出台对中国股市的影响（2015）

25. 2016 年

指数熔断暂停实施：1 月 4 日 A 股发生两次熔断，全天仅交易 140 分钟，当日上证综指跌幅近 7%。7 日 A 股再次发生两次熔断，全天仅交易不足 15 分钟，当日上证综指跌幅超 7%。7 日沪深交易所和中金所发布通知，自 8 日起暂停实施指数熔断。

大股东和董监高减持规定：1 月 7 日证监会发布《上市公司大股东、董监高减持股份的若干规定》，自 9 日起施行。次日上证综指涨幅约为 2%。

重大违法退市：3 月 21 日上交所发布关于终止 ＊ST 博元上市的公告，＊ST 博元成为我国证券市场首家因触及重大信息披露违法情形被终止上市的公司，当日上证综指涨幅超 2%。5 月 11 日博元投资于当日正式退出 A 股。7 月 8 日证监会对欣泰电气及其相关责任人作出处罚，A 股首家因欺诈发行而被强制退市的上市公司欣泰电气于当日启动强制退市程序。

"沪港通"取消总额度："沪港通"于 8 月 16 日起取消总额度限制。当日上证综指跌幅约 0.5%。

人民币"入篮"：10 月 1 日人民币加入 SDR 货币篮子正式生效。10 月 10 日上证综指涨幅约 1.4%。

　　融资融券机制调整：12 月 2 日经证监会批准，沪深交易所修订《融资融券交易实施细则》，对可充抵保证金证券折算率进行调整，并同步扩大融资融券标的证券范围。12 月 5 日，上证综指跌幅约 1.2％。

　　"深港通"开通：12 月 5 日"深港通"正式开通。当日上证综指跌幅约 1.2％。

　　投资者适当性管理办法发布：12 月 16 日证监会发布《证券期货投资者适当性管理办法》，自 2017 年 7 月 1 日起施行。当日上证综指涨幅约 0.2％。

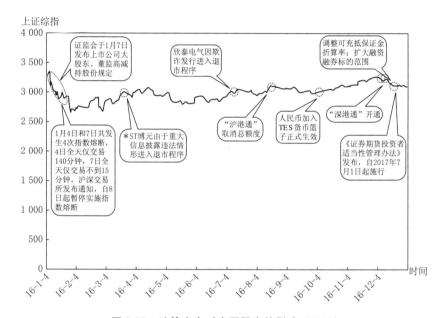

图 9.29　政策出台对中国股市的影响（2016）

　　从上述这些反应图中不难发现，随着时间的推移，政府并未减少干预市场的频率与力度，而且，市场对政府出台的各项政策都作出了较为激烈的反应。

　　另外，政策对市场的影响还可以通过整个市场股票所面临的系统性风险在总风险中的比重加以反映，根据张宗新、朱伟骅（2005）的研究结果，在 1995—2004 年间中国证券市场系统性风险所占比重呈现递减态势，1995 年该比重为 74.12％，2004 年该比重下降至 36.0％，但该比重的绝对水平仍然相对较大，远超过境外成熟市场或部分新兴市场的水平，2000 年美国、英国、日本与中国香港证券市场系统性风险占总风险的比例依次为 2.1%、6.2%、23.4%与 15.0%（孙培源、施东晖，2002）。同时，政策因子在系统风险的构成中占绝对地位，这表明政策因素在市场系统性风险构成中具有决定性影响，整个市场在很大程度上仍呈现出政策市特征。尽管随着证券市场的深化，政策因子对市场冲击力度有所减弱，但它对系统风险的影响力度仍然超过 2/3（张宗新、朱伟骅，2005）。余文君等（2014）利用 2006 年 11 月底至 2012 年底的市场数据，研究发现影响上海 A 股市场系统性金融风险的最主要原因是国内政策调控，国内宏观和市场政策极大地影响着 A 股市场的走向。

由此可见，目前，整个证券市场的"政策"色彩依然较为浓厚。在中国股票市场能力禀赋水平以及能力建设水平相对较弱的现实背景下，政府继续采取行政方式调控市场有其必然性。但是，随着中国股票市场能力禀赋与能力建设水平的提高，政府的行政控制力度应该逐步下降，整个市场进入"去政策市"阶段，股市的市场化程度不断得到提高与改善，政府对市场的调控方式也应从行政管理为主逐渐过渡到市场化分权为主。

9.4.3 简政放权、监管转型与资本市场改革

自 1990 年诞生开始，A 股市场便带有浓厚的"政策"市烙印，政府对市场的干预，引发市场波动，扭曲市场资源配置功能。从历史来看，政府发布有关宏观经济和资本市场的重大政策，往往会对 A 股市场的运行造成明显的影响。实质上，政府对于金融市场参与主体行为和市场运行过程的干预是 A 股市场系统性金融风险的重要源头。政府对市场的干预，往往是通过各项管制政策实现的，导致市场不确定性增大、供求剧烈波动、定价机制扭曲、权力寻租等问题，最终导致资本市场无法有效发挥投融资、资源配置等各项基本功能。

资本市场改革的目标，是坚持市场化、法治化的方向，减少政府干预，强化市场的自主调控能力。要建立市场化机制，就是取消政府对参与主体行为和市场运行的行政控制政策，将原本应该由市场承担的风险还给市场，解除政府对 A 股市场的隐性担保，化解政府政策对市场系统性风险的影响。同时，提高市场效率，保护投资者权益，让上市公司信息更加透明化、公开

化，让证券的市场价格充分反映上市公司价值，从而促进资源的最优配置。在国务院关于简政放权、放管结合、优化服务的决策部署下，近年来证监会正努力推进简政放权和监管转型，进一步深化资本市场改革。

在简政放权和监管转型方面，一是大幅精简行政审批备案事项，放宽市场准入。具体而言，取消和调整各项行政审批事项，完成备案类事项清理工作，加大行政审批公开力度。以 2015 年为例，经国务院决定，取消了 12 项行政审批事项，将 3 项设立审批事项的工商登记前置审批调整为后置审批；取消调整了 155 项备案类事项，其中取消 151 项，调整 4 项；明确了审批事项办理时限和审查工作环节，编制了行政许可事项服务指南及审核工作细则，全面公开各类审核意见。2016 年 4 月，根据全国人大常委会和国务院的有关决定，又取消 4 项行政审批事项及 7 项行政审批中介服务事项。政府正在朝着大幅减少对市场主体微观活动的干预，划清监管权力和责任边界，"法无授权不可为"，"法定职责必须为"的方向转变职能，更多市场主体将有机会参与公平竞争，自主创新活力得以发挥。

二是从以事前审批为主，转变到以事中事后监管为主，这是转变政府职能、提升监管效能的必然要求。事前审批和事中事后监管是监管体系的一个完整链条，都是监管机构履行法定职责的体现。一般地说，事前审批主要是市场准入和事先控制，目的是确保市场参与者具备应有的资格和能力，防范潜在风险。事中监管又称持续监管，主要是确保市场主体持续符合准入条件，依法合规经营，重点在于状态维持和过程控制，包括合规性监管和风险审慎性监管，具有预防性、合作性的特征。事后监管主要是稽查执法，打击违法违规行为，通过惩戒和制裁，包括行政处罚和行政强制，维护市场秩序，清除不合格的市场参与者，或在极端情况下进行风险处置。事前审批、事中监管和事后监管三者既相互独立，又相互关联。事前审批的许可条件或没有事前审批的监管要求要靠事中监管来维护，事中监管及时矫正和制止不当行为，可以减轻事后监管的压力，有效防范和控制风险蔓延。事前准入、事中监管的效果最终要靠事后惩罚威慑来保障。党的十八大以来，党中央国务院明确指出政府职能迫切需要转变到创造良好发展环境、提供优质公共服务、维护社会公平正义上来。资本市场监管需要以此为契机，更加尊重市场客观规律，扭转"重审批、轻监管"倾向。将"主营业务"从审核审批向监管执法转型，将"运营重心"从事前把关向事中、事后监管转移。对不该管的事情，坚决地放；对需要管好的事情，坚决地管住管好；对违法违规行为，毫不手软地追究到底、处罚到位。

在深化资本市场改革方面，一是积极稳妥推进股票发行注册制改革。自2000年3月开始，我国股票发行采用核准制，十几年来，对促进资本形成发挥了重要作用。随着改革深化和市场发展，核准制的缺陷和不足逐步显现：证监会审核把关客观上形成了政府对新股发行人的盈利能力和投资价值的"背书"作用，降低了市场主体的风险判断和选择，加重了证监会的责任和压力，同时弱化了发行人和中介机构的责任；新股发行"管价格、调节奏、控规模"，在短期内具有稳定股指和投资者心理的作用，但不利于市场自我约束机制的培育和形成，甚至会造成市场供求扭曲。推进注册制改革的核心在于理顺市场与政府的关系。它既能较好地解决发行人与投资者信息不对称所引发的问题，又可以规范监管部门的职责边界，避免监管部门过度干预；监管部门不再对发行人"背书"，将企业以往业绩、未来前景等信息都交由投资者判断和选择，股票发行数量与价格由市场各方博弈，让市场发挥配置资源的决定性作用。由于2015年股市异常波动，当年12月27日，全国人大常委会通过特别专项授权，注册制推出的节奏放缓。证监会负责人在2016年全国"两会"期间表示，注册制是党中央、国务院关于中国资本市场长期健康发展顶层设计下的一个重大任务，"必须搞"，但是注册制改革需要相当完善的法制环境，这需要较长的时间，因而注册制不可以单兵突进，要按照"十三五"规划纲要的要求，创造条件实施股票发行注册制。

二是大力推动公司债发行改革。2015年1月15日，修改后的《公司债券发行与交易管理办法》正式施行。该办法在多个方面实现了重大改革：将发行范围扩大至所有公司制法人，并丰富了债券发行方式；以信息披露为中心，取消公司债公开发行的保荐制和发审委制度；交易所只进行形式审核，淡化行政背书，由中介机构把关；不对发行主体进行实质性判断。修订后的公司债新规更适应债券市场改革发展的新形势，强化了信息披露、承销、评级、募集资金使用等重点环节的监管，同时将审核权力下放到交易所，并且审核不再对发行主体做实质性判断，而更加注重充分揭示发行主体风险，该新规呈现出注册制的特点。

经历 40 年的改革开放历程，中国已发展成为全球第二大经济体，占全球 GDP 的比重从改革开放前的 2.6％增长到 2017 年的 15％。与小国经济依赖贸易或金融兴国不同，大国经济的崛起必然需要科技进步、产业升级和基于货币国际化的金融竞争优势，这对股票市场的运行效率和经济功能提出了更高的要求。中国股票市场发展迄今只有近 30 年的时间，在市值规模、上市公司数量、中介机构规模等方面走完了成熟市场上百年的发展历程，但在投资者结构、法制基础、市场效率、经济功能等方面积累了一系列结构性矛盾和深层次问题。转轨经济的经验和教训告诉我们，从不完美的此岸到理想的彼岸之间并不存在简单的"惊险一跃"，而是一个反复试错、曲折前行的过程。资本市场改革要遵循稳妥的路径，要认清与改革相伴的诸多问题并坚持正确的应对方法。

首先，要重视改革的系统性。当前股市面临的诸多矛盾交织在一起，某一具体方面、某一具体环节的单项改革只会带来更大的结构扭曲和不稳定，并产生新的制度问题，因此要实现改革措施的整体配套，实现整个发展模式的转换。其次，要接受改革措施的次优性。由于起点的扭曲、制度的不完善、历史的路径依赖，股市的发展过程无法超越现实约束条件，许多政策措施只能是次优的。再次，要注意各种改革措施推进的先后时间次序和协同性。股票市场的许多措施必须建立在一个规范的制度基础上才能有效运行。最后，要保持对股价涨跌的战略定力。在一个以股价涨跌论成败的舆论环境中，触动利益比促动灵魂更难，政策推动者应合理引导市场预期，保持政策的连续性，积极创造条件，稳妥地朝目标迈进。

9.5 资本市场国际化

对外开放是中国资本市场发展的重要动力，中国资本市场的发展历程，是与资本市场的对外开放和国际化进程相互促进、共同推动的。中国资本市场自建立以来，始终坚持"兼收并蓄、积极稳妥、为我所用、互利共赢、公平竞争、循序渐进"的原则，不断学习和借鉴发达国家资本市场的经验，积极稳妥地推进对外开放，提升国际化水平，促进中国资本市场国际竞争力稳步提高，并积极应对国际市场和金融机构带来的竞争和挑战。

中国自 2002 年起履行 WTO 对外开放的承诺，主动实施一系列资本市场开放政策。2005 年同港澳地区签署《内地与香港关于建立更紧密经贸关系安排》（CEPA），2010 年积极参与《海峡两岸经济合作框架协议》（ECFA）的商签和实施，并在 CEPA 和 ECFA 框架下不断扩大和深化内地与港澳台地区的资本市场合作。目前，中国作为全球第二大经济体，实体经济不断融入全球经济体系，利率、汇率市场化改革和人民币资本项下可兑换加快推进。相应地，经过近 30 年的发展，中国资本市场也已经成长为一个在制度安排、交易规则、监管方式等方面与国际市场基本接轨并适应中国国情的资本市场。从境外融资的初步探索，到 QFII 和 QDII 制度的建立；从引入境外机构，到境内机构的"走出去"；从监管机构国际合作，到资本市场互联互通，资本市场的一系列有针对性的对外开放举措取得了显著的成效，在提升资本市场的国际化程度和国际竞争力的同时，支持了国内经济的发展，推动了人民币国际化进程，并实现了共赢。

然而，与成熟市场甚至某些新兴市场相比，中国资本市场依然相对封闭，资本市场的质量和效率尚有待提高，许多制度规则须进一步与国际标准保持一致。同时，中国经济增长阶段的转换和对外开放程度的深化，"一带一路"等国家重大建设的推进，对资本市场以开放促改革、提升服务实体经济能力提出了更高的要求。面对自身发展短板和外部环境改变，以及"构建全方位开放新格局"的战略目标，资本市场当前开放程度已不能满足其自身和实体经济的内在需求。

国际经验表明，对外开放是实现国际化的主要手段。现阶段应当立足于对资本市场运行机制和面临的内外部环境的深刻认识，在确保金融体系稳定的前提下，坚持对内与对外开放并举、以开放促改革的战略原则，坚持渐进式开放并与金融市场整体开放协调推进的合理节奏，制定和实施更为长远、有效的政策措施，抓住资本市场支持"一带一路"建设、便利境内外主体跨境投融资、证券基金机构和交易所国际化、跨境监管和执法合作等政策着力点，从而全面提升资本市场的开放水平和国际化程度，使其更好地服务于中国经济结构转型调整，并加快实现融入全球经济金融体系的发展目标。

9.5.1 资本市场国际化的历程

资本市场的国际化水平表征一国的资本市场与国际规范的接轨程度及其国际竞争力。国际化水平需要从多角度、多方位来衡量：一是海外投资者的进入程序是否简便，是否无歧视对待，对资本和投资收益汇回是否有限制或罚款；二是资本的流入流出是否较为自由，外汇是否可自由兑换；三是国际资本和投资者在本国市场中所占份额大小；四是国际金融机构在本国市场所占份额大小；五是上市公司中的国际企业或股份所占比例；六是本国市场的制度安排、交易规则、监管方式等方面与国际接轨的程度。另外，广义的国际化还包括本国资本或金融机构参与国际市场的程度，以及本国企业在国际市场的挂牌、上市和融资等情况。

以广义的国际化为目标的对外开放，也可称为"双向开放"，是指通过主动或被动的方式，向国际资本或金融机构部分或完全开放境内市场或行业，同时取消境内资本或机构到境外投资和运营的限制，是提高本国资本市场国际化程度和国际竞争力的主要方式。双向开放的举措包括准许国际资本参与本国市场的投资，同时准许境内资本参与境外市场投资；准许国际金融机构在本国市场设立合资或全资机构，同时鼓励境内机构"走出去"开展境外业务；准许国际企业到本国市场挂牌、上市、进行股权和债权融资，同时支持境内企业赴境外上市融资。

1. 境外融资和外币市场

中国资本市场对外开放始于境外融资，目前已形成 H 股、B 股和 A 股共存的直接上市融资格局。根据国家外管局公布的数据，截至 2015 年 9 月底，共有 207 家境内公司在境外上市，股票总市值达 6176 亿美元。

H 股市场开辟了中国境外融资的道路。内地企业赴港上市，主要分为直接上市和间接上市两种形式。直接上市的形式就是 H 股，即经中国证监会批准的，在内地注册，在香港市场上市的股票。1993 年，首次允许境内企业到香港发行股票，当年 7 月 15 日，青岛啤酒在香港联交所上市，成为内地第一家在境外上市的企业。同年 8 月 27 日，青岛啤酒在上海证券交易所上市，成为首家在两地同时上市的公司。根据港交所公布的数据，截至 2017 年 9 月底，香港主板共有 225 只 H 股，市值 6.2 万亿港元，香港创业板有 24

只 H 股，市值 81 亿港元。H 股占香港市场总市值比重为 19.7％。

"红筹"公司间接上市成为重要融资渠道。除了直接到境外上市，间接上市也是另一个重要的融资渠道。根据 2012 年底的数据，中国境内企业在境外间接上市已超过 1 000 家，其中境外中资控股上市公司（即"大红筹"公司）约 100 多家，境内自然人控股境外注册上市公司（即"小红筹"公司）约 800 多家。这类在境外间接上市的境内公司主要集中在中国香港、美国和新加坡，数量分别为 545 家、185 家和 142 家。

B 股市场曾起到重要的历史作用。在人民币不能自由兑换、外资不能进入 A 股市场的背景下，中国于 1991 年建立 B 股市场，允许境内企业向境内外投资者发行在中国境内证券交易所上市交易的股票，以外币认购和买卖。1995 年国务院颁布《关于股份公司境内上市外资股的规定》，对 B 股发行和上市作了明确规定。2001 年，证监会发布《关于境内居民个人投资境内上市外资股若干问题的通知》，宣布境内居民可以持外汇投资 B 股。截至 2016 年底，共有 100 家 B 股公司发行上市，流通 B 股总市值为 1 901 亿元。

2. 投资的"走出去"和"引进来"

在人民币没有实现完全自由兑换、资本项目尚未开放的情况下，中国逐步实施了 QFII、QDII 和 RQFII 等制度，建立了沪港通和深港通机制，作为引进外资、开放资本市场的过渡性制度。

通过 QFII 和 RQFII 制度引入境外机构投资者。QFII 制度自 2002 年起首次实施，随着中国资本市场和实体经济不断发展，QFII 制度也从资格、额度、投资范围等多方面不断深化扩大开放：一是对境外机构申请 QFII 的资格要求逐步放宽。二是投资范围逐步放宽，目前与国内投资者基本相同，并于 2012 年 6 月将境外投资者持有 A 股上市公司股权的比例上限从原来的 20％提高到 30％。三是投资总额度不断提升，2002 年试点初期为 40 亿美元，至 2013 年 7 月已提高到 1 500 亿美元。四是逐步放宽资金汇出汇入限制。截至 2017 年 9 月底，共有 287 家境外机构获得 QFII 资格，已批额度为 944.94 亿美元。

RQFII 是资本市场对外开放的又一重要制度。证监会于 2011 年 12 月 16 日发布《基金管理公司、证券公司人民币合格境外机构投资者境内证券投资试点办法》，允许符合条件的基金公司、证券公司香港子公司作为试点机构开展 RQFII 业务。该业务初期试点额度约人民币 200 亿元，试点机构投资于股票及股票类基金的资金不超过募集规模的 20％。最初 RQFII 试点机构仅限于境内基金管理公司和证券公司的香港子公司，后续增加了银行、保险等中资机构的香港子公司以及香港本地金融机构。至 2016 年 12 月，已有 18 个国家和地区获得 RQFII 试点资格，总投资额度也由最初的 200 亿元人民币提高到目前的 1.51 万亿元人民币。截至 2017 年 9 月底，获得 RQFII 资格的机构共有 191 家，已批额度为 5 894.56 亿元人民币。

通过 QDII 制度鼓励境内投资者"走出去"。我国于 2007 年开始实施 QDII 制度试点，循序渐进逐步放开 QDII 业务准入条件：降低资金门槛；豁免基金管理公司境外子公司担任 QDII 境外投资顾问的条件，理顺母子公司合作机制；扩大 QDII 产品投资范围，增强投资灵活性。截至 2017 年 9 月底，共有 132 家银行、证券、基金和保险机构获得 QDII 资格，可以到中国香港、美国等境外金融市场进行证券投资，获批总额度为 899.93 亿美元。至 2017 年 9 月，距离首批公募 QDII 基金正式成立已有 10 年时间，推出的 QDII 基金产品数量从当初的 4 只增至 131 只，出海基金类型也在股票型基金、混合型基金的基础上，增加了被动指数型基金、债券型基金、另类投资基金（如股票多空、REITs、商品基金）等。从主动到被动、从权益到固收、从普通产品到另类投资，出海基金产品队伍不断壮大，投资类型也逐渐丰富。投资方向涵盖亚太、中国香港、美国、"金砖四国"等不同区域。

沪港通和深港通建立了跨境投资的新渠道。沪（深）港通，即沪（深）港股票市场交易互联互通机制，指两地投资者委托上交所（深交所）会员或者联交所参与者，通过上交所（深交所）或者联交所在对方所在地设立的证券交易服务公司，买卖规定范围内的对方交易所上市股票。沪（深）港通包括沪（深）股通和港股通。中国证券登记结算有限公司（"中国结算"）、香港中央结算有限公司（"香港结算"）相互成为对方的结算参与人，为沪（深）港通提供相应的结算服务。2014 年 11 月 17 日，沪港通开通；2016 年 12 月 5 日，深港通开通。沪港通和深港通的开通，是中国资本市场开放的重要内容，有利于加强两地资本市场联系、推动双向开放，有利于增强我国资本市场的综合实力，有利于巩固上海和香港两个金融中心的地位，有利于推动人民币国际化。截至 2017 年 9 月底，沪股通自开通以来累计资金净流入为 1 862.5 亿元,沪市港股通累计资金净流入为 4 483 亿元,深股通自开通以来累计资金净流入为 1 282.7 亿元,深市港股通累计资金净流入为 737 亿元。

3. 证券期货机构开放

在机构开放方面,证券公司走在最前面,随后基金公司和期货公司也在逐步"引进来",并尝试"走出去"。

证券公司开放起步较早。1995 年中金公司作为第一家境内合资证券公司成立,并于 1997 年在香港成立子公司。经过十几年的发展,中国外资参股证券公司比例上限从 2002 年的 33%提高到 2012 年的 49%,业务范围也已由单一的发行承销业务拓展至包含经纪业务的多项牌照。特别是 2016 年内地、香港合资的申港证券和华菁证券相继成立,合资券商已基本接近全牌照。根据证监会年报统计数据,截至 2015 年底,中国内地外资参股证券公司共 11 家,外资股比多为 33.3%。只有 1 家即中金公司境外股东出资比例达到 65.9%;共有 27 家证券公司获批在境外设立子公司,占比 21.7%。

基金公司的开放经历了成立合资公司和成立境外子公司两个阶段。根据加入 WTO 时的承诺,中国允许外国服务提供者设立合资基金管理公司,从事国内证券投资基金管理业务。招商基金作为首家中外合资基金公司于 2002 年成立。2008 年第一批基金公司境外子公司在中国香港成立。外资参股基金管理公司比例上限从 2002 年的 33%经 2004 年提高到 49%。截至 2015 年底,共有 44 家合资基金公司,占比 43.6%,其中 17 家的外资股权达 49%;共有 24 家基金公司在境外设立子公司,占比 23.4%。

期货公司开放尚在起步阶段。2005 年,内地与香港、澳门特别行政区签订了 CEPA(《内地与香港关于建立更紧密经贸关系安排》),推出一系列促进内地证券期货业进一步向港澳地区开放的政策措施,包括修订完善境外上市的相关规定,支持符合相关上市条件的内地企业赴港上市,继续支持符合条件的港澳地区金融机构在内地设立合资证券、基金、期货公司等。根据有关承诺,香港、澳门期货中介机构开始参股内地期货公司,参股比例不超过 49%。2006 年银河期货成为第一家合资期货公司。2012 年在中美战略经济对话框架下,将参股境内期货公司的境外股东由港澳期货中介机构扩展至所有境外金融机构。截至 2015 年底,共有合资期货公司 2 家,其中 1 家外资持股达 49%;共有 7 家期货公司在境外设立子公司。但期货公司也存在资本实力较弱、业务较为单一、过度依赖内地客户等问题。

9.5.2　资本市场国际化的新形势和挑战

中国已经成为世界第二大经济体、第二大贸易体、第一大出口国和第二大进口国，也是世界跨境直接投资的重要来源和主要目的地。依托于世界第二大经济体，中国资本市场的规模也已位居世界前列。从股票市场看，截至 2016 年底，中国股票总市值达到 50.77 万亿元，连续三年位居全球第二，是全球第一大新兴资本市场。过去 20 多年，中国经济和资本市场的全球影响力日益提升，中国资本市场渐进式的开放模式稳定有效地促进了市场的发展。过去几年，国际国内形势的嬗变，将中国经济发展推向了新的征程，中国资本市场既要迎接新形势下的新任务，加快国际化进程，又要深化改革创新，提升实力能力，妥善应对开放过程中的各项挑战。

1.“一带一路”建设要求资本市场加快国际化进程

2013 年国家主席习近平提出“一带一路”倡议，这一构想一经提出，立即受到全球的持续关注。几年来，中国已经与 40 多个国家和国际组织签订合作协议，并得到 100 多个国家和国际组织的积极响应和支持。2016 年 11 月 17 日，联合国大会一致通过决议，呼吁各国推进“一带一路”倡议。“十三五”规划纲要提出，“以‘一带一路’建设为统领，丰富对外开放内涵，提高对外开放水平，协同推进战略互信、投资经贸合作、人文交流，努力形成深度融合的互利合作格局，开创对外开放新局面”。“一带一路”倡议有广阔的经济前景，也为中国资本市场发展带来了难得的机遇，提出了全新要求。

“一带一路”建设需要强有力的直接融资支持。2016 年，中国与“一带一路”沿线国家间相互投资的跨境资金总量达 1 784 亿美元，较 2013 年大幅增长 95%，中国企业对沿线国家非金融直接投资 145.3 亿美元，国内政策性金融机构及大型商业银行为“一带一路”建设提供了重要的融资支持。但面对庞大的市场投融资需求，即使统筹考虑国际金融机构、国内政策性金融机构和商业银行的贷款能力，仍然存在巨大资金缺口。从国际经验看，在跨境投融资体系中，直接融资发挥着不可替代的重要作用。在早期的海洋贸易时代，股份制公司将贸易风险分摊到众多国际投资者身上，促进了早期的全球化。英美在第一次工业革命时期，大力发展海外铁路建设债券，有力地推动了工业革命进程及海外投资发展。因此，在"一带一路"建设中，资本市场要充分发挥风险共担、利益共享的优势，大力发展直接融资渠道和手段，用更市场化的方式配置金融资源，支持国内优秀企业"走出去"，积极参与沿线国家的经济建设和交流合作。鼓励优秀企业在 A 股市场发行上市和再融资，保障"一带一路"重点项目资金需求；充分利用境内、境外两个市场，支持境内企业在境外市场筹集资金投资"一带一路"建设（包括发行 H 股、D 股等）；创新债券品种，积极推动企业发行"一带一路"项目债，启动境外公司在沪深交易所发行人民币债券（俗称"熊猫公司债"）试点。

"一带一路"建设要求加快境内市场对外开放，为境内外投资者提供更丰富的交易工具和投资渠道。"一带一路"建设伴随着人民币的国际化进程。随着我国与"一带一路"沿线国家经济交往和人员交流的增多，贸易和投资额持续快速增长。这一过程中产生了币种选择、资本流动和货币回流等需求，也产生了货币互换、对人民币计价资产的需求。要使人民币"走出去"，"留得住"，需要资本市场积极发展交易所连通、基金产品互认等跨境交易渠道和工具，打通人民币回流境内通道，形成人民币境内外流通的良性循环。"一带一路"沿线国家金融生态脆弱，外汇波动大，信用风险集中，大宗商品价格不稳定，因此，"一带一路"倡议的实施需要加快完善风险管理机制，这就要求充分发展和运用衍生品市场，加快推进期货市场国际化进程，建设外汇和大宗商品区域定价中心，提高在"一带一路"区域内的定价影响力，帮助"一带一路"企业管理风险。

"一带一路"建设要求证券服务机构"走出去"，提升国际竞争力，支持中国企业"走出去"。中国企业"走出去"为证券服务机构提供了新的发展空间，"一带一路"建设中蕴含着融资服务、资产管理、投资顾问、并购重组、风险管理等方面的巨大需求和商机，可以助推国内证券服务机构走出国门，培育我们自己有国际竞争力的投资银行。引导国内优秀券商"走出去"，不仅要走向纽约、伦敦、香港等国际金融中心，也要走向"一带一路"沿线经济体，特别是重要节点国家和城市，完善全方位国际化布局，打造"投行国家队"。鼓励具备条件的会计师事务所、律师事务所、资产评估机构、资信评级机构制定相应发展战略，更好地服务"一带一路"建设和中国企业

"走出去"。提升证券服务机构专业能力和水平，推进本土化战略，深耕当地
市场，积极开展特色跨境业务，创新金融合作模式，扮演好"中资企业＋中
国产能＋人民币"与"一带一路"沿线国家企业、市场、客户之间的"超级
联络人"角色。

"一带一路"建设要求证券交易所和登记结算机构"走出去"。"一带一
路"沿线国家资本市场普遍薄弱，特别是金融基础设施发展滞后。中国可积
极参与沿线国家资本市场的框架设计、制度安排、交易系统和法律法规建
设，开展人才培训教育等形式的援助，加强交易所、登记结算机构间的双边
业务和股权合作，探索建立面向"一带一路"沿线国家的区域性交易市场，
盘活区域内资金和项目资源。

2. 资本市场国际化仍面临挑战

中国资本市场的质量、效率和国际竞争力有待提高，需要通过进一步开
放促进改革和发展，提升市场质量并提高服务经济社会能力。中国资本市场
的不足主要表现在如下几个方面。一是金融结构中资本市场发展不足。与大
部分发达市场和新兴市场相比，中国资本市场在金融体系中比重过小。近年
来，在银行信贷快速扩张的背景下，中国金融结构的失衡问题愈发突出。二
是资本市场深度不足。中国股票市场总市值排名世界第二，但股市深度不
足，证券化率落后于发达国家。债市深度也较为落后，与美国、日本相比存
在一定差距。当然，股票市场中，由于中国境外上市企业较多，证券化率指
标在一定程度上低估了中国股市的市场深度。三是资本市场效率偏低。中国
股市股价协同性较高，即单个股票与大盘走势趋同的程度较高，说明股市的
价格发现效率较低。中国股市的平均市盈率也长期高于其他国家，说明中国
股市估值较高、定价效率较低。四是资本市场稳定性不足。中国股市波动程
度在金融危机前与发达国家相比一直较高。近两年，中国股市波动情况有所
降低。五是资本市场结构失衡。中国股票市场呈"倒金字塔"型，上市公司
主要是大中型、成熟企业，大量小微企业和成长型企业覆盖较少。债券市场
发展相对滞后，债券市场规模与国民经济总量相比仍然低于其他成熟市场，
特别是非政府债发展不足。六是个人投资者占比较高，专业机构投资者发展
不充分，长期资金参与不足。个人投资者比例高，交易频繁，换手率高，不
够成熟。倾向于持有和交易小盘股、低价股和高市盈率股，对股票价格和交

易量的波动较为敏感，缺乏理性、长期的投资理念。以证券投资基金为主的机构投资者有待进一步发展和多元化。目前中国已形成了以证券投资基金为主体的机构投资者队伍，其市场影响力也较为显著。然而，与成熟市场的同行相比，目前中国的机构投资者短期投资的特征依然比较明显，同时在投资理念、投资策略、投资标的等方面有待进一步多元化。与证券投资基金相比，中国的长期资金进入资本市场的资金量较少，参与程度偏低。社保基金、住房公积金、养老金、企业年金以及保险机构等拥有庞大的资金量，但长期以来投资范围受到严格限制。七是服务中国经济国际化进程的能力不足。中国企业每年大量参与海外并购重组，但很少有国内中介机构能为其提供服务。与国际大型金融服务机构相比，中国证券期货机构整体实力较弱的状态并未从根本上得到改变。证券期货机构的国际化程度与国际大型金融服务机构的差距更大。

资本市场现有开放程度已不能满足其自身发展和实体经济需求。在融资方面，一方面中小型民营企业的境外融资需求受现有法律规则限制难以满足，另一方面"小红筹"公司尚未纳入有效监管，境外上市公司质量良莠不齐。B股市场融资渠道不畅，日趋边缘化。境外企业境内发行人民币股票和债券进展缓慢，舆论压力较大。在投资和机构开放方面，普遍存在"引进来"步伐较快，"走出去"相对滞后的问题。对于"引进来"的机构，现有QFII制度对境外投资者的政策性限制较多，RQFII制度试点范围过于狭窄，规模较小。对于QFII和RQFII的所得税制度也尚未明确，影响了许多境外养老基金、主权基金申请QFII的积极性。而对于"走出去"的机构，QDII投资研究能力有待提高，经营业绩不够理想，影响了投资积极性。内资证券公司香港子公司业务较为单一，影响力明显不足。期货公司对外开放起步较晚，受到的政策性限制较多，长期处于停滞状态。总体来讲，随着外部环境不断改变，资本市场现有的开放程度已不能满足其自身和实体经济的内在需求。同发达市场甚至某些新兴市场相比，中国的资本市场依然相对封闭，许多制度规则尚待同国际普适性规则保持一致。目前融资、投资、机构开放以及地域开放等各方面都存在开放程度同开放需求不匹配的情况。因此必须立足于对资本市场运行机制和内外部环境的深刻认识，着力解决对外开放薄弱领域和关键环节面临的问题，全面提升市场的整体开放水平，更好地满足实体经济的金融服务需求，服务于中国经济结构调整和融入全球经济体系的发展战略。

资本市场对外开放须与外汇管制的放松乃至取消保持步调一致，并且必须配套进行汇率的市场化改革，以确保对外开放进程的平稳推进。外汇管制放松、利率和汇率市场化改革等改革措施正在逐步消除长期以来制约中国资本市场对外开放的政策障碍，这不仅为中国资本市场进一步对外开放提供了历史机遇，而且提出了更高的要求。资本市场的进一步对外开放将成为推动中国资本项目可兑换的"前沿阵地"，而资本的自由流动将对货币政策的制定构成一定的挑战，只能在汇率稳定和利率独立性两者之间选择其一，否则会陷入蒙代尔"不可能三角形"所揭示的巨大风险之中，带来金融市场和整个经济的震荡。中国名义上虽然实行管理浮动的汇率制度，但实际上是钉住美元。随着资本市场对外开放，资本项目的放开，大量外资流入后，人民币将会受到升值压力，当资金大量流出时，又会受到贬值压力；如果中央银行维持固定汇率，买入外汇时将大大增加国内货币供给量，卖出外汇有可能既损失外汇储备，又不能抵挡巨额游资的炒作；如果听任汇率浮动，那么由于中国经济结构比较脆弱，金融体系不发达，人民币汇率将变动频繁，势必影响对外贸易和经常账户收支。

境内外市场联动性不断增强，国际竞争日趋激烈，导致中国资本市场面临的挑战不断加大。在资本市场开放的条件下，本国市场和国际市场的关联度加大，其他国家市场的动荡可能对中国资本市场造成影响，而外国投资者的进入或退出也会加剧中国资本市场的价格波动。在中国股市对境外合格机构投资者开放后，内地股市与香港、伦敦、纽约股市间的波动风险传导关系均显著增强。国际资本市场的一个发展趋势是强者越强，弱者越弱。国际市场正酝酿着金融版图的整合和扩张，以吸引优质上市资源和资金流入。资本市场的对外开放将使我们直接面对这种外部竞争压力，如果自身市场不发达，本国资本市场就会丧失发展的基础。随着中国资本市场的进一步开放，更多的国外金融机构进入中国，原有的行业均衡将被打破。尤其是业务运作经验丰富，风险管理制度成熟的大型国际金融机构，或将在短期内对金融行业形成较大的冲击。目前，国内资本市场中介机构在专业化服务水平、资本规模和创新能力等方面均难以与国际机构抗衡。

资本市场的国际化进程对监管提出严峻的挑战，国际监管博弈与合作也在不断加强。国内现有的资本市场法律体系和监管制度主要依据国内市场当前运行情况制定，而资本市场开放后，中国的金融机构和投资者利益将遍布全球市场，境外机构和投资者也将广泛参与国内市场，由此带来更多跨境监管问题。在资本市场开放的过程中，金融创新必将更为活跃，而国外新的金融工具的引入会对监管提出挑战。若不能及时有效地将其纳入监管，会加大投资者及金融市场面临的风险。另外，现行法律体系有关涉外监管和执法合作方面的规定严重欠缺，跨境执法合作机制规定的操作性不足，亟待修订完善。随着证券市场开放程度及高科技手段的运用，跨境证券违法犯罪行为日益增多，复杂性和隐蔽性日益增强，急需增强监管机构的执法权力，充实执法手段。

9.5.3 资本市场国际化的目标、战略与措施

1. 资本市场国际化的目标

在新的国际国内形势下，"十三五"规划纲要提出，"构建全方位开放新格局"的战略目标，要求"全面推进双向开放，促进国内国际要素有序流动、资源高效配置、市场深度融合，加快培育国际竞争新优势"，"完善法治化、国际化、便利化的营商环境，健全有利于合作共赢、同国际投资贸易规则相适应的体制机制"。这明确了中国在对外开放领域未来的发展方向，只有抓住发展开放型经济的战略机遇期，防范深层次风险，走互利共赢发展之路，才能解决我们所面临的挑战和问题，才能让中国经济的发展充满活力，让世界经济的发展充满和谐。

中国资本市场对外开放应当以中国本土资本市场的强大为核心目标。一个强大的资本市场不仅有助于推动中国实体经济的升级转型与可持续发展，而且有助于培养中国本土的国际化、专业化金融人才，催生强大的本土金融产业和金融机构，最终实现与国际资本市场的公平竞争、合作共赢。具体而言，"十三五"规划纲要提出，推进资本市场双向开放，就是要"提高股票、债券市场对外开放程度，放宽境内机构境外发行债券，以及境外机构境内发行、投资和交易人民币债券。提高金融机构国际化水平，加强海外网点布局，完善全球服务网络，提高国内金融市场对境外机构开放水平"。

2. 资本市场国际化的战略

一是要对内开放与对外开放并举，以开放促改革。所谓对内开放，是指加快市场化改革，具体包括在产品和业务的准入、金融机构的激励机制等方面简化审批程序和增强有效竞争。所谓对外开放，是指引进外部竞争变量，使中国资本市场在制度建设、市场结构等方面更加符合资本市场发展的一般规律。在两者的关系上，对内开放与对外开放应当并举，对内开放甚至更加重要，需更加优先。对中国资本市场来说，对外开放本身并不是目的，对外开放的目的是以开放促改革，以开放促发展，以开放提高国际竞争力。中国40年改革开放的实践经验表明，对外开放极大地推动了改革，促进了经济运行的各项基本规则与国际接轨。我们应该抓住机遇，加快中国资本市场对外开放，并以此推进资本市场的其他改革发展举措，加快资本市场国际化进程，全面提高国际竞争力，服务经济社会发展，完成"两个一百年"奋斗目标。

二是要合理控制开放节奏，坚持渐进式开放道路。从各国经验来看，资本市场对外开放的效果与其开放的节奏密切相关。一些国家或地区开放节奏过快，不仅本土证券服务业受到冲击，还导致风险积累，甚至酿成金融危机；另一些国家或地区片面强调稳定，结果开放步伐过慢，错过了开放的最佳时机，就难以实现开放的目标。中国资本市场在进一步对外开放的过程中，应合理控制开放节奏，坚持渐进式开放道路，使开放进程有条不紊地推进，最终取得较为理想的开放效果。

三是要合理安排开放顺序，与金融市场整体的改革开放协调推进。国际经验教训表明，资本市场的对外开放必须与其他金融领域的改革开放保持良好的协调和配合。中国资本市场的对外开放也应当遵循资本市场对外开放的一般规律，与利率和汇率的市场化改革、资本项目可兑换及外汇管制的放松统筹安排、协调推进，按照一个合理的顺序有序进行。

四是要严密防范系统性风险，确保中国金融体系的稳定。对外开放的过程是一个机遇与挑战并存的过程。中国资本市场是一个新兴加转轨的市场，自身仍存在一些问题，对外开放更可能带来许多我们估计不到的风险。具体而言，一方面，境外对冲基金及其他热钱可能通过各种途径进入中国资本市场，增加市场运行的复杂性和不确定性；另一方面，影响国际市场的宏观经济因素如原油价格、基础性原材料价格的大幅波动通过市场化定价机制将迅速传导到国内期货、股票市场，进而影响资本市场的整体运行。在资本市场对外开放的过程中，一方面，我们要学会面对和化解各种可能风险，另一方面，应当牢牢守住不发生系统性危机的底线，确保中国金融体系的稳定。

五是不断提高监管水平，加强跨境监管与执法合作。随着中国资本市场的开放程度越来越高，跨境证券违法犯罪行为不仅数量日益增多，而且复杂性与隐蔽性日益增强。在这种情况下，单一的国内立法与执法显然力不从心，跨境监管与执法合作的重要性日益凸显。在这样的背景下，证监会应当在增强执法权力、充实完善执法手段的同时，大力推进与境外证券监管机构之间的监管与执法合作，通过多层次的协调与安排，提高监管水平，实现证券监管的目标，从而保障中国资本市场的稳定和良性运行。

3. 资本市场国际化的措施

一是继续鼓励境内企业到境外上市。继续鼓励境内公司通过跨境上市、资本运作等方式增强国际竞争力，同时加强监管，严控风险，完善相关法律法规，为境内企业境外上市与跨境融资提供良好的金融支持。在股票市场供求平衡匹配等条件成熟时，还应当启动和推进国际优质企业到境内股票市场上市挂牌，打造全球一站式投融资市场平台，为境内外市场参与者提供便利的投融资服务。

二是推动完善境内境外合格投资者制度。进一步扩大 QFII、RQFII 的规模，逐步放宽对 QDII、QFII 和 RQFII 的主体资格要求，放松投资额度管理和资金汇出入政策，提高审批效率。积极研究推动 QFII2 和 QDII2 试点，允许境外个人和一般机构投资者投资境内证券市场。

三是支持交易所国际化。借鉴国际交易所行业发展规律，推动交易所行业的纵向和横向整合，鼓励交易所整合现货和衍生品、前台和后台、场内和场外市场资源。支持境内交易所设立境外分支机构，与境外交易所在交叉持股、产品互挂和市场参与者互通等方面开展合作。积极参与亚太地区乃至全球交易所的并购和资源整合，逐步构建统一协调、各具特色、合作竞争的亚太地区国际金融中心圈。

四是积极推动证券基金行业对外开放。逐步放开证券业市场准入，放宽外资持股比例限制，放宽外资参股或控股公司的经营范围限制。与此同时，建立相应的投资审查制度,加强行业监管,控制行业风险。逐步扩大"走出去"试点范围,鼓励证券业经营机构在更宽领域、更广范围内开展多元化国际业务。进一步放宽境外证券类机构和境外交易所驻华代表处准入条件,并纳入中国证券业对外开放的整体体系。

五是鼓励上市公司扩大对外开放。进一步放开上市公司外资持股的有关限制,对于外资持股的比例限制,分行业进一步予以放宽;对于外籍股东通过协议转让方式进行战略投资的,允许一定比例的自主转让。继续积极支持上市公司开展跨境并购。坚持市场化改革方向,进一步减少行政审批,同时加强跨境并购中的信息披露监管。强化上市公司跨境监管合作,更加注重各地信息披露监管规则的衔接。

六是稳步推进期货行业与期货市场对外开放。期货行业对外开放应当统筹协调"引进来"和"走出去"的开放步伐,有管理、有条件、有步骤地扩大对外开放水平。期货市场对外开放应当坚持"先易后难""先境内后境外""先交易后交割"的原则。做深做精现有期货品种,提升期货市场的国际影响力和定价话语权,服务相关产业上下游企业。以原油期货品种开发为契机,全面推动期货品种国际化相关法规制度建设,建设国际化期货交易平台。

七是加强跨境监管与执法合作。积极开展监管机构之间的跨境监管合作,充实完善双边备忘录和多边备忘录的相关内容。推动跨境执法合作内外部工作程序的逐步完善,加大对跨境执法协助的监管资源投入。完善跨境执法合作的制度基础,加强跨境执法的资源配置和人员培训交流力度。

八是把握"一带一路"建设机遇,通过资本市场国际化服务"一带一路"建设。探索开展"一带一路"股权融资,拓宽境内优质企业参与"一带一路"建设的融资渠道,为境内 A 股蓝筹上市公司和其他优质企业"走出去"提供多元化的金融支持与服务。完善"一带一路"债券融资机制,进一步研究完善"一带一路"熊猫债券融资机制。

9.6 从资本大国迈向资本市场强国

发展创新型国家,建设现代化强国,必须有一个强大的资本市场,必须有强有力的资本市场发展的配套支持。在政府行政主导下，中国已经成为一个资本大国，但由于能力禀赋和路径依赖的原因，自我约束、竞争约束、行业自律、司法约束和监管约束发育滞后，资本市场能力建设不足，资本市场还不够强大。在现阶段，行政控制手段已经削弱了市场的创新能力和适应环境变化的能力，延缓了市场发育进程和能力提升速度。一个成熟的现代资本市场必须高度依赖自我约束、竞争约束、行业自律、司法约束和监管约束等约束机制，这是中国资本市场制度发展和能力建设历史演进的基本取向，也是中国资本市场从资本大国迈向资本强国的必由之路。

9.6.1 建设现代化强国必须有一个强大的资本市场

资本市场发展对建设现代化强国的基础作用与功能，表现在以下几点上：

第一，提升企业发展能力的功能。一流的国家离不开一流的公司部门。中国要建设现代化强国，必须有一个强大的公司部门，而一个成熟、高效的资本市场则是打造一个强大的公司部门的金融机制，能够持续地提升企业的运作效率和发展质量，提升企业的资源整合能力、国际经营能力和国际竞争能力。

第二，促进产业组织、产业结构和社会经济结构不断升级的功能。

第三，提升社会生产力与收入能力，促进社会财富不断增长和积累，促进人民生活质量长期提高，促进社会持续稳定和繁荣的功能。

第四，促进技术创新和经济、金融与社会体制持续改善的功能。

第五，促进国内经济与世界经济以有利于自身利益的方式成功融合的功能。

9.6.2 中国资本市场大而不强

迄今为止，中国资本市场取得了长足的进步。自 2005 年股权分置改革全面启动以来，以股权分置改革为核心的一系列资本市场制度性改革取得重大成功，资本市场发生了转折性变化，进入了一个崭新的发展阶段并呈现快速发展态势。根据世界交易所联合会（WFE）的统计数据，2017 年上半年中国内地资本市场 IPO 融资额达 182.7 亿美元，是仅次于美国市场的全球第二大资本市场，也是全球第一大新兴资本市场，还是全球成长速度

最快的资本市场之一。2017 年 6 月底，中国 A 股市场股票总市值为 7.89
万亿美元，在过去三年均保持着全球第二的地位。A 股市场还在加速成长
中，截至 2017 年 6 月底，沪深两市上市公司总数约 3 300 家，较上年同期
增加了 410 家。伴随着 A 股市场的快速发展，越来越多的中国企业进入了
世界 500 强，数量从 2012 年的 79 家增加到了 2017 年的 115 家，而且未来
这个数字还会进一步增长。相比之下，美国进入财富 500 强的公司数量
2012 年为 132 家，2017 年仍为 132 家。日本进入财富 500 强的公司数量近
年则连续下滑，从 2012 年的 68 家减少至 2017 年的 51 家。中国境内股市
证券化率近年来也有所提高，从 2012 年的 44% 提升至 2016 年的 65%。相
比全球各主要资本市场而言，中国 A 股市场证券化率位居全球主要市场第
九位。放眼全球，证券化率最高的是新加坡，为 215.6%，第二位的美国为
147%，由此看来，中国 A 股市场证券化率还有很大提升空间。随着 A 股
市场对外开放稳步推进，国际社会对 A 股市场的认同感和参与度进一步提
升。2017 年 6 月底，中国 A 股成功纳入 MSCI 新兴市场指数，这标志着中
国 A 股已日益成为全球资本配置的重要组成部分。以上种种数据表明，一
个资本大国正在崛起。

表 9.1　全球十大交易所规模排名

\multicolumn{3}{c}{2017 年 6 月底本地上市公司股票市值排名}	\multicolumn{3}{c}{2017 年上半年股票交易金额排名}

排名	交易所	市值（万亿美元）	排名	交易所	交易金额（万亿美元）
1	纽约证券交易所	20.66	1	纳斯达克（美国）	16.5
2	纳斯达克（美国）	8.75	2	纽约证券交易所	8.9
3	日本交易所集团	5.50	3	BATS Global Markets	6.3
4	上海证券交易所	4.54	4	深圳证券交易所	4.2
5	泛欧证券交易所	4.03	5	BATS Chi-x Europe	3.0
6	伦敦证券交易所	4.00	6	上海证券交易所	3.5
7	香港联合交易所	3.67	7	日本交易所集团	3.1
8	深圳证券交易所	3.35	8	伦敦证券交易所	2.4
9	多伦多证券交易所	2.13	9	泛欧证券交易所	1.5
10	德国证券交易所	1.99	10	香港联合交易所	0.9

注：纽约证券交易所和泛欧交易所已合并成为纽约—泛欧交易所集团。
资料来源：WFE 2017 Market Highlights。

尽管近 30 年来中国资本市场从无到有，规模扩张的速度很快，但是，中国资本市场仍然是新兴加转轨市场，还不是一个繁荣、成熟、理性的资本市场，中国还不是一个资本市场强国。中国资本市场的现状与建设现代化强国的历史要求之间有着巨大的差距，现阶段它还存在如下严重问题：

（1）市场波动大，风险高。2005 年股权分置改革以来，A 股市场经历了两轮快速上涨和下跌，以及长期的市场低迷。2007 年一年时间内，上海股价指数上涨了 96.7%。但中国 A 股市场自 2007 年 10 月最高点至 2008 年 6 月短短 8 个月时间，跌幅达 55%。2015 年 6 月 12 日，沪指盘中达到该轮上涨最高点 5 178 点，较一年前的 2061 点上涨 151%。此后经过几次大幅下跌，至 2016 年 1 月 27 日盘中最低跌至 2 638 点，跌幅高达 49%。而美国股票市场虽然受到次贷危机的直接打击，但市场跌幅至 2008 年上半年没有超过 20%。A 股市场的高度波动带来了巨大风险。

（2）市场大多数时候表现低迷，总是"牛短熊长"。A 股在 2007 年和 2015 年出现两轮牛市，但很快由牛转熊。在其他时期，A 股表现长期低迷。以上证指数为例，2009 年 8 月反弹至最高 3 478 点，此后长达 6 年的时间内都是趋势性下跌，在 2013 年 6 月底最低跌至 1 849 点。而美国股票市场在次贷危机后，保持了 8 年多的长期牛市，股票指数一直趋势性上涨。道琼斯指数从 2009 年 3 月最低 6 469 点，持续上涨至 2017 年 9 月底的 22 400 点，上涨了 246%。

（3）市场发展依赖于简单的量的扩张，而不是质量和效率的不断提升。

（4）结构性缺陷严重，市场扭曲、功能发育不全，缺乏健全的市场定价机制和自我校正、自我稳定机制，股价总水平的变动更多地依赖于资金驱动，依赖于资金总量的变化，过度投机与博傻之风泛滥，股价水平常常严重偏离上市公司和宏观经济的基本面。

（5）政府对市场过度管制，而市场其他约束力量不成熟，法律机制、市场机制和微观经济基础等制度性的基础设施不健全。

（6）市场参与者的专业素质不高，自我约束机制不健全，政府管制过度，市场运作与发展往往高度依赖于政府的直接"把关"和可预期性差且缺乏长期战略视野的行政调控措施。

其结果是，同农业、工业、商业等其他行业相比，证券市场的运作往往更多地带有计划经济色彩和政府过度管制的色彩，证券市场的改革和制度发展在某些方面远远滞后于其他行业，以致资本市场的规范、发展、改革与稳定诸政策目标之间常常出现严重的冲突，顾此失彼，难以兼顾，整个证券业和资本市场的发展往往"靠天吃饭"，缺乏足够的专业价值优势和国际竞争优势，大量储蓄无法通过资本市场有效地转化为投资，无法适应社会经济长期有效增长的需要，无法承担支持社会经济持续成长的历史使命。

事实上，就现状而言，中国资本市场运作与监管的效率、质量和相关制度环境的合理性，不仅远远落后于英美等发达经济体，也远远落后于周边具有直接竞争关系的印度、新加坡、中国香港与中国台湾等新兴经济体，从而明显地削弱了中国资本市场的发展能力和国际竞争力。

如表 9.2 所示，衡量交易所实力的指标主要分为交易所发展外部环境和交易所运作质量指标两大类。从全球来看，上海证券交易所除了国民经济规模、经济增长、市场规模和技术系统等指标之外，其他指标全面落后。在制度性、市场效率和市场深度与广度指标等方面，上海证券交易所与全球一流交易所相比处于明显的落后状态。

表 9.2 上海证券交易所在全球的综合实力汇总

指标名称	实力	指标名称	实力	指标名称	实力	指标名称	实力
国民经济规模	√	市值	√	息税前利润		系统开发能力	
经济增长情况	√	交易金额	√	主营业务利润率		横向整合	
金融体系质量		融资规模	√	产品宽度		纵向整合	
货币国际化程度		境外上市公司相对数量		产品深度		外部并购	
利率市场化程度		境外上市公司相对交易额		系统连接性	√	治理结构	
汇率市场化程度		定价效率		系统灵活性	√	激励机制	
证券市场管理体制		流动性	√	系统交易速度	√	财务稳健性	

注：打"√"表示该项指标进入全球一流交易所行列。
资料来源：廖士光、施东辉，《全球交易所竞争力研究》，上海证券交易所资本市场研究所报告，2011 年 10 月。

9.6.3 迈向资本市场强国

应该看到，中国资本市场出现上述问题，是和中国资本市场发展所面临的能力禀赋有关的。在新兴加转轨经济条件下，出现了自我约束、竞争约束、行业自律、司法约束和监管约束的巨大空白，在缺乏这些市场化制度资源的背景下，政府只好选择行政控制这一便捷的手段，发展和建立资本市场。然而，资本市场发展到了一定阶段，只靠行政控制手段会产生阻碍作用，会削弱市场的创新能力和适应环境变化的能力，延缓市场发育进程和能力提升速度，从而出现上述种种问题。对于一个成熟的现代资本市场而言，必须具备自我约束、竞争约束、行业自律、司法约束和监管约束等一系列内部与外部约束机制，这一系列约束机制也是中国资本市场能力建设的主要取向与发展成为资本强国的必由之路。

因此，要卓有成效地解决以上问题，发展一流的资本市场，就必须以历史的、长远的眼光，从战略的高度，对现有的资本市场运行机制进行深刻、透彻、严谨的剖析和检讨反思，卓有成效地推进系统配套的全面改革和制度发展，克服能力禀赋的先天不足，全面强化能力建设，实现资本市场运行与发展模式的战略性转型升级，确立并实践资本市场新的发展观。

这一新的资本市场发展观可以用专业语言简洁地表述为：以效率改善和质量提升为中心，以市场为导向，以制度发展和能力建设为手段，通过政策目标、运作机制、微观基础、游戏规则、行为模式和基本理念等方面的战略转型，大力完善法律机制、市场机制、国家行政机制和整个制度环境，努力发展资本市场的内在稳定机制和自我治理机制，通过市场的质量提升、结构改善和微观机制的合理化来控制、降低和化解市场风险，避免高度依赖外在于市场力量、阻碍微观机制合理化的行政稳定措施和监管机构的越俎代庖，实现短期稳定与长期稳定相一致，提高市场参与者和整个资本市场的质量与国际竞争力，推动和实现资本市场的可持续发展，以最佳的方式有效地满足和平崛起条件下社会经济对资本市场发展的需求。

资本市场发展的行动计划就设计和实施的可操作性而言，需要确定最佳的时间与先后顺序；安排的行动路线图，需要确定战略行动的关键点。这些关键点应当依循资本市场发展的基本法则和市场健全运作的内在要求，包括：

一是加快推进资本市场的制度转型和市场化改革，尽快形成和完善市场导向的融资机制与金融创新机制。资本市场的发展与创新过程，是一个从失败和成功的经历中持续不断地学习、历练、调整、改进、提升的过程，是

"从游泳中学习游泳"的过程，不应"因噎废食"，需要为"善意"的"试错"留下足够的空间和保持必要的张力。二是实现资本市场监管机制和法律实施机制的转型，使资本市场监管政策的主要着眼点，由偏重于"维护稳定"，转向"保证市场的效率、公正和促进市场健康发展"，并借鉴英国金融服务监管局的经验，形成和遵循下述中国资本市场良好监管的原则：经济、有效地使用监管资源；推行以激励为基础的监管，强化被监管者自身管理的责任，激励市场参与者改善自身的风险控制机制，以降低对监管机构直接行政控制的需求的方式行事；保持市场参与者的监管负担与限制，同市场参与者得到的监管收益之间的平衡；便利证券交易所和证券经营机构创新；提升中国证券业和资本市场的国际竞争地位，避免扭曲和阻碍中国证券业和交易所的竞争，包括避免为市场进入和业务拓展设置不必要的监管壁垒。三是资本市场的对内自由化先行于对外自由化，通过内部自由化的先行，包括在国外资本市场的"老手们"自由进入国内之前即在市场上推出各种衍生品并优化市场环境，使国内"稚嫩的"市场参与者能有足够的学习、锻炼、成长和发展竞争能力的时间，而不至于"在不会室内游泳的情况下即在大海中任由大风大浪吞噬"。

只有以上关键点行动的成功，才能确保资本市场运行的安全、高效和公正，确保资本市场投资支出的质量和社会经济增长的质量，确保中国由资本大国向资本市场强国跨越，从而为中国建设现代化强国提供强有力的金融与经济支持。

尽管取得了巨大发展成就，尽管已经成为一个资本大国，但中国距离资本市场强国还很远。在经历股权分置改革后十多年的大发展之后，中国资本市场依然面临诸多问题和挑战。只有解决了这些问题与挑战，中国资本市场才能真正成为一个成熟的市场，中国也才能由此从资本大国发展成为全球资本强国。

参考文献

蔡庆丰、宋友勇：《超常规发展的机构投资者能稳定市场吗？——对我国基金业跨越式发展的反思》，《经济研究》2010 年第 1 期。

陈蓉：《中国首次发行新股市场化改革研究》，厦门大学博士论文，2003 年。

陈向民：《公司定期报告的及时性研究》，厦门大学博士论文，2001 年。

程兵、张晓军：《中国股票市场的风险溢价》（"Equity Risk Premium in Chinese Stock Market"），《系统工程理论方法应用》2004 年第 1 期。

范永进、陈岱松、李济生：《中国股市早年岁月（1984—1992）》，上海人民出版社 2007 年版。

范永进、强纪英：《回眸中国股市（1984—2000）》，上海人民出版社 2001 年版。

傅蕴英、康继军、许静：《配股与盈余管理：证据与诱因》，《中国第三届实证会计国际研讨会论文集》，2004 年 12 月。

富兰克林·艾伦、道格拉斯·盖尔：《比较金融系统》，中国人民大学出版社 2002 年版。

龚浩成、金德环：《上海证券市场十年》，上海财经大学出版社 2001 年版。

桂浩明：《现行新股发行制度的缺陷》《中国经济时报》，2007 年 10 月

31 日。

何佳、何基报、王霞、翟伟丽：《机构投资者一定能够稳定股市吗？——来自中国的经验证据》，《管理世界》2007 年第 8 期。

胡金焱，《政策效应、政策效率与政策市的实证分析》，《经济理论与经济管理》2002 年第 8 期。

胡荣才、龙飞凤：《中国股票市场政策市的新特征》，《财经理论与实践》2010 年第 3 期。

胡汝银：《从环境体制文化三方面入手推动资本市场制度转型》，《中国证券报》2007 年 1 月 19 日第 A14 版。

林义相：《中国证券市场的第三次制度创新与国有企业改革》，《经济研究》1999 年第 10 期。

刘鸿儒：《中国证券（1843—2000）》，九州出版社 2001 年版。

刘鸿儒等：《探索中国资本市场发展之路》，中国金融出版社 2003 年版。

刘煜辉、熊鹏：《股权分置、政府管制和中国新股抑价》，《经济研究》2005 年第 5 期。

卢宗辉：《中国股市调控政策研究——历史、走向与市场影响》，《数量经济技术经济研究》2006 年第 2 期。

罗林：《中国股票市场风险结构实证研究》，《金融与经济》2006 年第 7 期。

吕继宏、赵振全：《中国股票市场的波动、政策干预与市场效应》，载刘树成等主编《中国资本市场前沿理论研究文集》，社会科学文献出版社 2000 年版。

马庆泉：《中国证券史》，中信出版社 2003 年版。

彭文平、肖继辉：《股市政策与股市波动》，《上海经济研究》2002 年第 3 期。

祁斌、黄明、陈卓思：《机构投资者与市场有效性》，《金融研究》2006 年第 3 期。

青木昌彦：《比较制度分析》，上海远东出版社 2001 年版。

上海证券交易所研究中心：《中国公司治理报告》（2003—2010 年），复旦大学出版社。

上海证券交易所研究中心：《中国公司治理报告》（2011 年），上海人民出版社。

上海证券交易所资本市场研究所：《中国公司治理报告》（2012—2013年），上海人民出版社。

上海证券有限公司课题组：《中国新股发行制度市场化研究》，上证联合研究计划课题（初稿），2008 年。

施东辉：《证券投资基金的交易行为及其市场影响》，《世界经济》，2001年第 10 期。

施东辉：《论股市发展的八大关系》，《上海证券报》2017 年 7 月 6 日上证观察家专版。

施东辉：《股市异常交易监管之辩》，《上海证券报》2017 年 9 月 5 日上证观察家专版。

史代敏：《股票市场波动的政策影响效应》，《管理世界》2002 年第 8 期。

宋玉臣、赵振全：《中国股票市场政府行为问题研究》，《经济问题探索》2006 年第 12 期。

孙培源、施东晖：《基于 CAPM 的中国股市羊群行为研究——兼与宋军、吴冲锋先生商榷》，《经济研究》2002 年第 2 期。

汪炜：《公司信息披露：理论与实证研究》，浙江大学出版社 2005 年版。

汪宜霞、夏新平：《招股说明书信息含量与新股长期市场表现的实证研究》，《中国会计评论》2004 年第 6 期。

王开国：《中国证券市场超常规创新的理性思考》，《中国社会科学》2001 年第 1 期。

王亚平、吴联生、白云霞：《中国上市公司盈余管理的频率与幅度》，《经济研究》2005 年第 12 期。

王明涛、路磊、宋锴：《政策因素对股票市场波动的非对称性影响》，《管理科学学报》2012 年第 12 期。

王曦、叶茂：《我国股票市场"政策市"现象的理论阐释》，《学术研究》2011 年第 1 期。

吴敬琏：《十年纷纭论股市》，上海远东出版社 2001 年版。

西南财经大学课题组：《中国新股发行市场化研究》，上证联合研究计划课题（初稿），2008 年。

项韶明、王方华：《中国股市的政策特征和诱因》，《当代财经》2004 年第 3 期。

许均华、李启亚：《宏观政策对我国股市影响的实证研究》，《经济研究》2001 年第 9 期。

杨丹：《新股发行定价——基于壳资源的解释和证据》，西南财经出版社 2004 年版。

姚颐、刘志远：《机构投资者具有监督作用吗?》，《金融研究》2009 年第 6 期。

姚颐、刘志远：《震荡市场、机构投资者与市场稳定》，《管理世界》2008 年第 8 期。

于增彪、梁文涛：《股票发行定价体制与新上市 A 股初始投资收益》，《金融研究》2004 年第 8 期。

余文君、闻岳春、王泳：《基于金融压力指数的上海 A 股市场系统性金融风险研究》，《上海金融》2014 年第 7 期。

苑德军、黄格非、张剑霞：《我国新股发行定价机制的市场化改革》，《中国金融》2004 年第 10 期。

张劲夫：《股份制和证券市场的由来》，《百年潮》2001 年第 2 期。

张宗新、姚力、厉格非：《中国证券市场制度风险的生成和化解》，《经济研究》2001 年第 10 期。

张宗新、朱伟骅：《中国证券市场系统性风险结构的实证分析》，《经济理论与经济管理》2005 年第 12 期。

郑振龙：《中国证券发展简史》，经济科学出版社 2000 年版。

中国证监会：《中国资本市场发展报告》，中国金融出版社 2008 年版。

中国证监会：历年《中国证券监督管理委员会年报》。

中国证监会：历年《中国证券期货统计年鉴》。

中国证监会研究中心、北京证券期货研究院联合课题组：《我国资本市场的对外开放与国际化战略》，证监会研究专报。

周振华：《企业改制》，上海人民出版社 1995 年版。

朱生球：《世界主要证券市场新股发行定价比较研究》，《国泰君安证券研究通讯》2001 年第 11 期。

朱伟骅、廖士光：《投资者行为与市场波动》，上海人民出版社 2012
年版。

朱武祥、成九雁：《八十年的轮回：中国近代的股票市场与集权政府》，
《中国金融评论》2007 年第 1 卷第 1 期。

《上海证券年鉴》，历年，上海人民出版社。

Allen, Franklin and Gale Douglas, 1992, "Stock Price Manipulation",
The Review of Financial Studies, Vol.5, 503—529.

Aoki, M., K. Murdock, and M. Okuno-Fujiwara, 1995, *Beyond the East
Asian Miracle：Introducing the Market Enhancing View*, unpublished,
Stanford.

Bai, Zhongguang, and Wei Zhang, 2003, "Empirical Study on Post-IPO
Long-run Performance in the Chinese Stock Market", working paper.

Benveniste, Lawrence M., and Walid Y. Busaba, 1997, "Bookbuilding vs.
fixed price：An analysis of competing strategies for marketing IPOs", *Journal
of Financial and Quantitative Analysis* 32, 383—403.

Chi, Jing and Carol Padgett, 2002, "Short-run underpricing and its char-
acteristics in Chinese IPO markets", *ISMA Discussion Papers in Finance
2001—12*, University of Reading, UK.

Datar, V. and D. Mao., 1998, "Initial public offerings in China：Why is
underpricing so severe", Seattle University Working Paper.

Djankov, Simeon, Edward Glaeser, Rafael La Porta, Florencio Lopez-de-
Silanes, and Andrei Schleifer, 2003. "The New Comparative Economics",
Journal of Comparative Economics, 31, 595—619.(译文载《新比较经济学》,
《比较(10)》,中信出版社 2004 年版。)

Dreman, D., 1979, *Contrarian Investment Stategy：The Psychology of
Stock Market Success*, Random House, New York, NY.

Gu, Y. X., 2000, "Privatization, firm size, and IPO performance：Evi-
dence from Chinese A share issues", Seattle University Working Paper.

Hertz, Ellen, 1998, *The Trading Crowd：An Ethnography of the*

Shanghai Stock Market. Cambridge University Press.

Jay R. Ritter and Ivo Welch, 2002, "A Review of IPO Activity, Pricing, and Allocations", *The Journal of Finance*, 57, 1795—1828.

Kyle, Albert S., 1985, "Continuous Auctions and Insider Trading", *Econometrica*, 53, 1315—1365.

Lakonishok, J., Andrei Shleifer, Robert W Vishny, 1994, "Contrarian Investment, Extrapolation, and Risk", Journal of Finance, 49 (5), 1541—1578.

Liu Ti, 2003, "Investment without Risk: An Investigation into IPO Underpricing in China", *The China Project Report* No.4, RIIA, August.

Liu, L. and Li W.D., 2000, "Research on first day's abnormal returns of IPOs in China's securities market", *China Accounting and Finance Review* 2, 4, 26—53.

Mok, H.M.K. and Y.V. Hui, 1998, "Underpricing and after market performance of IPOs in Shanghai, China", *Pacific-Basin Finance Journal* 6, 453—474.

Myers, Stewart C., 1984, "The Capital Structure Puzzle", *Journal of Finance*, 39, 575—592.

North, Douglass and Barry R. Weingast, 1989. "Constitutions and Commitment: the Evolution of Institutions Governing Public Choice in Seventeenth-Century England", *Journal of Economic History*, 49:803—832.

North, Douglass, 1990. *Institution. Institutional Change and Economic Performance*. NY, Cambridge University Press.

OECD, 1997, *The OECD Report on Regulatory Reform: Synthesis*, Paris.

Su, Dongwei and Belton M. Fleisher, 1999, "An empirical investigation of underpricing in Chinese IPOs", *Pacific-Basin Finance Journal*, 7, 173—202.

Yujiro Hayami and Vernon W. Ruttan, 1985, *Agricultural Development: An International Perspective*, Johns Hopkins University Press.

附录 1 中国证券市场主要数据

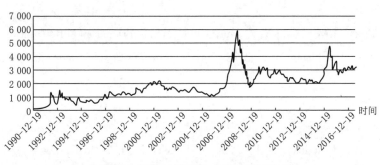

上证综合指数历年走势（1990—2017.6）

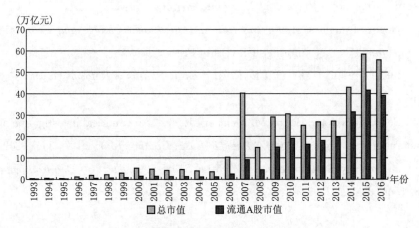

中国股票市场历年市值（1993—2016）

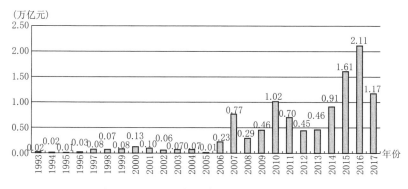

中国股票市场历年融资额（1990—2017.6）

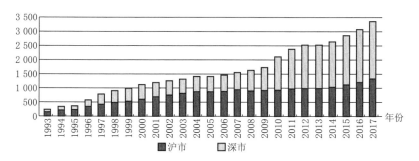

沪市　　深市

沪深证券交易所上市公司数（1990—2017.6）

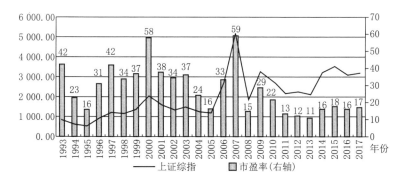

上证综指　　市盈率（右轴）

上证指数与上海证券市场市盈率对比（1993—2017.6）

注：1993—2007年指数与市盈率均为年末数据，2017年指数与市盈率数据为6月末数据。

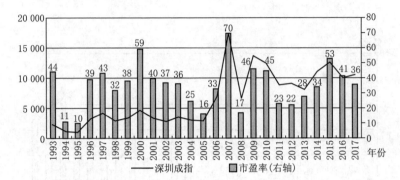

深证指数与深圳证券市场市盈率对比（1991—2017.6）

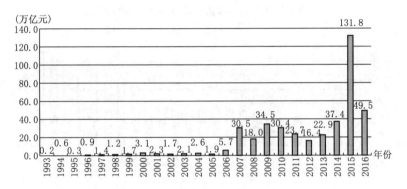

上海证券市场成交金额（1993—2017.6）

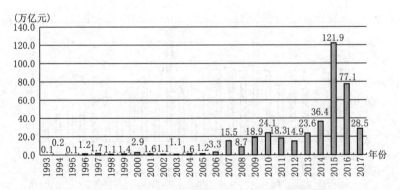

深圳证券市场成交金额（1993—2017.6）

附录 2　中国证券市场大事记（1980—2016）

1980—1989 年

1984 年 8 月 14 日	上海市政府批准中国人民银行上海市分行呈批的《关于发行股票的暂行管理办法》。
1984 年	全国第一家股份有限公司——北京天桥百货股份有限公司成立。
1986 年 9 月 26 日	上海建立第一个证券柜台交易点，开始接受委托，办理由其代理发行的延中实业和飞乐音响两家股票的代购、代销业务。这是新中国证券正规化交易市场的开端。
1986 年	沈阳市信托投资公司开设第一个从事证券转让业务的柜台。
1987 年	深圳市一些企业开始向社会公开发行股票并进行转让交易。
1988 年 11 月	深圳市证券市场领导小组成立。

1990 年

9 月 28 日	经中国人民银行批准，全国证券报价交易系统（STAQ）成立。
10 月 12 日	中国人民银行颁布《证券公司管理办法》。
11 月 14 日	经国务院授权，中国人民银行批准上海证券交易所成立。
11 月 26 日	上交所召开成立大会。
11 月 27 日	上海市政府发布《上海市证券交易管理办法》。
12 月 1 日	深圳证券交易中心开始集中交易。
12 月 5 日	STAQ 系统在京正式开通运行。
12 月 19 日	上海证券交易所正式开张营业。上海、深圳两家证券交易所的成立，是中国证券市场正式起步发展的开端。

1991 年

3 月 18 日	上海证券交易市场业务试行规则出台。
4 月 3 日	深圳开始发布股票指数，基数为 100。
4 月 11 日	中国人民银行批准深圳证券交易所成立。
5 月 15 日	深圳市政府颁布《深圳市股票发行与交易管理暂行办法》。
6 月 15 日	中国人民银行深圳分行颁布《深圳市证券机构管理暂行规定》。
7 月 3 日	深圳证券交易所正式营业。
8 月 28 日	中国证券业协会在京成立。
11 月 29 日	真空电子 B 股公开发行。

1992 年

2 月	上海电真空 B 股和深圳南玻 B 股上市，标志着中国 B 股市场的形成。
3 月 18 日	深圳市人民政府正式颁布实施《深圳市股份有限公司暂行规定》，这是第一部企业股份制经济法规。
5 月 21 日	上海证券交易所全面放开股价，股市飙升。
6 月	有关部门陆续出台《股份制企业试点办法》《股份有限公司规范意见》和《有限责任公司规范意见》等股份制企业试点规范化系列文件。
7 月 3 日	国务院成立证券管理办公会议制度。
9 月	全国性三大证券公司组建：由中国工商银行牵头筹建的华夏证券有限公司（北京）、由中国人民建设银行牵头筹建的国泰证券有限公司（上海）、由中国农业银行牵头筹建的南方证券有限公司（深圳）宣告成立。
10 月	华晨汽车控股公司股票在纽约证券交易所挂牌，这是首家中国企业在美国华尔街上市。
10 月 19 日	宝安集团首发可转换债券和认股权证。
10 月 27 日	党中央、国务院决定，成立国务院证券委和中国证监会，统一监管全国证券市场。国务院证券委员会成立，朱镕基副总理兼任主任，刘鸿儒、周道炯任副主任。同时成立了中国证券监督管理委员会，刘鸿儒任主席。同时将发行股票的试点由上海、深圳等少数地方推广到全国。
12 月 17 日	国务院颁布《国务院关于进一步加强证券市场宏观管理的通知》，这是深化改革，完善证券管理体制的一项重要决策。

1993 年

3 月 1 日	飞乐音响等内部职工股挂牌，这是股份制企业内部职工股首次上

市交易。

3 月 24 日	首批 35 家律师事务所和 20 家资产评估机构取得证券从业资格。
4 月 7 日	国务院决定，暂缓审批定向募集公司。
4 月 22 日	国务院正式颁布实施《股票发行与交易管理暂行条例》。
4 月 29 日	中国证监会重申，凡到境外公开发行股票和上市的企业，均应事先报国务院证券委审批，中国证监会对获准境外发股上市企业进行监管。
5 月 22 日	国务院证券委员会决定，对 STAQ 和 NET 两系统的法人股交易市场进行整顿，暂不批准新的法人股上市交易。
5 月 31 日	中国证监会发布《股票发行审核程序与工作规则》。
6 月 12 日	中国证监会发布《公开发行股票公司信息披露实施细则（试行）》。
6 月 19 日	内地与香港签署《证券监管合作备忘录》
7 月 7 日	国务院证券委发布《证券交易所管理暂行办法》。
8 月 15 日	经国务院批准，证券委发布《禁止证券欺诈行为暂行办法》。
8 月 17 日	部分地区沪市行情传输中断一个多小时，而未中断地区照常交易，引起轩然大波。中国证监会对"8.17"事件进行了专门调查。
8 月 18 日	国务院证券委发布《关于 1993 年股票发售与认购办法的意见》。各地相继公开发行股票，发行方式不断创新。
8 月 20 日	经中国人民银行批准设立的淄博基金在沪上市，基金开始进入资本市场。
9 月 30 日	中国发生首起通过二级股票市场进行控股的"宝延风波"，延中实业股票突然停牌，深圳宝安上海公司声明持有延中实业发行的普通股 5％以上的股份。
10 月 25 日	上海证券交易所向社会公众开放国债期货交易。
11 月 22 日	深圳证券交易所推出 T＋0 回转交易。
12 月 15 日	中国证券交易系统有限公司自行上市 6 只法人股，中国证监会下令制止。
12 月 17 日	中国证监会公布《上市公司送配股的有关规定》。
12 月 29 日	《中华人民共和国公司法》获全国人大常委会通过。

1994 年

1 月 25 日	中国证监会公布公开发行股票公司信息披露的内容与格式准则第二号《年度报告的内容与格式（试行）》。
1 月 27 日	《深圳证券交易所上市公司信息披露管理暂行规定（试行）》正式生效。
2 月 5 日	国务院证券委办公室暂停法人股上市，暂停发行内部职工股。
2 月 22 日	深交所宣布即日起暂停新股上市。

3 月 4 日　　　　　中国证监会宣布，深圳证管办关于上市公司 1993 年配股流通有关问题的通知暂缓执行，重申各地不宜就有关涉及证券市场的重大政策问题作出规定。深交所发布《深圳证券交易所异常情况处理办法》。

3 月 12 日　　　　刘鸿儒在沪表示，必须积极拓展和完善证券市场，新增的 55 亿股票上半年不上市，当年不征收股票转让所得税，国有股法人股年内不上市，上市公司配股权从严控制。

4 月 4 日　　　　　国资局发布《关于上市公司国家送配股事宜的紧急通知》。

4 月 11 日　　　　"长城公司诈骗案"审判。原公司总裁沈太福被处决，原国家科委副主任李效时被判 20 年。

4 月 12 日　　　　国家税务总局负责人称，国家已决定当年、次年两年对股票转让所得暂不征税。

4 月 29 日　　　　中国证券监督管理委员会和美国证券与交易管理委员会在北京签署了中美合作监管谅解备忘录，从而为两国证券市场监管机构之间的合作奠定了基础。

7 月 23 日　　　　国家体改委，国务院证券委就企业发行股票上市试行转制辅导发出通知，要求转制辅导要促使拟上公司规范化地进行公司改建。

7 月 28 日　　　　深沪证券市场分别以 96.63 点、339.80 点收市，创下两个市场的历史最低点。

8 月 29 日　　　　深交所调低 A 股交易手续费，一律降为成交额的 3.5‰。

1995 年

1 月 12 日　　　　中国证监会查处两起重大证券违法违规案件，山东渤海和君安深圳发展中心营业部因操纵市场、非法获利分别处以罚款 100 万元人民币。

　　　　　　　　　仪征化纤 1 亿 A 股开始在上交所上网定价发布，这在中国股票发行史上尚属首例。

2 月 24 日　　　　上交所发布关于加强国债期货交易监管工作的紧急通知，其内容主要包括：实行涨跌停板制；加强持仓限额管理，严禁相互借用仓位；控制持仓合约使用结构等。

3 月 8 日　　　　《中国证券监督管理委员会机构编制方案》经中央机构编制委员会办公室审核，获国务院正式批准。

4 月 21 日　　　　国家体改委、国务院证券委联合发出通知，严禁交易公开发行但尚未上市的股票。

5 月 12 日　　　　国资局宣布从即日起，对上市公司 4 月 18 日以后公布的有损国有股权益的分配方案进行查处。猴王、广东星湖、同济科技、琼海虹涉及查处之列。

5 月 13 日　　　　国务院证券委日前颁布《证券从业人员资格管理暂行规定》，要求证券从业人员必须通过统一的资格考试，由中国证监会统一组织进行。

5 月 17 日	中国证监会经国务院同意，暂停国债期货交易试点。
7 月 11 日	中国证监会正式加入证监会国际组织。
8 月 25 日	中国证监会就长虹转配红股上市事件作出裁决：转配红股上市属违规行为；上交所按自己的理解安排长虹转配红股上市是工作失误，予以通报批评，为稳定市场，仍维持上交所对长虹转配红股上市的安排。中国证监会重申国家股、法人股及转配等，其存量、增量均暂不上市流通。
9 月 16 日	深圳证券委召开第三次会议决定将深圳证券登记公司与深交所合并，深圳将重构交易清算制度，其基本原则是：统一异地股民的证券账户卡；登记公司统一管理股份明细账；实现深交所与登记公司电脑主机联网，实行有选择的通买通卖。
9 月 20 日	国家监察部、中国证监会等部门公布了对"327 事件"的调查结果和处理决定。决定说："这次事件是一起在国债期货市场发展过快、交易所监管不严和风险控制滞后的情况下，由上海万国证券公司、辽宁国发（集团）公司引起的国债期货风波。"
12 月 25 日	上海棱光实业斥资 1.6 亿元收购恒通电表全部产权，引起市场人士的广泛关注。此案被视为中国证券市场最大关联交易案。

1996 年

1 月 3 日	国务院发布施行《境内上市外资股的规定》，此为 B 股市场首部全国性法规。
2 月 3 日	中国证监会出台严格控制缩股、用新股发行额度解决历史遗留等政策。
3 月 17 日	证券市场首次被写入国民经济和社会发展纲要。
3 月 25 日	中国证监会授予 24 个地方证券、期货监管部门行使部分监管职责。
4 月 8 日	国务院证券委第六次全体会议召开。会议明确要以"八字方针"进一步完善和发展证券市场，切实清理整顿期货市场。会议决定要继续组织好新股发行工作；年内着手选择第四批境外上市预选企业；选择一些大型企业发行 B 股；进行可转换债券试点；尽快颁布《证券投资基金管理办法》；制定证券市场发展五年规划。
10 月 26 日	中国证监会颁布《证券经营机构证券自营业务管理办法》。
10 月 29 日	央行要求证券公司之外的金融机构所属证券部须在年内转让，逾期一律撤销。
10 月 31 日	中国证监会发出《关于严禁操纵证券市场行为的通知》，禁止任何单位、个人利用自身优势操纵市场；禁止任何单位以个人名义

开设股票账户；证交所要加强对股价异常变动股票的监控；地方证管办要加强对本地区证券从业机构的监管；对制造和传播虚假信息的媒体将严肃查处。

12 月 6 日	中国证监会颁布《关于股票发行和认购方式的暂行规定》。
12 月 14 日	沪、深证券交易所上市的股票交易，实行涨跌幅不超过前日收市价10％的限制，并对股票和基金的交易实行公开信息制度。

1997 年

1 月 16 日	中国证监会宣布，已修订了原公开发行股票公司信息披露的内容与格式准则第一号《招股说明书的内容与格式（试行）》，并统一了上海、深圳两个证券交易所的上市公告书编制标准，正式颁布公开发行股票公司信息披露的内容与格式准则第一号《招股说明书内容与格式》和准则第七号《上市公告书的内容与格式（试行）》。
1 月 17 日	中国证监会公布《关于股票发行工作若干规定的通知》，确定了1996年度新股发行采取"总量控制、限报家数"的管理办法，重点是国家确定的1 000家特别是其中的300家重点企业，以及100家全国现代企业制度试点企业和56家试点企业集团。在产业政策方面，将重点支持农业、能源、交通、通信、重要原材料等基础产业和高新技术产业，从严控制一般加工工业及商业流通性企业，金融，房地产等行业暂不考虑。
1 月 20 日	中国证监会为加强对上市公司的监管，规范上市公司运作，根据国家有关法律和法规，制定颁布了《上市公司检查制度实施办法》。
3 月 4 日	中国证监会发布《市场禁入规定》，规定共有二十条，自发布之日起施行。
3 月 17 日	新华社全文播发修订后的《刑法》，证券犯罪将依法惩处。
4 月 19 日	由上海市证管办、上海证交所发起和建立的上市公司董事会秘书例会制度正式实施，这标志着上海规范上市公司运作、完善董事会秘书制度方面又朝前迈出一大步。
5 月 16 日	沪深四股票被暂停交易，此为中国证券市场首例因个股异常波动而被暂停交易事件，四股票分别为河北威远、东大阿派、深能源和泸州老窖。
5 月 22 日	国务院证券委、人民银行总行、国家经贸委规定，严禁国有企业上市公司炒作股票。
6 月 5 日	为规范上市公司关联方关系及其交易信息披露，财政部发布首项具体会计准则，针对证券市场新出现的、急需解决的会计问题还将研究制定并陆续发布其他具体会计准则。

6 月 6 日	为了严格禁止银行资金通过各种方式违规流入股市，防范金融风险，经国务院批准，中国人民银行发出通知禁止银行资金违规流入股票市场。
6 月 21 日	国务院发布《关于进一步加强在境外发行股票和上市管理的通知》，规定境外发行股票和上市必须有组织有步骤进行，选择符合国家产业政策和境外上市条件的国有企业到境外直接上市。
8 月 15 日	国务院作出决定，沪深证券交易所划归中国证监会直接管理。
11 月 15 日	《证券投资基金管理暂行办法》颁布实施。
12 月 25 日	中国证监会依据有关法律、规定制定并颁布《上市公司章程指引》。
12 月 29 日	《上海证券交易所股票上市规则》和《深圳证券交易所股票上市规则》发布。

1998 年

3 月 14 日	国务院证券委发布《B 股公司增资发行 B 股暂行办法》。
3 月 23 日	首批证券投资基金金泰和开元发行。
3 月 27 日	中国证监会公布首批获得资格的证券期货咨询机构及其人员名单。
4 月 1 日	上交所实行全面指定交易。
4 月 14 日	中国证监会对 33 家违规申购基金开元、金泰的法人和个人进行处罚。
4 月 16 日	中国证监会对湖南华天实业集团公司等机构违反证券法规的行为作出处罚。
4 月 22 日	沪深证券交易所决定对"财务状况异常"的上市公司实施股票交易特别处理。1998 年共有 27 家上市公司被实施特别处理，其中 ST 苏三山因连续三年亏损成为首家暂停上市的公司。
4 月 29 日	注册会计师对渝钛白公布的 1997 年度报告发表了否定意见，这是注册会计师对 A 股上市公司出具的首份否定意见审计报告。
6 月 12 日	经国务院批准，国家税务总局决定降低证券（股票）交易印花税，印花税率由 5‰降至 4‰。
7 月 23 日	国泰、君安公告依法进行合并。
8 月 3 日	首家可转换公司债券"南宁化工"上网发行。
9 月 19 日	中国证监会与地方政府签署"证券监管机构交接备忘录"。
10 月 19 日	国务院批准中国证监会"三定"方案，明确中国证监会对全国证券期货市场实行集中统一监管。
11 月 20 日	中国证监会对红光公司编造虚假利润骗取上市资格、隐瞒重大事项、挪用募集资金买卖股票等严重违法、违规行为发出处罚通报。

中国证监会下发《关于停止发行公司职工股的通知》，决定自1998 年 11 月 25 日起，股份有限公司公开发行股票的，一律不再发行公司职工股。

12 月 29 日	九届全国人大常委会第六次会议审议通过《中华人民共和国证券法》。

1999 年

2 月 10 日	＊ST 辽物资成为首家＊ST 摘帽企业。
3 月 9 日	中国证监会制定了《股票发行定价分析报告指引（试行）》。
3 月 10 日	中国证监会主席周正庆表示，券商分类将逐步实施；允许券商增资扩股；融资政策近期出台，基金试点将扩大规模；高新企业上市不受额度限制。
3 月 27 日	中国证监会修订上市公司配股条件。
4 月 19 日	周正庆表示，企业境外上市不再分批审查，不受规模、家数限制。
5 月 19 日	沪深两市在科技股的拉动下出现强劲升势，"5.19 行情"启动。
5 月 29 日	中国证监会要求上市公司高管人员不得在控股股东单位兼职。
7 月 1 日	《中华人民共和国证券法》正式实施。 中国证监会派出机构正式挂牌，标志着集中统一的证券监管体制形成。
7 月 3 日	"PT"出台，对暂停上市股票实行"特别转让"。
7 月 29 日	中国证监会对新股发行和定价方式进行了重大改革，首次引入战略投资者概念。
9 月 8 日	中国证监会发布《关于法人配售股票有关问题的通知》，国有企业、国有控股企业和上市公司获准投资二级市场的股票。
9 月 19 日	中共十五届四中全会召开，通过了《关于国企改革和发展若干重大问题的决定》。提出要进一步推动中国证券市场发展，适当提高公众流通股的比重，允许国有及国有控股企业按规定参与股票配售，选择一些信誉好，发展潜力较大的国有控股上市公司适当减持部分国有股
10 月 11 日	中信证券首笔同业拆借业务成交，券商正式进入全国银行间同业拆借市场。
9 月 14 日	《中国证监会股票发行审核委员会条例》经国务院批准实施。
9 月 27 日	国务院批准保险公司购买证券投资基金间接进入证券市场。
11 月 22 日	中国证监会放宽对证券投资基金配售新股比例和金额的限制。
11 月 26 日	中央纪委、监察部严肃查处大庆联谊股份有限公司股票案。

2000 年

2 月 14 日	中国证监会改革股票发行方式，采用向二级市场投资者以其所持

	证券市值配售新股的方法：配售新股的比例为向证券投资基金优先配售后所余发行量的 50%；每持有上市流通证券市值一万元限申购新股一千股；沪深交易所流通证券市值分别计算。
2 月 23 日	虹桥机场发行可转债，这是中国上市公司首次增发转债。
3 月 14 日	中国证监会决定，转配股将从 2000 年 4 月开始，用 24 个月左右的时间逐步安排上市流通。同时，证监会重申上市公司国家股和法人股的存量及其增量仍不能上市流通。
3 月 17 日	股票发行核准程序颁发，同时颁布《股票发行上市辅导暂行办法》。主承销商考评制问世。
5 月 8 日	《上海证券交易所股票上市规则（2000 年修订本）》和《深圳证券交易所股票上市规则（2000 年修订本）》颁布，增加了对信息披露的要求，同时对 ST、PT 标准从严。
5 月 22 日	中国证监会出台《上市公司向社会公开募集股份暂行办法》，为增发新股定出了规则框架，也使增发新股更趋市场化。
5 月 23 日	中国证监会发布《关于调整证券投资基金认购新股事项的通知》，自此新股发行时将不再单独向基金配售。
5 月 26 日	中国证监会修订发布《上市公司股东大会规范意见》。
6 月 17 日	沪深证券交易所发布《上市公司股票暂停上市处理规则》，决定从 6 月 23 日起实施 PT 股票限涨不限跌；新股发行又有新变化，法人投资者持股期限延长一倍。
6 月 19 日	上证所将全面推行法人结算制度。
7 月 1 日	《中华人民共和国证券法》实施一周年。 新修订的《中华人民共和国会计法》颁布实施。
7 月 6 日	沪深股市上市公司突破 1 000 家，中国上市公司数跃居世界前十名。
9 月 1 日	上海、深圳证券交易所发布新的企业债券上市规则。
9 月 29 日	中国证监会发布通知，要求拟发行股票公司设立时就聘请有证券从业资格的中介机构承担验资等业务，同时强调公司董事应对招股说明书中盈利预测的结果负责。
10 月 12 日	开放式基金试点办法出台。
10 月 18 日	创业板市场规则（修订意见稿）正式上网披露，这是国内首次正式公开发布有关创业板市场的文件初稿。
11 月 2 日	上海证券交易所发布《上海证券交易所上市公司治理指引（草案）》。
12 月 16 日	上交所推出系列措施促进 B 股市场的健康发展。

2001 年

1 月 4 日	8 家保险公司获准提高保险资金入市比例。

2 月 19 日	允许境内居民投资 B 股市场。
3 月 17 日	正式实施股票发行核准制。
4 月 23 日	PT 水仙成为中国证券市场首家退市公司。
6 月 12 日	国务院发布《减持国有股筹集社会保障资金管理暂行办法》，其中第五条规定，新发、增发股票时，应按融资额的 10% 出售国有股。国有股存量出售的收入，全部上缴全国社会保障基金。
6 月 29 日	证监会确定新会计制度相关信息披露原则。
7 月 23 日	社保基金入市。
8 月 22 日	上市公司独立董事制度出台。
8 月 31 日	沪深证券交易所发布新交易规则，B 股交易将实行 T＋1。
9 月 20 日	证券登记结算将统一。
10 月 9 日	证监会规范上市公司非流通股协议转让。
10 月 22 日	中国证监会宣布停止执行《减持国有股筹集社会保障资金管理暂行办法》第五条规定。证监会表示，考虑到有关具体操作办法尚需进一步研究，经报告国务院，决定停止减持。
11 月 16 日	股票交易印花税下调至 2‰。
11 月 27 日	证监会调整证券公司增资扩股现行政策。
12 月 1 日	沪深证券交易所新交易规则开始正式实施。
12 月 5 日	证监会出台新退市办法，"PT"制度将被取消。
12 月 26 日	证监会发布上市公司财务信息披露新规则。
12 月 27 日	财政部颁布《关联方之间出售资产等有关会计处理问题暂行规定》，进一步规范上市公司关联交易行为。

2002 年

1 月 8 日	中国证监会公布《证券公司管理办法》，对机构审批、业务监管、人员管理、风险控制等方面作出了规定。据此，综合类公司可申请设立专门从事某一证券业务的子公司；证券公司经批准可申请设立或参股、收购境外证券公司。
1 月 10 日	中国证监会和国家经贸委共同发布《上市公司治理准则》。
1 月 12 日	中国证监会起草《公开发行证券的公司信息披露编报规则第 X 号——外商投资股份有限公司在境内首次公开发行股票招股说明书特别规定》，并公开征求社会各方意见。
1 月 15 日	最高人民法院审判委员会第 1201 次会议通过的《关于受理证券市场因虚假陈述引发的民事侵权纠纷案件有关问题的通知》下发，规定今后凡由中国证监会及其派出机构作出生效处罚决定，因虚假陈述行为引发的民事侵权赔偿纠纷案件，人民法院可以受理和审理。这标志着中国证券市场民事赔偿机制正式启动。
3 月 11 日	沪深证券交易所发布《上市公司临时报告系列格式指引》。

3 月 25 日	上海证券交易所成立上市专家委员会。
3 月 26 日	沪深证券交易所发出通知，自 4 月 1 日起披露定期报告、临时公告由停牌半天改为停牌 1 小时。
4 月 4 日	中国证监会、国家计委、国家税务总局发出通知，自 5 月 1 日起证券交易实行最高上限向下浮动的佣金收费标准。
4 月 26 日	证券交易所从即日起，不再为暂停上市公司的股票提供特别转让服务。"PT"制成为历史。
5 月 21 日	中国证监会发出《关于向二级市场投资者配售新股有关问题的补充通知》，决定恢复向二级市场投资者配售新股的发行方式。按照此通知，向二级市场投资者配售新股的基本原则是优先满足市值申购部分，在此前提下，配售比例在 50%—100% 之间确定。
5 月 22 日	上海证券交易所、深圳证券交易所、中国证券登记结算有限责任公司联名颁发了《新股发行市值配售实施细则》及三个附件。至此，有关市值配售的规定全部出台。
5 月 24 日	中国证监会公布《股票发行审核委员会重大重组审核工作委员会工作程序》。
6 月 20 日	上海证券交易所表示，将于 7 月 1 日起正式对外发布上证 180 指数，以取代原来的上证 30 指数。
6 月 24 日	国务院决定，除企业海外发行上市外，对国内上市公司停止执行《减持国有股筹集社会保障资金管理暂行办法》中关于利用证券市场减持国有股的规定，并不再出台具体实施办法。 为进一步规范上市公司增发新股的行为，保护投资者的合法权益，中国证监会制定了《关于进一步规范上市公司增发新股的通知》（征求意见稿）。《通知》从若干方面提高了上市公司增发的"门槛"，其内容包括，最近三个会计年度加权平均净资产收益率平均不低于 10%，且最近一年加权平均净资产收益率不低于 10% 等。
7 月 25 日	中国证监会发布《关于上市公司增发新股有关条件的通知》。 上证所出台《境外证券经营机构申请 B 股席位暂行办法》。 中银香港（控股）有限公司（中银香港）在香港交易所挂牌上市，成为首家在境外成功上市的国有商业银行。
9 月 10 日	证监会发布一项股票发行审核新标准，提高重大关联交易信息披露要求。
9 月 13 日	STAQ 及 NET 系统遗留问题基本解决。
10 月 8 日	中国证监会发布《上市公司收购管理办法》及《上市公司股东持股变动信息披露管理办法》，自 12 月 1 日起施行。
10 月 15 日	中国证监会出台《关于发行人的控股股东或实际控制人存在巨额债务或出现资不抵债情况时的审核标准》备忘录，防范大股东转

嫁债务风险。

11 月 4 日	经国务院批准，中国证监会、财政部和国家经贸委联合发布《关于向外商转让上市公司国有股和法人股有关问题的通知》。
12 月 2 日	经中国证监会批准，中国证券登记结算公司颁布《合格境外机构投资者境内证券投资登记结算业务实施细则》。上海证券交易所、深圳证券交易所分别发布《合格境外机构投资者证券交易实施细则》。这标志着中国 QFII 制度正式启动。
12 月 16 日	中国证券业协会分析师委员会正式成立。
12 月 19 日	中国证监会发布《证券投资基金管理公司内部控制指导意见》。

2003 年

1 月 10 日	上海证券交易所大宗交易业务正式开展。
1 月 12 日	国内首家中外合资基金管理公司——招商基金管理有限公司在深圳正式开业。
2 月 24 日	沪深证券交易所决定，调整扩大上市公司临时公告的事后审核范围。此举旨在增强上市公司信息披露的自觉意识，提高信息披露质量，并调动市场来共同监督上市公司的披露行为。
3 月 3 日	沪深证券交易所基金交易的最小报价单位由"分"改为"厘"。
4 月 4 日	沪深证券交易所发布《关于对存在股票终止上市风险的公司加强风险警示等有关问题的通知》。存在股票终止上市风险的公司，交易所对其股票交易实行"警示存在终止上市风险的特别处理"，在公司股票简称前冠以"＊ST"标记。
4 月 25 日	入世后首家中外合资证券公司——华欧国际证券有限责任公司在北京宣布正式成立。华欧国际证券由湘财证券与法国里昂证券合资组建，是中国入世后的首家中外合资证券公司，这也是中国证券公司与欧洲投资银行的首次合资。
5 月 27 日	瑞士银行、野村证券成为首批取得证券投资业务许可证的合格境外机构投资者。
6 月 9 日	全国社会保障基金正式进入证券市场运作，6 家基金公司管理的社保基金开始在二级市场购买股票及有关债券。
6 月 27 日	证券从业人员资格管理细则出台。
7 月 19 日	证券法修改工作正式启动。
7 月 20 日	上海证券交易所大宗交易系统启用，该所首笔大宗交易诞生。
9 月 8 日	中国证监会、国务院国资委联合发布《关于规范上市公司与关联方资金往来及上市公司对外担保若干问题的通知》，进一步规范上市公司与控股股东及其他关联方的资金往来，控制上市公司对外担保风险，保护投资者合法权益。
9 月 30 日	外资将首次以基金形式进入 QFII。同日，TCL 集团发布拟吸收

合并 TCL 通讯（000542）并整体上市的公告。这是中国证券市场上首例吸收合并整体上市的案例。

10 月 28 日　十届全国人大常委会第五次会议通过《证券投资基金法》，这一法律将于 2004 年 6 月 1 日起施行。

11 月 18 日　武钢股份公告称，公司拟增发不超过 20 亿股，其中向武汉钢铁（集团）公司定向增发 12 亿股国有法人股，向社会公众发行的社会公众股数量不超过 8 亿股。募集资金将用于收购武钢集团拥有的钢铁主业资产。该增发方案将定向增发国有法人股、增发流通股相结合，实现了集团主业资产整体上市。

12 月 11 日　《股票发行审核委员会暂行办法》颁布实施。

12 月 16 日　上市公司国有股转让定价方式明确。

12 月 28 日　中国证监会主席尚福林签署中国证监会第十八号令，发布《证券发行上市保荐制度暂行办法》。

12 月 29 日　上证 50 指数于 2004 年起正式发布。

2004 年

1 月 2 日　中国证监会和深圳市政府联合颁发公告，对南方证券实施行政接管。

1 月 8 日　中国证监会发布《关于进一步提高上市公司财务信息披露质量的通知》。国务院国资委和财政部共同签发的《企业国有产权转让管理暂行办法》正式公布。

2 月 1 日　国务院发布《国务院关于推进资本市场改革开放和稳定发展的若干意见》，提出：重视资本市场的投资回报，为投资者提供分享经济增长成果、增加财富的机会；鼓励合规资金入市，支持保险资金以多种方式直接投资资本市场，逐步提高社保基金、企业补充养老基金、商业保险资金等入市比例；拓宽证券公司融资渠道，为证券公司使用贷款融通资金创造有利条件，稳步开展基金管理公司融资试点；积极稳妥解决股权分置问题，尊重市场规律，有利于市场的稳定和发展，切实保护投资者特别是公众投资者的合法权益；研究制定鼓励社会公众投资的税收政策。

2 月 25 日　中国证监会发出《关于做好股份有限公司终止上市后续工作的指导意见》，进一步明确，公司退市后须进"三板"转让。
由上海证券交易所和经合组织（OECD）共同举办的"中国公司治理政策对话会"召开。

3 月 5 日　沪深证券交易所和中国证券登记结算公司向沪深两市上市公司发出通知，要求上市公司在 3 月 31 日前签署《证券上市协议》和《证券登记及服务协议》的补充协议，约定上市公司股票终止上市后进入"代办股份转让系统"的相关事宜。

6月1日   《证券投资基金法》正式实施。

6月11日   中国证监会颁布《证券投资基金信息披露管理办法》，基金从7月1日起按新规定披露信息。

6月18日   深圳证券交易所发布公告，首批公司6月25日在中小企业板块上市。

6月29日   中国银监会、中国证监会、中国保监会签署备忘录，建立监管联席会议机制。

6月30日   济南钢铁上市首日跌破发行价。

7月8日   中国证监会批准上海证券交易所推出交易型开放式指数基金（ETF）。

8月2日   深圳证券交易所正式使用大宗交易系统办理大宗交易业务。

8月11日   中国证监会发布《关于规范境内上市公司所属企业到境外上市有关问题的通知》。

           中国证监会公布《证券投资基金信息披露内容与格式准则》第5号。

           深圳证券交易所公布《中小企业板块保荐工作指引》。

10月12日   中信证券、光大证券和中国国际金融公司成为首批创新试点券商。

11月24日   《上海证券交易所交易型开放式指数基金业务实施细则》《中国证券登记结算公司交易型开放式指数基金登记结算业务实施细则》《上海证券交易所国债买断式回购交易实施细则》和《中国证券登记结算有限责任公司国债买断式回购结算业务实施细则》发布。

11月29日   沪深证券交易所分别发布《上海证券交易所股票上市规则（2004年修订）》和《深圳证券交易所股票上市规则（2004年修订）》。

           上证50ETF开始发行。

12月6日   上证所发布《上海证券交易所证券投资基金上市规则（2004年修订）》。

12月8日   中国证监会发布《上市公司股东大会网络投票工作指引（试行）》。

12月10日   中国证监会发布《关于首次公开发行股票试行询价制度若干问题的通知》及配套文件《股票发行审核标准备忘录第18号》，IPO询价制度次年启动。

12月15日   沪深证券交易所、中国结算公司联合发布的《上市公司非流通股股份转让业务办理规则》，规定上市公司非流通股股份转让必须在沪深证券交易所进行。

2005年

1月1日   证券公司推荐企业发行股票实行"自行排队，限报家数"的规定废止，运行了三年多的"通道制"就此终结。

证券交易所、期货交易所、证券公司、期货经纪公司即日起获准减征有关营业税。

1 月 4 日　中国股市第一个反映高回报率股票群体整体状况的指标——上证红利指数亮相。

1 月 15 日　中国证监会宣布即日起恢复新股发行，并正式实施股票发行询价制度。华电国际成为这一新制度下发行股票的第一家公司。

1 月 21 日　德恒、中富、恒信、闽发、南方、云南、汉唐和辽宁证券等 8 家高风险券商因严重违法违规、风险巨大，日前被中国证监会正式立案稽查。

1 月 24 日　经国务院批准，即日起调整证券（股票）交易印花税税率，A股、B股股票印花税税率由此前的 2‰调整为 1‰。这是证券市场上第七次调整证券交易印花税。

1 月 31 日　《最高人民法院关于对与证券交易所监管职能相关的诉讼案件管辖与受理问题的规定》正式施行。投资者对证券交易所在履行监管职责过程中做出的不直接涉及投资者利益的行为提起的诉讼，人民法院不予受理。

2 月 1 日　爱建股份公告，香港名力集团通过具有 QFII 资格的恒生银行购买并持有爱建股份 5.066%的股权。这是海外投资者第一次通过 QFII 举牌 A 股公司。

2 月 2 日　上海证券交易所交易系统正式启用网络投票功能。

2 月 16 日　中国保监会、中国证监会日前发布《关于保险机构投资者股票投资交易有关问题的通知》和《保险机构投资者股票投资登记结算业务指南》。保险资金直接入市进入实质性操作阶段。

2 月 20 日　《商业银行设立基金管理公司试点管理办法》公布施行，标志着商业银行设立基金管理公司试点工作进入实质性操作阶段。

中国证监会、财政部下发通知明确，公开发行股票、可转债等证券时，所有申购冻结资金的利息须全部缴存到上海、深圳证券交易所开立的存储专户，作为证券投资者保护基金的来源之一。此举标志着证券投资者保护基金的设立进入实质性操作阶段。

上证 50ETF 在上证所上市交易并开展申购、赎回业务。

3 月 7 日　保险资金正式启动 A 股二级市场的直接投资。

3 月 28 日　中国证监会发文对货币市场基金投资运作、信息披露格式等进行规范。新规定自 4 月 1 日起施行。

4 月 7 日　经国务院批准，工商银行、建设银行和交通银行被确定为首批直接投资设立基金管理公司的试点银行。

4 月 8 日　沪深 300 指数正式发布。

4 月 17 日　《国务院关于 2005 年深化经济体制改革的意见》提出，大力发展

	资本市场。研究建立股东代表诉讼制度、证券投资者保护基金和其他对投资者提供直接保护的机制。
4 月 19 日	《关于规范类证券公司评审与监管相关问题的通知》和《规范类证券公司评审暂行办法》发布实施。这标志着券商分类监管中第二类即规范发展类券商的评审正式启动。
4 月 29 日	中国证监会发布《关于上市公司股权分置改革试点有关问题的通知》，宣布启动股权分置改革试点工作。
5 月 9 日	清华同方（600100）、金牛能源（000937）、紫江企业（600210）和三一重工（600031）发布公告，已被中国证监会确定为股权分置改革试点单位。股权分置改革试点拉开序幕。《上市公司股权分置改革试点业务操作指引》发布。
5 月 17 日	中国证券业协会发布《试点证券公司创新方案评审暂行办法》。深圳证券交易所发布《独立董事备案办法》。
5 月 30 日	中国证监会、国资委联合发布《关于做好股权分置改革试点工作的意见》，要求大中型上市公司积极解决股权分置问题。
6 月 16 日	中国证监会正式发布实施《上市公司回购社会公众股份管理办法（试行）》。邯郸钢铁首家宣布将实施流通股回购。中国证监会发出《关于上市公司控股股东在股权分置改革后增持社会公众股份有关问题的通知》。
6 月 17 日	国务院国资委公布《国有控股上市公司股权分置改革的指导意见》，确定国有控股股东持股底线原则。
7 月 12 日	中国证监会发布《上市公司与投资者关系工作指引》。
7 月 29 日	科龙电器董事长顾雏军等人被公安机关立案侦查并被采取刑事强制措施。"格林柯尔系"开始瓦解。
8 月 23 日	经国务院同意，证监会、国资委、财政部、央行、商务部等五个部门联合发布《关于上市公司股权分置改革的指导意见》，股权分置改革进入全面推进阶段。
9 月 4 日	中国证监会发布《上市公司股权分置改革管理办法》。
9 月 26 日	由沪深证券交易所共同发起设立的中证指数有限公司正式成立。
9 月 28 日	中国证券投资者保护基金有限责任公司正式开业。
9 月 29 日	证监会、财政部、人民银行发布《证券投资者保护基金管理办法》。
10 月 20 日	鞍钢新轧公布股改方案，成为 A＋H 公司中第一家股改公司。
11 月 1 日	国务院批转中国证监会《关于提高上市公司质量意见》。
11 月 5 日	商务部、中国证监会发布《关于上市公司股权分置改革涉及外资管理有关问题的通知》。
12 月 23 日	中国证监会与中国银监会联合发布《关于规范上市公司对外担保行为的通知》。

2006 年

1 月 1 日	新修订的《中华人民共和国证券法》《中华人民共和国公司法》开始施行。
1 月 5 日	《上市公司股权激励管理办法》（试行）正式发布，中国证监会通知称，已完成股权分置改革的上市公司可遵照《办法》实施股权激励。 中国证券业协会举办《会员制证券投资咨询业务自律公约》的签约仪式，63 家证券投资咨询机构签署自律公约。
2 月 14 日	深交所发布《深圳证券交易所交易型开放式指数基金业务实施细则》，目前有关 ETF 的业务和技术准备工作已就绪。深交所发布《深圳证券交易所证券投资基金上市规则》，自发布之日起实施。
2 月 20 日	深交所首只 ETF 产品——易方达深证 100ETF 将从 2 月 21 日起开始发行。
3 月 20 日	证监会发布实施《上市公司股东大会规则》，明确规定上市公司持有自己股份没有表决权，并且该部分股份不计入出席股东大会有表决权的股份总数。此外还补充规定了在董事会不履行召集和主持股东大会职责的情况下，监事会和股东提议召集股东大会的程序。
4 月 12 日	中国证监会正式对外颁布《证券登记结算管理办法》。
4 月 29 日	德隆案主案在武汉市中级人民法院一审宣判完毕。德隆原总裁唐万新因"非法吸收公众存款罪"被判有期徒刑 8 年，并处 40 万元罚款。
5 月 8 日	中国证监会公布《上市公司证券发行管理办法》，《管理办法》强化了对股票发行的市场、价格约束机制，突出了保护公众投资者权益的要求，拓宽了上市公司的再融资方式和再融资品种，简化了发行审核程序。
5 月 15 日	沪深证券交易所发布新《交易规则》，于 7 月 1 日起实施。新规则为实施 T＋0 回转交易制度、差异化涨跌幅、融资融券制度等进一步创新留下了制度接口。
5 月 23 日	中国证监会发布新修订的《上市公司收购管理办法》征求意见稿，新《办法》对上市公司收购制度作出重大调整。
6 月 5 日	上海证券交易所发布《上海证券交易所上市公司内部控制指引》。该《指引》将从 2006 年 7 月 1 日起实施，上市公司应从 2006 年年度报告起披露内部控制自我评估报告和会计师事务所对自我评估报告的核实评价意见。
6 月 30 日	《中华人民共和国刑法修正案（六）》表决通过，此次补充和修改了有关惩治金融领域犯罪的规定，新增了"掏空"上市公司等

	犯罪的规定,加重了对操纵证券和期货市场犯罪的刑罚。
7 月 2 日	中国证监会正式出台《证券公司融资融券业务试点管理办法》,该办法自 2006 年 8 月 1 日起施行,符合条件的券商将展开试点的融资融券业务。
7 月 5 日	中国四大商业银行之一的中国银行在上海证券交易所上市,其总股本达到 2 538.4 亿股,A 股发行 64.94 亿股,募集资金净额达到 194 亿元,成为超越中国石化的两市第一权重股。
8 月 21 日	此前国内上市公司市值最大的中国石化进入股改程序,由于中国石化 A 股市值超过 4 200 亿元,占沪深两市市值的 10.9%。该公司的加入直接使沪深两市股改市值的比重超过 90%。
9 月 17 日	中国证监会公布《证券发行与承销管理办法》,内容涵盖了证券定价、发售、承销、信息披露等环节,将自 2006 年 9 月 19 日起施行。
10 月 25 日	国务院国资委和财政部于日前联合向地方国资委、财政厅(局)和各中央企业下达《关于印发〈国有控股上市公司(境内)实施股权激励试行办法〉的通知》。
10 月 26 日	证监会日前成立新一届行政处罚委员会,今后证监会立案调查的案件,将交由专职的行政处罚委员会的专职委员审理。
11 月 10 日	八部门联合发令清理大股东占款。
11 月 30 日	证监会排定新旧会计准则过渡期监管。中小板股票暂停上市、终止上市特别规定出台。

2007 年

1 月 8 日	对未完成股改的股票设置特别交易板块(S 股),对所有 S 股涨跌幅实施 5% 限制。
1 月 9 日	国内"保险第一股"中国人寿成功回归 A 股,成为首家 A 股上市保险公司,标志着保险公司登陆 A 股的序幕拉开。
1 月 18 日	上证红利 ETF 上市。
2 月 2 日	中国证监会发布《上市公司信息披露管理办法》,首次将衍生品纳入信息披露范围。
2 月 27 日	沪深股市大幅下跌,各指数跌幅均超过 8%,其中上证综指和深成指创近 10 年最大单日跌幅,分别为 8.84% 和 9.29%。两市 1 327 只可交易的 A 股中,有 1 072 只股票跌幅超过 7%,800 多只个股达到 10% 跌停限制位。两市共成交 2 006.5 亿元,创天量新纪录。A 股市值减少逾万亿。
3 月 29 日	上海证券交易所与 OECD 共同举办"OECD——中国公司治理政策对话会"。
4 月 11 日	中国证监会加入了 IOSCO《多边备忘录》。

4 月 13 日	深证成指突破万点大关，盘中一度冲高至 10 136.28 点，收报 10 019.92 点。这也是继日本、美国、中国香港之后，中国内地证券市场首次出现突破万点的指数。
5 月 30 日	财政部调整证券（股票）交易印花税率，由 1‰调整为 3‰。沪深两市大盘出现了少见的大幅下挫。其中，沪综指下跌 144.23 点，跌幅达到了 4.92%，下跌点数仅次于 1995 年 5 月 23 日 147.12 点的纪录；深成指大跌 629.39 点，是该指数设立以来最大单日下跌点数，跌幅达到了 7.62%，也创下了 1997 年 7 月 8 日以来九年半的最大单日跌幅。
6 月 1 日	深交所出台《关于中小企业板上市公司实行公开致歉并试行弹性保荐制度的通知》。
7 月 1 日	由中证指数有限公司研制开发的沪深 300 行业系列指数正式发布。
7 月 4 日	《合资境内机构投资者境外证券投资管理试行办法》实施，有关部门开始接收审批国内基金管理公司、证券公司设计的 QDII（合资境内机构投资者）方案。
7 月 6 日	国务院国资委、中国证监会公布《国有股东转让所持上市公司股份管理暂行办法》《国有单位受让上市公司股份管理暂行规定》和《上市公司国有股东标识管理暂行办法》。
7 月 24 日	深交所决定自 8 月 6 日起在中小企业板实行临时报告实时披露制度。
8 月 6 日	根据深交所《关于在中小企业板实行临时报告实时披露制度的通知》，中小板公司临时报告披露增加午间披露时段。
8 月 9 日	沪深两市总市值达到了创纪录的 21.15 万亿元，首次超过 GDP。
8 月 23 日	南方、博时两家基金管理公司管理资产总规模突破 2 000 亿元。
10 月 9 日	国内首只主投港股的股票类 QDII 基金——嘉实海外中国股票基金发售。
11 月 5 日	沪深股市总市值突破 33 万亿元，达到 33.62 万亿元。 中国石油在上证所挂牌交易，开盘价高达 48.60 元，收盘 43.96 元。至收盘，中国石油整体市值（包括海外）约合 9 984.18 亿美元，超过埃克森-美孚石油，成为全球市值最大的上市公司。

2008 年

4 月 20 日	大小非减持成为众矢之的之际，《上市公司解除限售存量股份转让指导意见》出台，中国证监会规定大小非减持超过总股本 1%的，须通过大宗交易系统转让，大小非减持情况在中登公司网站定期披露。
4 月 24 日	经国务院批准，财政部、国家税务总局决定从 2008 年 4 月 24 日

	起，调整证券（股票）交易印花税税率，由现行的 3‰ 调整为 1‰。
6 月 20 日	最后一只股改权证——南航认沽权证存续期满，股改权证彻底退出资本市场。
8 月 27 日	证监会发布修改后的《上市公司收购管理办法》，为大股东增持放行。
9 月 19 日	经国务院批准，财政部、国家税务总局决定从 2008 年 9 月 19 日起，调整证券（股票）交易印花税征收方式，印花税只对卖方单边征收，对买方不再征收。国资委表示支持中央企业增持和回购股份。中央汇金公司决定在二级市场自主购入工、中、建三行股票。
10 月 5 日	证监会宣布将正式启动证券公司融资融券业务试点工作。
11 月	国美集团"掌门人"、2008 胡润百富榜上的中国首富黄光裕因为涉嫌经济犯罪，被警方拘留调查。

2009 年

3 月 31 日	证监会发布《首次公开发行股票并在创业板上市管理暂行办法》，并于 5 月 1 日起实施，明确创业板的上市发行门槛不变。
4 月 3 日	证监会发审委公告，已通过"会后事项发审委会议"否决立立电子上市申请，该公司成为首例"募集资金到位但上市申请最终被否"公司。
6 月 6 日	深交所正式发布《创业板股票上市规则》，并于 7 月 1 日起实施。
6 月 19 日	财政部、国资委、证监会和全国社保基金理事会宣布，将 10% 的国有股划转社保基金会。
7 月 8 日	银行理财资金禁入股票二级市场。
7 月 10 日	桂林三金、万马电缆在深交所挂牌交易，标志着中国 A 股市场的 IPO 自 2008 年底暂停 7 个月后重启。
10 月 11 日	工、中、建行分别公告，汇金公司于近日通过上交所交易系统买入增持三行 A 股股份，汇金公司并拟在未来 12 个月内继续增持。
10 月 30 日	创业板正式揭开帷幕，首批 28 只股票同日挂牌，刷新了中国股市多股齐发的历史纪录。
11 月 13 日	沪深 B 股爆发狂飙行情，出现大面积的个股涨停，而没有涨停的 B 股大多数股价都上升了 7% 以上。
11 月 17 日	证监会发布《证券投资基金评价业务管理暂行办法》，自 2010 年 1 月 1 日起施行。

2010 年

1 月 5 日	深交所发布《创业板信息披露业务备忘录第 1 号——超募资金

使用》。

1 月 8 日	证监会发言人宣布，国务院已原则同意开展证券公司融资融券业务试点和推出股指期货品种。
1 月 11 日	证监会有关部门负责人日前透露，融资融券首批试点券商将在中信证券、海通证券等 11 家 2008 年参与联网测试的券商中产生，股指期货个人投资者的资金门槛或设为 50 万元。
1 月 12 日	中国人民银行宣布，从 1 月 18 日起，上调存款类金融机构人民币存款准备金率 0.5 个百分点。这是 2008 年 6 月以来央行首次上调存款准备金率。
1 月 22 日	证监会发布《关于开展证券公司融资融券业务试点工作的指导意见》。
1 月 28 日	中国西电上市首日即跌破发行价。
2 月 20 日	监会有关部门负责人宣布，已于 12 日正式批复中国金融期货交易所沪深 300 股指期货合约和业务规则。至此，股指期货市场主要制度已全部发布。
3 月 19 日	证监会有关部门负责人宣布，证监会选取 6 家证券公司作为融资融券首批试点证券公司。它们分别是国泰君安、国信证券、中信证券、光大证券、海通证券和广发证券。
3 月 31 日	融资融券交易试点首日，券商受理客户交易逾百笔，融资融券交易总额约 659 万元。
4 月 16 日	沪深 300 股指期货在中国金融期货交易所成功上市。
4 月 26 日	财政部、证监会、审计署、银监会、保监会联合发布《企业内部控制配套指引》。
5 月 7 日	深交所理事长陈东征表示，创业板上市公司直接退市制度不再实行长时间的退市风险警示制度，不再强制退到下一层次市场挂牌继续交易。
5 月 13 日	《国务院关于鼓励和引导民间投资健康发展的若干意见》发布。
6 月 1 日	创业板指数发布。
6 月 24 日	建设银行召开股东大会，通过了 750 亿元人民币的A＋H股配股融资方案。
7 月 15 日	农业银行正式登陆 A 股。在 A 股和 H 股启动"绿鞋机制"后，农行以 221 亿美元募资规模，成为全球最大的 IPO。
8 月 5 日	保监会发布《保险资金运用管理暂行办法》，调整保险资金投资股票上限为 20％，首次明确保险资金投资无担保债、不动产、未上市股权等新领域的投资比例上限分别为 20％、10％和 5％，保险资金不得直接从事房地产开发建设。
8 月 20 日	证监会发布《关于深化新股发行体制改革的指导意见（征求意见稿）》和《关于修改〈证券发行与承销管理办法〉的决定（征求

意见稿)》，启动新股发行后续改革，推出四大改革措施。

10 月 28 日	证监会、人民银行、银监会联合发布《关于上市商业银行在证券交易所参与债券交易试点有关问题的通知》，启动上市商业银行在证券交易所参与债券交易试点。
11 月 1 日	证监会正式发布《关于保本基金的指导意见》，首次批准了两家台湾地区金融机构的 QFII 资格。
11 月 9 日	上交所发布《上海证券交易所证券发行业务指引》。
11 月 12 日	沪深股市迎来"黑色星期五"，两市大盘均出现深幅跳水走势，齐创 2009 年 9 月以来近 15 个月的最大单日跌幅。

2011 年

1 月 16 日	深交所发布《交易规则》(2011 修订版)，拟于 2 月 28 日实施。
2 月 14 日	国家外汇管理局发布《关于人民币对外汇期权交易有关问题的通知》，批准中国外汇交易中心在银行间外汇市场组织开展人民币对外汇期权交易。
3 月 25 日	银监会发布《金融资产管理公司并表监管指引(试行)》。
4 月 15 日	全球首个焦炭期货在大连商品交易所上市。
6 月 9 日	上证 B 股指数收报 256.91 点，下跌 7.9％，创 2008 年 10 月 27 日以来最大单日跌幅。
7 月 8 日	证监会发布《证券公司直接投资业务监管指引》，决定将券商直投纳入常规监管。
8 月 18 日	保监会公布《中国保险业发展"十二五"规划纲要》，提出加强保险资产战略配置，适时调整保险资金投资政策。
10 月 28 日	证监会发布《转融通业务监督管理试行办法》。
11 月 1 日	财政部决定，上调增值税和营业税起征点。
11 月 15 日	地方政府试点自行发债，在银行间及交易所债券市场拉开大幕。
11 月 25 日	国务院日前下发《国务院关于清理整顿各类交易场所切实防范金融风险的决定》。
	沪深交易所分别发布《融资融券交易实施细则》，融资融券业务由试点转为常规。同时，沪深交易所分别调整融资融券标的证券范围。
12 月 16 日	证监会有关部门负责人宣布，《基金管理公司、证券公司人民币合格境外机构投资者(RQFII)境内证券投资试点办法》日前发布，随后多家境内外机构获得证监会核准批复，成为 RQFII 试点机构。

2012 年

1 月 11 日	因最终参与询价机构数量不足 20 家，于 11 日下午结束询价的创

业板拟上市公司朗玛信息中止 IPO。继八菱科技后，朗玛信息成为 A 股历史上第二家中止发行公司，也是首家中止发行的创业板公司。

2 月 1 日	证监会宣布，IPO 预披露提前政策开始实施。同日，证监会首次对外公开首次公开发行股票（IPO）审核工作流程及申报企业在审情况。证监会有关部门负责人表示，证监会已简化非上市公司吸收合并上市公司行政许可申请流程。
2 月 13 日	中金所启动国债期货仿真交易。
2 月 15 日	中国上市公司协会在京成立。
3 月 7 日	深交所发布通知，对盘中临时停牌机制做进一步完善。
4 月 20 日	2012 年 4 月 20 日，深交所发布《深圳证券交易所创业板股票上市规则》（2012 年修订），并自 2012 年 5 月 1 日起施行。
4 月 28 日	证监会发布《关于进一步深化新股发行体制改革的指导意见》并自公布之日起施行。
4 月 30 日	根据沪深证券交易所和中国证券登记结算公司相关通知，A 股交易相关收费标准将降低，总体降幅为 25%，调整后的收费标准于 6 月 1 日实施。
6 月 28 日	沪深交易所分别发布退市制度方案，并就征求意见及修改情况作说明。
6 月 29 日	首批跨境 ETF——华夏恒指 ETF 与易方达国企 ETF 及联接基金获批。
8 月 3 日	经国务院批准，"新三板"试点扩大至上海张江高新技术产业开发区、武汉东湖高新技术产业开发区、天津滨海高新区。
9 月 7 日	信贷资产证券化试点重启的首单产品推出。
9 月 17 日	中国人民银行发布《金融业发展和改革"十二五"规划》。
10 月 16 日	证监会发布新规定，将合资券商外资持股比例上限由 1/3 升至 49%。证券公司子公司申请扩大业务范围的经营年限从 5 年缩短至 2 年。
10 月 19 日	证监会发布修订后的《证券公司客户资产管理业务管理办法》《证券公司集合资产管理业务实施细则》及《证券公司定向资产管理业务实施细则》，自公布之日起施行。
10 月 23 日	保监会发布规定，允许保险资金参与股指期货等金融衍生品交易。
11 月 5 日	《期货交易管理条例》修订发布，并于 12 月 1 日起施行。
11 月 21 日	首批 18 家期货公司资产管理业务资格获监管部门批复，国泰君安期货、广发期货、海通期货、永安期货等入围首批名单。
12 月 16 日	沪深交易所发布多项退市配套业务规则。
12 月 21 日	证券业协会发布《证券公司柜台交易业务规范》，正式启动柜台

交易业务试点。首批 7 家券商参与试点，包括海通证券、国泰君安、国信证券、申银万国、中信建投、广发证券、兴业证券。

2013 年

1 月 13 日	证监会发布《证券期货业统计指标标准指引》，对证券期货行业的统计指标进行了全面梳理。
2 月 28 日	转融券试点启动。
3 月 15 日	证监会发布《证券公司资产证券化业务管理规定》，允许符合具备证券资产管理业务资格等条件的证券公司申请设立专项计划、发行资产支持证券。 证券业协会发布《证券公司开立客户账户规范》，放开非现场开户限制。 证券业协会发布《证券公司私募产品备案管理办法》。
3 月 19 日	人社部、银监会、证监会、保监会等近日联合发布的《关于扩大企业年金基金投资范围的通知》明确，企业年金基金投资范围扩大至商业银行理财产品、信托产品、基础设施债券投资计划、特定资产管理计划和股指期货等。
4 月 2 日	《上海证券交易所上市公司募集资金管理办法（2013 年修订）》发布实施，以进一步规范上市公司募集资金的使用与管理，提高募集资金使用效益，保护投资者的合法权益。
4 月 19 日	证监会下调证券公司缴纳证券投资者保护基金比例，减轻证券公司经营成本。
5 月 30 日	深圳前海股权交易中心正式开业。当天共有 1 200 家企业实现挂牌展示。
6 月 1 日	新修订的《证券投资基金法》开始实施。
6 月 7 日	证监会发布修改后的《开放式证券投资基金销售费用管理规定》。
6 月 13 日	余额宝上线。
7 月 19 日	中国人民银行宣布，经国务院批准，中国人民银行决定自 2013 年 7 月 20 日起全面放开金融机构贷款利率管制。
8 月 16 日	光大证券"乌龙指"事件导致 A 股盘中出现异动。
9 月 4 日	证监会公布《公开募集证券投资基金投资参与国债期货交易指引》要求，基金参与国债期货交易，应当根据风险管理的原则，以套期保值为目的，并按照中国金融期货交易所套期保值管理的有关规定执行。
9 月 6 日	国债期货正式挂牌交易。
10 月 18 日	全球首个实行实物交割的铁矿石期货合约在大连商品交易所挂牌交易，标志着"中国版"铁矿石期货正式启航。
11 月 8 日	证监会和银监会联合发布《关于商业银行发行公司债券补充资本

	的指导意见》，允许境内外上市以及正在排队等待境内上市的商业银行发行公司债券以补充资本。《指导意见》自 11 月 6 日起施行。
11 月 14 日	因 "8.16 事件"，证监会对光大证券及相关责任人作出行政处罚。
11 月 30 日	证监会发布《关于进一步推进新股发行体制改革的意见》，这是逐步推进股票发行从核准制向注册制过渡的重要步骤。
12 月 14 日	国务院发布《关于全国中小企业股份转让系统有关问题的决定》，扩大试点至全国的条件已经具备。
12 月 27 日	《国务院办公厅关于进一步加强资本市场中小投资者合法权益保护工作的意见》（"国九条"）对外发布。
12 月 31 日	全国中小企业股份转让系统正式面向全国受理企业挂牌申请。

2014 年

1 月 7 日	首批国开债在上海证券交易所集中竞价交易系统成功上市。保监会明确放行保险资金投资创业板上市公司股票。
1 月 12 日	证监会发布实施《关于加强新股发行监管的措施》。
2 月 19 日	南方东英中国 5 年期国债 ETF（交易所买卖基金）在香港交易所挂牌上市，该基金是境外首只追踪内地在岸债券市场的 ETF。
2 月 25 日	证券业协会发布《证券公司全面风险管理规范》及《证券公司流动性风险管理指引》，并于 3 月起实施。
3 月 3 日	万科 "B 转 H" 方案获证监会批准。
3 月 17 日	期货保证金监控中心正式发布 "中国农产品期货指数"。中国证券投资基金业协会举行私募基金管理人颁证仪式，首批五十家私募基金管理机构获得私募基金管理人登记证书，成为可以从事私募证券投资、股权投资、创业投资等私募基金投资管理业务的金融机构。
3 月 19 日	上海证券交易所发布 QFII 和 RQFII 实施细则，所有境外投资者的持股限制由 20％ 提高至 30％，单个境外投资者的持股限制不变。
3 月 21 日	证监会发布《优先股试点管理办法》，启动优先股试点。证监会完善新股发行改革相关措施，优化老股转让制度，规范网下询价和定价行为，进一步满足中小投资者的认购需求，强化对配售行为的监管。中金所面向全市场开展上证 50 和中证 500 股指期货的仿真交易，并在此后，随即开展上证 50ETF 期权的仿真交易。
3 月 25 日	中国结算发布《私募投资基金开户和结算有关问题的通知》，26 日起私募投资基金可以开户入市。
3 月 28 日	上海证券交易所发布《关于上市公司股票进入退市整理期交易有

	关事项的通知》，就终止上市公司股票进入退市整理期交易的有关事项作出规定。
4 月 10 日	内地及香港证监会发布联合公告，宣布决定原则批准上交所、港交所、中登公司、香港中央结算有限公司开展沪港股票市场交易互联互通机制试点（"沪港通"）。
4 月 17 日	银监会、证监会两部委联合发布《关于商业银行发行优先股补充一级资本的指导意见》，商业银行发行优先股补充一级资本的发行条件、发行程序、监管要求等得以明确。
4 月 21 日	＊ST 长油进入退市整理期交易，成为 2012 年退市制度改革以来上交所第一家"被动"退市的上市公司；同时，公司也是第一家因财务指标不满足条件而退市的大型央企上市公司。
4 月 25 日	深交所发布 QFII 和 RQFII 实施细则。
4 月 29 日	上市银行优先股方案首单亮相，浦发银行公告称拟发行不超过 3 亿股优先股，募资不超过 300 亿元。
5 月 7 日	阿里巴巴集团向美国证监会正式提交 IPO 文件。
5 月 9 日	国务院印发《关于进一步促进资本市场健康发展的若干意见》，对新时期资本市场改革、开放、发展及监管等方面作出统筹规划和总体部署。
	沪深交易所分别发文修改按市值申购新股办法，投资者持有市值的计算口径改为按 T-2 日前 20 个交易日的日均持有市值来计算。
5 月 29 日	证监会发布《关于进一步推进证券经营机构创新发展的意见》。
	证监会发布《首次公开发行股票并在创业板上市管理办法》和《创业板上市公司证券发行管理暂行办法》，降低了创业板准入门槛，建立了"小额、快速、灵活"的创业板再融资机制。
6 月 13 日	《沪港股票市场交易互联互通机制试点若干规定》正式发布实施。
	证监会下发通知，将有关私募产品的登记备案、风险监测等职责划归基金业协会。
6 月 16 日	平安银行 1 号小额消费贷款资产支持证券将发行，这标志着信贷资产证券化产品正式登陆上交所市场。
6 月 20 日	证监会发布指导意见，明确上市公司可以根据员工意愿实施员工持股计划。
6 月 27 日	证监会发布《非上市公众公司收购管理办法》和《非上市公众公司重大资产重组管理办法》，构建非上市公司并购重组制度体系。
7 月 7 日	证监会发布《公开募集证券投资基金运作管理办法》及相关规定，实施基金产品注册制。
7 月 8 日	证监会正式启动运行全国统一的"资本市场诚信数据库"。
8 月 21 日	发布《私募投资基金监督管理暂行办法》，确立符合私募基金行业运作特点的适度监管制度。

8 月 25 日	全国股转系统做市转让方式正式实施，实现交易方式多元化。
10 月 15 日	证监会发布《关于改革完善并严格实施上市公司退市制度的若干意见》，健全上市公司主动退市制度，明确实施重大违法公司强制退市制度，完善与退市相关的配套制度安排，加强退市公司投资者合法权益保护。
10 月 17 日	证监会与香港证监会共同签署《沪港通项目下中国证监会与香港证监会加强监管执法合作备忘录》。
10 月 24 日	证监会发布修订后的《上市公司重大资产重组管理办法》和相关决定，取消对不构成借壳上市的上市公司重大购买、出售、置换资产行为的审批，完善发行股份购买资产的市场化定价机制，丰富并购重组工具。 上市公司并联审批方案正式实施。
10 月 29 日	证监会发布《期货公司监督管理办法》，扩大期货公司股东范围至非法人单位和自然人，并将期货公司部分业务由审批改为登记备案，并明确风险隔离和利益冲突防范的要求。
10 月 31 日	财政部、国家税务总局、证监会联合下发通知，对沪港通试点涉及的所得税、营业税和证券（股票）交易印花税等税收政策及 QFII、RQFII 所得税政策问题予以明确。
11 月 6 日	中国人民银行印发《关于人民币合格境内机构投资者境外证券投资有关事项的通知》，拓宽境内外人民币资金双向流动渠道，便利人民币合格境内机构投资者境外证券投资活动。
11 月 10 日	为顺利实施沪港股票市场交易互联互通机制试点，规范相关资金流动，中国人民银行、证监会联合印发《关于沪港股票市场交易互联互通机制试点有关问题的通知》。
11 月 17 日	沪港通开通仪式在上海、香港同时举行。
11 月 22 日	中国人民银行采取非对称方式下调金融机构人民币存贷款基准利率。
11 月 30 日	《存款保险条例（征求意见稿）》公开向社会征求意见。
12 月 16 日	银行间债券市场推出债券预发行交易，有利于提高债券发行定价的透明度和竞争性，完善债券收益率曲线，活跃二级市场交易。
12 月 22 日	证监会批准上海国际能源交易中心组织开展原油期货交易。

2015 年

1 月 5 日	上交所调整上市公司信息披露监管模式，由按辖区监管转换为分行业监管。
1 月 9 日	证监会发布《股票期权交易试点管理办法》及配套规则，上交所发布股票期权试点系列业务规则。 经证监会批准，跨境 ETF 和跨境 LOF 可实行 T＋0 交易。

1月16日	证监会发布《公司债券发行与交易管理办法》，自发布之日起施行。
1月30日	沪深交易所修订退市配套规则。
2月9日	上证50ETF期权合约上市交易。
2月16日	上交所推出债券质押式协议回购。
2月24日	中国人民银行发布公告，引入更多符合条件的境外机构投资者投资银行间债券市场，取消投资额度限制，简化管理流程。
2月27日	证监会宣布在证券期货行政执法领域开展行政和解试点，《行政和解试点实施办法》自3月29日起施行。
3月5日	李克强总理在人大开幕式上提出今年资本市场改革任务，包括加强多层次资本市场体系建设、推进信贷资产证券化、扩大企业债券发行规模。
3月19日	证券投资基金业协会发布《关于实行私募基金管理人分类公示制度的公告》，启动私募基金管理人分类公示制度。
4月1日	国务院公布《存款保险条例》，自5月1日起施行。
	深交所在我国证券市场首次实行早间信息披露制度。
4月12日	中国结算发布通知，A股市场全面放开一人一户限制，允许自然人投资者根据实际需要开立多个沪深A股账户及场内封闭式基金账户。
4月16日	经证监会批准，上证50与中证500两只股指期货新品种在中金所挂牌上市。
5月18日	证监会明确沪港通下名义持有人制度。
5月22日	中国证监会与中国香港证监会签署备忘录，同时发布《香港互认基金管理暂行规定》，自7月1日起实行内地与香港基金互认。
5月29日	中国人民银行发布《中国金融稳定报告（2015）》，指出促进股票市场平稳健康发展。
6月19日	沪综指下跌超300点，当周连续下挫使上证综指周跌幅达13.32%，为7年来最大单周跌幅。创业板当周跌幅14.99%，创历史最大单周跌幅。
6月26日	A股遭遇重挫，沪综指跌破4200点，创业板指创历史最大单日跌幅。两市超2000只股票跌停。沪深300、中证500股指期货合约全线跌停。
6月29日	财政部发布《基本养老保险基金投资管理办法（草案）》，向社会公开征求意见。
7月1日	证监会发布《证券公司融资融券业务管理办法》，沪深交易所同步发布《融资融券交易实施细则》。
7月4日	证券业协会发布消息，21家证券公司召开会议，决定出资不低于1200亿元，用于投资蓝筹股ETF，并承诺上证综指4500点

以下，在 7 月 3 日余额基础上，自营股票不减持，并择机增持。

7 月 5 日　　　证监会发布公告，决定充分发挥中国证券金融股份有限公司的作用，多渠道筹集资金，扩大业务规模，增强维护市场稳定的能力。中国人民银行将协助给予中国证券金融股份有限公司流动性支持。

7 月 8 日　　　中央汇金投资有限责任公司发布公告，坚决维护证券市场稳定，在股市异常波动期间，承诺不减持所持有的上市公司股票，并要求控股机构不减持所持有的控股上市公司股票，支持控股机构择机增持。

　　　　　　　证监会发布关于上市公司大股东及董监高人员增持本公司股票相关事项的通知。

　　　　　　　证监会、公安部执法人员对涉嫌恶意做空大盘蓝筹的十余家机构和个人开展核查取证工作。

7 月 17 日　　证监会发布《2015 年证券公司分类结果》。

8 月 3 日　　　沪深交易所发布通知，对融资融券交易实施细则进行修改，明确规定投资者在融券卖出后，需从次一交易日起方可通过买券还券或直接还券的方式偿还相关融券负债。

8 月 19 日　　数十家上市公司披露中国证券金融股份有限公司和中央汇金投资有限责任公司持股情况。

8 月 23 日　　《基本养老保险基金投资管理办法》公布，养老基金投资股票、股票基金、混合基金、股票型养老金产品的比例，合计不得高于养老基金资产净值的 30%；投资国家重大项目和重点企业股权的比例，合计不得高于养老基金资产净值的 20%；参与股指期货、国债期货交易，只能以套期保值为目的。

8 月 25 日　　A 股市场主要指数低开低走，跌幅均超 7%。上证综指盘中下破 3 200 点，收盘下跌 8.49% 报 3 209.91 点，创 2007 年 3 月以来最大单日跌幅。

8 月 26 日　　为抑制市场过度投机，防范和控制市场风险，促进股指期货市场规范平稳运行，中国金融期货交易所连续发布一系列股指期货管控措施。

8 月 31 日　　证监会、财政部、国资委和银监会联合发布通知，鼓励上市公司兼并重组、现金分红及回购股份。

9 月 7 日　　　财政部、国家税务总局和证监会发布通知，自 8 日起，个人从公开发行和转让市场取得的上市公司股票，持股期限超过 1 年的，股息红利所得暂免征收个人所得税。

9 月 17 日　　证监会发布通知，要求各证监局应当督促证券公司仔细甄别、确认涉嫌场外配资的相关账户。

9 月 24 日　　国务院发布《关于国有企业发展混合所有制经济的意见》。

10 月 8 日	人民币跨境支付系统（CIPS）（一期）成功上线运行。
10 月 9 日	证监会公布《证券期货市场程序化交易管理办法（征求意见稿）》，拟建立程序化交易监管制度。
10 月 16 日	证券业协会《公司债券承销业务规范》和《公司债券承销业务尽职调查指引》，规范公司债承销业务。
10 月 24 日	中国人民银行宣布，自 24 日起下调存贷款基准利率 0.25 个百分点，并降低存款准备金率 0.5 个百分点，并放开一年期以上（不含一年期）定期存款的利率浮动上限。
10 月 29 日	十八届五中全会审议通过《中共中央关于制定国民经济和社会发展第十三个五年规划的建议》。
11 月 2 日	泽熙投资管理有限公司法定代表人、总经理徐翔等人通过非法手段获取股市内幕信息，从事内幕交易、操纵股票交易价格，其行为涉嫌违法犯罪，被公安机关依法采取刑事强制措施。
11 月 6 日	证监会提出，将取消现行的新股申购预先缴款制度；公开发行 2 000 万股以下的小盘股发行一律直接向网上投资者定价发行；建立摊薄即期回报补偿机制。
11 月 13 日	国务院办公厅发布《关于加强金融消费者权益保护工作的指导意见》。 沪、深交易所分别就融资融券交易细则（2015 修订）进行修改，规定投资者融资买入证券时，融资保证金比例不得低于 100%。
11 月 16 日	证监会制定并发布《关于进一步推进全国中小企业股份转让系统发展的若干意见》。
11 月 18 日	由上海证券交易所、德意志交易所集团、中国金融期货交易所共同出资成立的中欧国际交易所在德国金融之都法兰克福开业。
11 月 24 日	全国股转公司就《挂牌公司分层方案（征求意见稿）》公开征求意见。
12 月 4 日	经中国证监会同意，上交所、深交所、中金所发布指数熔断相关规定，并将于 2016 年 1 月 1 日起实施。
12 月 18 日	宝能集团官方声明称，尊重规则，相信市场的力量。同日午盘后，万科发布公告称，正在筹划股份发行用于重大资产重组收购资产，公司股票自下午一点起开始停牌。截至当日收盘，万科 A 股股价涨至 24.43 元，创七年多以来新高。 证监会注册首批 3 只香港互认基金。
12 月 27 日	全国人大常委会表决通过《关于授权国务院在实施股票发行注册制改革中调整适用〈中华人民共和国证券法〉有关规定的决定》。此决定的实施期限为两年，决定自 2017 年 3 月 1 日施行。

2016 年

1 月 4 日	A 股发生两次熔断，全天仅交易 140 分钟。

1 月 7 日	A 股再次发生两次熔断，全天仅交易不足 15 分钟。
	证监会发布《上市公司大股东、董监高减持股份的若干规定》，自 9 日起施行。
	沪深交易所和中金所发布通知，自 8 日起暂停实施指数熔断。
3 月 14 日	证监会批准设立申港证券股份有限公司，这是 CEPA 框架下首家两地合资多牌照证券公司。
3 月 16 日	上交所发布通知，开展绿色公司债券业务试点。
3 月 21 日	上交所发布关于终止＊ST 博元上市的公告。＊ST 博元成为我国证券市场首家因触及重大信息披露违法情形被终止上市的公司。
4 月 13 日	证监会等多个部委联合发出通知，实施《股权众筹风险专项政治工作实施方案》。
4 月 22 日	深交所发布通知，开展绿色公司债券业务试点。
4 月 29 日	证监会、财政部、人民银行发布《证券投资者保护基金管理办法》，自 6 月 1 日起施行。
	针对国内商品期货价格剧烈波动，成交量过大的市场情况，各期货交易所加强市场监管，采取针对性措施抑制市场过度投机。
5 月 1 日	全国范围内全面推开营业税改增值税试点。
5 月 11 日	博元投资于当日正式退出 A 股。
5 月 25 日	最高人民法院、证监会发布通知，在全国部分地区开展证券期货纠纷多元化化解机制试点工作。
6 月 16 日	证监会发布修订后的《证券公司风险控制指标管理办法》及配套规则，并于 10 月 1 日起实施。
7 月 8 日	证监会对欣泰电气及相关责任人作出处罚，A 股首家因欺诈发行而被强制退市的上市公司欣泰电气于当日启动强制退市程序。
7 月 11 日	中国人民银行决定进一步改革存款准备金考核制度，将人民币存款准备金的缴存基数由旬末一般存款余额时点数调整为旬内算术平均值。
7 月 13 日	证监会发布《上市公司股权激励管理办法》，于 8 月 13 日起施行。
7 月 15 日	证监会公布 2016 年证券公司分类结果。
7 月 22 日	证监会发布《资本市场交易结算系统核心技术指标》金融行业标准。
8 月 5 日	证监会全面公开上市公司行政监管措施。
8 月 16 日	沪港通于当日起取消总额度限制。
8 月 30 日	中国人民银行、国家外管局发布《关于人民币合格境外机构投资者境内证券投资管理有关问题的通知》。
8 月 31 日	经中央全面深化改革领导小组第二十七次会议审议通过，中国人民银行等多个部委联合印发《关于构建绿色金融体系的指导

意见》。

党中央、国务院决定，在辽宁省等 7 个内陆省份新设立 7 个自贸试验区。

9 月 1 日	证监会举办上市公司治理国际研讨会。
9 月 9 日	证监会发布《中国证监会关于发挥资本市场作用服务国家脱贫攻坚战略的意见》。
9 月 10 日	上交所召开第七次会员大会，距 1999 年第六次会员大会时隔 17 年。
9 月 30 日	证监会明确内地与香港股票市场交易互联互通机制下上市公司配股有关监管安排。
10 月 1 日	人民币加入 SDR 货币篮子正式生效。
10 月 21 日	证监会发布《公司债券发行人现场检查工作指引》。
10 月 28 日	首批两单创新创业公司债券成功发行，近期拟在上交所上市。
11 月 4 日	证监会集中公布 56 家终止审查首发企业情况。
11 月 11 日	证监会、财政部联合发布《期货投资者保障基金管理办法》及配套规定。
11 月 18 日	证监会宣布成功查处首例沪港通跨境操纵案件。
11 月 25 日	证监会宣布近日依法对场外配资中证券违法违规案件作出行政处罚。
	经证监会批复，沪深交易所发布《分级基金业务管理指引》。
	证监会与香港证监会发布联合公告，宣布港股通将于 12 月 5 日启动。
12 月 2 日	经证监会批准，沪深交易所修订《融资融券交易实施细则》，对可充抵保证金证券折算率进行调整，并同步扩大融资融券标的证券范围。
12 月 5 日	深港通正式开通。
	前海人寿收到保监会监管函，万能险业务被叫停整改，3 个月内禁止申报新产品。前海人寿、恒大人寿等 6 家公司互联网保险业务被叫停。
12 月 8 日	上海票据交易所成立，全国统一票据交易平台上线运行。
12 月 9 日	保监会暂停恒大人寿委托股票投资业务，并责令其整改；前海人寿表示，将不再增持格力电器，未来择机退出。
12 月 14 日	国海证券发生债券代持"假章门"事件。
12 月 16 日	证监会修订上市公司定期报告信息披露内容与格式准则。
	证监会批准郑商所和大商所分别开展白糖和豆粕期权交易。
	证监会发布《证券期货投资者适当性管理办法》，自 2017 年 7 月 1 日起施行。
12 月 26 日	发改委、证监会联合发出通知，推进传统基础设施领域政府和社

	会资本合作（PPP）项目资产证券化相关工作。
12 月 27 日	中金所、上交所、深交所、中巴投资公司及哈比银行组成的联合体与巴基斯坦证券交易所股权出售委员会和巴基斯坦证券交易所签署《股权收购协议》，购买巴基斯坦证券交易所 40％股权。
12 月 28 日	因万能险整改不到位，保监会暂停华夏人寿、东吴人寿互联网保险业务。

图书在版编目(CIP)数据

中国资本市场演进的基本逻辑与路径/胡汝银等著
.—上海:格致出版社:上海人民出版社,2018.12
(中国改革开放40年研究丛书)
ISBN 978-7-5432-2934-1

Ⅰ.①中… Ⅱ.①胡… Ⅲ.①资本市场-研究-中国
Ⅳ.①F832.5

中国版本图书馆CIP数据核字(2018)第240965号

责任编辑　忻雁翔
装帧设计　人马艺术设计·储平

中国改革开放40年研究丛书

中国资本市场演进的基本逻辑与路径
胡汝银　主笔

廖士光　邓　斌　副主笔

出　　版　格致出版社
　　　　　上海人民出版社
　　　　　(200001　上海福建中路193号)
发　　行　上海人民出版社发行中心
印　　刷　常熟市新骅印刷有限公司
开　　本　720×1000　1/16
印　　张　23.25
插　　页　3
字　　数　365,000
版　　次　2018年12月第1版
印　　次　2018年12月第1次印刷
ISBN 978-7-5432-2934-1/F·1169
定　　价　88.00元